Die Unklarheitenregel des § 305c Abs. 2 BGB –
insbesondere im Arbeitsrecht

Bonner Schriften zum deutschen und europäischen Recht der Arbeit und der Sozialen Sicherheit

Herausgegeben von Gregor Thüsing und Raimund Waltermann

Band 10

PETER LANG

Frankfurt am Main · Berlin · Bern · Bruxelles · New York · Oxford · Wien

Wolfgang Schorn

Die Unklarheitenregel des § 305c Abs. 2 BGB – insbesondere im Arbeitsrecht

Zum Verständnis der Norm im Zivil- und Arbeitsrecht, insbesondere bei der Auslegung arbeitsvertraglicher Bezugnahmeklauseln

PETER LANG
Internationaler Verlag der Wissenschaften

Bibliografische Information der Deutschen Nationalbibliothek
Die Deutsche Nationalbibliothek verzeichnet diese Publikation in der Deutschen Nationalbibliografie; detaillierte bibliografische Daten sind im Internet über http://dnb.d-nb.de abrufbar.

Zugl.: Bonn, Univ., Diss., 2010

Umschlaggestaltung:
Olaf Glöckler, Atelier Platen, Friedberg

Gedruckt auf alterungsbeständigem,
säurefreiem Papier.

D 5
ISSN 1865-617X
ISBN 978-3-631-60532-5

www.peterlang.de

Meiner Frau

Vorwort

Die vorliegende Arbeit entstand während meiner Zeit als wissenschaftlicher Mitarbeiter am Institut für Arbeitsrecht und Recht der Sozialen Sicherheit der Universität Bonn. Sie wurde von der Rechts- und Staatswissenschaftlichen Fakultät der Rheinischen Friedrich-Wilhelms-Universität Bonn im Wintersemester 2009/2010 als Dissertation angenommen. Rechtsprechung und Literatur wurden bis Oktober 2010 berücksichtigt.

Mein herzlicher Dank gilt zunächst Herrn Prof. Dr. Gregor Thüsing, der das Entstehen dieser Arbeit über die gesamte Dauer in ganz besonderer Weise gefördert hat. Darüber hinaus hat er mir eine Zeit als Mitarbeiter an seinem Lehrstuhl ermöglicht, die ich – auch aufgrund meiner Kollegen dort – immer in allerbester Erinnerung behalten werde. Ebenso bedanke ich mich an dieser Stelle bei Herrn Prof. Dr. Raimund Waltermann für die stets angenehme „institutsübergreifende" Zusammenarbeit und natürlich die rasche Erstellung des Zweitgutachtens. Auch danke ich beiden Professoren für die Aufnahme in ihre Schriftenreihe.

Meinen Freunden Florian Lauscher, Dr. Klaus Olschewski und Daniel Thönnessen danke ich ganz herzlich für die ertragreichen Diskussionen und die kritische Durchsicht der Arbeit.

Danken möchte ich auch der Konrad-Adenauer-Stiftung für die Aufnahme in den Kreis der Stipendiaten und die finanzielle Förderung meines Dissertationsvorhabens.

Besonderer Dank gebührt meinen Eltern Kathi und Hans Schorn, ohne deren umfassende Unterstützung diese Arbeit nicht möglich gewesen wäre. Ihnen möchte ich ganz besonders auch für die Finanzierung der vorliegenden Veröffentlichung Dank sagen.

Ein ganz besonderer Dank gilt schließlich meiner Frau Gabi Schorn für ihre bedingungslose Unterstützung und den großen Rückhalt, der sie mir während der gesamten Zeit immer war. Ihr widme ich diese Arbeit.

Köln, im November 2010 *Wolfgang Schorn*

Inhaltsverzeichnis

Einleitung

A) Einführung und Anlass der Untersuchung

„Auslegen ist ein vermittelndes Tun, durch das sich der Auslegende den Sinn eines Textes, der ihm problematisch geworden ist, zum Verständnis bringt. Dass die genaue Bedeutung eines Gesetzestextes immer wieder problematisch wird, liegt in erster Linie daran, dass die Umgangssprache, deren sich das Gesetz weithin bedient, anders als eine mathematisierte Logik und Wissenschaftssprache keine in ihrem Umfang genau festgelegten Begriffe verwendet, sondern mehr oder minder flexible Ausdrücke, deren mögliche Bedeutung innerhalb einer weiten Bandbreite schwankt und je nach den Umständen, der Sachbezogenheit und dem Zusammenhang der Rede, der Satzstellung und Betonung eines Wortes unterschiedlich sein kann. Selbst wenn es sich um einigermaßen feststehende Begriffe handelt, enthalten diese häufig Merkmale, die ihrerseits einer scharfen Begrenzung entbehren."[1] So bezeichnen *Larenz* und *Canaris* in ihrer Methodenlehre der Rechtswissenschaft die Grundproblematik, mit der jeder Jurastudent sich ab dem ersten Semester konfrontiert sieht. Geht es um die Auslegung von Verträgen oder gar Allgemeinen Geschäftsbedingungen, die in der Regel nicht die Mühlen eines aufwändigen Gesetzgebungsverfahrens durchlaufen haben, so potenziert sich die Problematik etwaiger unklarer Bestimmungen nochmals. Derjenige, der sich den Text nicht ausgedacht hat bzw. auf dessen Gestaltung keinen Einfluss nehmen konnte, soll aber wenn möglich nicht unter dessen Unvollkommenheit leiden. Schon in der ersten Hälfte des 2. Jahrhunderts wusste der römische Jurist *Publius Juventius Celsus* daher von einer Regel zu berichten, nach der Zweideutigkeiten gegen den Verwender auszulegen waren: *„Ambiguitas contra stipulatorem est"* – „Zweideutigkeiten gegen den Stipulator, denn er konnte klarer reden".[2]

Wenngleich aus dieser Zeit nur wenige Anwendungsfälle überliefert sind – was einerseits auf den hohen Entwicklungsgrad der Auslegung, andererseits aber auch auf die Subsidiarität der Regel hindeuten könnte –[3] bringt bereits die damalige Formulierung einen der bis heute anerkannten rechtspolitischen Grundge-

1 Larenz/Canaris, S. 133.
2 Krampe, S. 11; unter Verweis auf Celsus, D 34, 5, 26; vgl. auch Honsell, JA 1985, 260.
3 Honsell, JA 1985, 260.

danken der nunmehr in § 305 c Abs. 2 BGB[4] kodifizierten Zweifelsregelung zum Ausdruck:[5] „Der Formulierer hat es in der Hand, sich klarer auszudrücken und trägt bei Misslingen die Konsequenzen.“

Eben jene Unklarheitenregel hat vor nicht allzu langer Zeit für einiges an Aufruhr und Unsicherheit im Arbeitsrecht gesorgt: Ende des Jahres 2005 kündigte der 4. Senat des BAG an, seine in der Literatur[6] seit langem kritisierte Rechtsprechung[7] zur Auslegung vermeintlich klarer dynamischer Bezugnahmeklauseln, die von tarifgebundenen Arbeitgebern verwendet wurden, als Gleichstellungsabreden für Verträge, die nach dem 1.1.2002 abgeschlossen worden sind, aufzugeben.[8] In der Begründung der Entscheidung sprach der Senat, wie in der Literatur[9] schon mehrfach gefordert, neben seinen Erwägungen zur Auslegung selbst, auch eben jene Unklarheitenregel des § 305 c Abs. 2, das Transparenzgebot des § 307 Abs. 1 S. 2 und das Verbot der geltungserhaltenden Reduktion des § 306 an. Der Grundsatz, dass die Unklarheit einer einseitig gestellten, vorformulierten Regelung zu Lasten des Verwenders geht, war zwar schon vor der Erstreckung der AGB-Kontrolle auf das Arbeitsrecht durch die Schuldrechtsreform der Sache nach anerkannt.[10] Dies hatte das BAG aber bislang nicht daran gehindert, seine Auslegungsregel in ständiger Rechtsprechung anzuwenden.[11] Offenbar ging man davon aus, dass die Erstreckung der AGB-Kontrolle auf das Arbeitsrecht in diesem Punkt zu einem Umdenken verpflichtet. Den für den Vertrauensschutz maß-

---

4 Sämtliche nicht näher gekennzeichnete §§ sind solche des BGB.

5 Vgl. hierzu auch den Überblick bei: Knütel, JR 1981, 221, 224.

6 Annuß, AuR 2002, 361; ders., ZfA 2005, 405; Bayreuther, DB 2002, 1008; Däubler, NZA 1996, 225; Däubler/Lorenz, TVG § 3 Rn. 246; Grimm, EWiR 2002, 563; Hanau, NZA 2005, 489 ff.; Henssler/Heiden, RdA 2004, 241; Kempen/Zachert-Stein, TVG § 3 Rn. 183; Lambrich, BB 2002, 1267; Stein, AuR 2003, 361; Thüsing, NZA 2003, 1184; ders., NZA 2005, 1280; ders./Lambrich, RdA 2002, 193;

7 BAG v. 14. 2. 1973 – 4 AZR 176/72, AP Nr. 6 zu § 4 TVG Nachwirkung; BAG v. 29. 1. 1975 – 4 AZR 218/74, AP Nr. 8 zu § 4 TVG Nachwirkung; BAG v. 7. 12. 1977 – 4 AZR 474/76, AP Nr. 9 zu § 4 TVG Nachwirkung; BAG v. 20. 3. 1991 – 4 AZR 455/90, AP Nr. 20 zu § 4 TVG Tarifkonkurrenz; BAG v. 4. 9. 1996 – 4 AZR 135/95, AP Nr. 5 zu § 1 TVG Bezugnahme auf Tarifvertrag; BAG v. 30. 8. 2000 – AP Nr. 12 zu § 1 TVG Bezugnahme auf Tarifvertrag; BAG v. 26. 9. 2001 – 4 AZR 544/00, AP Nr. 21 zu § 1 TVG Bezugnahme auf Tarifvertrag; BAG v. 21. 8. 2002 – 4 AZR 263/01, AP Nr. 21 zu § 157 BGB; BAG v. 25. 9. 2002 – 4 AZR 294/01, AP Nr. 26 zu § 1 TVG Bezugnahme auf Tarifvertrag; BAG v. 19. 3. 2003 – 4 AZR 331/02, AP Nr. 33 zu § 1 TVG Bezugnahme auf Tarifvertrag; BAG v. 1. 12. 2004 – 4 AZR 50/04, AP Nr. 34 zu § 1 TVG § Bezugnahme auf Tarifvertrag.

8 BAG 14.12. 2005 – 4 AZR 536/04, AP Nr. 39 zu § 1 TVG Bezugnahme auf Tarifvertrag.

9 Thüsing/Lambrich, RdA 2002, 193; Thüsing, NZA 2003, 1184.

10 BAG v. 18.8.1998 – 1 AZR 589/97, NZA 1999, 659, 661; BAG v. 17.11.1998 – 9 AZR 584/97, AP Nr. 10 zu § 1 TVG Bezugnahme auf Tarifvertrag.

11 Honsell, JA 1985, 260.

geblichen Zeitpunkt begründet man nämlich damit, dass seit der gesetzlichen Anordnung der AGB-Kontrolle auf Arbeitsverträge von Arbeitgebern erwartet werden könne, dass sie in Bezugnahmeklauseln das von ihnen Gewollte hinreichend klar formulieren.[12] Eine genaue Subsumtion unter den Tatbestand der Zweifelsregelung und eine eingehende Erörterung nahmen die Richter allerdings mangels Entscheidungserheblichkeit – und vielleicht nicht zuletzt, weil die Regelung ihrerseits noch einige ungeklärte Probleme in sich birgt – nicht vor.

In den letzen Jahren dürfte es kaum eine Entscheidung gegeben haben, die ein größeres Echo hervorgerufen hat.[13] Vor dem Hintergrund der enormen praktischen Bedeutung, ist dies nur allzu verständlich: In Deutschland enthalten ca. 90 % aller Arbeitsverträge Bezugnahmeklauseln auf Tarifverträge.[14] Viele dieser Klauseln müssten demnach unklar formuliert sein. Denn viele tarifvertragliche Änderungen, die sich aus unterschiedlichen Sachverhalten und Regelungen ergeben können, dürften in der Regel bei der Formulierung nicht in Betracht gezogen worden sein.[15] Schon für den Rechtsanwender sind die Normen und Grundsätze über die Tarifkollision, den Verbandsaustritt, den Verbandswechsel, das „Herauswachsen" aus dem Geltungsbereich, die Ablösung von Tarifverträgen und die Tarifgeltung bei Betriebs- und Betriebsteilübergang stellenweise unklar, für die Arbeitsparteien umso mehr.[16] Dementsprechend wurde in der Literatur auch die Vermutung geäußert, dass die Unklarheitenregel in Zukunft von zentraler Bedeutung für die Auslegung arbeitsvertraglicher Bezugnahmeklauseln sein dürfe.[17]

12 BAG v. 14.12.2005 – 4 AZR 536/04, AP Nr. 39 zu § 1 TVG Bezugnahme auf Tarifvertrag, Rz. 26.

13 Bauer/Haussmann, DB 2005, 2815 f.; Bayreuther, DB 2007, 166 ff.; Brecht-Heitzmann/ Lewek, ZTR 2007, 127 ff.; Clemenz, NZA 2007, 769 ff.; Ebert, ArbRB 2006, 82 f.; Feudner, RdA 2008, 301 ff.; Gaul/Naumann, DB 2007, 2594 ff.; Giesen, NZA 2006, 625 ff.; Hanau, RdA 2007, 180 ff.; Höpfner, NZA 2008, 91 ff.; Houben, SAE 2007, 158 ff.; Klebeck, NZA 2006, 15 ff.; Kort, AP Nr. 39 zu § 1 TVG Bezugnahme auf Tarifvertrag; Krenz, PersR 2009, 155; Laskawy, EWiR 2006, 507 f.; Löwisch/Feldmann, Anmerkung zu EzA Nr. 32 zu § 3 TVG Bezugnahme auf Tarifvertrag; Marschner, EzBAT § 1 BAT Betriebsübergang Nr. 7; Meinel/Herms, DB 2006, 1429 ff.; Moll, RdA 2007, 48 ff.; Müller-Bonanni/Seeger, ArbRB 2006, 249 ff.; Nicolai/Krois, SAE 2007, 158 ff.; Olbertz, DB 2007, 2737 ff.; Preis/Greiner, NZA 2007, 1073 ff.; Reinecke, BB 2006, 2637 ff.; Röller/Wissmann, FS-Küttner, S. 465 ff.; Seel, MDR 2006, 491 ff.; Simon, BB 2006, 2354 ff.; Simon/Kock/Halbsguth, BB 2006, 2354 ff.; Sittard/Ulbrich, ZTR 2006, 458 ff.; Stein, AuR 2006, 366ff.; Sunderdiek, AiB 2006, 766 f.; Thüsing, NZA 2006, 473 ff.; Weller, EWiR 2006, 389 f.; v.Vogel/Oelkers, NJW-Spezial 2006, 369 f.; Wisskirchen/Lützeler, AuA 2006, 528 ff.; Zerres, NJW 2006, 3533 ff..;

14 Preis, Grundfragen der Vertragsgestaltung im Arbeitsrecht, S. 61 ff.; Gamillscheg, Kollektives ArbeitsR I, S. 730.

15 So die Vermutung von Giesen, NZA 2006, 625.

16 Giesen, NZA 2006, 625.

17 Thüsing/Lambrich, NZA 2002, 1361, 1366.

Die Verunsicherung war damit freilich noch nicht beendet: Denn bei der Umsetzung seiner angekündigten Rechtsprechungsänderung verzichtet der 4. Senat in der Begründung auf eine Anwendung der Unklarheitenregel.[18] Stattdessen vertrat er die Ansicht, dass eine wortlautgetreue Auslegung der in Rede stehenden Klausel eindeutig sei. Außerhalb des Wortlauts liegende Motive, wie etwa das Gleichstellungsinteresse seien nicht bei der Auslegung heranzuziehen und könnten folglich auch keine Zweifel im Sinne der Unklarheitenregel begründen. Auch in dieser Entscheidung ersparte man sich damit eine genauere Auseinandersetzung mit der Unklarheitenregel.

Um die Verunsicherung nun endgültig zu komplettieren entschied der 6. Senat am 24.09.2008, dass die Unklarheitenregel beim Verweis auf Tarifwerke zumindest in der Regel nicht anwendbar sein soll.[19] Die Begründung hierzu fiel allerdings recht knapp aus. Im Wesentlichen stützte man sich darauf, dass sich die Frage der Günstigkeit für den Arbeitnehmer nicht eindeutig beantworten lasse. Jedenfalls komme eine Anwendung der Tarifregelungen je nach Art des streitigen Anspruchs und des Zeitpunkts seiner Geltendmachung nicht in Betracht, da dem prozessuale Gründe entgegenstünden. Der 5. Senat hatte allerdings schon vor der angekündigten Rechtsprechungsänderung des 4. Senats einmal entschieden, dass es nach § 305 c Abs. 2 zu Lasten des Arbeitgebers gehe, wenn die Tragweite der Verweisung auf Tarifnormen zweifelhaft sei.[20] Zumindest die Probleme prozessualer Art sah man daher wohl in den Reihen der Richter des 5. Senats nicht.

Sämtlichen in diesem Zusammenhang ergangenen Entscheidungen mangelt es mithin an einer tragfähigen dogmatischen Auseinandersetzung mit den Anwendungsvoraussetzungen der Unklarheitenregel. Auch im rechtswissenschaftlichen Schrifttum fehlt es bislang an einer grundlegenden Untersuchung zu dieser Problematik. Nicht zuletzt aufgrund der enormen praktischen Bedeutung besteht somit ein hinreichender Anlass, sich der Ausdeutung der Zweifelsregel des § 305 c Abs. 2 im Rahmen einer grundlegenden Untersuchung zu widmen.

Darüber hinaus finden sich auch in der allgemein zivilrechtlichen Literatur bislang lediglich zwei monographische Auseinandersetzungen mit der Unklarheitenregel, die aus den Jahren 1967 und 1983 stammen.[21] Spätestens seit der Integration des AGB-Rechts in den allgemeinen Teil des Schuldrechts ist aber auch hier einiges im Fluss. Als Beispiel sei nur genannt, dass die Rechtsprechung

---

18 BAG v. 18.4.2007 – 4 AZR 652/05, AP Nr. 53 zu § 1 TVG Bezugnahme auf Tarifvertrag.

19 BAG v. 24.9.2008 – 6 AZR 76/07, AP Nr. 11 zu § 305 c BGB.

20 BAG v. 9.11.2005 – 5 AZR 144/05, (juris); BAG v. 9.11.2005 – 5 AZR 128/05, AP Nr. 4 zu § 305 c BGB.

21 Kleinertz, Die Unklarheitenregel bei der Auslegung von Allgemeinen Geschäftsbedingungen und Gesetzen, 1967; Krampe, Die Unklarheitenregel – Bürgerliches und Römisches Recht, 1983.

mittlerweile das Prinzip der kundenfeindlichsten Auslegung, welches ursprünglich für den Verbandsprozess entwickelt wurde, auch im Rahmen des Individualprozesses anwendet.[22] Nicht wenige der bislang umstrittenen Fragen dürften durch die Schuldrechtsreform daher neuen Nährboden erhalten haben. Insbesondere zu nennen ist hier die Frage, ob durch die Integration ins allgemeine Schuldrecht nicht die seit langem von den Vertretern einer verbreiteten Meinung im Schrifttum geforderte Angleichung der Auslegungsmethoden geboten erscheint.[23] Neue Gesichtspunkte sind zudem sicherlich auch durch die Kodifikation des Transparenzgebots in Form einer Transparenzkontrolle in § 307 Abs. 1 S. 2 in die Diskussionen eingeflossen. Gleichzeitig wurden auch neue Probleme geschaffen. Dies zeigt sich besonders deutlich daran, dass das Verhältnis zwischen ebenjener Transparenzkontrolle des § 307 Abs. 1 S. 2 und der Unklarheitenregel des § 305 c Abs. 2 bislang nicht geklärt ist.[24] Hier merkt man dem Gesetz mitunter an, dass vor allem die Vorschriften des AGB-Rechts unter großem Zeitdruck verabschiedet wurden.

Um es mit den Worten Thüsings zu sagen: „Wann der Zweifel anfängt, ist ungewiss. Die contra preferentem-Regel gehört zu den Untiefen des Vertragsrechts. Sie kann zur dominierenden Norm eines neuen AGB-Rechts werden, denn wann ist eine Auslegung schon zweifellos und eindeutig? Der Rechtsprechung des BGH und auch dem kommentierenden Schrifttum ist hier eine Konturierung nur sehr unvollkommen gelungen. “[25]

B) Rechtliche Grundprobleme und Gang der Untersuchung

Der Aufbau der Arbeit gliedert sich inhaltlich im Wesentlichen in zwei Hauptteile: Im ersten, gewissermaßen „allgemeinen“ Teil wird zunächst ein kurzer Überblick zum Sinn und Zweck, der Entstehungsgeschichte bzw. Historie und zum Anwendungsbereich der Unklarheitenregel dargeboten. Orientiert an den Tatbestandsmerkmalen des § 305 c Abs. 2 werden im Anschluss die grundlegenden Weichenstellungen für die Anwendung der Regelung, sowie die damit verbundenen Rechtsfolgen erörtert. Zudem wird der Standort der Regelung im Gesamtkontext des AGB-Rechts umrissen. Anknüpfend an die Ergebnisse des „allgemeinen“ Teils wird im zweiten Teil zunächst die Anwendbarkeit des § 305 c

22 Vgl. dazu unten: Teil 1.D.III.1.b.bb. und Teil 1.D.III. 2.b.
23 Vgl. dazu unten: Teil 1.D.II.2.a.bb.
24 Vgl. dazu unten: Teil 1.E.III.
25 Thüsing, NZA 2006, 473.

Abs. 2 auf Bezugnahmeklauseln erörtert und sodann in einzelnen Fallkonstellationen analysiert und strukturiert.

Im allgemein zivilrechtlichen Teil dieser Arbeit stellen sich vor allem folgende rechtlichen Grundprobleme:

Wie schon der Wortlaut des § 305 c Abs. 2 erahnen lässt, kommt die Vorschrift nur zur Anwendung, wenn Zweifel über die Auslegung von Vertragsklauseln bestehen. Vorrangig sind die Geschäftsbedingungen bzw. die einzelnen Klauseln „lege artes“ auszulegen. Grundlegend klärungsbedürftig für die Untersuchung ist daher zunächst die Methodik der Auslegung Allgemeiner Geschäftsbedingungen (Teil 1.D.II.2). Hier ist zu hinterfragen, ob und ggf. welche Besonderheiten zu beachten sind. Wie schon in der Einleitung angedeutet, könnte die Integration des AGB-Rechts in das allgemeine Schuldrecht möglicherweise einen zusätzlichen Einfluss auf die bisherige Diskussion haben. Insbesondere ist vor diesem Hintergrund fraglich, ob das Postulat von der objektiv einheitlichen Auslegungsdogmatik ohne Berücksichtigung des Einzelfalles weiterhin aufrechterhalten werden kann. Eine weiterer Aspekt im Rahmen dieser grundlegenden Weichenstellung ist die Frage, welche Auslegungsmethoden überhaupt zu berücksichtigen sind und ob gegebenenfalls ein Rangverhältnis innerhalb der einzelnen Methoden feststellbar ist (Teil 1.D.II.2.b.cc). Diesbezüglich ist eine Strukturierung bislang nur sehr unvollkommen gelungen. Ebenso ist in diesem Zusammenhang erörterungsbedürftig, inwieweit bestimmte, nicht ausdrücklich normierte Auslegungsregeln neben der Unklarheitenregel herangezogen werden können, um einer Klausel einen eindeutigen Bedeutungsgehalt zuzumessen (Teil 1.D.II.2.c). Diese Fragestellung ist insbesondere im Hinblick auf die Normierung der Transparenzkontrolle und die möglicherweise damit verbundenen höheren Anforderungen an die Erkennbarkeit einzelner Auslegungsmethoden zu untersuchen. Abzugrenzen ist die Unklarheitenregel vom Institut der ergänzenden Vertragsauslegung, wobei hier schon fraglich ist, ob eine solche überhaupt bei Allgemeinen Geschäftsbedingungen zulässig ist (Teil 1.D.II.2.d).

Auf der Rechtsfolgenseite ist vor allen Dingen problematisch, wonach sich bestimmt, wie eine Auslegung zu Lasten des Verwenders zu erfolgen hat (Teil 1.D.III). Einerseits geht es hier um den Wertungsmaßstab. Hier ist fraglich, ob es auf die konkrete oder auf die abstrakte (typische) Situation ankommt, d.h. ob die Umstände des Einzelfalles zu berücksichtigen sind und ob die Günstigkeit sich nach objektiven Kriterien oder nach der subjektiven Sicht des Bertoffenen richtet. Andererseits ist die Vorgehensweise der Ermittlung der kundengünstigeren Auslegungsalternative erörterungsbedürftig und hier insbesondere, ob das Ergebnis einer hypothetischen Inhaltskontrolle zu berücksichtigen ist.

Wie bereits in der Einleitung angedeutet, ist daneben vor allem das Verhältnis zwischen der Unklarheitenregel und der Transparenzkontrolle des § 307 Abs. 1

S. 2 unklar (Teil 1.E.III). Auch hier ist weder der Rechtsprechung noch dem Schrifttum eine dogmatisch und praktisch überzeugende Abgrenzung gelungen. In diesem Zusammenhang ist § 305 c Abs. 2 aber auch von den sonstigen Regelungen des AGB-Rechts, die unklare Formulierungen potenziell sanktionieren, abzugrenzen (Teil 1.E.). Zu nennen ist hier insbesondere die Einbeziehungskontrolle.

Bei der Untersuchung der Bedeutung der Unklarheitenregel für die Auslegung arbeitsvertraglicher Bezugnahmeklauseln ist sich vor allen Dingen folgenden Aspekten zu widmen:

Entsprechend der Bedenken des 6. Senats ist zunächst grundlegend erörterungsbedürftig, inwieweit die Unklarheitenregel überhaupt auf arbeitsvertragliche Bezugnahmeklauseln anwendbar ist (Teil 2.B.II). Hier ist insbesondere zu klären, ob nicht doch ein Günstigkeitsurteil gefällt werden kann, bzw. wenn nicht, ob und wie der Geltungsanordnung der Unklarheitenregel dennoch gefolgt werden kann bzw. muss (Teil 2 B.II.1). Ähnlich der Problematik beim Günstigkeitsprinzip bzw. Günstigkeitsvergleich ist nicht klar, ob einzelne Teilregelungen oder nur bestimmte Sachgruppen, einzelne Tarifverträge oder gar nur gesamte Regelungswerkemiteinander verglichen werden können, wobei allerdings gerade bei letzterem die Rechtsprechung einer Vergleichbarkeit skeptisch gegenüber steht. Unter Umständen noch komplizierter kann sich die Situation darstellen, wenn die Reichweite der Bezugnahmeklausel in zeitlicher Hinsicht unklar ist (Teil 2 B.II.1). Es stellt sich dann nämlich die Frage, wie in diesem Fall ein Günstigkeitsvergleich anzustellen ist, wenn im ersten Jahr die eine (dynamische) Sichtweise der Bezugnahmeklausel positiver ist, im Jahr darauf aber aufgrund einer zwischenzeitlichen Verschlechterung möglicherweise die andere (statische) positiver ist.

Zudem stellt sich natürlich stets die Frage, ob die Zweifelsregelung bei sorgfältiger Subsumtion in bestimmten Konstellationen überhaupt anwendbar ist, d.h. ob überhaupt Zweifel vorliegen (Teil 2 B.III). Hier ist im Einzelfall zu untersuchen, wie sich die Sachlage darstellt. Als besondere Problemfälle sind hier etwa der Wechsel vom BAT zum TVöD, die Anwendbarkeit eines Sanierungstarifvertrages beim kleinen dynamischen Verweis lediglich auf Branchentarifverträge, aber natürlich auch die Rechtsprechung zur Gleichstellungsabredezu nennen. Insbesondere nachdem der Grundsatz der Tarifeinheit vom BAG[26] aufgegeben wurde, könnte der Unklarheitenregel ein erheblicher Zuwachs an Bedeutung zukommen, da mitunter auf einmal mehrere Tarifverträge im Betrieb existieren könnten, in der Regel aber zumindest beim kleinen dynamischen sowie beim gro-

26 BAG v. 7.7.2010 – 4 AZR 549/08, NZA 2010, 1068 ff.; BAG v. 7.7.2010 – 4 AZR 537/08, (juris); vgl. auch BAG v. 23.6.2010 – 10 AS 2/10, NZA 2010, 778.

ßen dynamischen Verweis keine ausdrückliche Regelung aufgenommen wurde, welcher Tarifvertrag in diesem Fall gelten soll. Besonders anfällig für Unklarheiten sind auch Bezugnahmen, die lediglich auf einer stillschweigenden betrieblichen Übung basieren.

Darüber hinaus können nicht die Bezugnahmeklausel selbst, sondern auch Regelungen im in Bezug genommenen Objekt unklar sein (Teil 2.B.IV). Vor dem Hintergrund der Richtigkeitsgewähr und der Tatsache, dass Tarifverträge gemäß § 310 Abs. 4 S. 3 von der AGB-Kontrolle freigestellt sind, ist daher fraglich, ob die Unklarheitenregel bei der Auslegung des in Bezug genommene Tarifvertrags überhaupt zur Anwendung kommen kann. In diesem Rahmen nicht abschließend geklärt ist auch, wie zu entscheiden ist, wenn zwar die Bezugnahmeklausel selbst eindeutig ist, der Tarifvertrag aber seinerseits eine zweideutige Verweisklausel enthält.

Bei den hier angesprochenen spezifisch arbeitsrechtlichen Problemen ist zudem zu berücksichtigen, dass aufgrund der Vorschrift des § 310 Abs. 4 S. 2 sämtliche Ergebnisse unter dem Vorbehalt der hinreichenden Beachtung arbeitsrechtlicher Besonderheiten stehen. Die wichtigste Frage für die Praxis dürfte sein, wie man in Zukunft Bezugnahmeklauseln „unklarheitenregelfest“ zu formulieren hat. Hierauf soll unter Berücksichtigung der Ergebnisse am Ende eine Antwort gegeben werden (Teil 2.B.VII).

Teil 1: Die Unklarheitenregel im allgemeinen Zivilrecht

A) Historische Entwicklung der Unklarheitenregel und Entstehungsgeschichte

Wie in der Einleitung bereits angedeutet, kann die Unklarheitenregel auf eine lange Tradition zurückblicken. Im römischen Recht wurde sie gegen den Stipulatorverwendet (*ambiguitas contra stipulatorem, quia clarius loqui potuisset*).[27] Dies betraf Geschäfte, in denen der Stipulator als Gläubiger die mündliche Frage formulierte, ob der Schuldner verspreche eine bestimmte Leistung zu erbringen. Im Einklang mit den allgemeinen Grundsätzen der Rechtsgeschäftsauslegung im römischen Recht erfolgte die Auslegung der Stipulation in erster Linie nach dem Sinn für beide Parteien, dem *„id quod actum est"*.[28] Dabei wird auf den allgemeinen Bedeutungsgehalt der Worte und die Umstände ihrer Entstehung zurückgegriffen. Drückte der Stipulator sich missverständlich aus, ging dies zu seinen Lasten. Begründet wurde die Regel damit, dass es dem Stipulator freigestanden habe, sich klarer zu fassen.[29] Eine ähnliche Regel war daneben auch zur Auslegung von Nebenabreden bei einem Kaufvertrag und einigen anderen schuldrechtlichen Verträgen bekannt (*ambiguum pactum contra venditorem et locatorem*). Auch unklare Nebenabreden wurden also gegen den Verkäufer bzw. Vermieter etc. ausgelegt.

Im Mittelalter wurde der Grundgedanke dann verallgemeinert. Nach der Lehre der Glosse sollten Zweifel bei der Auslegung generell zu Lasten derjenigen Vertragspartei gehen, die den Vertragstext vorgelegt hat (*in dubio contra preferentem*).[30] Später wurde die Regel allerdings insbesondere von Bartolus wieder restriktiv dahingehend modifiziert, dass eine mehrdeutige Klausel gegen denjenigen auszulegen sei, in dessen Interesse sie dem Vertrag hinzugefügt worden sei.[31]

---

27 Einen ausführlichen Überblick liefert Krampe, S. 11 ff.; vgl. auch HKK/Vogenauer, §§ 305-310, Rn. 13 ff.; Honsell, JA 1985, 260 ff.; Troje, S. 93 ff.; Wacke, JA 1981, 666.

28 HKK/Vogenauer, §§ 305-310, Rn. 14.

29 HKK/Vogenauer, §§ 305-310, Rn. 15.

30 Corpus Glossatorium Iuris Civilis VII (Turin 1969 Bl. 43), Glosse legem zu D.2, 14, 39; HKK/Vogenauer, §§ 305-310, Rn. 17; Krampe, S. 14; Troje, S. 98.

31 Krampe, S. 14 unter Verweis auf: Bartolus a Saxoferrato, D2, 14, 39; vgl. auch Troje, S. 100 Anm. 16.

In der Pandektistik des 18. und 19. Jahrhunderts wurde die Unklarheitenregel dann wieder im ursprünglichen Sinne als Auslegung gegen denjenigen verstanden, der klarer hätte sprechen können (*interpretatio contra eum qui clarius loqui potuit*).[32] Hier taucht bereits explizit der Gedanke auf, dass die Auslegung eine Sanktion für das schuldhafte Verhalten des Verwenders ist, bzw. dass der Verwender die Verantwortung für seine Formulierungen zu tragen habe.[33] In der gemeinrechtlichen Lehre wird die Subsidiarität der Regel besonders betont, d. h. dass die interpretatio contra preferentem Lehre nur im Zweifel in Betracht kommt, wenn weder bewiesen werden konnte, was vereinbart war, noch insoweit eine Wahrscheinlichkeitsvermutung aufgestellt werden konnte.[34]

Sowohl das Preußische Allgemeine Landrecht, als auch der französische Code civil sowie das Österreichische Allgemeine Bürgerliche Gesetzbuch enthielten Unklarheitenregeln.[35] Auch das Sächsische BGB, der Bayrische und der Dresdener Entwurf sahen derartige Bestimmungen vor. Hervorzuheben ist, dass in den Normen des Preußischen Allgemeinen Landrechts, des Sächsischen Bürgerlichen Gesetzbuches, sowie des Bayrischen und Dresdener Entwurfs darauf abgestellt wurde, dass die Auslegung zu Lasten desjenigen erfolgen soll, der weitergehende Vorteile durch seine Formulierung erstrebt. Hier ist eine deutliche Restriktion im Sinne von *Bartolus*[36] zu bemerken. Es war also mehr erforderlich, als die bloße Zweideutigkeit.

Die Unklarheitenregel hat über die Jahrhunderte mithin durchaus unterschiedliche Ausprägungen erhalten.[37] Mal wurde sie gegen den Formulierer, mal allgemein gegen den Gläubiger und mal zu Gunsten des geringstmöglichen Umfangs der Verpflichtung angewendet. Ein einheitlicher Gehalt der Unklarheitenregel lässt sich damit zumindest soweit Detailfragen betroffen sind, kaum ausmachen.

In das Bürgerliche Gesetzbuch von 1896 wurde entgegen der langen Tradition keine allgemeine Unklarheitenregel aufgenommen.[38] Nach Ansicht des Gesetzgebers sei mit der Aufstellung und Kodifikation allgemeiner Auslegungsregeln „wenig geholfen".[39] Unabhängig von dieser Nichtberücksichtigung war die Regel im Bereich der Allgemeinen Geschäftsbedingungen aber auch schon vor der Ver-

32 Krampe, S. 14 Anm. 18.

33 HKK/Vogenauer, §§ 305-310, Rn. 20, 21; v. Savigny, S. 193.

34 Krampe, S. 15.

35 Krampe, S. 15 f..

36 Krampe, S. 14 unter Verweis auf: Bartolus a Saxoferrato, D2, 14, 39, Troje, S. 100 Anm. 16.

37 Zu diese Fazit gelangt auch: HKK/Vogenauer, §§ 305-310, Rn. 25.

38 Zu den diesbezüglichen Auseinandersetzungen vgl.: HKK/Vogenauer, §§ 305-310, Rn. 29.

39 Mugdan, S. 437 f..

abschiedung des AGBG allgemein anerkannt.[40] Schon in ganz frühen Entscheidungen bediente sich das Reichsgericht der gemeinrechtlichen Auslegungsregel „contra eum qui clarus loqui debuit".[41]

Im Jahre 1976 wurde die Zweifelsregelung gegen den Widerspruch der Bundesregierung in § 5 AGBG aufgenommen.[42] Die Kritik bezog sich vor allem darauf, dass bei einer isolierten Normierung der Unklarheitenregel die Gefahr bestehe, dass das Subsidiaritätsverhältnis zu den übrigen Auslegungsregeln nicht hinreichend beachtet würde.[43] Dies sei gesetzestechnisch verfehlt, denn damit würde nicht nur lediglich eine von mehreren Auslegungsmethoden ins Gesetz übernommen, sondern auch noch die Nachrangige. Zudem wurde befürchtet, dass dies der gewünschten offenen Inhaltskontrolle hinderlich sein könne. Der Gesetzgeber wollte aber durch die Normierung sicherstellen, dass bei der Auslegung von AGB nicht die allgemeinen Regelungen hinsichtlich der Risikoverteilung bei Individualverträgen gelten.[44] Trotz der Bedenken sah er es daher als wichtiger an, die Risikoverteilung zu Lasten des AGB-Verwenders ausdrücklich festzuschreiben.[45] Zudem versprach er sich einen zusätzlichen Anreiz für potentielle AGB-Verwender, sich in Zukunft klarer auszudrücken.[46] Obwohl eine Bereichsausnahme für das Arbeitsrecht durch § 23 Abs. 1 AGBG bestand, ließ sich die Rechtsprechung nicht davon abhalten, mehrdeutige, einseitig gestellte arbeitsvertragliche Regelungen im Sinne der Unklarheitenregel auszulegen.[47]

Im Zuge der Schuldrechtsreform wurde die Norm schließlich ins BGB übernommen. Der Wortlaut selbst blieb unverändert. Durch die in § 310 Abs. 4 S. 2 enthaltene Erstreckung der AGB-Kontrolle auf das Arbeitsrecht wurde der Anwendungsbereich nun aber auch „in formeller Hinsicht" erweitert.

---

40 RG v. 10.1.1928 – VII 462/27, RGZ 120, 18, 20; RG v. 19.6.1934 – VII 72/34, RGZ 145, 21, 26; BGH v. 12.2.1952 – I ZR 96/51, BGHZ 5, 111, 115; Krampe, S. 21.

41 RG v. 9.10.1882 – I 343/82, RGZ 10, 158, 160; RG v. 4.5.1887 – I 87/87, RGZ 18, 142, 143.

42 BT-Drucks. 7/3919, S. 60;BT-Drucks. 7/5422, S. 5; vgl. dazu ferner Honsell, JA 1985, 260.

43 BT-Drucks. 7/3919, S. 60.

44 BT-Drucks. 7/5422, S. 5.

45 BT-Drucks. 7/5422, S. 5.

46 BT-Drucks. 7/5422, S. 5.

47 BAG v. 27.1.1998 – 3 AZR 444/96, AP Nr. 38 zu § 1 BetrAVG Unterstützungskassen; BAG v. 14.6.1995 – 10 AZR 25/94 – AP Nr. 176 zu § 611 BGB Gratifikation; BAG v. 18.9.1991 – AP Nr. 14 zu § 339 BGB; BAG v. 12.2.1985 – 3 AZR 183/83, AP Nr. 12 zu § 1 BetrAVG; BAG v. 21.2 1984 – 3 AZR 442/81, (juris); BAG v. 25.5.1973 – 3 AZR 405/72 – AP Nr. 160 zu § 242 BGB Ruhegehalt; BAG v. 27.6.1969 – 3 AZR 297/68, AP Nr 2 zu § 242 BGB Ruhegehalt-VBL; siehe hierzu auch den Überblick bei ErfK/Preis, (6. Auflage), §§ 305-310 BGB Rn. 34 m.w.N.; Erman/Hanau, (10. Auflage), § 611 Rn. 257; Palandt/Putzo, (60. Auflage), Einf. v. § 611 Rn. 75 c.; vgl. auch Soergel/Wolf, (12. Auflage), § 157 Rn. 59; ders., RdA 1988, 270, 276, der darüber hinaus bei Vorliegen „besonderer Anhaltspunkte" eine Anwendung auch bei Individualvereinbarungen forderte.

Auf Ebene des Europarechts normiert auch Art. 5 S. 2 der Richtlinie 93/13/EWG für den Verbrauchervertrag, dass „bei Zweifeln über die Bedeutung einer Klausel die für den Verbraucher günstigtste Auslegung gilt".

B) Sinn und Zweck der Regelung

Der Sinn und Zweck der Unklarheitenregel ist zumindest in den Grundzügen heutzutage weitgehend unumstritten:

In erster Linie besteht er darin, dem Vertragspartner eines Verwenders von Allgemeinen Geschäftsbedingungen den Nachteil auszugleichen, der ihm dadurch entsteht, dass die Vertragsbedingungen einseitig, d. h. in der Regel ohne Änderungs- und Verhandlungsmöglichkeit gestellt sind.[48] In dieser Funktion stellt § 305 c Abs. 2 eine Auslegungsregel bzw. Auslegungshilfe dahingehend auf, dass im Zweifel der Verwender das Risiko der mehrdeutigen Klausel zu tragen hat.[49] Der Verwender trägt die Verantwortung für den Inhalt der von ihm verwendeten vorformulierten Klauseln, da er auch die Vertragsgestaltungsfreiheit für sich in Anspruch nimmt.[50]

Oft ist daneben auch die Funktion erwähnt, dass durch die Sanktion der Zweifelsregelung der Verwender im Sinne eines Transparenzgebotes einen positiven Anreiz erhalten soll, sich bei der Erstellung seiner AGB deutlicher auszudrücken.[51]

---

48 Bamberger/Roth-Schmidt, § 305 c Rn. 34; Däubler/Dorndorf/Bonin/Deinert-Däubler, § 305 c Rn. 24; Fehl, Systematik des AGB-Rechts, S. 101; Gotthard, ZIP 2002, 277; 281; Knütel, JR 1981, 221, 224; Mroch, Zum Kampf gegen die unlauteren Geschäftsbedingungen, S.18; Palandt/Heinrichs, (64. Auflage), § 305 c Rn. 18; Palandt/Grüneberg, § 305 c Rn. 18; Roth, WM, 1991, 2085; Schmidt-Salzer, AGB, S. 158; Staudinger/Schlosser, § 305 c Rn. 101; Stoffels, Rn. 365; Ulmer/Brandner/Hensen-Ulmer, § 305 c Rn. 61; Wacke, JA 1981, 667 f.; ausführlich zur Entwicklung: HKK/Vogenauer, §§ 305-310, Rn. 31ff.

49 BT-Drucks. 7/5422, S. 5; Honsell, JA 1985, 260, 262; Roth, WM 1991, 2085; Stoffels, Rn. 365; Wacke, JA 1981, 666, 668.

50 BGH v. 17.3.1999 – IV ZR 218/97, BGHZ 141, 153, 154 f.; BGH v. 26.10.1977 – VIII ZR 197/75, WM 1978, 10, 11; OLG Düsseldorf v. 13.10.1988 – 8 U 232/87, NJW-RR 1990, 821; in der Literatur auch: Bamberger/Roth-Schmidt, § 305 c Rn. 34; BeckOK/Jacobs, § 305 c Rn. 23; Knütel, JR 1981, 221; 224; Palandt/Heinrichs, (64.Auflage), § 305 c Rn. 18; Palandt/Grüneberg, § 305 c Rn. 18; Rüßmann, BB 1987, 843, 845; Schmidt-Salzer, AGB, S. 158; Soergel/Stein, § 5 AGBG Rn. 1; Staudinger/Schlosser, § 305 c Rn. 10; Stoffels, Rn. 365; Ulmer/Brandner/Hensen-Ulmer, § 305 c Rn. 61; Wacke, JA 1981, 667; Wolf//Lindacher/Pfeiffer-Lindacher,§ 305 c Rn. 24.

51 So insbesondere der Gesetzgeber in BT-Drucks. 7/5422, S. 5; aber auch: Däubler/Dorndorf/Bonin/Deinert-Däubler, § 305 c Rn. 24; Ulmer/Brandner/Hensen-Ulmer, § 305 c Rn. 61; Wolf//Lindacher/Pfeiffer-Lindacher, § 305 c Rn. 24.

Nicht selten wird zudem erwähnt, dass die Unklarheitenregel die Gesamtnichtigkeit eines Vertrages verhindern solle.[52] Ohne die Anordnung des § 305 c Abs. 2 würden beide Vertragsparteien aufgrund der Vorschrift bezüglich des Dissenses(§ 155) für objektiv mehrdeutige Vertragsabreden das Risiko der Gesamtnichtigkeit des Vertrages tragen. Da der Verwender aber einseitig die Vertragsgestaltungsfreiheit für sich in Anspruch nehme, sei es gerechtfertigt, ihm abweichend von der Regelung des Interessenkonfliktes durch § 155 das Risiko der Mehrdeutigkeit aufzubürden.[53] Einige Vertreter des Schrifttums sind in diesem Zusammenhang überdies der Auffassung, dass die Unklarheitenregel den Rechtsanwender von der Notwendigkeit der Lückenfüllung durch dispositives Recht und ergänzende Vertragsauslegung entbinde.[54]

Als Schutznorm zu Gunsten der Verwendergegenseite ist die Unklarheitenregel zwingenden Rechts, sie kann daher nicht abbedungen werden.[55] Die Anfechtung der gemäß § 305 c Abs. 2 mit ihrem kundenfreundlichsten Gehalt wirkenden Klausel wegen Inhaltsirrtums nach §§ 142 Abs. 1, 119 Abs.1 Alt. 1 ist dem Verwender daher konsequenterweise zu verwehren.[56]

Der Unklarheitenregel wohnt somit eine Schutz-, eine Ausgleichs- und eine Präventionsfunktion inne.[57] Die genaue Reichweite der jeweiligen Funktion kann freilich im Einzelnen erst später an den betreffenden Stellen bestimmt werden.

---

52 Honsell, JA 1985, 260, 261; MünchKomm/Basedow, § 305c Rn. 28; MünchKomm/Kramer, § 155 Rn. 6; Raiser, AGB, S. 260, 262; Roth, WM 1991, 2085; Sambuc, NJW 1981, 313; Soergel/Wolf, § 155 Rn. 9; Staudinger/Bork, § 155 Rn. 12; Staudinger/Schlosser, § 305 c Rn. 101; Stoffels, Rn. 365; Ulmer/Brandner/Hensen-Ulmer, § 305 c Rn. 61.

53 Honsell, JA 1985, 260, 261; MünchKomm/Basedow, § 305c Rn. 28; zu § 155: MünchKomm/Kramer, § 155 Rn. 6; Raiser, AGB, S. 260, 262; Roth, WM 1991, 2085; Sambuc, NJW 1981, 313; Soergel/Wolf, § 155 Rn. 9; Staudinger/Bork, § 155 Rn. 12; Staudinger/Schlosser, § 305 c Rn. 101; Stoffels, Rn. 365; Ulmer/Brandner/Hensen-Ulmer, § 305 c Rn. 61.

54 MünchKomm/Kötz, (3. Auflage), § 5 AGBG Rn. 6; MünchKomm/Kramer, § 155 Rn. 6; Roth, WM 1991, 2085; Rüßmann, BB 1987, 843, 845; insoweit wiedersprüchlich MünchKomm/Basedow, § 305c Rn. 28, da er an anderer Stelle eine ergänzende Vertragsauslegung ausdrücklich zulassen will; a.A.: Für einen Vorrang der ergänzenden Vertragsauslegung:Henssler/Heiden, Anmerkung zu BAG v. 19.3.2003 – 4 AZR 331/02, RdA 2004, 241, 244; dem zustimmend auch Willemsen, S. 131; ausführlich zu dieser Problematik: siehe unten: Teil 1.D.II.2.d.

55 BGH v. 17.3.1999 – IV ZR 218/97, BGHZ 141, 153, 154 f.; Stoffels, Rn. 369; Wolf/Lindacher/Pfeiffer-Lindacher, § 305 c Rn. 124.

56 Staudinger/Schlosser, § 305 c Rn. 101.

57 Vgl. auch Knütel, JR 1981, 221, 224.

C) Standort im Gesamtkontext des AGB-Rechts – ein kurzer Überblick

I. Die Unklarheitenregel als Auslegungsregel und ihr Verhältnis zur Inhaltskontrolle

Nach allgemeiner Meinung ist die Unklarheitenregel als Auslegungsregel grundsätzlich der Inhaltskontrolle der §§ 307 ff. vorgeschaltet.[58] Die Auslegung dient lediglich der Ermittlung derjenigen Bedeutung einer Klausel, die letztlich einer Inhaltskontrolle zu Grunde zu legen ist. Dies folgt schon aus Gründen der Logik.[59] Denn rechtlich kann nur etwas bewertet werden, was zuvor tatbestandlich genau fixiert worden ist. Erst in einem zweiten Schritt geht es um die Frage, ob die geschaffene Regelung einer Inhaltskontrolle standhalten kann.[60] Allerdings beachtet die Rechtsprechung diesen Vorrang mitunter – systemwidrig – nicht immer: Es kommt vor, dass sie die Auslegung dahinstehen lässt, vorzeitig abbricht oder auch die Unklarheitenregel überspringt um sogleich auf die Transparenzkontrolle zu sprechen zu kommen.[61] Eine solche Vorgehensweise kann nur soweit zulässig sein, als das Ergebnis alternativ begründet wird. Das Auslegungsergebnis kann daher dahinstehen, wenn beide Auslegungsmöglichkeiten zum selben Ergebnis kommen.[62] Jedenfalls wird aber der früher beschrittene Weg einer verdeckten Inhaltskontrolle durch ausufernde, an Billigkeitserwägungen geknüpfte Auslegungspraktiken heute allgemein abgelehnt.[63] Aufgrund der mittler-

---

58 BGH v. 23.6.2004 – IV ZR 130/03, NJW 2004, 2589, 2590; BGH v. 10.2.1999 – IV ZR 324/97, NJW 1999, 1633, 1634; BGH v. 2.3.1994 – IV ZR 109/93, NJW 1994, 1534 ff.; Bamberger/Roth-Schmidt, § 305 c Rn. 35; Belke, JA 1988, 475, 484; Fastrich, Inhaltskontrolle, S. 21 ff.; Lange, ZGS 2004, 208; Larenz/Wolf, AT, § 43 Rn. 30; Leenen, AcP 188, 386 ff.; Roth, WM 1991, 2125, 2134; Staudinger/Schlosser, § 305 c Rn. 105; Stoffels, Rn. 358; Ulmer/Brandner/Hensen-Fuchs, Vorb. v. § 307 Rn. 13; Wacke, JA 1981, 666, 668; Wolf/Lindacher/Pfeiffer-Lindacher, § 305 c Rn. 102; Wolf/Lindacher/Pfeiffer-Wolf, § 307 Rn. 48.

59 Stoffels, Rn. 358; Staudinger/Schlosser, § 305 c Rn. 105; Wolf/Lindacher/Pfeiffer-Lindacher, § 305 c Rn. 102.

60 BGH v. 23.6.1993 – IV ZR 135/92, NJW 1993, 2369;Fastrich, Inhaltskontrolle, S. 21 ff.; Larenz/Wolf, AT, § 43 Rn. 30; Leenen, AcP 188, 386 ff.; Staudinger/Schlosser, § 305 c Rn. 105; Stoffels, Rn. 358.

61 BGH v. 24.3.1999 – IV ZR 90/98, VersR 1999, 710, 711; BGH v. 24.11.1988 – III ZR 188/87, NJW 1989, 222, 223 f.; BGH v. 23.3.1988 – VIII ZR 58/87, NJW 1988, 1726 ff..

62 Wolf/Lindacher/Pfeiffer-Lindacher, § 305 c Rn. 103.

63 BGH v. 23.6.2004 – IV ZR 130/03, NJW 2004, 2589, 2590; BGH v. 10.2.1999 – IV ZR 324/97, NJW 1999, 1633, 1634; BGH v. 2.3.1994 – IV ZR 109/93, NJW 1994, 1534 ff.; Bamberger/Roth-Schmidt, § 305 c Rn. 35; Belke, JA 1988, 475, 484; Fastrich, Inhaltskontrolle, S. 21 ff.; Lange, ZGS 2004, 208; Larenz/Wolf, AT, § 43 Rn. 30; Leenen, AcP 188,386

weile umfassend geregelten Schutznormen der Inhaltskontrolle ist eine dementsprechende Auslegung nicht mehr erforderlich.

II. Die Unklarheitenregel als Ausprägung des Transparenzgebots

Wie bereits angesprochen, steht hinter der Unklarheitenregel nicht nur der „Verantwortungsgedanke“ sondern auch das Transparenzgebot.[64] Das Transparenzgebot ist eine übergreifende, grundsätzliche Obliegenheit des Verwenders entsprechend den Grundsätzen von Treu und Glauben, die von ihm einseitig gestellten Regelungen für den Vertragspartner möglichst klar und verständlich bzw. durchschaubar zu gestalten.[65] Dabei kommt es nicht nur darauf an, dass eine Klausel in ihrer Formulierung für den durchschnittlichen Vertragspartner verständlich ist. Vielmehr gebieten Treu und Glauben auch, dass die Klausel die wirtschaftlichen Nachteile und Belastungen soweit erkennen lässt, wie dies nach den Umständen gefordert werden kann. Die Umschreibung muss dabei so klar sein, dass ungerechtfertigte Auslegungsspielräume, die der Verwender für sich nutzen könnte, nicht bleiben.[66] Der Verschleierung, die zur Unangemessenheit führt, soll entgegengewirkt werden.[67]

---

ff.; Roth, WM 1991, 2125, 2134; Staudinger/Schlosser, § 305 c Rn. 105; Stoffels, Rn. 358; Ulmer/Brandner/Hensen-Fuchs, Vorb. v. § 307 Rn. 13; Wacke, JA 1981, 666, 668; Wolf/Lindacher/Pfeiffer-Lindacher, § 305 c Rn. 102; Wolf/Lindacher/Pfeiffer-Wolf, § 307 Rn. 48.

64 So insbesondere der Gesetzgeber in BT-Drucks. 7/5422, S. 5; aber auch: Däubler/Dorndorf/Bonin/Deinert-Däubler, § 305 c Rn. 24; Staudinger/Coester, § 307 Rn. 171; Ulmer/Brandner/Hensen-Fuchs, § 307 Rn. 323; Ulmer/Brandner/Hensen-Ulmer, § 305 c Rn. 61; Wolf//Lindacher/Pfeiffer-Lindacher, § 305 c Rn. 24;Wolf/Lindacher/Pfeiffer-Wolf, § 307 Rn. 235.

65 Grundlegend BGH v. 24.11.1988 – III ZR 188/87, BGHZ 106, 42, 49; BGH v. 17.1.1989 – XI ZR 54/88, BGHZ 106, 259, 264 f. = Wertstellungsurteil; seitdem ständige Rechtsprechung: BGH v. 30.9.2009 – IV ZR 47/09, (juris); BGH v. 30.4.2008 – IV ZR 241/04, NJW-RR 2008, 458 ff.; BGH v. 12.6.2001 – XI ZR 274/00, NJW 2001, 2635, 2636; BGH v. 9.5.2001 – IV ZR 138/99, NJW 2001, 2012, 2013; BGH v. 24.3.1999 – IV ZR 90/98, BGHZ 141, 137, 143; BGH v. 8.11. 1997 –IV ZR 220/96, BGHZ 136, 394, 401; BGH v. 5.11.1991 – XI ZR 246/90, NJW 1992, 180 f.; BGH v. 30.4.1991 – XI ZR 223/90, NJW 1991, 1889; vgl. auch die Nachweise bei Staudinger/Coester, § 307 Rn. 170, ausführlich zum Begriff des Transparenzgebots: Joppich, S. 11.

66 BGH v. 20.7.2005 – VIII ZR 121/04, NJW-RR 2005, 1496, 1498; BGH v. 3.3.2004 – VIII ZR 149/03, NJW 2004, 1738.

67 Wolf/Lindacher/Pfeiffer-Wolf, § 307 Rn. 235.

Häufig wird auch die Vorschrift des § 307 Abs. 1 S. 2 als Transparenzgebot bezeichnet.[68] Sicherlich ist sie auch diejenige Norm, an der die generelle Obliegenheit am deutlichsten zu Tage tritt. Um Missverständnisse zu vermeiden erscheint es allerdings ratsam, hinsichtlich der Begrifflichkeiten zwischen dem allgemeinen Transparenzgebot im Sinne der Obliegenheit des Verwenders, sich deutlich auszudrücken und der konkreten Transparenzkontrolle im Sinne des § 307 Abs. 1 S. 2 als Vorschrift der Inhaltskontrolle zu unterscheiden.[69]

Auch wenn der Sache nach auch in einigen früheren Entscheidungen[70] die Unwirksamkeit von Klauseln auf eine mangelnde Durchschaubarkeit der Formulierung gestützt wurde, gelten gemeinhin die zwei Urteile des BGH aus dem Jahre 1988 als Ursprung des Transparenzgebots und damit der Transparenzkontrolle.[71] Im sog. Annuitätendarlehensurteil hat der BGH die Auffassung vertreten, dass eine Klausel, die an sich inhaltlich angemessen ist, dann gegen § 9 AGBG verstößt, wenn den Kunden des AGB-Verwenders die preiserhöhende oder sonst benachteiligende Wirkung der Klausel erst nach intensiver Beschäftigung mit ihr oder aufgrund ergänzender Auskünfte deutlich wird.[72] Treu und Glauben verpflichten nach Ansicht des BGH den AGB-Verwender, die Rechte und Pflichten seiner Vertragspartner möglichst klar und durchschaubar darzustellen. Dieser Standpunkt wurde im Wertstellungsurteil erstmals bestätigt und ist seitdem ständige Rechtsprechung.[73]

Diese deutsche Rechtspraxis hat Eingang in die Richtlinie 93/13/EWG gefunden. Auf eine Umsetzung der Richtlinie verzichtete der deutsche Gesetzgeber allerdings zunächst, weil er den Transparenzgedanken bereits im geltenden Recht hinreichend verankert sah, nicht nur im Hinblick auf richterrechtlich zu § 9 entwickelten Grundsätze, sondern auch wegen einer Reihe von anderen gesetzlichen

---

68 Exemplarisch: MünchKomm/Kieninger, § 307 Rn. 51 ff.; Ulmer/Brandner/Hensen-Fuchs, § 307 Rn. 323 ff.; Wolf/Lindacher/Pfeiffer-Wolf, § 307 Rn. 235 ff..

69 Hierauf weist auch Lange, ZGS 2004, 208, Fn.1. zutreffend hin.

70 Vgl. etwa BGH v. 23.03.1988 – VIII ZR 58/87, NJW 1988, 1726 ff.; BGH v. 22.01.1986 – VIII ZR 318/84, BGHZ 97, 65 ff.; BGH v. 29.09.1983 – VII ZR 225/82, NJW 1984, 171 ff..

71 BGH v. 24.11.1988 – III ZR 188/87, BGHZ 106, 42, 49 ff. auch als Annuitätendarlehensurteil bezeichnet; BGH v. 17.1.1989 – XI ZR 54/88, BGHZ 106, 259, 264 f. = Wertstellungsurteil; vgl. auch BGH v. 10.7.1990 – XI ZR 275/89, BGHZ 112, 115.

72 BGH v. 24.11.1988 – III ZR 188/87, BGHZ 106, 42, 49.

73 BGH v. 17.1.1989 – XI ZR 54/88, BGHZ 106, 259, 264 fBGH v. 10.7.1990 – XI ZR 275/89, BGHZ 112, 115 ff.; BGH v. 30.09.2009 – IV ZR 47/09, (juris); BGH v. 30.04.2008 – IV ZR 241/04, NJW-RR 2008, 458 ff.; BGH v. 12.6.2001 – XI ZR 274/00, NJW 2001, 2635, 2636; BGH v. 9.5.2001 –IV ZR 138/99, NJW 2001, 2012, 2013; BGH v. 24.3.1999 – IV ZR 90/98, BGHZ 141, 137, 143; BGH v. 8.11. 1997 –IV ZR 220/96, BGHZ 136, 394, 401; BGH v. 5.11.1991 – XI ZR 246/90, NJW 1992, 180 f.; BGH v. 30.4.1991 – XI ZR 223/90, NJW 1991, 1889.

Vorschriften (§ 2 Abs. 1 Nr. 2 AGBG (heute § 305 Abs. 2 Nr. 2), § 3 AGBG (heute § 305 c Abs. 1), § 5 AGBG (heute § 305 c Abs. 2)), in denen das Transparenzgebot zum Ausdruck gekommen ist.[74] Nach der Entscheidung des EuGH „Kommision/Niederlande" genügte eine Umsetzung des Transparenzgebotes durch Rechtsprechungsgrundsätze allerdings nicht mehr.[75] Daher sah sich der Gesetzgeber gezwungen, die gewohnheitsrechtlichen Grundsätze zur Transparenzkontrolle in § 307 Abs. 1 S. 2 in das geschriebene Gesetz aufzunehmen. Eine inhaltliche Änderung der bisher von der Rechtsprechung zur Transparenzkontrolle entwickelten Grundsätze sollte mit der Neuregelung nicht verbunden sein.[76] Klargestellt wurde aber immerhin, dass auch Preisklauseln und Leistungsversprechen einer Transparenzkontrolle zu unterziehen sind.[77]

Wie das Verhältnis zwischen Unklarheitenregel und Transparenzkontrolle im Einzelnen ausgestaltet ist, soll allerdings erst erörtert werden, nachdem die Voraussetzungen der Unklarheitenregel hinreichend untersucht wurden.[78]

D) Tatbestand des § 305 c Abs. 2 : Zweifel bei der Auslegung gehen zu Lasten des Verwenders

I. Anwendungsbereich der Unklarheitenregel

1. „Sachlicher" Anwendungsbereich

Hinsichtlich des sachlichen Anwendungsbereichs knüpft die Regel des § 305 c Abs. 2 an den Begriff der Allgemeinen Geschäftsbedingungen an. Damit gilt die Unklarheitenregel für die Auslegung aller Vertragsbedingungen, die für eine Vielzahl von Verträgen vorformuliert wurden und die von einer Vertragspartei (Verwender) der anderen Vertragspartei bei Abschluss eines Vertrages gestellt

---

74 Ulmer/Brandner/Hensen-Fuchs, § 307 Rn. 323 unter Verweis auf BT-Drucks. 13/2713, S. 6; BT-Drucks. 13/4699, S. 6.

75 EuGH v. 10.5.2001 – C-144/09, NJW 2001, 2244 f.; ausführlich zur Umsetzungspflicht schon vor dieser Entscheidung: Staudinger, WM 1999, 1546 ff..

76 BT-Drucks. 14/6040, S. 153; BGH NJW 2006, 996, 997; Bamberger/Roth-Schmidt, § 307 Rn. 40; MünchKomm/Kieninger, § 307 Rn. 51; Palandt/Grüneberg, § 307 Rn. 16; Wolf/ Lindacher/Pfeiffer-Wolf, § 307 Rn. 235.

77 BGH v. 26.10.2005 – VIII ZR 48/05, NJW 2006, 996, 999; MünchKomm/Kieninger, § 307 Rn. 51.

78 Siehe dazu: Teil 1.E.III.

werden sollen, vgl. § 305 Abs. 1 S. 1.[79] Dementsprechend sind auch vorformulierte Bestimmungen von Hauptleistungspflichten der Regel unterworfen,[80] sowie Klauseln, die grundsätzlich der Inhaltskontrolle nach § 307 Abs. 3 S. 3 entzogen sind.[81] Auch der Text der Einbeziehungsvereinbarung selbst ist tauglicher Anknüpfungspunkt für die Anwendung, wenn dieser vorformuliert ist und vom Benutzer immer wieder verwandt wird.[82] Im Rahmen einer einzelnen Vertragsbeziehung erlangt die Unklarheitenregel auch Bedeutung für den Fall, dass zu entscheiden ist, ob der Inhalt von AGB überraschend im Sinne von § 305 c Abs. 1 ist oder ob er im Sinne von § 305 b in Widerspruch zu einer Individualabrede steht.[83]

Kein tauglicher Anwendungsfall für die Unklarheitenregel liegt aber vor, wenn Zweifel über die Rechtsnatur des Vertrages, in den die AGB einbezogen werden sollen, bestehen.[84] Auch wenn es um Unklarheiten in Verträgen auf dem Gebiet des Erb-, Familien- und Gesellschaftsrecht sowie in einem Tarifvertrag, einer Dienst- oder Betriebsvereinbarung geht, kann § 305 c Abs. 2 keine Anwendung finden, wie § 310 Abs. 4 S. 1 ausdrücklich anordnet. Zudem sind die im Arbeitsrecht geltenden Besonderheiten angemessen zu berücksichtigen, § 310 Abs. 4 S. 2. Inwiefern dies einer Anwendung der Unklarheitenregel im arbeitsrechtlichen Bereich entgegensteht, soll erst im zweiten Teil dieser Arbeit dargestellt werden.

a) Anwendbarkeit bei begünstigenden Klauseln

Die Unklarheitenregel findet auch unabhängig davon, ob es sich um eine begünstigende oder eine belastende Bestimmung für den Kunden handelt, Anwendung. Dies ergibt sich vor allem aus der Erwägung, dass sich der Verwender als Herr der Formulierung hätte deutlicher ausdrücken können. Eine tatbestandliche

---

79 Bamberger/Roth-Schmidt, § 305c Rn. 25; MünchKomm/Basedow, § 305c Rn. 18; Ulmer/Brandner/Hensen-Ulmer, § 305 c Rn. 63; hinsichtlich der Begriffsbestimmung existiert eine umfangreiche Kommentarliteratur, daher sollen die einzelnen Tatbestandsmerkmale Allgemeiner Geschäftsbedingungen hier nicht weiter vertieft werden. Ausführlich zu den Merkmalen etwa: Ulmer/Brandner/Hensen-Ulmer, § 305 Rn. 9 ff.; Wolf/Lindacher/Pfeiffer-Pfeiffer, § 305 Rn. 7 ff..

80 Staudinger/Schlosser, § 305c Rn. 102;

81 Däubler/Dorndorf/Bonin/Deinert-Däubler, § 305 c Rn. 25; MünchKomm/Basedow, § 305 c Rn. 1; Ulmer/Brandner/Hensen-Ulmer, § 305 c Rn. 63a, Wolf/Lindacher/Pfeiffer-Pfeiffer, § 305 c Rn.

82 Staudinger/Schlosser, § 305c Rn. 103.

83 Staudinger/Schlosser, § 305c Rn. 106; Ulmer/Brandner/Hensen-Ulmer, § 305 c Rn. 63.

84 Staudinger/Schlosser, § 305c Rn. 106.

Beschränkung auf belastende Klauseln ist weder dem Wortlaut, noch der Systematik oder dem Sinn und Zweck der Vorschrift zu entnehmen.

b) Erweiterte Anwendbarkeit beim Verbrauchervertrag

Auch wenn die Vertragsbedingungen aufgrund der Tatsache, dass sie nur zur einmaligen Verwendung bestimmt sind, keine Allgemeinen Geschäftsbedingungen im Sinne des § 305 Abs. 1 darstellen, kann die Unklarheitenregel Anwendung finden. Dies regelt § 310 Abs. 3 Nr. 2. Voraussetzung ist, dass es sich um einen Vertrag zwischen einem Unternehmer (§ 14) und einem Verbraucher (§ 13) handelt, und der Verbraucher aufgrund der Vorformulierung auf den Inhalt der Vertragsbedingungen keinen Einfluss nehmen konnte. Durch diese Erweiterung wurde das ursprüngliche Konzept des AGB-Gesetzes und der ihr vorangegangenen ständigen Rechtsprechung durchbrochen. Diese bezogen sich nämlich – wie oben erwähnt – stets auf Allgemeine Geschäftsbedingungen. Grund hierfür war die EG-Richtlinie 93/13/EWG.

Nicht ganz einig ist man sich über die Bedeutung des Merkmals der fehlenden Einflussmöglichkeit des Verbrauchers. Teilweise wird vertreten, dass dieses Kriterium mit demjenigen des Aushandelns in § 305 Abs. 1 S. 3 gleichgesetzt werden könne.[85] Nach der überzeugenderen Gegenansicht sollen an die Einflussmöglichkeit allerdings geringere Anforderungen gestellt werden.[86] Ausreichend sei bereits, wenn der Unternehmer die ernst gemeinte Bereitschaft signalisiert, auf Änderungswünsche des Verbrauchers einzugehen, auch wenn dieser hiervon keinen Gebrauch macht. Begründet wird dies zum einen mit dem Wortlaut der Richtlinie und zum anderen mit der abweichenden systematischen Stellung und der Funktion des Merkmals der Einflussmöglichkeit als Tatbestandsmerkmal.[87] Genaugenommen legt schon der Wortlaut eine Interpretation im Sinne der letztgenannten Ansicht nahe. Im Rahmen des § 305 Abs. 1 S. 3 müssen die Vertragsbedingungen im Einzelnen ausgehandelt sein, damit eine AGB-Kontrolle nicht stattfindet. Maßgeblich ist, ob ein Aushandeln tatsächlich geschehen ist. In § 310 Abs. 3 Nr. 2 reicht es hingegen aus, wenn der Verbraucher Einfluss nehmen konnte, dies aber, aus welchen Gründen auch immer, nicht getan hat. Die Formulierung stellt darauf ab, ob die Möglichkeit der Einflussnahme bestand, nicht aber ob tatsächlich eine Einflussnahme geschehen ist.

---

85 Erman/Roloff, § 310 Rn. 20; Heinrichs, NJW 1996, 2190, 2193; Palandt/Grüneberg, § 310 Rn. 17; v.Westphalen, BB 1996, 2101, 2102.

86 Klaas, FS-Brandner, S. 254 ff; Staudinger/Schlosser, § 310 Rn. 64; Ulmer/Brandner/Hensen-Ulmer, § 310 Rn. 85; Wolf, FS-Brandner, S. 304.

87 Klaas, FS-Brandner, S. 254 ff; Staudinger/Schlosser, § 310 Rn. 64; Ulmer/Brandner/Hensen-Ulmer, § 310 Rn. 85; Wolf, FS-Brandner, S. 304.

c) Anwendbarkeit bei Vertragsbedingungen, die keine AGB darstellen

Auch darüber hinaus gilt die Unklarheitenregel zu Lasten derjenigen Vertragspartei, die den Vertragstext formuliert hat, wenn diese aufgrund einer strukturellen Überlegenheit eine wesentlich bessere Verhandlungsposition hatte bzw. dem Vertragspartner intellektuell überlegen war.[88] Nach der Rechtsprechung des Bundesverfassungsgerichts ist einem derartigen Ungleichgewicht zudem im Rahmen der Anwendung der Generalklauseln der §§ 138 und 242 Rechnung zu tragen.[89] Außerhalb des Anwendungsbereichs der Allgemeinen Geschäftsbedingungen soll die Regel zudem analog anwendbar sein, wenn eine Willenserklärung mittels moderner Kommunikationstechnik abgegeben wird.[90] Dennoch existiert eine allgemeine Auslegungsregel „contra proferentem" nicht.[91] Nicht jede Unklarheit in jedem Vertrag führt daher zur Anwendbarkeit der Regel.

2. „Personeller" Anwendungsbereich

a) Überblick

Das Gesetz stellt in personeller Hinsicht auf den Begriff des Verwenders ab. Verwender ist nach § 305 Abs. 1 S. 1 diejenige Vertragspartei, die der anderen bei Abschluss eines Vertrages Vertragsbedingungen, die für eine Vielzahl von Verträgen vorformuliert sind, stellt. Vertragspartei und damit Verwender von Allgemeinen Geschäftsbedingungen kann jede natürliche, oder rechtsfähige juristische Person sein. Eine Beschränkung auf bestimmte Personenkreise existiert nicht. Daher gilt die Unklarheitenregel auch im Geschäftsverkehr zwischen Unternehmern i.S.v. § 14.[92] Die Ausnahme des § 310 Abs. 1 greift bei der Unklarheitenregel ausdrücklich nicht. Allerdings können sich Besonderheiten aufgrund der typischerweise gesteigerten Erfahrungen und Verständnismöglichkeiten dieser Art von Kunden bei der Auslegung ergeben.[93] Auch juristische Personen des

---

88 Palandt/Ellenberger, § 133 Rn. 23, Staudinger/Schlosser, § 305 c Rn. 101; Staudinger/Singer, § 133 Rn. 62.

89 BVerfG v. 19.10.1993 – 1 BvR 567/89, BVerfGE 89, 214, 234; BVerfG v. 7.2.1990 – 1 BvR 26/84, BVerfGE 81, 242, 256.

90 Paefgen, JuS 1988, 595.

91 BGH v. 19.11.1970 – VII ZR 238/68, VersR 1971, 172; Staudinger/Schlosser, § 350 Rn. 101; Staudinger/Singer, § 133 Rn. 62.

92 BGH v. 29.9.1987 – VI ZR 70/87, NJW–RR 1988, 113, 114; MünchKomm/Basedow, § 305 c Rn. 18; Staudinger/Schlosser, § 305c Rn. 102, Stoffels, Rn. 369. MünchKomm/Basedow, § 305 c Rn. 18.

93 BGH v. 7.2.1979 – VIII ZR 305/77, NJW 1979, 2148, 2149; Ulmer/Brandner/Hensen-Ulmer, § 305c Rn. 104 u. 83.

öffentlichen Rechts sind, sofern sie privatrechtlich handeln, nicht ausgeschlossen.[94] Der Verwender selbst kann sich allerdings nicht auf die Unklarheitenregel berufen und so die von ihm gewünschte Gültigkeit einer Klausel herbeiführen.[95]

Wer Verwender ist, ist für jeden einzelnen Vertrag und jede Klausel gesondert zu bestimmen.[96] Daher ist es möglich, dass beide Vertragspartner im selben Vertrag Verwender sind, und zwar jeder für die von ihm gestellten Klauseln.[97]

b) Einzelheiten zum Verwenderbegriff – insbesondere mit Blick auf die Anforderungen an das „Stellen" der Vertragsbedingungen

Der Begriff des Verwenders wird in § 305 legaldefiniert. Es bestehen keinerlei Anhaltspunkte dafür, dass ihm in § 305 c Abs. 2 eine abweichende Bedeutung innewohnt. Verwender ist nach § 305 diejenige Vertragspartei, die der anderen die Allgemeinen Geschäftsbedingungen bei Abschluss des Vertrages stellt. Bestimmt wird der Begriff seinerseits mithin maßgeblich durch das Merkmal des „Stellens". Dieses dient dazu, die Rolle des Verwenders, an die das AGB-Recht zahlreiche Rechtsfolgen knüpft, derjenigen Partei zuzuweisen, die die Vertragsgestaltungsfreiheit einseitig für sich in Anspruch genommen hat und die nach dem Sinn und Zweck des § 305 c Abs. 2 die Verantwortung für die Einbeziehung und den Inhalt der Allgemeinen Geschäftsbedingungen zu tragen hat. Entsprechend der Bedeutung für die Anwendbarkeit der Auslegungsregel fallen die Definitionen des Begriffs in Rechtsprechung und Literatur teilweise recht unterschiedlich aus. Bis zur Klärung durch den Bundesgerichtshof[98] war man zwar teilweise der Ansicht, dass sich die Person des Verwenders auch aus inhaltlichen Überlegungen bestimmen ließe.[99] Demzufolge sei die Rolle des Verwenders derjenigen Partei zuzuweisen, zu deren Gunsten die Regelung sich auswirke. Da dies aber nicht mit dem Regelungszweck und der Systematik des AGB-Rechts

---

94 Wolf/Lindacher/Pfeiffer-Pfeiffer, § 305 Rn. 24.

95 BAG v. 24.11.2004 – 10 AZR 202/04, AP Nr. 70 zu § 242 BGB Betriebliche Übung, Rz. 25.

96 BGH v. 30.6.1994 – VII ZR 116/93, BGHZ 126, 326, 332; Staudinger/Schlosser, § 305 Rn. 27; Wolf/Lindacher/Pfeiffer-Pfeiffer, § 305 Rn. 25.

97 BGH v. 30.6.1994 – VII ZR 116/93, BGHZ 126, 326, 332; Staudinger/Schlosser, § 305 Rn. 27; Wolf/Lindacher/Pfeiffer-Pfeiffer, § 305 Rn. 25.

98 BGH v. 24.5.1995 – XII ZR 172/94, BGHZ 130,50, 57; bestätigt durch BGH v. 4.3.1997 – X ZR 141/95, NJW 1997, 2043, 2044

99 BGH v. 12.10.1990 – V ZR 111/89, NJW 1991, 1117; BGH v. 5.4.1979 – VII ZR 308/77, BGHZ 74, 204, 211; OLG Düsseldorf v. 23.6.1994 – 10 U 152/93, BB 1994, 1521; Bartsch, NJW 1986, 28, 31; heute wohl nur noch: MünchKomm/Basedow, § 305 Rn. 27.

vereinbar war, wurde diese Ansicht folgerichtig verworfen.[100] Das Schutzbedürfnis alleine reicht mithin nicht für die Anwendung des AGB-Rechts, wenn dessen Voraussetzungen nicht erfüllt sind.

Ebenso ist man sich mittlerweile darüber einig, dass es nicht alleine darauf ankommen kann, wer die Geschäftsbedingungen entworfen hat.[101] Auf den ersten Blick erscheint es vom Wortlaut her zwar denkbar, dem Verwender Allgemeiner Geschäftsbedingungen nur dann die Formulierungsverantwortung aufzubürden, wenn dieser das Klauselwerk selbst entworfen hat. Diese Denkweise würde allerdings zu kurz greifen. Entsprechend des Schutzzwecks der AGB-rechtlichen Regelungen ist vielmehr maßgeblich, wer sich die Vertragsbedingungen als von ihm gestellt zurechnen lassen muss.[102] Entscheidend ist demnach, ob der andere Teil Einfluss auf die Gestaltung der AGB nehmen konnte oder nicht. Nur aus der einseitigen Formulierungsgewalt folgt die Verantwortung für die Klarheit der Allgemeinen Geschäftsbedingungen. Es wäre unbillig, den anderen Teil trotzdem mit dem Risiko der Mehrdeutigkeit zu belasten.

Die auf dieser Basis wohl restriktivste und ebenfalls vor allem früher verbreitete Ansicht verlangt, dass die Vertragsbedingungen dem anderen auferlegt wurden.[103] Dies sollte insbesondere der Fall sein, wenn der Verwender ohne reale Verhandlungsbereitschaft oder aufgrund entsprechender Machtposition die Allgemeinen Geschäftsbedingungen durchgesetzt hat.

Etwas großzügiger soll nach anderer Ansicht maßgeblich sein, ob die andere Vertragspartei eine reale Möglichkeit zum Aushandeln der einzelnen Bedingungen sieht. Fehle es an einer solchen Perspektive, so seien die Vertragsbedingungen einseitig gestellt.[104] Ein Stellen reiche daher von dem Fall, dass der Vertragspartner nur und ausschließlich auf Basis seiner eigenen Allgemeinen Geschäftsbedingungen kontrahiert bis zu demjenigen Fall, dass der Verwender die Einbeziehung der von ihm bereits vorformulierten Klauseln lediglich verlangt.

Nach heute herrschender Meinung ist allein danach zu fragen, auf wessen Veranlassung die Einbeziehung der vorformulierten Bedingungen in den Vertrag

---

100 BGH v. 24.5.1995 – XII ZR 172/94, BGHZ 130,50, 57; bestätigt durch BGH v. 4.3.1997 – X ZR 141/95, NJW 1997, 2043, 2044; Palandt/Grüneberg, § 305 Rn. 11; Stoffels, Rn. 131: Ulmer/Brandner/Hensen-Ulmer, § 305 Rn. 29; Wolf/Lindacher/Pfeiffer-Pfeiffer, § 305 Rn. 28.

101 So früher aber: Koch/Stübing, § 1 AGBG Rn. 27.

102 BGH v. 30.6.1994 – VII ZR 116/93, BGHZ 126, 326, 327, 332; Ulmer/Brandner/Hensen-Ulmer, § 305 Rn. 27.

103 Zu § 1 AGBG: MünchKomm/Kötz, (3. Auflage), § 1 Rn. 10; Wolf/Horn/Lindacher-Wolf, (4. Auflage), § 1 AGBG Rn. 27; wohl auch BGH NJW 1980, 1574, 1575.

104 Wolf/Lindacher/Pfeiffer-Pfeiffer, § 305 Rn. 30; ähnlich v. Falkenhausen, BB 1977, 1127; Pawlowski, BB 1978, 161; Jaeger, NJW 1979, 1569.

zurückgeht.[105] Das Merkmal soll erfüllt sein, wenn eine Partei die Einbeziehung der vorformulierten Bedingungen in den Vertrag verlangt, also ein konkretes Einbeziehungsangebot unterbreitet.[106] Entsprechend des Schutzzwecks der AGB-rechtlichen Regelungen ist danach zu fragen, wer einseitig die Vertragsgestaltungsfreiheit für sich in Anspruch genommen hat und wem die Einbeziehung der Allgemeinen Geschäftsbedingungen demzufolge zuzurechnen ist.[107] Es wird aber nicht verlangt, dass die Vertragsbedingungen dem anderen Teil auferlegt wurden, d.h. vom Verwender ohne reale Verhandlungsbereitschaft oder aufgrund einer entsprechenden Machtposition einseitig durchgesetzt wurden.

Im Gesetz selbst finden sich neben dem insoweit offenen Wortlaut zwei Anhaltspunkte, an denen sich die Begriffsbestimmung orientieren kann:

Ein erster ist in § 305 Abs. 2 zu sehen, wo bestimmt wird, dass die andere Vertragspartei mit der Geltung der Allgemeinen Geschäftsbedingungen einverstanden sein muss. Es bedarf also der willentlichen Zustimmung zur Einbeziehung in den Vertrag durch den Verwendungsgegner. Dies spricht dagegen, dass eine einseitige Durchsetzung der Allgemeinen Geschäftsbedingungen durch den Verwender erforderlich ist, da in diesem Fall wohl kaum davon ausgegangen werden kann, dass der Verwendungsgegner mit der Geltung der Allgemeinen Geschäftsbedingungen einverstanden ist. Natürlich könnte man vorbringen, dass ein Einverständnis auch vorliegen kann, wenn es durch Mittel der Nötigung etc. erzwungen wurde. Eine solche Sichtweise würde aber vernachlässigen, dass gerade entsprechend des Sinnes von § 305 c Abs. 2 auch danach zu fragen ist, wer einseitig die Vertragsgestaltungsfreiheit in Anspruch nimmt und damit die Formulierungsverantwortung trägt.

Einen zweiten Anhaltspunkt könnte man in der Vorschrift des § 305 Abs. 1 S. 3 erblicken.[108] Entsprechend könnte man dahingehend argumentieren, dass die Grenze des Begriffs des Stellens erreicht ist, wenn die Vertragsbedingungen im Einzelnen ausgehandelt wurden. Das Einführen bestimmter Vertragsbedingungen in die Vertragsverhandlungen allein könne demnach nicht genügen, da ansonsten

---

105 BGH v. 24.5.1995 – XII ZR 172/94, BGHZ 130,50, 57; BGH v. 30.6.1994 – VII ZR 116/93, BGHZ 126, 326, 327, 332; BGH v. 20.3.1985 – IVa ZR 223/83, NJW 1985, 2477; OLG Köln v. 22.10.1993 – 19 U 34/93, NJW 1994, 59; OLG Frankfurt v. 21.11.1985 – 6 U 20/85, ZIP 1986, 374, 375; OLG Hamburg v. 31.7.1985 – 5 U 133/84, DB 1986, 112; Erman/Roloff, § 305 Rn. 12; Palandt/Heinrichs, (64.Auflage), § 305 Rn. 10; Roth, BB 1987,977, 979; Staudinger/Schlosser, § 305 Rn.; Stoffels, Rn. 132; Ulmer/Brandner/Hensen-Ulmer, § 305 Rn. 27; Willemsen, NJW 1982, 1121, 1123.

106 BGH v. 24.5.1995 – XII ZR 172/94, BGHZ 130, 50, 57; Palandt/Heinrichs, (64.Auflage), § 305 Rn. 10.

107 BGH v. 30.6.1994 – VII ZR 116/93, BGHZ 126, 326, 327, 323; MünchKomm/Basedow, § 305 Rn. 21; Ulmer/Brandner/Hensen-Ulmer, § 305 Rn. 27.

108 Wolf/Lindacher/Pfeiffer-Pfeiffer, § 305 Rn. 30.

auch ausgehandelte AGB gestellt sein könnten.[109] Diese letztgenannte Prämisse ist allerdings angreifbar. Denn jedenfalls der Wortlaut lässt es zu, dass Vertragsbedingungen gestellt werden, indem sie zunächst von einem Vertragspartner in die Verhandlungen eingebracht werden, aufgrund späterer Verhandlungen aber als individuell ausgehandelt gelten und nicht als Allgemeine Geschäftsbedingungen behandelt werden. § 305 Abs. 1 S. 3 trifft genau genommen überhaupt keine Aussage zum Begriff des Stellens. Es wird lediglich klargestellt, dass keine Allgemeinen Geschäftsbedingungen vorliegen, wenn die Vertragsbedingungen im Einzelnen ausgehandelt wurden. Regelungszweck des § 305 Abs. 1 S. 3 ist es also, zu beantworten, ob überhaupt Allgemeine Geschäftsbedingungen vorliegen. Regelungszweck des Merkmals „Stellen" bzw. des „Verwenders" ist hingegen, zu beantworten, wer von den beteiligten Vertragspartnern das Verwenderrisiko trägt. Da § 305 Abs. 1 S. 3 hierüber nur diejenige Aussage trifft, dass im Falle des Aushandelns keiner der Vertragspartner mit diesem Risiko belastet werden soll, aber in keiner Weise anspricht, wer von zwei in Frage kommenden Personen, können keine Rückschlüsse auf den Begriff des Stellens gezogen werden.

Auch aus teleologischen Gründen scheint eine Restriktion nicht erforderlich. Denn wenn Vertragsbedingungen ausgehandelt wurden, besteht gar kein Bedürfnis mehr, eine AGB-Kontrolle auf diesem Wege zu verhindern, da in diesem Fall ohnehin schon keine kontrollfähigen AGB vorliegen. Um es auf einen Satz zu bringen: Allgemeine Geschäftsbedingungen dürfen nicht im Einzelnen ausgehandelt worden sein (dies verlangt § 305 Abs. 1 Satz. 3), sie müssen aber auch nicht in jedem Fall einseitig ohne Verhandlungsmöglichkeit durchgesetzt werden. Die Kriterien der herrschenden Meinung werden dem am ehesten gerecht.

3. Problemkonstellationen

a) Zweifel über den Vertragspartner bzw. die Verwendereigenschaft

Im rechtswissenschaftlichen Schrifttum wird teilweise vertreten, dass die Unklarheitenregel – zumindest im Wege der Analogie – auch anwendbar sein soll, wenn nicht klar ist, ob eine Person bzw. welche von mehreren möglichen Personen tatsächlich Vertragspartner geworden ist.[110] Begründet wird dies damit, dass der Urheber vorformulierter Bedingungen kraft einseitiger Formulierungsmacht die Verantwortung für deren Klarheit trägt.[111] Zudem wird darauf verwiesen, dass

---

109 Wolf/Lindacher/Pfeiffer-Pfeiffer, § 305 Rn. 30.

110 Wolf/Lindacher/Pfeiffer-Lindacher, § 305 c Rn. 128; in diese Richtung auch Gsell, EWiR 2004, 101, 102.

111 So Wolf/Lindacher/Pfeiffer-Lindacher, § 305c Rn. 128.

der BGH eine Willenserklärung auch dann bejaht, wenn es am Erklärungsbewusstsein fehlt. Daher könnten Zweifel am Erklärungsbewusstsein des Formularverantwortlichen der Bejahung von AGB nicht zwingend entgegenstehen. Vielmehr sei zu überlegen, ob § 305 c Abs. 2 nicht schon den allgemeinen Auslegungskanon zu Lasten des Erklärenden ergänze, wenn aus Sicht des Empfängers eine von mehreren Auslegungsvarianten zur Annahme einer Vertragserklärung führe.[112]

Diese Argumentation vermag jedoch nicht zu überzeugen. Materiell gesehen würde man nach dieser Ansicht von der Verwendereigenschaft auf den Status als Vertragspartei schließen. Schon die Systematik verbietet dies. Denn nach § 305 Abs. 1 wird der Verwender als diejenige Vertragspartei legaldefiniert, die der anderen bei Abschluss eines Vertrages Allgemeine Geschäftsbedingungen stellt. Der Verwenderbegriff wird also zumindest zum Teil durch den Begriff des Vertragspartners bestimmt. Durch die Anwendung der Unklarheitenregel im Falle von Zweifeln über den Vertragspartner würden also die Anwendungsvoraussetzungen der Vorschrift selbst vermutet und damit fingiert. Dies wäre ein Zirkelschluss.

Entscheidend ist auch: Der Ausgangspunkt, dass der Urheber vorformulierter Bedingungen kraft einseitiger Formulierungsmacht die Verantwortung für deren Klarheit und damit auch die negativen Folgen der Anwendung der Unklarheitenregel trägt, fußt auf einer falschen Prämisse. Denn entsprechend des Zwecks der Vorschrift kommt es – wie gesehen – nach mittlerweile allgemeiner Ansicht für die Bejahung des Verwenderbegriffs nicht darauf an, wer Urheber, d.h. Ersteller des Klauselwerks ist, sondern wer es im Geschäftsverkehr verwendet.[113] Nur derjenige, der Allgemeine Geschäftsbedingungen zur Gestaltung seiner Rechtsbeziehungen verwendet, soll die Nachteile des § 305 c Abs. 2 tragen, nicht aber derjenige, der lediglich die Klauseln in fremden Namen gestaltet oder auch nur „in Umlauf bringt", ohne den Willen, diese in einen konkreten Vertrag einzubeziehen. Die Ansicht führt daher zu einer systemwidrige „Haftungserweiterung" für die „Erstellung" und das „in Verkehr bringen" Allgemeiner Geschäftsbedingungen. Damit ist in diesem Fall aber auch der Weg für eine Analogie versperrt.

Auch die Rechtsprechung und Teile der Literatur sind dieser Ansicht.[114] Demnach muss zunächst eindeutig festgestellt sein, wer Vertragspartner und Verwender der Allgemeinen Geschäftsbedingungen ist. Nur dann kann die Regelung Anwendung finden.

---

112 So die Argumentation bei Gsell, EWiR 2004, 101, 102.

113 Siehe oben: Teil 1.D.1.2.b.

114 BGH v. 29.1.2003 – VIII ZR 300/02, NJW-RR 2003, 926, 927; AnwK/Kollmann, § 305c Rn. 37; Staudinger/Singer, § 133 Rn. 62;a.A. allerdings Staudinger/Schlosser, § 305c Rn. 107.

b) Anwendbarkeit bei beidseitigem Einbeziehungsvorschlag

Es kommt nicht selten vor, dass Vertragsbedingungen, die von dritter Seite entworfen wurden, von beiden Vertragsparteien übereinstimmend in den Vertrag einbezogen werden sollen. Man könnte daher darüber nachdenken, ob beide Parteien hinsichtlich derselben Klauseln – im Extremfall derselben Klausel – als Verwender angesehen werden können. (Streng hiervon zu unterscheiden sind diejenigen Fälle, in denen jede Partei bestimmte Klauseln vorschlägt und bezüglich dieser Klauseln zum Verwender wird.)

Von vornherein ausscheiden muss hier die Möglichkeit, dass beide Vertragspartner in derselben konkreten Situation als Verwender derselben Klausel angesehen werden.[115] Insbesondere bei der Unklarheitenregel muss die Anwendung schon aus logischen Gründen ausscheiden. Denn beide Vertragsparteien können nicht zugleich Verwender und Kunden sein. Ein und dieselbe Klausel kann nicht sogleich für und gegen einen Verwender ausgelegt werden. Dies wird, soweit ersichtlich, auch von der ganz herrschenden Meinung so gesehen.[116] Daneben würde aber auch der Sinn und Zweck des § 305 c Abs. 2 gegen eine Anwendung sprechen. Denn § 305 c Abs. 2 bezweckt in erster Linie, demjenigen Vertragspartner den Nachteil auszugleichen, den er aufgrund der einseitigen Formulierungsgewalt seines Gegners erleidet. Wenn beide Vertragspartner dieselben Bedingungen aufnehmen wollen, besteht aber ein potentieller Gestaltungs- und Entscheidungsspielraum für ebenjene beiden Parteien. Es erscheint daher nicht gerechtfertigt, willkürlich einer der beiden Parteien das Verwenderrisiko aufzubürden.

Eine andere Frage ist aber, ob man die Zuweisung des Verwenderrisikos fallbezogen vornehmen kann, d.h., dass nicht beide Parteien in derselben Situation hinsichtlich derselben Klausel sondern nur je nach Situation jeweils „abwechselnd" als Verwender der Klausel anzusehen sind. Dies würde aber voraussetzen, dass ein Kriterium entwickelt werden müsste, welches anstelle des Verwenderbegriffs die Zuweisung des Formulierungsrisikos gewährleistet. Denkbar wäre hier wohl einzig, vom Inhalt der jeweiligen Klausel dergestalt auf den Verwender zu schließen, dass derjenige, der sich auf weitergehende Rechte aus der Klausel be-

---

115 Erman/Roloff, § 305 Rn. 12; Palandt/Grüneberg, § 305 Abs. 2 Rn. 13; Ulmer/Brandner/ Hensen-Ulmer, § 305 Rn. 29.

116 OLG Köln v. 22.10.1993 – 19 U 34/93, NJW 1994, 59; Erman/Roloff, § 305 Rn. 12; Palandt/ Grüneberg, § 305 Abs. 2 Rn. 13; Staudinger/Schlosser, § 305c Rn. 105; Ulmer/Brandnder/ Hensen-Ulmer, § 305 Rn. 29; Wolf/Lindacher/Pfeiffer-Pfeiffer, § 305c Rn. 125; vgl. auch Jaeger, NJW 1979, 1572; Nicklisch/Weick, VOB, Einl. Rn. 56; Roth, BB 1992, Beilage 4 S. 9.

rufen will, auch das Verwenderrisiko trägt. Genau dies lehnt die Rechtsprechung und herrschende Lehre aber mit guten Gründen ab.[117]

Auch hier muss man sich wieder vor Augen halten: Der Verwenderbegriff dient der Zuweisung des Risikos, mit den negativen Folgen der Anwendung AGB-rechtlicher Vorschriften konfrontiert zu werden. Im Zentrum steht also die Frage, „wer" von den Vertragsparteien die negativen Auswirkungen zu tragen hat. Dies ist im vorliegenden Fall aber gerade nicht zielführend. Denn wollen beide Vertragspartner Vertragsbedingungen übereinstimmend zur Grundlage ihres Vertrages machen, ist schon zweifelhaft, „ob" überhaupt eine Vertragspartei mit dem Verwenderrisiko belastet werden sollte. Nach der Konzeption des AGB-Rechts, insbesondere aber auch der Unklarheitenregel, ist dies zu verneinen. Denn gerade in diesem Fall fehlt es an der einseitigen Wahrnehmung der Formulierungsverantwortung.

Daran schließt sich natürlich die Frage an, unter welchen Umständen genau man davon ausgehen will, dass beide Parteien gleichermaßen die Einbeziehung der Vertragsbedingungen verlangt haben. Es erscheint einleuchtend, dass dies nicht vom Zufall oder der zeitlichen Abfolge der Einbeziehungsverlangen abhängen sollte.[118] Auszuschließen ist dies aber wohl nicht immer. Letztlich kann dies aber nur eine Frage des tatsächlichen Geschehens und damit des Einzelfalls sein.

c) Anwendbarkeit bei Vertragsbedingungen, die behördlich empfohlen sind, durch Interessenverbände oder unabhängige Dritte erstellt wurden.

Auch bei solchen Vertragsbedingungen, die staatlich empfohlen, von den Interessenverbänden beider Marktseiten erarbeitet oder von einer unparteiischen Stelle verfasst wurden, kann die Regelung grundsätzlich zur Anwendung gelangen.[119] Dies wird, soweit ersichtlich,[120] heutzutage auch nicht mehr anders vertreten, womit freilich noch kein Urteil darüber gesprochen ist, ob die Bedingungen tatsächlich einer AGB-Kontrolle zu unterwerfen sind beziehungsweise die Unklarheitenregel zur Anwendung zu bringen ist, da nicht selten gerade bei solchen Bedingungen ein einvernehmlicher Einbeziehungswille der Vertragsparteien vor-

117 Siehe dazu oben: Teil 1.D.1.2.b.

118 So auch Ulmer/Brandner/Hensen-Ulmer, § 305 Rn. 29.

119 Palandt/Grüneberg, § 305 c Rn. 18; Roth, WM 1991, 2089; Wolf/Lindacher/Pfeiffer-Lindacher, § 305c Rn. 125; thematisiert wird diese Frage vor allem im Rahmen des Abschlusses von Bauwerkverträgen unter Einbeziehung der Verdingungsordnung (VOB/B). Auch hier verneint die ganz herrschende Meinung ein Bedürfnis, diesen Fall vom Anwendungsbereich der Unklarheitenregel auszuschließen (Wolf/Lindacher/Pfeiffer-Lindacher, § 305c Rn. 125, m.w.N.).

120 A.A. dazu früher: Raiser, S.263.

handen ist. Ist dies in der Tat der Fall, so scheidet nach dem oben Gesagten zumindest die Anwendung der Unklarheitenregel aus.

d) Anwendbarkeit bei „sich kreuzenden" AGB unterschiedlicher Verwender

Wenn beide Vertragsparteien ihrerseits die Einbeziehung eigener Allgemeiner Geschäftsbedingungen fordern und aufgrund dessen Widersprüche zwischen den einzelnen Klauselwerken entstehen, so ist die Unklarheitenregel zur Beseitigung der Deutungszweifel nicht das richtige Instrument. Dies ergibt sich schon aus dem Sinn und Zweck des § 305 c Abs. 2. Ähnlich wie bei einem beiderseitigen Einbeziehungsverlangen hinsichtlich desselben Klauselwerks kann hier kein schützenswerter Verwendungsgegner ausgemacht werden. Nach den herkömmlich vertretenen Ansichten zu kollidierenden Allgemeinen Geschäftsbedingungen kann es in der Regel zu der Situation aber ohnehin nicht kommen, da entweder die zuletzt einbezogenen Klauseln Geltung beanspruchen (sog. Prinzip des letzten Wortes)[121] oder keine der widerstreitenden Klauseln überhaupt in den Vertrag Eingang gefunden haben (sog. Prinzip der Kongruenzgeltung).[122]

e) Anwendbarkeit der Unklarheitenregel im Verbandsprozess

Nach § 1 des UKlaG kann auf Unterlassung und Widerruf einer Empfehlung in Anspruch genommen werden, wer in Allgemeinen Geschäftsbedingungen Bestimmungen verwendet oder für den rechtsgeschäftlichen Verkehr empfiehlt, die nach den §§ 307 bis 309 unwirksam sind. Da es für den AGB-Begriff nicht darauf ankommt, dass die Vertragsbedingungen bereits in einen konkreten Vertrag einbezogen wurden, sondern lediglich auf die Zweckbestimmung, ist auch im Rahmen des Verbandsprozesses grundsätzlich ein Raum für die Anwendung der Unklarheitenregel.[123] Soweit Regelungen getroffen sind, die durch einen Verwender wiederholt gestellt wurden, scheitert die Anwendbarkeit der Unklarheitenregel zudem jedenfalls nicht am Verwenderbegriff.

Wie der Wortlaut der Vorschrift aber zeigt, können im Verbandsverfahren zwei unterschiedliche Verhaltensweisen angegriffen werden. Neben der Verwendung kann auch gegen das Empfehlen unwirksamer bzw. potentiell unwirksa-

---

121 BGH v. 22.03.1995 – VIII ZR 20/94, NJW 1995, 950 f.; BGH v. 26.09.1973 – VIII ZR 106/72, BGHZ 61, 282, 287.

122 BGH v. 24.10.2000 – X ZR 42/99, NJW-RR 2001, 484; BGH v. 23.1.1991 – VIII ZR 122/90, NJW 1991, 1604, 1606; BGH 5.3.1986 – VIII ZR 97/85, NJW-RR 1986, 984; BGH v. 3.2.1982 – VIII ZR 316/80, NJW 1982, 1749.

123 Wolf/Lindacher/Pfeiffer-Pfeiffer, § 305 Rn. 5.

mer[124] Vertragsbedingungen vorgegangen werden. Für die Anwendbarkeit der Unklarheitenregel entsteht hierdurch eine weitere Diskrepanz hinsichtlich des Verwenderbegriffs. Denn § 305 c Abs. 2 kann jedenfalls dem Wortlaut nach nur gegen den Verwender, nicht aber gegen den „Empfehler" in Stellung gebracht werden. Daher sind Fallgestaltungen denkbar, in denen Allgemeine Geschäftsbedingungen von einer Person empfohlen werden, die selbst nicht Verwender im Sinne der Unklarheitenregel ist, was dazu führen kann, dass es (noch) überhaupt keinen Verwender der AGB gibt.

Fraglich ist, ob in einem solchen Fall der Verwenderbegriff des § 305 c Abs. 2 entsprechend angepasst werden kann, d.h. ob die Vorschrift jedenfalls analoge Anwendung finden kann. Soweit ersichtlich, wird diese Problematik im rechtswissenschaftlichen Schrifttum bis dato nicht unter diesem Blickwinkel erörtert. Gegen einen Analogieschluss könnte aber sprechen, dass der Gesetzgeber sowohl die AGB-rechtlichen Regelungen im allgemeinen Schuldrecht als auch das UKlaG erst vor wenigen Jahren neugefasst hat. Eine entsprechende Anpassung wäre also problemlos möglich gewesen. In Anbetracht der wohl geringen praktischen Bedeutung ist es aber genauso nachvollziehbar, wenn der Gesetzgeber bewusst oder unbewusst hierauf verzichtet haben sollte.[125] Ein schlagendes Argument gegen die Analogie ist es jedenfalls nicht. Die Interessenlage ist hingegen dann, wenn noch kein konkreter Verwender der Vertragsbedingungen existiert, identisch mit derjenigen, dass die Vertragsbedingungen bereits in konkrete Verträge einbezogen wurden. Denn § 1 UKlaG soll denjenigen Gefahren begegnen, die die Empfehlung eventuell unwirksamer AGB für den Rechtsverkehr darstellen.[126] Es würde keinen Sinn machen, unklare Klauseln, die lediglich empfohlen wurden anders auszulegen als solche, die bereits in einen Vertrag Eingang gefunden haben. Der Unterschied besteht lediglich darin, dass sich die Gefahr im einen Fall bereits realisiert hat. Dies ist aber eben nach der Richtlinie 93/13/EWG nicht erforderlich.[127] Insofern ist § 305 c Abs. 2 im Verbandsprozess bei der Empfehlung von Vertragsbedingungen auch anwendbar, wenn es an einem konkreten Verwender fehlt. Wenn die Verwendung von Klauseln empfohlen wird, reicht im

---

124 Zwar stellt § 1 UKlaG maßgeblich darauf ab, ob die AGB nach den §§ 307 bis 309 unwirksam sind. Diese Formulierung ist allerdings zu eng geraten. Richtigerweise wird sie allerdings auch von der herrschenden Meinung dahingehend verstanden, dass die AGB, gemessen an den §§ 307 bis 309 unwirksam sein müssten, vgl. Ulmer/Brandner/Hensen-Hensen, § 1 UKlaG Rn. 4.

125 Die Bedeutung dieser Frage ist für die Praxis gering, da spätestens derjenige, der die Klausel tatsächlich verwenden will, auf Unterlassung verklagt werden kann.

126 Ulmer/Brandner/Hensen-Hensen, § 1 UKlaG Rn. 18.

127 Vgl. Stoffels, Rn 1127: Dies legt auch Art. 7 Abs. 2 der Richtlinie 93/13/EWG nahe, wonach das abstrakte Kontrollverfahren Schutz vor Vertragsklauseln bieten soll, die im Hinblick auf eine allgemeine Verwendung abgefasst wurden.

Rahmen des Verbandsprozesses daher auch ein potentieller Verwender aus, die Rechtsfolgen des § 305 c Abs. 2 herbeizuführen.

Entgegen manch missverständlicher Stimmen im Schrifttum[128] spricht auch der Sinn und Zweck der Unklarheitenregel nicht gegen die Anwendbarkeit im Verbandsprozess.[129] Richtig ist zwar, dass die präventive, auf Beseitigung unangemessener Geschäftsbedingungen im abstrakten Kontrollverfahren gerichtete Funktion der Verbandsklage erschwert würde, wenn in der Tat nur solche Auslegungsergebnisse herangezogen werden könnten, die ohne Berücksichtigung der Inhaltskontrollfestigkeit günstiger für den Kunden wären.[130] Denn in diesem Fall bestünde die Gefahr, dass nur aufgrund der Anwendung der Unklarheitenregel eine Klausel aufrechterhalten werden könnte, die in ihrer alternativen Auslegungsvariante möglicherweise unwirksam wäre. Damit würde sich die eigentlich von der Unklarheitenregel bezweckte Begünstigung des Kunden in eine Benachteiligung umwandeln. Da mittlerweile im Verbandsprozess allgemein anerkannt ist, dass bei der Bestimmung der kundenfreundlichsten Auslegungsalternative auch das Ergebnis einer potentiellen Inhaltskontrolle zu berücksichtigen ist, ist diesem Argument der Wind aus den Segeln genommen.[131] Bei richtiger Handhabung macht eine Anwendung der Unklarheitenregel auch im Verbandsprozess also durchaus Sinn. Eine andere Frage ist freilich, wie die Auslegung im Verbandsprozess konkret auszusehen hat. Dies soll an anderer Stelle erörtert werden.[132]

f) Anwendbarkeit der Unklarheitenregel bei deklaratorischen Verweisungen

Auch solche Klauseln, die Rechtsvorschriften lediglich wiederholen und deren Inhalt auch ohne AGB gelten würden (sog. deklaratorische Klauseln), sind nach der weit überwiegenden Meinung Allgemeine Geschäftsbedingungen im Sinne

---

128 Ulmer/Brandner/Hensen-Ulmer, § 305 c Rn. 65: „Im Unterschied zu dem auf Einzelfallgerechtigkeit zielenden Individualprozess scheidet im Prozess nach § 1 UKlaG eine Anwendung des § 305 c Abs. 2 in dem in Rn. 64 genannten, auf die kundenfreundlichste Auslegung zielenden Sinn schlechthin aus.“; kritisch auch Honsell, JA 1985, 260, 264; Knütel, JR 1981, 221, 224.

129 BGH v. 29.5.2008 – III ZR 330/07, NJW 2008, 2495 ff.; Wolf/Lindacher/Pfeiffer-Lindacher, § 305 c Rn. 141.

130 So die Bedenken bei Ulmer/Brandner/Hensen-Ulmer, § 305 c Rn. 65. Materiell gesehen kommt freilich auch Ulmer zur Anwendung der Unklarheitenregel bzw. des dahinter stehenden Gedankens, vgl. dazu Ulmer/Brandner/Hensen-Ulmer, § 305 c Rn. 66.

131 Siehe unten: Teil 1.D.III.2.b.

132 Siehe unten: Teil 1.D.II.5.

des § 305 Abs. 1 S. 1.[133] Dies ergibt sich schon aus § 307 Abs. 3. S. 1. Da die Unklarheitenregel aber auch auf solche Klauseln, die der Inhaltskontrolle nach § 307 Abs. 3 S. 1 entzogen sind,[134] zumindest grundsätzlich anwendbar sein kann, stellt sich die Frage, was diesbezüglich für deklaratorische Klauseln gilt.

aa) Wortgleiche Übernahme des Gesetzestextes

Wird der Inhalt des Gesetzes wortgleich wiedergegeben, so wird im Schrifttum vereinzelt die Auffassung vertreten, dass auch in diesem Falle die AGB-spezifischen Auslegungsgrundsätze und damit auch die Unklarheitenregel zur Anwendung kommen sollen.[135] Will man § 307 Abs. 3 S. 2 entnehmen, dass solche Klauseln zumindest auch der Transparenzkontrolle unterliegen, so ließe sich hieraus schließen, dass auch die Unklarheitenregel, die ja ebenfalls an intransparente Formulierungen anknüpft, herangezogen werden könnte.[136] Nach der herrschenden Ansicht soll § 305 c Abs. 2 bei deklaratorischen Klauseln allerdings nicht anwendbar sein, wenn nur das einschlägige Gesetzesrecht abgeschrieben werde.[137] Derartige Klauseln seien mangels anderer Anhaltspunkte wie die Rechtsvorschrift selbst auszulegen, d.h. mittels der zur Gesetzesauslegung maßgeblichen Methodik und ohne Anwendbarkeit der Unklarheitenregel. Überwiegend nimmt man an, dass dies auch dann gelte, wenn es an einem Hinweis auf die Herkunft der Klausel bzw. ihrer Identität mit dem Gesetzestext fehle.[138] Nur wenige verlangen einen solchen Hinweis.[139] Die Begründung der herrschenden An-

---

133 BGH NJW 1988, 2951; Erman/Roloff, § 305 Rn. 4; Ulmer/Brandner/Hensen-Ulmer, § 305 Rn. 7a; Wolf/Lindacher/Pfeiffer-Pfeiffer, § 305 Rn. 8; Zoller, BB 1987, 421; a.A.: Fehl, BB 1983, 223, 225; Niebling, BB 1984, 1713; Leonardy, DRiZ 1976, 108, 110.

134 Siehe hierzu oben: Teil 1.D.I.1.

135 Dylla-Krebs, Schranken der Inhaltskontrolle Allgemeiner Geschäftsbedingungen, S. 81 f.; wohl auch Kappus, NJW 2003, 322, 324, ansonsten könnte er sich nicht auf die kundenfeindlichste Sichtweise berufen.

136 So wohl die Überlegung bei Hau, NZM 2006, 561, 565.

137 BGH v. 22.3.2000 – IV ZR 23/99, NJW 2000, 2103, 2104; BGH v. 20.1.1993 – VIII ZR 10/92, NJW 1993, 1061, 1063; Bamberger/Roth-Schmidt, § 305 c Rn. 36; Staudinger/Schlosser, § 305 c Rn. 104; Ulmer/Brandner/Hensen-Ulmer, § 305 c Rn. 63a, 83; Wolf/Lindacher/Pfeiffer-Lindacher, § 305 c Rn. 127; Wolf/Lindacher/Pfeiffer-Wolf, § 307 Rn. 332; ähnlich auch Raiser, S. 257, der allerdings verlangt, dass ein Hinweis auf die Herkunft der Formulierung gegeben wird.; ähnlich auch Roth, WM 1991, 2130; Dreher, AcP 189, 1989, 342, 375f..

138 Staudinger/Schlosser, § 305 c Rn. 104; Ulmer/Brandner/Hensen-Ulmer, § 305 c Rn. 63a.; Wolf/Lindacher/Pfeiffer-Lindacher, § 305 c Rn. 127; Wolf/Lindacher/Pfeiffer-Wolf, § 307 Rn. 332.

139 Raiser, S. 257; vgl. auch Dreher, AcP 189, 1989, 342, 375f.; ähnlich auch Roth, WM 1991, 2130.

sicht fällt in der Regel allerdings recht dünn aus. Genau genommen wird meist einzig darauf verwiesen, dass der Verwender keine Formulierungsverantwortung übernehme, wenn er aus Gründen der Vollständigkeit und Übersichtlichkeit der Gesamtregelung Bestimmungen des dispositiven Gesetzesrechts wortgleich in seine Allgemeinen Geschäftsbedingungen aufnehme.[140] Nur wenn er versuche, die gesetzlichen Regeln mit eigenen Worten wiederzugeben, treffe ihn auch das Risiko unklarer Formulierungen.

Auf den Prüfstand zu stellen ist zunächst das Argument der herrschenden Meinung, wonach der Verwender keine Formulierungsverantwortung übernehme, wenn er lediglich den Gesetzestext abschreibe. Absolut überzeugend erscheint dieser Argumentationsstrang nicht zu sein. Denn auch derjenige, der Allgemeine Geschäftsbedingungen verwendet, die er nicht selber entworfen hat, muss sich etwaige Unklarheiten nach unwidersprochener Ansicht entgegenhalten lassen.[141] Das Verantwortungsprinzip knüpft also nicht an der Erstellung des Klauselwerkes an, sondern allein an der Tatsache der Verwendung. Stellt man allerdings auf die Verwendung ab, so ließe sich die Unanwendbarkeit des § 305 c Abs. 2 durchaus begründen. Hier könnte man nämlich vortragen, dass die Regelungen, die in deklaratorischen Klauseln wiedergegeben werden, nicht aufgrund des Einbeziehungsverlangens des Verwenders, sondern aufgrund gesetzlicher Anordnung gelten. Dies würde es rechtfertigen, die Unklarheitenregel nicht anzuwenden.

Fraglich ist, ob sich über diese Erwägung hinaus noch weitere Argumente, die gegen eine Anwendbarkeit der Unklarheitenregel sprechen, finden lassen. Geht man vom Wortlaut der Vorschrift aus, so lässt sich eine Einschränkung sicherlich nicht feststellen. Im Gegenteil: Gerade das Fehlen einer Ausnahmeregelung spricht eher für eine Anwendbarkeit. Allerdings mutet es in der Tat widersprüchlich an, ein und dieselbe Regelung, je nachdem, ob sie ausdrücklich im Wortlaut aufgenommen wurde oder nicht, unterschiedlich auszulegen.

Ein stichhaltiges systematisches Argument gegen die Anwendung der Unklarheitenregel lässt sich aber aus § 307 Abs. 3 S. 1 bzw. dem hinter dieser Regelung stehenden Gedanken ableiten: Deklaratorische Klauseln werden hier ausdrücklich von der Inhaltskontrolle ausgenommen. Dies liegt zwar zum einen daran, dass bei Unwirksamkeit einer Klausel ohnehin das „abgeschriebene" Gesetzesrecht gelten würde. Insofern ist die Situation nicht mit der Unklarheitenregel vergleichbar. Dies ist aber nicht die einzige Erwägung, die hinter der Ausnahme deklaratorischer Klauseln von der Inhaltskontrolle stand. Vor allem soll nämlich das dispositive Gesetzesrecht nicht der Überprüfung durch die Zivilgerichte unterlie-

140 Wolf/Lindacher/Pfeiffer-Lindacher, § 305 c Rn. 127.

141 Siehe oben: Teil 1.D.I.2.

gen.[142] Es soll vielmehr der Maßstab der Prüfung sein. Man geht also davon aus, dass zumindest das Gesetz selbst für einen angemessenen Ausgleich der Interessen zwischen den beteiligten Vertragsparteien sorgt.[143] Dieser Ausgleich soll nicht durch das Recht der Allgemeinen Geschäftsbedingungen konterkariert werden können. In dieses angemessene Verhältnis würde aber auch eingegriffen, wenn man mittels der Unklarheitenregel zu einer Auslegung bestimmter Gesetzesvorschriften zu Lasten des Verwenders käme.

Im Gegenzug könnte man allerdings aus § 307 Abs. 3 S. 2 den Schluss ziehen, dass die Unklarheitenregel anwendbar sein soll. Denn dort wird zumindest dem Wortlaut nach geregelt, dass diejenigen Vorschriften, die in § 307 Abs. 3 S. 1 ausdrücklich von der Inhaltskontrolle ausgenommen wurden, zumindest unter Transparenzgesichtspunkten kontrollfähig sind. Da es mithin auch in § 307 Abs. 1 S. 2 um die Sanktionierung unklarer Regelungen geht, liegt insoweit der Schluss nahe, dass auch die zweite Norm, die ausdrücklich Unklarheiten begegnen will, nämlich § 305 c Abs. 2, Anwendung finden soll. Ob der Gesetzgeber dies allerdings tatsächlich wollte, wird nicht ganz deutlich. Jedenfalls bei deklaratorischen Klauseln dürfte diese Norm nämlich wirkungslos sein, da bei Wegfall des Gesetzesrechts unter Transparenzgesichtspunkten ohnehin wieder das dispositive Gesetzesrecht gelten würde. Durch die Anwendung der Unklarheitenregel würde hingegen das durch die objektive Rechtsordnung vorgegebene Angemessenheitsverhältnis unter Umständen durcheinander gebracht. Dies wäre wohl kaum mit dem deklaratorischen Charakter zu vereinbaren.

Für die Anwendbarkeit der Unklarheitenregel könnte man zwar auch einwenden, dass durch die Aufnahme des an sich unnötigen zusätzlichen Gesetzestextes die Transparenz des Gesamtklauselwerks leidet. Dies dürfte in nicht wenigen Fällen sogar in der Tat der Fall sein. Allerdings ist dies ein Gesichtspunkt, der mittels der Transparenzkontrolle und nicht mittels der Unklarheitenregel beseitigt werden soll. Denn in der Regel geht es bei der Unklarheitenregel um die Auslegung einzelner Klauseln, nicht um die Transparenz des Gesamtwerkes. Insofern können auch diese Bedenken die Anwendbarkeit der Unklarheitenregel nicht rechtfertigen. Zudem wird man auch davon ausgehen können, dass auch dem Kunden klar sein dürfte, dass der Verwender ihm durch die Wiederholung eines ohnehin einschlägigen Gesetzestextes kaum weitergehende Rechte gewähren wollte, als im Gesetzestext selbst vorgesehen.

Alles in allem sprechen hier die besseren Gründe gegen eine Anwendung der Unklarheitenregel. Getragen wird dies im Wesentlichen von den eben erwähnten Überlegungen: Zum einen können Bedingungen, die ohnehin von gesetzeswegen

142 Ulmer/Brandner/Hensen-Fuchs, Vorb. v. § 307 Rn. 5.

143 Ulmer/Brandner/Hensen-Fuchs, § 307 Rn. 17.

gelten würden, keinem der beiden Vertragspartner zugerechnet werden und zum anderen soll der gesetzlich normierte Interessenausgleich nicht durch das AGB-Recht konterkariert werden.

bb) Sinngemäße Wiedergabe des Gesetzestextes mit eigenen Worten

Von der wörtlichen Wiedergabe eines einschlägigen Gesetzestextes zu unterscheiden ist die Situation, dass der Verwender zwar den Sinn des Gesetzes wiedergeben wollte und ihm dies aber mit seiner eigenen Wortwahl nur unvollkommen gelang. In diesem Fall übernimmt der Verwender ohne Zweifel die Formulierungsverantwortung.[144] Es handelt sich insofern nämlich um eine konstitutive Klausel.[145] Hier ist es für den Kunden nicht erkennbar, dass der einschlägige Gesetzestext gemeint ist. Selbst ein Blick ins Gesetz würde dem Kunden hier nicht weiterhelfen. Aus Sicht des Kunden kann daher nicht ausgeschlossen werden, dass nicht doch eine andere, als die gesetzliche Bedeutung vom Verwender gemeint war. Insofern ist der Kunde schutzbedürftig. Dies rechtfertigt es, § 305 c Abs. 2 uneingeschränkt anzuwenden.

cc) Wiederholung eines nicht einschlägigen Gesetzestextes

Wenn der Verwender auf nicht einschlägige Rechtsvorschriften verweist, kommt § 305 c Abs. 2 ebenfalls zur Anwendung, da es sich auch in diesem Fall um eine konstitutive vertragliche Regelung handelt.[146] Die Nichtgeltung der Unklarheitenregel kann also nicht damit begründet werden, dass darin nur ein deklaratorischer Verweis auf eine ohnehin bestehende Rechtslage vorliegt. Durch die Einbindung in den Vertrag werden die Regelungen in einen anderen, vom Gesetzgeber nicht vorgesehenen Zusammenhang gebracht. Insoweit fehlt es auch an einer Angemessenheitsvermutung der Regelung für die konkrete Vertragsbeziehung.

II. Zweifel bei der AuslegungAllgemeiner Geschäftsbedingungen – Auslegungsdogmatik

Die Risikotragung des Klauselverwenders setzt nach dem Wortlaut von § 305 c Abs. 2 „Zweifel bei der Auslegung Allgemeiner Geschäftsbedingungen“ voraus.

---

144 Staudinger/Schlosser, § 305 c Rn. 104; Ulmer/Brandner/Hensen-Ulmer, § 305 c Rn. 63a.; Wolf/Lindacher/Pfeiffer-Lindacher, § 305 c Rn. 127.

145 Joppich, S. 158; Staudinger/Coester, § 307 Rn. 299.

146 Vgl. zur identischen Lage im Rahmen des § 307: Staudinger/Coester, § 307 Rn. 299.

Von nicht zu unterschätzender Relevanz für die Anwendung von § 305 c Abs. 2 sind somit die Auslegungsmethoden, da ihre Ausgestaltung erheblichen Einfluss auf die Feststellung von Zweifeln besitzt.

1. Auslegungsdogmatik bei Gesetzen und Verträgen

Die Auslegung von empfangsbedürftigen Willenserklärungen und Rechtsgeschäften richtet sich nach den §§ 133 und 157. Diese verlangen, einerseits denjenigen Sinn der Erklärung zu ermitteln, den der Erklärende ihr geben wollte, aus Gründen des Verkehrsschutzes andererseits aber auch, die Erklärung nur so zu deuten, wie der andere sie redlicherweise nach Treu und Glauben und unter Berücksichtigung der Verkehrssitte erkennen konnte.[147] Die Auslegung von Willenserklärungen durchläuft folglich mehrere Stufen: Steht der wirkliche Wille des Erklärenden fest und hat der Erklärungsempfänger ihn in diesem Sinne verstanden (das heißt nicht nur verstehen können), so gilt das gewollte, mag auch ein objektiver Dritter etwas anderes verstehen. Steht der wirkliche Wille (und das entsprechende Verständnis des Erklärungsempfängers) nicht fest, so ist durch Auslegung der objektiv erklärte Wille zu ermitteln. Die Erklärung ist daher so zu deuten, wie sie zur Zeit des Wirksamwerdens nach Treu und Glauben unter Berücksichtigung der Verkehrssitte von dem verstanden werden musste, für den sie bestimmt war, d.h. bei empfangsbedürftigen Willenserklärungen vom Empfänger.

Der Gesetzgeber hat zwar davon abgesehen, allgemeine Auslegungsregeln selbst aufzustellen, in der Rechtspraxis haben sich gleichwohl konkrete Erfahrungssätze herausgebildet, die typischerweise Rückschlüsse auf den rechtsgeschäftlichen Willen der Beteiligten ermöglichen und von der Rechtsprechung als verbindliche Auslegungsgrundsätze betrachtet werden.[148] Methodisch gesehen ist zur Ermittlung der Bedeutung in erster Linie auf den Wortlaut der Erklärung abzustellen.[149] Daneben ist aber auch das sonstige Verhalten des Erklärenden maßgeblich. Für die Ermittlung der Bedeutung kann auf alle Umstände zurückgegriffen werden, die den Erklärungstatbestand begleiten und in einer sinngebenden Beziehung zu ihm stehen, soweit die Umstände für den Erklärungsempfänger erkennbar waren und zu dessen Risikobereich zugerechnet werden können.[150] Daneben ist auch der sprachliche Zusammenhang des Textes und die systematische Stellung der Formulierung im Gesamtzusammenhang berücksichtigen.[151] Auch die Begleitumstände der auszulegenden Erklärung, wie etwa Vorverhandlungen

---

147 Larenz/Wolf, AT, § 28 Rn. 16.

148 Staudinger/Singer, § 133 Rn. 44.

149 Larenz/Wolf, AT, § 28 Rn. 34; Staudinger/Singer, § 133 Rn. 45.

150 Larenz/Wolf, AT, § 28 Rn. 60, Staudinger/Singer, § 133 Rn. 8.

151 Staudinger/Singer, § 133 Rn. 47.

und die Entstehungsgeschichte, sind zu beachten.[152] Von erheblicher Bedeutung für die Auslegung von Rechtsgeschäften sind schließlich teleologische Erwägungen, hier in erster Linie die Interessenlage und der Zweck einer Regelung, aber auch deren Gesetzes- bzw. Verfassungskonformität sowie die Vernünftigkeit und ähnliches.[153] Eine bestimmte Rangordnung zwischen den Auslegungsgrundsätzen lässt sich nicht generell aufstellen.[154] Vielmehr stellen sie lediglich Indizien dar, um Rückschlüsse auf den rechtlich maßgebenden Willen des Erklärenden zu ziehen. Es bedarf daher einer umfassenden Würdigung aller Umstände.

Im Unterschied zur Auslegung von Gesetzen geht es bei der Auslegung von Rechtsgeschäften fast immer darum, dass zwei Parteien, die Erklärung in einem verschiedenen Sinne gemeint und verstanden haben und nur darum streiten, wessen Deutung die hier maßgebliche ist.[155] Grundsätzlich gebührt der Deutung des Erklärenden, wenn sie in seiner Erklärung für den Empfänger hinreichend deutlich geworden ist, der Vorrang. Der Erklärungsempfänger hat sich dabei in zumutbarer Weise darum zu bemühen, die Meinung des Erklärenden richtig wahrzunehmen, gegebenenfalls auch nachzufragen. Dies führt so weit, dass auch ein besonderer Sprachgebrauch des Erklärenden zu berücksichtigen ist, wenn ihn der Empfänger erkennen konnte und musste. Konnte der Empfänger der Erklärung bei objektiver Auslegung nur einen anderen als den tatsächlich vom Erklärenden gemeinten Sinn zumessen, so hat auch dieser zu gelten. Dem Erklärenden bleibt hier nur die Anfechtung. Wenn hingegen die Erklärung tatsächlich von beiden im gleichen Sinne verstanden worden ist, gilt sie in diesem Sinne, ohne dass es auf die objektiv zu verstehende Bedeutung ankäme.

Bei der Auslegung von Gesetzen geht es dagegen nicht um das Verständnis und die Verständnismöglichkeiten zweier Beteiligter. Vielmehr steht der Normgeber und daher auch sein Sprachgebrauch im Vordergrund. Darauf, wie der jeweilige Normadressat die Norm verstanden hat und verstehen musste, kommt es nicht an. Da dem Normgeber aber unterstellt werden kann, dass er eine vernünftige Regelung schaffen wollte, kommt es weiter auf dem Kontext den Zusammenhang der Regelung, deren Zwecke und damit auf die Absicht des historischen Gesetzgebers an. Die Gesetzesmaterialien geben hierüber Auskunft. Eine Parallele bei der Auslegung von Rechtsgeschäften ist allerdings nicht ersichtlich. Aufgrund des abstrakt generellen Charakters von Rechtsnormen und des Fehlens eines Erklärenden und eines konkreten Erklärungsempfängers verschiebt sich die

---

152 Staudinger/Singer, § 133 Rn. 48.

153 Staudinger/Singer, § 133 Rn. 52 ff.

154 Staudinger/Singer, § 133 Rn. 70.

155 Vgl. Larenz/Canaris, S. 167.

Auslegung von Gesetzen daher ein Stück weit mehr hin zu einer objektiven Auslegung.

Zudem darf man vermuten, dass es dem Willen des Gesetzgebers entspricht, eine gerechte Regelung zu schaffen. Es ist zu unterstellen, dass er gleiches gleich behandeln will und Wertungswidersprüche vermeiden will. All dies spielt bei der Auslegung von Rechtsgeschäften keine oder zumindest nur eine sehr untergeordnete Rolle. Im Gegenteil ist es gerade der Charakter der marktwirtschaftlichen Ordnung, dass Vertragspartner ungleich behandelt werden, bzw. jeder einzelne zunächst nach einer eigenen Gewinnmaximierung strebt.

2. *Auslegungsdogmatik bei AGB*

Allgemeine Geschäftsbedingungen sind definitionsgemäß Vertragsbedingungen, die nicht nur für einen konkreten Vertrag entworfen wurden, sondern für eine Vielzahl von Fällen. Daraus leitete man früher verbreitet ab, dass Allgemeinen Geschäftsbedingungen ein gesetzesähnlicher Charakter innewohnt.[156] Dementsprechend wurden Allgemeine Geschäftsbedingungen auch als so genanntes „selbstgeschaffenes Recht der Wirtschaft“ bezeichnet.[157] Dies spiegelte sich auch in einer stärkeren Betonung der normativen Auslegungsmethodik wieder.[158] Mittlerweile ist allerdings nahezu allgemein anerkannt, dass es sich der Rechtsnatur nach bei Allgemeinen Geschäftsbedingungen um vertragliche Vereinbarungen handelt.[159] Spätestens seit der Normierung des AGB-Gesetzes und der darin enthaltenen Legaldefinition Allgemeiner Geschäftsbedingungen als Vertragsbedingungen dürfte hier keine andere Ansicht mehr vertretbar sein. Seit langem umstritten ist dennoch, ob und gegebenenfalls welche Besonderheiten aufgrund des

---

156 Mit einer Gesetzesähnlichkeit wurde vor allem in der älteren Rechtsprechung die Notwendigkeit einer objektiven Auslegung begründet; vgl. RG v. 13.10.1942 – I 129/41, RGZ 170, 233, 240 f.; RG v. 26.3.1943 – VI 144/42, RGZ 171, 43, 47; BGH v. 21.10.1958 – VIII ZR 145/57, NJW 1959, 38, BGH v. 4.12.1980 – IVa ZR 32/80, BGHZ 79, 76, 88; BGH v. 15.6.1983 – IVa ZR 31/82, NJW 1983, 2638.

157 Großmann-Doerth, Selbstgeschaffenes Recht der Wirtschaft und staatliches Recht, 1933, Neudruck in Blaurock/GoldSchmidt/Hollerbach, Das selbstgeschaffene Recht der Wirtschaft, S. 77.

158 RG v. 13.10.1942 – I 129/41, RGZ 170, 233, 240 f.; RG v. 26.3.1943 – VI 144/42, RGZ 171, 43, 47; BGH v. 21.10.1958 – VIII ZR 145/57, NJW 1959, 38, BGH v. 4.12.1980 – IVa ZR 32/80, BGHZ 79, 76, 88; BGH v. 15.6.1983 – IVa ZR 31/82, NJW 1983, 2638.

159 MünchKomm/Basedow, § 305 c Rn. 18; Palandt/Grüneberg, § 305 Rn. 2; Roth, WM 1991, 2125, 2126 insb. Fn. 9; Staudinger/Schlosser, § 305 Rn. 1; Wolf/Lindacher/Pfeiffer-Lindacher, § 305 c Rn. 105; Wolf/Lindacher/Pfeiffer-Pfeiffer, Einleitung Rn. 14 ff.; Ulmer/Brandner/Hensen-Ulmer, Einleitung Rn. 39 ff.; a.A. allerdings Pflug, Kontrakt und Status im Recht der Allgemeinen Geschäftsbedingungen, S. 298 ff.; E.Schmidt, JuS 1987, 929, 931.

abstrakten Charakters bei der Auslegung Allgemeiner Geschäftsbedingungen zu beachten sind.

a) Einheitlich objektive (AGB-spezifische) Auslegung oder Geltung der allgemeinen Regeln der §§ 133, 157?

Abgesehen von der Unklarheitenregel finden sich im Gesetz selbst keinerlei Sonderregeln zur Auslegung Allgemeiner Geschäftsbedingungen. Wie weiter oben bereits ausgeführt, lehnte der Gesetzgeber die Normierung eigenständiger Auslegungsregeln für Allgemeine Geschäftsbedingungen ausdrücklich ab.[160]

aa) Traditionelle Ansicht der Rechtsprechung: Grundsatz der einheitlich objektiven Auslegung

Nach der vielzitierten Formel der Rechtsprechung sind Allgemeine Geschäftsbedingungen nach ihrem objektiven Inhalt und typischen Sinn einheitlich so auszulegen, wie sie von verständigen und redlichen Vertragspartnern unter Abwägung der Interessen der normalerweise beteiligten Verkehrskreise verstanden werden, wobei die Verständnismöglichkeiten des durchschnittlichen Vertragspartners des Verwenders zugrunde zu legen sind.[161] Weder individuelle Verständnismöglichkeiten des konkreten Vertragspartners, noch sonstige Einzelfallumstände können eine Rolle spielen; d.h. es kommt also nicht auf das Verständnis des am konkreten Vertragsschluss beteiligten Vertragspartners sondern auf dasjenige des typi-

160 BT-Drucks. 7/5422, S. 5.

161 Ständige Rechtsprechung: BGH v. 21.10.2009 – VIII ZR 244/08, NJW 2010, 293, 294; BGH v. 23.04.2008 – XII ZR 62/06, BGHZ 176, 191, 193; BGH v. 14.6.2006 – IV ZR 54/05, VersR 2006, 1246, 1248; BGH v. 19.1.2005 – XII ZR 107/01, NJW 2005, 1183, 1184;BGH v. 23.6.2004 – IV ZR 130/03, NJW 2004, 2589, 2590; BGH v. 14.1.1999 – IX ZR 140/98, NJW 1999, 1105, 1106; BGH v. 17.2.1993 – VIII ZR 37/92, NJW 1993, 1381, 1382; BGH v. 13.6.1990 – VIII ZR 130/89, NJW-RR 1990, 1525, 1526; BGH v. 17.12.1987 – VII ZR 307/86, BGHZ 102, 384, 389f.; BGH v. 16.6.1982 – IVa ZR 270/80, BGHZ 84, 268, 272; BGH v. 10.12.1980 – VIII ZR 295/79, BGHZ 79, 117, 118 f.; BGH v. 12.5.1980 – VII ZR 158/79, BGHZ 77, 116, 118 f.; BGH v. 26.1.1973 – V ZR 47/71, BGHZ 60, 174, 177; BGH v. 29.9.1960 – II ZR 25/59, BGHZ 33, 216, 218; BGH v. 29.10.1956 – II ZR 79/55, BGHZ 22, 90, 98; dem folgend: Erman/Roloff, § 305 c Rn. 20; MünchKomm/Basedow, § 305 c Rn. 22; Palandt/Grüneberg, § 305 c Rn. 15; Raiser, S. 252 ff.; Roth, WM 1991, 2125; Soergel/Stein, § 5 AGBG Rn. 6; Ulmer/Brandner/Hensen-Ulmer, § 305 c Rn. 74 ff.; auch Stoffels, Rn. 360 ff. erkennt den objektiven Auslegungsmaßstab grundsätzlich an, hält diesen insbesondere bei der Anerkennung übereinstimmender Vorstellungen der Parteien über eine Klauselinhalt nicht ein (Rn. 361).

schen Vertragspartners an.[162] Damit verlagert sich der Auslegungsschwerpunkt auf § 157. Für die bei Individualverträgen gleichrangige, auf den wirklichen Willen der konkreten Parteien abstellende Vorschrift des § 133 sei kein Raum.[163] Differenzierungen erfolgen lediglich über die Einbeziehung der unterschiedlichen Verständnismöglichkeiten der im Geschäftsverkehr mit der Klausel konfrontierten Kundenkreise.[164] Diese objektive Auslegung soll gleichermaßen im Individual- wie im Verbandsprozess stattfinden, ebenso auch im kaufmännischen- wie im nicht kaufmännischen Geschäftsverkehr.[165] Eine Einschränkung wird nur bei einem konvergenten Klauselverständnis gemacht.[166] Hier soll das übereinstimmend Gewollte gelten. In diesem Zuge können also auch individuelle Umstände des Vertragsschlusses zu beachten sein.

In erster Linie berufen sich die Vertreter dieser Ansicht auf den Massencharakter der AGB und das damit verbundene Rationalisierungsbedürfnis.[167] Eine Rationalisierung sei aber nur möglich, wenn die Geschäftsbedingungen einheitlich ausgelegt würden.[168] Daneben kann man sich auch auf die Gesetzesbegründung zum AGBG stützen.[169] Dem Vorwurf, dass der Verwender einseitig übervorteilt werde, begegnet man mit dem Verweis darauf, dass der Vorrang der Individualabrede (§ 305 b) eine hinreichende Gewähr für die Berücksichtigung des Einzelfalles und übereinstimmender Vorstellungen beider Parteien biete.[170] Dies

---

162 BGH v. 19.1.2005 – XII ZR 107/01, NJW 2005, 1183, 1184;BGH v. 23.6.2004 – IV ZR 130/03, NJW 2004, 2589, 2590; BGH v. 13.6.1990 – VIII ZR 130/89, NJW-RR 1990, 1525, 1526; BGH v. 12.5.1980 – VII ZR 158/79, BGHZ 77, 116, 118 f.; Erman/Roloff, § 305 c Rn. 20; MünchKomm/Basedow, § 305 c Rn. 22; Raiser, S. 252 ff.; Soergel/Stein, § 5 AGBG Rn. 6; Ulmer/Brandner/Hensen-Ulmer, § 305 c Rn. 74 ff.; mit Einschränkung Stoffels, Rn. 361.

163 Ulmer/Brandner/Hensen-Ulmer, § 305 c Rn. 74.

164 OLG Karlsruhe v. 28.11.1990 – 1 U 189/90, WM 1991, 184, 188; Erman/Roloff, § 305 c Rn. 20; MünchKomm/Basedow, § 305 c Rn. 24; Roth, WM 1991, 2129; Soergel/Stein, § 5 AGBG Rn. 8; Ulmer/Brandner/Hensen-Ulmer, § 305 c Rn. 83.

165 Roth, WM 1991, 2125.

166 BGH v. 10.6.2008 – XI ZR 331/07, WM 2008, 1350, 1351f. bezeichnenderweise allerdings unter Verweis auf die Vertreter der Gegenansicht: Staudinger/Schlosser, § 305 c Rn. 130; Wolf/Horn/Lindacher-Lindacher, (4. Auflage), § 5 AGBG Rn. 11, die auch zuerst genannt sind. Erst dann wird verwiesen auf: Palandt/Heinrichs, (64. Auflage), § 305 c Rn. 15; Ulmer/Brandner/Hensen-Ulmer, § 305 c Rn. 84.

167 BGH v. 14.6.2006 – IV ZR 54/05, VersR 2006, 1246, 1248; BGH v. 19.1.2005 – XII ZR 107/01, NJW 2005, 1183, 1184; BGH v. 10.12.1980 – VIII ZR 295/79, BGHZ 79, 117, 118 f.; Roth, WM 1991, 2126; Stoffels, Rn. 362; Ulmer/Brandner/Hensen-Ulmer, § 305 c Rn. 68, 75.

168 Stoffels, Rn. 362; Ulmer/Brandner/Hensen-Ulmer, § 305 c Rn. 75.

169 BT-Drucks. 7/5422, S. 5.

170 Ulmer/Brandner/Hensen-Ulmer, § 305 c Rn. 75; ähnlich Stoffels, Rn. 362.

werde zudem durch die Bezugnahme auf den Willen und die Interessen verständiger und redlicher Parteien der beteiligten Geschäftskreise sichergestellt.[171]

bb) Im Vordringen befindliche Auffassung im Schrifttum: Geltung der allgemeinen Regeln der §§ 133, 157

Eine im Vordringen befindliche Gegenansicht in der Literatur verneint ein Bedürfnis zu einer AGB-spezifischen Auslegung im Sinne der Rechtsprechung, da sich vieles, was die traditionelle Ansicht als Ergebnis einer AGB-spezifischen Auslegung ausgebe, schon aus den allgemeinen Grundsätzen der Rechtsgeschäftsauslegung ergebe.[172] Aufgrund der Eigenschaft Allgemeiner Geschäftsbedingungen als Vertragsbedingungen betonen deren Vertreter daher die Geltung der allgemeinen Regeln der §§ 133, 157. Lägen besondere Umstände des Einzelfalls vor, in Folge derer der Verwendungsgegner die Klausel abweichend von ihrem objektiven Erklärungswert verstehen dürfe, sei dieses Verständnis für die Auslegung maßgeblich.[173] Eine Norm, dass AGB in allen Anwendungsfällen mit einheitlichem Ergebnis ausgelegt werden müssten, lasse sich nicht aufstellen.[174] Damit ist auch die Berücksichtigung von atypischem, individuellem Sonderwissen des Vertragspartners möglich.[175] Lediglich aufgrund der Tatsache, dass bei der vertraglichen Einbeziehung von AGB typischerweise keine einzelfallbezogenen, auslegungsrelevanten Umstände existierten, komme es im Ergebnis zur ob-

---

171 Ulmer/Brandner/Hensen-Ulmer, § 305 c Rn. 75, beispielhaft genannt sind hier die Urteile BGH v. 16.6.1982 – IVa 270/80, NJW 1982, 2776, 2777; BGH v. 7.6.1982 – VIII ZR 139/81, NJW 1982, 2312, 2314; BGH v. 12.3.1985 – VI ZR 182/83, ZIP 1985, 687, 689.

172 Bamberger/Roth-Schmidt, § 305 c Rn. 29; 40; Bernreuther, BB 1993, 1823 ff..; Brandner, AcP 162, 1963, 237, 253; Fikentscher/Heinemann, Rn. 181; MünchKomm/Mayer-Maly, (3. Auflage), § 133 Rn.29; Palandt/Heinrichs, (64.Auflage), § 305 c Rn. 15 f.; Schmidt-Salzer, JZ 1995, 223, 227 ff.; Staudinger/Schlosser, § 305 c Rn. 126, 128; Wank/Maties, JURA 2010, 1, 4; Wolf/Lindacher/Pfeiffer-Lindacher, § 305 c Rn. 106.

173 Wolf/Lindacher/Pfeiffer-Lindacher, § 305 c Rn. 111.

174 Brandner, AcP 162, 237, 255.

175 Wolf/Lindacher/Pfeiffer-Lindacher, § 305 c Rn. 114: Beispielsweise muss der Direktor einer Bank sich als Bankkunde sein Sonderwissen anrechnen lassen, wo ein Laie sich auf die Unklarheitenregel berufen könnte; ebenso Brandner, AcP 162, 237, 256; und auch noch RGZ 116, 207. Favorisiert man die objektive Auslegung, so ist eine Berücksichtigung von Umständen, die allein dem konkreten Vertragspartner bekannt sind, nicht oder nur durch erheblichen Begründungsaufwand möglich (BGH BB 1978, 1088 ,1089; BGH NJW 1980, 1947; Erman/Roloff, § 305 c Rn. 20; Ulmer/Brandner/Hensen-Ulmer, § 305 c. Rn. 82) Dennoch wird dieser Schritt verbreitet gegangen, wenn auch auf dogmatisch fragwürdiger Weise als stillschweigende individuelle Sinnvereinbarung (MünchKomm/Basedow, § 305 c Rn. 26; Raiser, S. 259f.)

jektiven Auslegung.[176] Diese sei zwar gegenüber der Auslegung unter Berücksichtigung individueller Vertragsschlussumstände dogmatisch nachrangig, aber faktisch die Regel.[177] Im Gegensatz zur traditionellen Ansicht, die danach fragt, wie der typische Kunde eine Klausel unabhängig von der konkreten Situation versteht, stellt die Gegenansicht also auf den objektiven Empfängerhorizont in der konkreten Situation ab. Aus der Erkennbarkeit des Interesses an einer einheitlichen Behandlung folge aber, dass der Vertragspartner ohnehin nur die Berücksichtigung typischer Interessen erwarten könne.[178] Mittlerweile gibt es sogar vereinzelte Entscheidungen aus der höchstrichterlichen Rechtsprechung, die ebenfalls auf die Geltung der allgemeinen Auslegungsregeln verweisen.[179]

Neben einer Verneinung des Bedürfnisses zur Sonderbehandlung Allgemeiner Geschäftsbedingungen äußert sich die Kritik der Gegenansicht vor allem in folgenden Punkten:

In dogmatischer Hinsicht wird demrein objektiven Ansatz unter Verweis auf § 310 Abs. 3 Nr. 3 bzw. Art. 4 I RL 93/13/EWG die Rechtmäßigkeit versagt.[180] Dort wird für Verbraucherverträge die Pflicht zur Beachtung von den Vertragsschluss begleitenden Umständen im Rahmen der Inhaltskontrolle festgeschrieben. Zwischen Inhaltskontrolle und der ihr vorgelagerten Auslegung dürfe aber wegen des engen Wirkungszusammenhanges in diesem Punkt nicht unterschieden werden.[181] Die fehlende Berechtigung des rein objektiven Ansatzes müsse sich über die Verbraucherverträge hinaus generell auf die Auslegung auswirken, weil die Auslegung schwerlich je nach Vertragstyp unterschiedlich erfolgen könne.[182]

Zudem begünstige der Schluss von der generellen Regelungsfunktion auf die einheitliche Auslegung einseitig den Verwender.[183]

Soweit die Lehre von der objektiv einheitlichen Auslegung zu Ergebnissen führe, die auf Basis der allgemeinen Auslegungsgrundsätze nicht zu gewinnen seien, sprächen diese gegen sich selbst:[184] Einerseits sei nicht erklärbar, weshalb atypisches Wissen des Vertragspartners des Verwenders, abweichend von der

---

176 Brandner, AcP 162, 237, 254 f.; Wolf/Lindacher/Pfeiffer-Lindacher, § 305 c Rn. 105.

177 Palandt/Heinrichs, (64.Auflage), § 305 c, Rn. 15 f.; Staudinger/Schlosser, § 305 c Rn. 128 ff.; Wolf/Lindacher/Pfeiffer-Lindacher, § 305 c Rn. 106.

178 Wolf/Lindacher/Pfeiffer-Lindacher, § 305 c Rn. 106.

179 BGH v. 14.12.2005 – XII ZR 241/03, NJW-RR 2006, 337, 338, Rz. 13.

180 Staudinger/Schlosser, § 305 c Rn. 126; Wolf/Lindacher/Pfeiffer-Lindacher, § 305 c Rn. 148; Schmidt-Salzer, JZ 1995, 223, 230 f..

181 Wolf/Lindacher/Pfeiffer-Lindacher, § 305 c Rn. 148; Staudinger/Schlosser, § 305 c Rn. 130; MünchKomm/Basedow, § 305 c, Rn. 23, der ansonsten aber an der grds. objektiven Auslegung festhalten will.

182 Staudinger/Schlosser, § 305 c Rn. 126.

183 Brandner, AcP 162, 237, 253; Wolf/Lindacher/Pfeiffer-Lindacher, § 305 c Rn. 105.

184 Wolf/Lindacher/Pfeiffer-Lindacher, § 305 c Rn. 106.

Regel, bei der Auslegung unberücksichtigt bleiben sollte. Andererseits mache es auch keinen Sinn, die Umstände des Einzelfalles beim Vertragsschluss vordergründig nicht zu berücksichtigen, über den Umweg der stillschweigenden Individualvereinbarung letztlich aber doch zu deren Maßgeblichkeit zu kommen.

cc) Neuere Tendenzen in der arbeitsgerichtlichen Rechtsprechung

Auch einige Senate des BAG verwenden in letzter Zeit mitunter nicht mehr die herkömmliche Formel der Rechtsprechung.[185] Ein etwaiges Abweichen wird allerdings nicht als solches kenntlich gemacht. Ob dies also auf einem generellen Sinneswandel beruht, lässt sich mangels Klarstellung nicht abschätzen. Möglich ist allerdings auch, dass man dies lediglich im Verbraucherprozess bzw. für den zur einmaligen Verwendung vorformulierten (Formular-) Arbeitsvertrag so sieht.

dd) Bewertung

Dem Grunde nach dreht es sich bei dem hier vorliegenden Auslegungsstreit um die Frage, ob und inwieweit eine einheitlich objektive Auslegung bei Allgemeinen Geschäftsbedingungen erforderlich und vom geltenden Recht anerkannt ist, oder ob und inwieweit auch Umstände des Einzelfalles berücksichtigt werden können oder gar müssen. Materiell gesehen geht es also darum, ob dem Rationalisierungsbedürfnis ein höheres Gewicht zuzumessen ist, oder ob eher die Einzelfallgerechtigkeit im Vordergrund steht. Auch für die Unklarheitenregel ist diese Problematik von großer Bedeutung, da sich auch dort im Rahmen der Rechtsfolge die Frage stellt, ob die Auslegung gegen den Verwender sich an den Umständen der konkreten Vertragssituation zu orientieren hat, oder ob ein abstrakt genereller Maßstab zu wählen ist.

Das Bedürfnis nach einer einheitlichen Auslegung ist ebenso wie die Notwendigkeit zur Sicherstellung einer Einzelfallgerechtigkeit kaum zu leugnen. Fraglich ist aber, inwieweit die einzelnen Ansichten dem jeweils anderen Anliegen gerecht werden können. Da von der traditionellen Ansicht Sonderregelungen beansprucht

185 Exemplarisch: BAG v. 22.10. 2008 – 4 AZR 784/07, AP Nr. 66 zu § 1 TVG Bezugnahme auf Tarifvertrag; BAG v. 26.9.2007 – 5 AZR 808/06, AP Nr. 58 zu § 1 TVG Bezugnahme auf Tarifvertrag, Rz. 13; BAG v. 15.4.2008 – 9 AZR 159/07, AP Nr. 38 zu § 1 TVG Altersteilzeit, Rz. 58; BAG v. 19.9.2007 – 4 AZR 710/06, AP Nr. 54 zu § 133 BGB, Rz. 20; BAG v. 18.4.2007 – 4 AZR 652/05, AP Nr. 53 zu § 1 TVG Bezugnahme auf Tarifvertrag, Rz. 24; BAG v. 14.12.2005 – 10 AZR 296/05, AP Nr. 37 zu § 1 TVG Bezugnahme auf Tarifvertrag, Rn. 15. Ausdrücklich unter Bezugnahme auf die Formel des BGH dagegen etwa: BAG v. 24.9.2008 – 6 AZR 76/07, AP Nr. 11 zu § 305 c BGB, Rz. 23 unter Verweis auf BAG v. 31.8.2005 – 5 AZR 545/04 – AP Nr. 8 zu § 6 ArbZG, Rz. 39.

werden, bedürfen diese zudem einer besonderen Begründung. Insofern ist neben der Analyse der praktischen Ergebnisse zu hinterfragen, ob die Prämisse der Rechtsprechung in dogmatischer Hinsicht haltbar ist.

(1) Vereinbarkeit der Gegenmeinung mit dem Bedürfnis nach einheitlichen Auslegungsergebnissen

Inwieweit auch die Gegenauffassung mit dem Bedürfnis nach Vereinheitlichung der Auslegungsergebnisse zu vereinbaren ist, bestimmt sich im Wesentlichen danach, auf welchen Auslegungshorizont abzustellen ist. Hier muss man sagen, dass auch nach der Gegenansicht im Regelfall, d.h. wenn es an besonderen Umständen des Einzelfalles fehlt, objektive Kriterien bei der Bestimmung des Inhalts eines Klauselwerks Anwendung finden.[186] Da auch auf Basis der allgemeinen Auslegungsgrundsätze die Verkehrssitte zu berücksichtigen ist und es dementsprechend auf den objektiven Empfängerhorizont ankommt, sind die Anforderungen beider Ansichten mithin in den allermeisten Fällen identisch. Dem Verwender unbekannte Defizite des Kunden werden auch auf Basis der allgemeinen Auslegungsmethoden nicht berücksichtigt.[187] Der Schutz des Verwenders wird daher in der Tat zumindest bei der Abwesenheit individueller Umstände des Vertragsschlusses hinreichend gewährleistet. Liegen Umstände des Einzelfalles vor, so will auch die traditionelle Auffassung entsprechend des Rechtsgedankens vom Vorrang der Individualabrede berücksichtigen. Insofern dürfte auch hier kein Problem mit der Gegenansicht bestehen, wobei der dogmatische Ansatz über die allgemeinen Vorschriften sicherlich stimmiger ist, als der Rückgriff auf § 305 b.

Ein Fall, in dem in der Tat Unterschiede im Ergebnis entstehen können, liegt dann vor, wenn der Kunde besonderes Wissen hat. Dies kann nach der Gegenmeinung zu seinen Lasten berücksichtigt werden.[188] Für den vom Bedürfnis nach Vereinheitlichung getriebenen Verwender dürfte sich auch dies freilich als wenig zu missbilligend darstellen, gereicht es ihm doch zum Vorteil. Aber auch im Ergebnis überzeugt die Berücksichtigungsfähigkeit derartigen Sonderwissens. Favorisiert man die objektive Auslegung, so ist eine Berücksichtigung von Umständen, die allein dem konkreten Vertragspartner bekannt sind, nicht möglich. Dies mag auf den ersten Blick „fair" erscheinen, da nach objektiver Auslegung auch individuelle Erkenntnis- und Schlussvermögensschwächen außer Betracht bleiben. Die Außerachtlassung derartiger Umstände hat aber ihren Grund in der

186 Wolf/Lindacher/Pfeiffer-Lindacher, § 305 c Rn. 112; Staudinger/Schlosser, § 305 c Rn. 128.

187 Wolf/Lindacher/Pfeiffer-Lindacher, § 305 c Rn. 112; Staudinger/Schlosser, § 305 c Rn. 128.

188 So schon RG v. 22.2.1927 – II 342/26, RGZ 116, 198, 207; Brandner, AcP 162, 256; Staudinger/Schlosser, § 305 c Rn. 128.

Schutzbedürftigkeit des Erklärungsempfängers. An einer entsprechenden Schutzwürdigkeit desjenigen, der eine Bestimmung aufgrund individuellen Sonderwissens mit ihrer korrekten Bedeutung erfasst hat, fehlt es im Gegenzug aber. Die gewichtigeren Gründe sprechen hier also für eine Berücksichtigung individuellen Sonderwissens.

Im Verbandsprozess kann ohnehin denknotwendig nur ein einheitlicher Maßstab gelten. Daher ist, auch wenn unterschiedliche Kundenkreise angesprochen werden, nur auf einen aus allen angesprochenen Kundenkreisen gebildeten Durchschnittskunden abzustellen.[189] Die Unterschiede in der praktischen Anwendung kann man mithin als eher gering bezeichnen. Das Bedürfnis zu einer möglichst weitgehenden einheitlichen Auslegung kann also auch durch die abweichende Ansicht in weitem Maße erfüllt werden. Die notwendigen Abweichungen im Einzelfall dürften sich in einem tolerierbaren Rahmen bewegen. Im Gegenteil erscheint es sogar eher so, dass gerade mittels der allgemeinen Auslegungsdogmatik ein guter Kompromiss zwischen einer Einzelfallgerechtigkeit und dem Rationalisierungsbedürfnis zu erzielen ist.

(2) Bewertung in dogmatischer Hinsicht

Fraglich ist, ob eine der Ansichten aus dogmatischer Hinsicht vorzugswürdig erscheint.

Wie schon erwähnt, muss Ausgangspunkt der Überlegungen zunächst sein, dass Allgemeine Geschäftsbedingungen rechtstechnisch Vertragsregelungen und keine Normen oder „Quasi- Normen" sind.[190] Sie haben auch dann keinen normativen Charakter, wenn sie auf Verbandsempfehlungen beruhen oder eine behördliche Genehmigung aufweisen. Normative Wirkung können vertragliche Regelungen Privater nur erlangen, sofern der Gesetzgeber dies ausdrücklich vorsieht.[191] Also bedarf jegliche Sonderregelung der Rechtfertigung.

Ein gewichtiges Argument für die traditionelle Auffassung kann in der Gesetzesbegründung zum ursprünglichen AGB-Gesetz gesehen werden, da dort – wie schon mehrfach erwähnt – der Gesetzgeber ausdrücklich sicherstellen wollte, dass bei der Auslegung Allgemeiner Geschäftsbedingungen nicht die allgemeinen Grundsätze der Vertragsauslegung gelten sollten.[192] Sicherlich kann man daraus den Schluss ziehen, dass gerade nicht die Auslegung nach den §§ 133, 157 ge-

---

189 Wolf/Lindacher/Pfeiffer-Lindacher, § 305 c Rn. 112, 113.

190 Lindacher, FS-Horn, S. 83, 85.

191 Vgl. BVerfG v. 9.5.1972 – 1 BvR 518/62, 1 BvR 308/64, BVerfGE 33, 125, 158; Kirchhof, Private Rechtssetzung, S. 48 ff und 91 f.; Rieble, Arbeitsmarkt und Wettbewerb, Rn. 1215; Lambrich, Tarif- und Betriebsautonomie, S. 214 ff..

192 Siehe oben: Teil 1.A.

wollt war. So eindeutig wie oft behauptet sind die Erwägungen des Gesetzgebers allerdings nicht. Im Gegenteil lassen sie auch den Schluss zu, dass man nur sicherstellen wollte, dass die §§ 133, 157 nicht *allein* bei der Auslegung Allgemeiner Geschäftsbedingungen heranzuziehen sind. Deswegen wurde diesen Normen im Anwendungsbereich des AGB-Rechts die Unklarheitenregel zu Seite gestellt. Schon gar nichts ist überdies damit zur Frage gesagt, ob Allgemeine Geschäftsbedingungen zwingend einheitlich auszulegen sind.

Dem könnte man zwar nun wieder entgegenhalten, dass die entsprechende vereinheitlichende Auslegungspraxis der Rechtsprechung dem Gesetzgeber bekannt war. Hätte er etwas anderes gewollt, so wäre es ihm zumindest im Zuge der Schuldrechtsreform ein leichtes gewesen, diesen Zustand zu ändern. Dieses Argument ist aber auch nicht wirklich zwingend, da die Schuldrechtsreform und vor allem deren AGB-rechtlicher Teil unter enormen Zeitdruck verabschiedet wurden. Es ist also nicht auszuschließen, dass an manches nicht gedacht wurde. Darüber hinaus hat man aber wohl auch keinen Bedarf gesehen, irgendetwas klarzustellen, da auch auf Basis der allgemeinen Vorschriften eine hinreichende Vereinheitlichung erreicht werden kann.

Zumindest in systematischer Hinsicht kann man die Integration des AGB-Rechts in das allgemeine Schuldrecht aber ganz im Gegenteil als deutlichen Hinweis darauf deuten, dass eine Angleichung der Auslegungsdogmatik stattgefunden hat bzw. stattfinden sollte.[193] Im Gesetzgebungsverfahren zur Schuldrechtsreform heißt es im ursprünglichen Entwurf nämlich ausdrücklich:[194]

> „Insbesondere gibt es nach wie vor eine Vielzahl von Sondergesetzen. Daraus resultiert ein erheblicher Ordnungs- und Transparenzverlust in der Rechtsordnung. Zu diesen Sondergesetzen gehört gerade auch das AGB-Gesetz. Die darin geregelten Fragen, inwieweit die grundsätzliche Nachgiebigkeit des Schuldrechts reicht und wann Abweichungen hiervon unzulässig sind, sind unmittelbar mit den Regelungen im Bürgerlichen Gesetzbuch verbunden, überlagern und ergänzen diese. Diese Verknüpfung ist indessen durch die Kodifikation in zwei unterschiedlichen Gesetzen nicht erkennbar. Zudem besteht durch die Zweiteilung des in der Sache einheitlichen Regelungsstoffes die Gefahr, dass sich unterschiedliche Auslegungsgrundsätze, Begrifflichkeiten und Bewertungsmaßstäbe entwickeln, was angesichts der engen Verschränkung der Materien des Bürgerlichen Gesetzbuchs und des AGB-Gesetzes nicht richtig sein kann."

An keiner Stelle der Gesetzesbegründing ist aber die Rede von Sonderregelungen oder etwa speziell dem Grundsatz der objektiv einheitlichen Auslegung Allgemeiner Geschäftsbedingungen. Auch der abschließenden Stellungnahme des Rechtsausschusses lässt sich nichts anderes entnehmen. Vielmehr stimmt man der

193 Bamberger/Roth-Schmidt, § 305 c Rn. 40.
194 BT-Drucks. 14/6040, S. 92.

Begründung für die Integration des AGBG ins allgemeine Schuldrecht ausdrücklich zu.[195]

Ein gewichtiges Argument gegen das Dogma der notwendig einheitlichen Auslegung findet sich – wie von den Vertretern der Gegenansicht häufig angeführt – in der Tat in § 310 Abs. 3 Nr. 3. Den Kritikern dieses Arguments ist zwar Recht darin zu geben, als sie bemängeln, dass die Vorschrift die Inhaltskontrolle und nicht die Auslegung betrifft. Dennoch zeigt sich an dieser Norm, dass Klauseln in Allgemeinen Geschäftsbedingungen nicht in jedem Fall das gleiche Schicksal nehmen müssen. Denn wenn Umstände des Einzelfalles bei der Inhaltskontrolle zu berücksichtigen sind, kann das nur heißen, dass diese Umstände auch im Einzelfall dazu führen können, dass eine Klausel unangemessen ist, obwohl sie möglicherweise in anderen Fällen angemessen wäre. Ein und dieselbe Klausel wird also mitunter in zwei verschiedenen Prozessen unterschiedlich beurteilt. Zumindest für den Verbraucherprozess dürfte das Dogma der Einheitlichkeit des Schicksals von AGB-Klauseln daher nicht mehr gültig sein. Hinzu kommt zudem, dass diese These vom Zwang zur einheitlichen Auslegung Allgemeiner Geschäftsbedingungen auch von den Vertretern der traditionellen Ansicht selbst nicht einmal durchgängig durchgehalten wird. Denn auch sie lassen Differenzierungen nach Verkehrskreisen zu. Schließlich lässt sich der Schutzzweck des AGB-Rechts nur unvollkommen verwirklichen, wenn eine Auslegung nur denknotwendig einheitlich erfolgen könnte.

Ein weiteres Argument gegen die einheitlich objektive Auslegung findet sich überdies in der dieser Vorschrift zugrunde liegenden Richtlinie 93/13/EWG selbst: In sämtlichen Vorschriften wird der Schutz des Verbrauchers betont.[196] Umfassend gewährleistet ist ein solcher aber nur, wenn eine Orientierung am Einzelfall stattfindet.

Alles in allem muss man daher festhalten, dass die traditionelle Ansicht zwar Sonderregelungen beansprucht, die nicht ausdrücklich normiert sind, im Gegenzug aber keine hinreichende dogmatische Rechtfertigung über das bloße Bedürfnis hinaus vortragen kann. Der Massencharakter Allgemeiner Geschäftsbedingungen und das damit verbundene Rationalisierungsbedürfnis mögen zwar den Wunsch nach möglichst einheitlichen Auslegungsergebnissen begründen. Wie aber oben schon erwähnt, wird diesem Bedürfnis auch schon durch die allgemeinen Regeln hinreichend Rechnung getragen werden. Überdies kann allein dieser Wunsch nicht eine dogmatische Begründung ersetzen. Andernfalls würde man den Fehler machen, eine typische Situation mit einer dogmatischen Begründung zu verwechseln, das heißt von der Tatsache, dass typischerweise keine indivi-

195 BT-Drucks. 14/7052, S. 187.

196 RL 93/13/EWG.

duellen Begleitumständen beim Vertragsschluss unter Einbeziehung Allgemeiner Geschäftsbedingungen vorhanden sind auf die Existenz und das Bedürfnis einer Sonderregelung zu schließen. Aus dogmatischer Sicht ist dem von §§ 133, 157 ausgehenden Begründungsansatz daher der Vorzug einzuräumen. Er wird den Besonderheiten der AGB ohne die Schaffung von spezifischen Auslegungsgrundsätzen gerecht und fügt sich harmonisch in den Kanon der allgemeinen Auslegungsgrundsätze ein.

(3) Einfluss der Unklarheitenregel

Fraglich ist auch, ob nicht darüber hinaus auch die Unklarheitenregel selbst gegen das Dogma der einheitlichen Auslegung in Stellung gebracht werden kann. Dies wäre dann der Fall, wenn die Unklarheitenregel selbst eine Orientierung an der konkret individuellen Vertragssituation fordern würde. Ausführlich soll hierauf später noch eingegangen werden.[197] Schon an dieser Stelle lässt sich aber sagen: Zumindest in ihrem Anwendungsbereich, d.h. also wenn Zweifel bei der Auslegung bestehen, spricht einiges hierfür. Es fehlt in diesem Fall nämlich an der Schutzbedürftigkeit des Verwenders. Denn dieser hat in vorwerfbarer Weise eine unklare Regelung verwendet. Dieser wäre zwar auch sanktioniert, wenn nur nach allgemeinen Kriterien gegen ihn ausgelegt würde, ohne auf den Einzelfall abzustellen. Der Sinn und Zweck der Unklarheitenregel beschränkt sich aber nicht auf den Strafcharakter. Im Gegenteil steht eher der Schutz des Kunden im Mittelpunkt der Regelung. Dies ergibt sich schon aus den allgemeinen Überlegungen, mit denen eine AGB-Kontrolle gerechtfertigt wird: Der Schutzzweck für das AGB-Recht liegt in einem Informations- und Motivationsgefälle zwischen Verwender und Kunden.[198] Nur selten wird ein Kunde einen Vertrag abschließen, bei dem er außer Qualität und Preis des Produkts auch noch die AGB mehrerer konkurrierender Anbieter miteinander verglichen hat.[199] Da von Kundenseite aus keine Kontrolle der verwendeten AGB stattfindet, kann auch der Wettbewerb zwischen den Unternehmen nicht zu einer ausgewogenen Ausgestaltung von AGB führen.[200] Insoweit kann man von einem partiellen Marktversagen sprechen.[201] Berücksichtigt man, dass von den AGB eine totale Entwertung der Hauptleistung beruhen kann, wird das Schutzbedürfnis der Kunden offensichtlich. Zum Schutz gegen die durch das partielle Versagen verursachten unange-

---

197 Siehe unten: Teil 1.D.III.1.a.

198 Gottschalk, AcP 206 (2006), 555, 560.

199 Gottschalk, AcP 206 (2006), 555, 560.

200 Gottschalk, AcP 206 (2006), 555, 560; Habersack, AcP 189 (1989), 403, 414; Wackerbarth, AcP 200 (2000), 45, 70.

201 Schäfer/Ott, Lehrbuch der Ökonomischen Analyse des Zivilrechts, S. 514.

messenen Allgemeinen Geschäftsbedingungen bieten sich zwei Modelle an: der Schutz durch eine Inhaltskontrolle und der Schutz durch Information.[202]

Auch unter diesem Gesichtspunkt ist dem Schutzgedanken also ein größeres Gewicht zuzumessen, als dem Bestreben bzw. dem Bedürfnis des Verwenders, einheitliche AGB zu verwenden. Dass es dem Gesetzgeber in § 305 c Abs. 2 um den Schutz des Einzelnen geht, zeigt sich sehr deutlich auch daran, dass er in § 310 Abs. 3 Nr. 2 für sog. Einmalbedingungen ausdrücklich klargestellt hat, dass die Unklarheitenregel gilt.

(4) Fazit

Die Auslegung Allgemeiner Geschäftsbedingungen richtet sich im Grunde nach den allgemeinen Methoden der Vertragsauslegung. Da es bei allgemeinen Geschäftsbedingungen in der Regel an individuellen Umständen des Einzelfalles hinsichtlich des Vertragsschlusses fehlt, kommt es aus diesem Grund zur objektiven Auslegung. Die individuellen Begleitumstände des Vertragsschlusses können nach der hier bevorzugten Ansicht bei der Auslegung selbst Berücksichtigung finden. Auf Basis der traditionellen Ansicht bedarf es, um zumindest zum gleichen Ergebnis zu kommen, eines Rückgriffs auf § 305 b bzw. auf den diesen tragenden Rechtsgedanken. Der Auslegungshorizont bestimmt sich nach dem objektiven Empfängerhorizont des konkreten Vertragspartners. In der Regel besteht allerdings kaum ein Unterschied zur Position der Rechtsprechung, nach der sich der jeweils zu beachtende Auslegungshorizont danach bestimmt, wie eine Klausel von verständigen und redlichen Vertragspartnern unter Abwägung der Interessen der normalerweise an derartigen Geschäften beteiligten Verkehrskreise verstanden wird, wobei die Verständnismöglichkeiten des durchschnittlichen Vertragspartners des Verwenders zugrunde zu legen sind, wenn es sich eben um den normalen Geschäftspartner des Verwenders handelt.

b) Wann liegen Zweifel vor?

aa) Bestandsaufnahme

Besondere Schwierigkeiten bereitet die Frage, wann bei der Auslegung im Einzelfall Zweifel anzunehmen sind. Sowohl die Rechtsprechung als auch das rechtswissenschaftliche Schrifttum beschränken sich zur Beantwortung dieser Frage zumeist auf generalklauselartige und recht unverbindliche Formulierungen. Nach einem kurzen Hinweis darauf, dass es sich bei der Unklarheitenregel um

---

202 Gottschalk, AcP 206 (2006), 555, 560.

eine logisch nachrangige Auslegungsregel handelt, liest man beispielsweise, dass Zweifel vorlägen, wenn die vorrangige objektive Auslegung der fraglichen Klausel und der übrigen vorformulierten Teile des Vertrages zum Ergebnis geführt hätten, dass die Klausel nach ihrem Wortlaut und dessen Verständnis durch die typischerweise beteiligten Verkehrskreise mehrdeutig ist, ohne dass die Mehrdeutigkeit sich im Rahmen der objektiven Auslegung beseitigen ließe.[203] Es folgt meist noch der Hinweis darauf, dass es auch bei der Beurteilung, ob Zweifel vorliegen, weder auf das subjektive Verständnis des einzelnen Kunden, noch auf den juristisch geschulten Verständnishorizont von Rechtskundigen ankomme, sondern auf die Verständnismöglichkeiten eines Durchschnittskundens aus denjenigen Verkehrskreisen, die mit den AGB der streitigen Art regelmäßig angesprochen werden.[204] Insbesondere in der Rechtsprechung des BGH wird formuliert, dass die Anwendbarkeit der Unklarheitenregel voraussetze, dass nach Ausschöpfung aller in Betracht kommenden Auslegungsmethoden ein nicht behebbarer Zweifel bleibt und mindestens zwei Auslegungen rechtlich vertretbar seien.[205]

Wohl zurückgehend auf eine Formulierung von *Schwab*[206] wird mit leicht anderer Betonung mittlerweile teilweise auch verlangt, dass nach der Ausschöpfung aller in Betracht kommenden Auslegungsmethoden ein nicht behebbarer Zweifel bleibt und keine der vorrangigen Auslegungsmethoden bzw. der Auslegungsergebnisse einen „klaren Vorzug" verdient.[207] Auch das BAG hat diese Formulierung in neueren Entscheidungen übernommen.[208] Zudem wird klargestellt, dass

---

203 BGH v. 29.05.2008 – III ZR 330/07, NJW 2008, 2495, 2496; BGH v. 23.04.2008 – XII ZR 62/06, BGHZ 176, 191, 193 f.; BGH v. 15.11.2006 – VIII ZR 166/06, NJW 2007, 504, 506; BGH v. 11.3.1997 – X ZR 146/94, NJW 1997, 3434, 3435; BGH v. 5.7.1995 – IV ZR 133/94, NJW-RR 1995, 1303, 1304; BGH v. 4.7.1990 – VIII ZR 288/89, BGHZ 112, 65, 68; BAG v. 17.1.2006 – 9 AZR 41/05, AP Nr. 40 zu § 1 TVG Bezugnahme auf Tarifvertrag, Rz. 37; Palandt/Grüneberg, § 305 c Rn. 18; Palandt/Heinrichs, (64.Auflage), § 305 c Rn. 18; Staudinger/Schlosser, § 305 c Rn. 106; Stoffels, Rn. 370; Ulmer/Brandner/Hensen-Ulmer, § 305 c Rn. 85.

204 MünchKomm/Basedow, § 305 c Rn. 29; Ulmer/Brandner/Hensen-Ulmer, § 305 c Rn. 85.

205 BGH v. 29.05.2008 – III ZR 330/07, NJW 2008, 2495, 2496; BGH v. 23.04.2008 – XII ZR 62/06, BGHZ 176, 191, 193 f.; BGH v. 15.11.2006 – VIII ZR 166/06, NJW 2007, 504, 506; BGH v. 11.3.1997 – X ZR 146/94, NJW 1997, 3434, 3435; BGH v. 5.7.1995 – IV ZR 133/94, NJW-RR 1995, 1303, 1304; BGH v. 4.7.1990 – VIII ZR 288/89, BGHZ 112, 65, 68; ebenso in der Literatur: Palandt/Grüneberg, § 305 c Rn. 18; Staudinger/Schlosser, § 305 c Rn. 106; Stoffels, Rn. 370.

206 Schwab, Einführung in das Zivilrecht, Rn. 798.

207 So etwa BGH v. 3.7.2002 – XII ZR 327/00, NJW 2002, 3232, 3233; ebenso v.Westphalen, NJW 2003, 1635, 1637; Wolf/Lindacher/Pfeiffer-Lindacher, § 305 c Rn. 129.

208 BAG v. 10.12.2008 – 10 AZR 1/08, AP Nr. 40 zu § 307 BGB; BAG v. 30.07.2008 – 10 AZR 606/07, AP Nr. 274 zu § 611 BGB Gratifikation; BAG v. 24.10.2007 – 10 AZR 825/06, AP

„erhebliche[209] bzw. ernsthafte[210] oder vernünftige[211] Zweifel" an der Auslegung bestehen müssen. Die entfernte Möglichkeit, zu einem anderen Ergebnis zu kommen, genüge für die Anwendung der Bestimmungen nicht.[212] Auch der Umstand, dass man eine bestimmte Klausel hätte deutlicher Formulieren können, begründe für sich keine Zweifel.[213]

Weitestgehend einig ist man sich mithin darüber, dass Zweifel nicht schon dann zu bejahen sind, wenn die Klausel im Hinblick auf seltene Ausnahmefälle, bei theoretisch denkbaren, praktisch fern liegenden Fallgestaltungen, einen mehrdeutigen Inhalt aufweist.[214] Rein theoretische oder abstrakte Auslegungszweifel können den Anwendungsbereich der Unklarheitenregel nicht öffnen. Ein bloßer Streit über die Auslegung reicht also nicht aus.[215]

Im Schrifttum liest man auch die Formulierung, dass semantische Spielräume allein nicht genügen, um zur Anwendbarkeit der Zweifelsregel zu kommen.[216] Der Rückgriff auf § 305 c Abs. 2 sei erst und nur dann geboten, wenn nach allgemeinen Auslegungsgrundsätzen das Ergebnis auf objektive Mehrdeutigkeit laute. Hierzu sei keine „Gleichgewichtslage auf der Waage der Auslegung" notwendig. Umgekehrt sei eine die Anwendbarkeit der Unklarheitenregel ausschließende Eindeutigkeit nicht erst dann anzunehmen, wenn letzte Zweifel schweigen. Zumindest in Zweifelsfällen sollte bei der Grenzziehung zudem der Gesichtspunkt der objektiven Vermeidbarkeit von Restunschärfen mitberücksichtigt werden. Die Formulierungsverantwortung des Verwenders und das gebotene Maß an Deutungsdiligenz seitens des Vertragspartners seien überdies interdependent.[217]

Nr. 32 zu § 307 BGB; BAG v. 18.04.2007 – 4 AZR 653/05, AP Nr. 54 zu § 1 TVG Bezugnahme auf Tarifverträge; BAG v. 09.11.2005 – 5 AZR 128/05, AP BGB § 305 c Nr. 4.

209 BAG v. 10.12.2008 – 10 AZR 1/08, AP Nr. 40 zu § 307 BGB.

210 BAG v. 29.04.2008 – 3 AZR 266/06, AP Nr. 58 zu § 2 BetrAVG, Rz. 29.

211 BAG v. 19.07.2007 – 6 AZR 774/06, AP Nr. 18 zu § 35 GmbHG.

212 BAG v. 10.12.2008 – 10 AZR 1/08, AP Nr. 40 zu § 307 BGB, Rz. 15.

213 BAG v. 19.3.2003 – 4 AZR 331/02, AP Nr. 33 zu § 1 Bezugnahme auf Tarifvertrag, Rz. 28.

214 BGH v. 15.11.2006 – VIII ZR 166/06, NJW 2007, 504; BGH v. 3.7.2002 – XII ZR 327/00, NJW 2002, 3232; BGH v. 11.2.1992 – XI ZR 151/91, NJW 1992, 1097, 1098; BGH v. 4.7.1990 – VIII ZR 288/89, BGHZ 112, 65, 68;Locher, FS-Korbion, S. 283, 287; Palandt/Grüneberg, § 305 c Rn. 18; Ulmer/Brandner/Hensen-Ulmer, § 305 c Rn. 86.

215 BGH v. 29.05.2008 – III ZR 330/07, NJW 2008, 2495, 2496; BGH v. 23.04.2008 – XII ZR 62/06, BGHZ 176, 191, 193 f.; BGH v. 15.11.2006 – VIII ZR 166/06, NJW 2007, 504, 506; BGH v. 11.3.1997 – X ZR 146/94, NJW 1997, 3434, 3435; BGH v. 5.7.1995 – IV ZR 133/94, NJW-RR 1995, 1303, 1304; BGH v. 4.7.1990 – VIII ZR 288/89, BGHZ 112, 65, 68; BAG v. 17.1.2006 – 9 AZR 41/05, AP Nr. 40 zu § 1 TVG Bezugnahme auf Tarifvertrag, Rz. 37; Palandt/Grüneberg, § 305 c Rn. 18; Staudinger/Schlosser, § 305 c Rn. 106; Stoffels, Rn. 370.

216 Wolf/Lindacher/Pfeiffer-Lindacher, § 305 c Rn. 129.

217 Wolf/Lindacher/Pfeiffer-Lindacher, § 305 c Rn. 129.

Wo die Rechtsunklarheit erkennbar keinen Obliegenheitsverstoß des Verwenders darstelle, seien auch vom Kunden wieder gesteigerte Deutungsanstrengungen zu erwarten.

Einzig *Schlechtriem* beschreitet einen substanziell anderen Weg, was auf sein abweichendes Verständnis vom Rangverhältnis der einzelnen Auslegungsregeln im Verhältnis zur Unklarheitenregel zurückzuführen ist.[218] Seiner Ansicht nach sind Zweifel schon dann zu bejahen und damit die kundenfreundlichste Auslegung zu wählen, wenn der Wortlaut bei objektiver, am Verständnishorizont des durchschnittlichen Adressaten ausgerichteter Lesart unklar und mehreren Auslegungen zugänglich sei.[219] Es sollen also ausdrücklich nicht alle Auslegungsmittel herangezogen werden, bevor die Unklarheitenregel zur Anwendung gelangen kann, sondern allein der Wortlaut bzw. die objektive Bedeutung des Wortlauts ist demnach maßgeblich.

bb) Fazit

Abgesehen von *Schlechtriem* liegt man also in Rechtsprechung und Schrifttum wohl im Großen und Ganzen auf einer Linie. Allerdings ist dies eine sehr schwammige Linie. Gesichert ist nur: Weder der bloße Streit noch die entfernte Möglichkeit einer anderen Auslegung reicht aus.[220] Die Zweifel müssen je nach Betonung erheblich, ernsthaft oder vernünftig sein, bzw. eine Auslegungsvariante muss vertretbar sein und keine andere darf gleichzeitig den klaren Vorzug verdienen. Die bislang vorgeschlagenen generalklauselartigen Formulierungen mögen zwar aufgrund ihrer Unverbindlichkeit im Einzelfall stets sachgerechte Ergebnisse erlauben, sie sind aber wenig greifbar und damit recht schwer in der Praxis zu handhaben. Es fehlt bislang an einer Strukturierung. Insbesondere bleiben die Autoren eine konkrete und justiziable Antwort darauf schuldig, wann eine Auslegungsvariante vorzugswürdig erscheint und wann von Auslegungszweifeln auszugehen ist. Dies soll im Folgenden versucht werden. Im Ausgangspunkt soll hierzu erörtert werden, welche Auslegungsmittel berücksichtigt werden können. Wenn nämlich etwa allein der Wortlaut maßgeblich wäre, würde sich die Anwendung der Unklarheitenregel relativ einfach danach bestimmen, ob dieser eindeutig ist oder nicht. Kommt man zu dem Ergebnis, dass mehrere Auslegungsmittel bei der Auslegung Allgemeiner Geschäftsbedingungen eine Rolle spielen können – also neben dem Wortlaut etwa auch der Sinn und Zweck, die

---

218 Schlechtriem, FS-Heinrichs, S. 503 ff..

219 Schlechtriem, FS-Heinrichs, S. 503 ff..

220 BGH v. 19.1.2005 – XII ZR 107/01, NJW 2005, 1183, 1184; Erman/Roloff, § 305 c Rn. 22; Palandt/Grüneberg, § 305 c, Rn. 18; Ulmer/Brandner/Hensen-Ulmer, § 305 c Rn. 86; Wolf/Lindacher/Pfeiffer-Lindacher, § 305 c Rn. 129; Stoffels, Rn. 370, 373.

Interessenlage, die Systematik und die Entstehungsgeschichte – so stellt sich die Frage ob bei Divergenzen stets die Unklarheitenregel anzuwenden ist, oder ob möglicherweise ein Rangverhältnis zwischen den verschiedenen Auslegungsmitteln feststellbar ist, sodass trotz dieser Divergenzen ein eindeutiges Auslegungsergebnis gefunden werden kann, ohne die Unklarheitenregel zur Anwendung bringen zu müssen.

cc) Berücksichtigungsfähigkeit und Rangverhältnis der Auslegungsmittel

(1) Stand der Forschung

In der Rechtsprechung haben bei wechselnder Akzentuierung über die Jahrzehnte sowohl Wortlaut[221] als auch Sinn und Zweck[222], systematische Stellung[223] und Entstehungsgeschichte[224] einer Klausel bei der Auslegung Berücksichtigung gefunden. Weitgehend einig ist man sich allerdings darüber, dass nur solche Auslegungsmittel und Methoden Beachtung finden können, die dem typischen Verwendungsgegner des jeweiligen Verkehrskreises zugänglich sind.[225] Nach Ansicht der Rechtsprechung folgt dies schon aus dem Grundsatz der objektiven Auslegung. Denn demnach sind die Verständnismöglichkeiten eines rechtlich nicht vorgebildeten Durchschnittskunden maßgeblich.[226] Die Entstehungsgeschichte der Klausel scheidet als Auslegungsgesichtspunkt demnach in der Regel aus, da sie sich dem durchschnittlichen Verwendungsgegner regelmäßig verschließt.[227]

---

221 Vgl. schon RG v. 13.12.1912 – VII 228/12, RGZ 81, 117, 119; RG v. 6.4.1937 – II 238/36, RGZ 155, 26, 28.

222 BGH v. 14.1.1999 – IX ZR 140/98, NJW 1999, 1105, 1106; BGH v. 17.2.1993 – VIII ZR 37/92, NJW 1993, 1381, 1382.

223 BGH v. 4.5.1995 – I ZR 70/93, NJW 1995, 3117, 3118; BGH v. 5.11.1991 – XI ZR 246/90, NJW 1992, 180, 181; BGH v. 31.10.1984 – VIII ZR 226/83, NJW 1985, 320, 324, 326.

224 BGH v. 4.12.1980 – IVa ZR 32/80, BGHZ 79, 76, 88.

225 BGH v. 26.1.1973 – V ZR 47/71, BGHZ 60, 174, 177; BGH v. 3.4.1996 – IV ZR 152/95, NJW-RR 1996, 856, 857; BGH v. 26.10.1977 – VIII ZR 197/75, WM 1978, 10, 11; Erman/Roloff, § 305 c Rn. 20; Palandt/Heinrichs, (64.Auflage), § 305 c, Rn. 16; Ulmer/Brandner/Hensen-Ulmer, § 305 c Rn. 82; Stoffels, Rn. 360.

226 BGH v. 23.9.2009 – VIII ZR 344/08, NJW 2009, 3716; BGH v. 23.11.2005 – VIII ZR 154/04, NJW 2006, 1056; BGH v. 17.12.1987 – VII ZR 307/86, BGHZ 102, 384; 390; BGH v. 26.1.1973 – V ZR 47/71, BGHZ 60, 174, 177.

227 Erman/Roloff, § 305 c Rn. 21; Palandt/Heinrichs, (64.Auflage), § 305 c, Rn. 16; Staudinger/Schlosser, § 305 c Rn. 129; Ulmer/Brandner/Hensen-Ulmer, § 305 c Rn. 82; Wolf/Lindacher/Pfeiffer-Lindacher, § 305 c Rn. 115; mittlerweile so wohl auch die Rechtsprechung: BGH NJW-RR 2000, 1341; BGH NJW-RR 2003, 1247.

Differenzen treten letztendlich lediglich bei der Gewichtung der verbleibenden Kriterien zu Tage. Während vereinzelt der Rechtsprechung in ihrer teils ausufernden Würdigung von Sinn und Zweck sowie Systematik umfänglich zugestimmt wird,[228] regen sich in weiten Teilen der Literatur Zweifel.[229]

Vor allem in der jüngeren Vergangenheit wird die Befürchtung geäußert, dass die Rechtsprechung der teleologischen Auslegung gegenüber dem Wortlaut der Klausel den Vorzug einräumen würde und damit den Anwendungsbereich der Unklarheitenregel und der Transparenzkontrolle über Gebühr einschränken würde.[230] Angesichts des Urteils, auf die sich die hier zitierte Stellungnahme bezieht, ist dies nicht weiter verwunderlich. Dennoch lassen sich mittlerweile auch zahlreiche Urteile der Zivilgerichtsbarkeit finden, die zumindest formelhaft betonen, dass bei der Auslegung Allgemeiner Geschäftsbedingungen in erster Linie der Wortlaut maßgeblich sei,[231] ganz zu schweigen von den neueren Urteilen des 4. Senats des BAG.[232] Eine andere Frage ist hierbei freilich, wie weit diese „Flos-

---

228 Soergel/Stein, § 5 AGBG, Rn. 7.

229 Annuß, AuR 2002, 361, 363; Roth, WM 1991, 2125, 2128; Schlechtriem, FS-Heinrichs, S.503, 505 ff.; Singer/Hake, Anmerkung zu BAG v. 24.9.2008 – 6 AZR 76/07, AP Nr. 11 zu § 305 c; Thüsing/Lambrich, RdA 2002, 193, 201; Ulmer/Brandner/Hensen-Ulmer, § 305 c Rn. 80; Wolf/Lindacher/Pfeiffer-Lindacher, § 305 c Rn. 107;

230 So jüngst Singer/Hake, Anmerkung zu BAG v. 24.9.2008 – 6 AZR 76/07, AP Nr. 11 zu § 305 c.

231 exemplarisch: BGH v. 8.4.2009 – VIII ZR 233/08, NJW-RR 2009, 1021, 1022: „Ansatzpunkt für die bei einem Formularvertrag gebotene objektive, nicht am Willen der konkreten Vertragspartner zu orientierende Auslegung ist in erster Linie der Wortlaut.“, was im Folgenden auch durchaus ernst genommen wurde: „§ 3 Nr. 7 des Mietvertrags räumt dem Vermieter die Befugnis ein, bei einer Änderung der Kostenmiete diese – auch rückwirkend – zu verlangen. Ihrem Wortlaut nach begründet die Klausel damit aus der Sicht des insoweit maßgeblichen durchschnittlichen Mieters lediglich die Berechtigung des Vermieters, die Miete durch das Verlangen einer geänderten (erhöhten) Kostenmiete einseitig zu ändern, führt aber nicht selbst – ohne eine dahingehende Äußerung des Vermieters – die Änderung der geschuldeten Miete herbei. Jedenfalls lässt die Klausel (auch) ein solches Verständnis zu und ist deshalb zu Lasten der Klägerin in diesem Sinne auszulegen (§ 305 c Abs. 2 BGB).“; BGH v. 22.11.2001 – VII ZR 150/01, NJW 2002, 441: „Zu Recht orientiert sich das Berufungsgericht in erster Linie an dem Wortlaut der Klausel und dem diesem zunehmenden objektiv erklärten Parteiwillen.“; vgl. auch BGH v. 18.2.2009 – IV ZR 11/07, NJW-RR 2009, 813, 815; BGH v. 19.1.2005 – XII ZR 107/01, BGHZ 162, 39, 42; BGH v. 17.2.1993 – VIII ZR 37/92, NJW 1993, 1381, 1383.

232 BAG v. 14.12.2005 – 4 AZR 536/04, AP Nr. 39 zu § 1 TVG Bezugnahme auf Tarifvertrag, Rz. 21: „Nicht nur die Unklarheitenregel des § 305 c Abs. 2, auch das Transparenzgebot des § 307 Abs. 1 S. 2 und das Verbot der geltungserhaltenden Reduktion in § 306 streiten als allgemeine Rechtsgrundsätze gegen eine wohlwollende Auslegung zu Gunsten des Klauselverwenders und damit auch dagegen, eine durch das Ende einer ursprünglich bestehenden Tarifgebundenheit auflösend bedingte Dynamik in Bezug genommener Tarifverträge, an die der Klauselverwender bei Vertragsschluss gedacht haben mag, als Vertragsinhalt auch dann zu erkennen, wenn sich hierfür weder im Wortlaut noch in den den Vertragsschluss begleitenden

kel" mit Inhalt gefüllt wird, d.h. inwieweit sich auch an den Vorrang des Wortlauts gehalten wird. Neu ist die Forderung nach einer stärkeren Berücksichtigung des Wortlauts bei der Auslegung von AGB und vor allem bei der Anwendung der Unklarheitenregel indes nicht. Schon seit vielen Jahren setzt man sich für eine höhere Gewichtung der Wortlautauslegung ein.[233] Vor allem soweit sie aus der objektiven Auslegung auf die vorrangige Bedeutung des Klauselwortlauts schließt, könnte sich die Rechtsprechung mithin auf eine Breite Basis der Zustimmung stützen.[234]

Im Großen und Ganzen zeichnen sich zwei Strömungen ab, die sich vornehmlich in der Gewichtung des Transparenzgebots sowie der Unklarheitenregel und der Beurteilung des Einflusses beider auf die Auslegung unterscheiden: Den gemeinsamen Ansatzpunkt der Kritiker bildet – wie erwähnt – ihre Skepsis gegenüber einer Berücksichtigung von Sinn und Zweck der auszulegenden Regelung sowie deren systematischer Stellung zwecks Aufrechterhaltung einer nach ihrem Wortlaut nicht klaren Klausel, mit dem vom Verwender gewollten, aber nicht deutlich zum Ausdruck gebrachten Gehalt.[235]

(a) Verbreitete Ansicht: „Reduzierung auf ohne weiteres erkennbare Auslegungsmethoden"

Hieran anknüpfend wird zum einen auf das im AGB-Recht in mehreren Normen verankerte Transparenzgebot verwiesen, dessen Intention es ist, im Interesse des Verwendungsgegners eine verständliche Formulierung der Klauseln anzuregen und dem Verwender im Falle trotzdem auftretender Unklarheiten die Nachteile

---

Umständen ein Anhaltspunkt findet.", vgl. auch, BAG v. 22.10.2008 – 4 AZR 784/07, AP Nr. 66 zu § 1 TVG Bezugnahme auf Tarifvertrag, Rz. 14; BAG v. 18.4.2007 – 4 AZR 652/05, AP Nr. 53 zu § 1 TVG Bezugnahme auf Tarifvertrag, Rz. 28.

233 Annuß, AuR 2002, 361, 363; Roth, WM 1991, 2125, 2128; Ulmer/Brandner/Hensen-Ulmer, § 305 c Rn. 80; Wolf/Lindacher/Pfeiffer-Lindacher, § 305 c Rn.107. Thüsing und Lambrich gehen sogar davon aus, dass in Rechtsprechung und Literatur weitestgehend Einigkeit über diese Frage herrscht, freilich nicht ohne anzuerkennen, dass in Nuancen Unstimmigkeiten bestehen, ob und inwieweit über den Wortlaut hinausgehende Aspekte (zum Beispiel Interessenlage der Vertragspartner, Vertragszweck) im Auslegungsprogramm Berücksichtigung finden dürfen, vgl.: Thüsing/Lambrich, RdA 2002, 193, 201.

234 Annuß, AuR 2002, 361, 363; Roth, WM 1991, 2125, 2128; Thüsing/Lambrich, RdA 2002, 193, 201; Ulmer/Brandner/Hensen-Ulmer, § 305 c Rn. 80; Wolf/Lindacher/Pfeiffer-Lindacher, § 305 c Rn. 107;

235 Erman/Roloff, § 305 c Rn. 21; MünchKomm/Basedow, § 305 c Rn. 29; Roth, WM 1991, 2125, 2127; Schlechtriem, FS-Heinrichs, S. 503, 505 ff.; Singer/Hake, Anmerkung zu BAG v. 24.9.2008 – 6 AZR 76/07, AP Nr. 11 zu § 305 c BGB; Thüsing/Lambrich, RdA 2002, 193, 201; Ulmer/Brandner/Hensen-Ulmer, § 305 c Rn. 81; Wolf/Lindacher/Pfeiffer-Lindacher, § 305 c Rn. 107..

aufzubürden.[236] Gestützt auf diese grundlegende Wertung, wird dem vom Verwender verfolgten Sinn und Zweck als auch der Systematik dann die Berücksichtigungsfähigkeit abgesprochen, wenn sich der Regelungsgehalt der Klausel nicht bereits aus dem Wortlaut sondern erst unter Heranziehung der für den beteiligten Kundenkreis nicht ohne weiteres erkennbaren weiteren Methoden ergibt.[237] Systematik sowie Sinn und Zweck nehmen folglich nur Einfluss auf die Auslegung, wenn sie für den Verwendungsgegner ohne weiters klar erkennbar sind und ein eindeutiger Schluss unschwer zu ziehen ist.[238]

(b) Weitergehender Ansatz: „Alleinige Maßgeblichkeit des Wortlautes"

Ein noch weitergehender Ansatz folgert aus den Zielsetzungen des Transparenzgebots, dass nur der Wortlaut Grundlage der Auslegung sein könne.[239] Dieses Ergebnis wird dabei als denkrichtige Konsequenz einer Anwendung der Unklarheitenregel gesehen.[240] Denn trotz der Eintracht von Rechtsprechung und Literatur hinsichtlich des Postulats der Subsidiarität von § 305 c Abs. 2, der erst Anwendung finden soll, wenn nach Ausschöpfung der allgemeinen Auslegungsgrundsätze ein nicht behebbarer Zweifel bleibt und mindestens zwei Auslegungen rechtlich vertretbar sind,[241] sei § 305 c Abs. 2 bereits ein unmittelbarer Einfluss auf die Wahl der Auslegungsmittel zuzugestehen.[242] Die Zweifelsregelung müsse auch in der ihr innewohnenden Ausprägung als Auslegungsregel Anerkennung zu teil werden.[243] In dieser Funktion gebiete § 305 c Abs. 2, dass der Wortlaut und seine objektive Bedeutung für den durchschnittlichen Erklärungsadressaten Grundlage und Grenze der Auslegung bilden, weitere Auslegungsmittel also nicht

236 Erman/Roloff, § 305 c Rn. 21; Roth, WM 1991, 2125, 2127; Thüsing/Lambrich, RdA 2002, 193, 201; Ulmer/Brandner/Hensen-Ulmer, § 305 c Rn. 81; Wolf/Lindacher/Pfeiffer-Lindacher, § 305 c Rn. 107.

237 Ulmer/Brandner/Hensen-Ulmer, § 305 c Rn. 81; Staudinger/Schlosser, § 305 c Rn. 128; Bunte, NJW 1985, 600, 601; Roth, WM 1991, 2125, 2128.

238 Palandt/Heinrichs, (64.Auflage), § 305 c, Rn. 16; Erman/Roloff, § 305 c Rn. 21; Roth, WM 1991, 2125, 2128;Annuß, AuR 2002, 361, 363; Stein, AuR 2003, 361, 363.

239 Schlechtriem, FS-Heinrichs, S. 503, 505 ff.; in diese Richtung nun auch Singer/Hake, Anmerkung zu BAG v. 24.9.2008 – 6 AZR 76/07, AP Nr. 11 zu § 305 c BGB; für den Verbrauchervertrag wohl auch: MünchKomm/Basedow, § 305 c Rn. 29.

240 Schlechtriem, FS-Heinrichs, S.503, 505 ff.

241 BGH v. 3.7.2002 – XII ZR 327/00, NJW 2002, 3232, 3233; BGH v. 11.3.1997 – X ZR 146/94, NJW 1997, 3434, 3435;BGH v. 11.02.1992 – IX ZR 151/91, NJW 1992, 1097, 1099;Honsell, JA 1985, 260, 261; MünchKomm/Basedow, § 305 c Rn. 29; Palandt/ Heinrichs, (64.Auflage), § 305 c, Rn. 18; Staudinger/Schlosser, § 305 c Rn. 106; Rn. 106; Wolf/Lindacher/Pfeiffer-Lindacher, § 305 c Rn. 129.

242 Schlechtriem, FS-Heinrichs, S. 503, 504 ff.

243 Schlechtriem, FS-Heinrichs, S. 503, 504 ff.

herangezogen werden.[244] Es wird zudem angeführt, die verbrauchergünstigste Auslegung als Kompensation für die dem Verwender zustehende Formulierungshoheit müsse bereits deshalb im direkten Anschluss an die Feststellung eines mehrdeutigen Wortlauts erfolgen und andere Auslegungsmittel somit ausschließen, weil sonst die Durchsetzung der verbrauchergünstigsten Auslegung im Rahmen der Zweifelsregelung vereitelt werden könnte.[245] Bei eindeutigem Wortlaut wirke § 305 c Abs. 2 zu Gunsten des Kunden, indem er eine dem Verwender nützliche etwa aus Sinn und Zweck gewonnene Bedeutungsänderung unterbinde.[246]

Stützend wirkt die in Bezug auf Art. 5 S. 2 RL 93/13/EWG geäußerte Ansicht, dass dessen Formulierung „bei Zweifeln" nur auf semantische Spielräume beim unmittelbaren Verständnis des Klauseltextes abstelle. Zu Recht hieße es in der Richtlinie nicht „verbleiben nach der Auslegung noch Zweifel".[247] Entsprechendes muss aufgrund des insoweit identischen Wortlauts auch für die Unklarheitenregel gelten.

Auch ein weiteres Argument könne sich aus der Richtlinie ergeben: Erwägungsgrund 20 verdeutliche in deutscher wie auch in englischer und französischer Fassung, dass es auf die Klarheit und Verständlichkeit der *Sprache* ankomme.[248] Daraus folge, dass die Klarheit oder Unklarheit einer AGB-Klausel nach den vorrangigen Auslegungsmethoden in erster Linie aufgrund des Wortlauts der Klausel zu beurteilen sei.[249]

(2) Stellungnahme und eigener Ansatz

Während man die von der Rechtsprechung vor allem früher mitunter praktizierte – wenn auch nicht immer offen zugegebene – eher gleichberechtigte Berücksichtigung aller Auslegungsmethoden in erster Linie auf die in der allgemeinen Vertrags- und Gesetzesauslegung vorherrschende Dogmatik stützen könnte,[250] wird die These, dass dem Wortlaut der Auslegung ein gewisser Vorrang einzuräumen ist, vor allem mit drei Erwägungen legitimiert: Erstens wird von der objektiven

244 Schlechtriem, FS-Heinrichs, S. 503, 507, 509.

245 Schlechtriem, FS-Heinrichs, S. 503, 509 f.

246 Schlechtriem, FS-Heinrichs, S. 503, 508 f.; Erman/Roloff, § 305 c Rn. 21; MünchKomm/Basedow, § 305 c Rn. 32.

247 Kapnopoulou, S. 149 f.

248 MünchKomm/Basedow, § 305 c Rn. 29.

249 MünchKomm/Basedow, § 305 c Rn. 29 unter Verweis auf BGH v. 22.11.2001 – VII ZR 150/01, NJW 2002, 441; Schlechtriem, FS-Heinrichs, S. 503, 506 f..

250 Vgl. dazu schon oben: Grundsätzlich stehen die Auslegungsmittel gleichberechtigt nebeneinander.

Auslegungsmethodik auf den Vorrang des Wortlauts geschlossen; zweitens wird das Transparenzgebot gegen die Berücksichtigungsfähigkeit anderer Auslegungsmethoden als des Wortlauts angeführt und drittens wird schließlich die Unklarheitenregel selbst herangezogen, um eine alleinige Maßgeblichkeit des Wortlauts zu rechtfertigen. Auch hier gilt, was in der Argumentation im vorherigen Abschnitt gesagt wurde: Da wo Sonderregelungen beansprucht werden, müssen diese auch begründet werden. Entsprechend soll sich die Untersuchung an den Argumenten derjenigen orientieren, die ein vom „Normalfall" abweichendes Verständnis einfordern. Vernachlässigt wurde in der bisherigen Diskussion zudem, ob die Berücksichtigungsfähigkeit bestimmter Auslegungsmethoden nur zu Gunsten des Kunden verneint werden kann, oder ob die Vorrangstellung des Wortlautes sich mitunter auch zu Lasten des Kunden auswirken können soll. Auch dies soll daher hier jeweils erörtert werden.

(a) Vorrangstellung des Wortlauts als Folge der objektiven Auslegungsdogmatik

Revisionsbedürftig erscheint zunächst die These, dass allein aufgrund der bei der Auslegung von Allgemeinen Geschäftsbedingungen geltenden objektiven Auslegungsdogmatik auf eine vorrangige Berücksichtigung des Wortlauts geschlossen werden kann.[251] Wenn dies so wäre, müsste auch die Rechtsprechung dieser Sichtweise in größerem Maße als bisher feststellbar zugetan sein, da gerade sie den Grundsatz der objektiven Auslegung „gebetsmühlenartig" propagiert. Richtig ist zwar, dass es für die Frage, ob Auslegungszweifel verbleiben, nicht auf den juristisch geschulten Verständnishorizont von Rechtskundigen ankommt, sondern auf die Verständnismöglichkeiten eines Durchschnittskunden aus denjenigen Verkehrskreisen, die mit den Allgemeinen Geschäftsbedingungen der streitigen Art regelmäßig angesprochen werden und damit auch hier keine subjektive, sondern eine normative Auslegungsdogmatik Geltung beansprucht.[252] Das allein ist allerdings keine Begründung dafür, teleologische und systematische Erwägungen nicht zu berücksichtigen, wenn auch der Durchschnittskunde diese unschwer erkennen konnte bzw. wenn davon ausgegangen werden kann, dass der durchschnittliche Kunde den Sinn einer Bestimmung kennt. Denn auch in der allgemeinen Vertragsauslegung ist der mit dem Vertrag verfolgte Zweck sowie die systematische Stellung der in Rede stehenden Bestimmung durchaus berücksichtigungsfähig, selbst wenn es sich bei dem konkreten Vertragspartner nicht um einen juristisch geschulten handelt.[253] Hier sollte also vielmehr danach gefragt

251 Auf Basis der hier vertretenen Ansicht scheint dieses Argument zumindest in dogmatischer Hinsicht ohnehin nicht haltbar.

252 Vgl. dazu etwa MünchKomm/Basedow, § 305 c Rn. 29.

253 Vgl. dazu oben: Teil 1.D.II.1.

werden, welche Auslegungsmittel dem Kunden bzw. auch dem Durchschnittskunden zugänglich waren und welche Auslegungsergebnisse ihm mittels der ihm zur Verfügung stehenden Mittel erkennbar waren, als pauschal Auslegungsmethoden abzulehnen.

Zutreffend dürfte allerdings sein, dass der durchschnittliche Kunde dem Wortlaut für gewöhnlich ein höheres Gewicht als systematischen und teleologischen Erwägungen beimisst. In Bezug auf die Bedeutung des Wortlauts ist der Kunde daher im Regelfall schützwürdig. Die Entstehungsgeschichte dürfte hingegen den allerwenigsten bekannt sein. Dies ist aber mehr ein empirisches als ein dogmatisches Argument. Im Einzelfall würde dies selbst auf Basis der traditionellen Auffassung nicht davor schützen, wenn beispielsweise bestimmte Kundenkreise an der Erstellung der in Rede stehenden Allgemeinen Geschäftsbedingungen in irgendeiner Weise mitgewirkt haben und den Zweck der einzelnen Regeln kannten, deren Kenntnisse zu vernachlässigen.[254] Zudem kann es durchaus sein, dass der Sinn und Zweck so offensichtlich ist, dass er sich jedem ohne weiteres aufdrängen muss.[255]

Eine andere Frage ist freilich, ob nicht sonstige Vorschriften des AGB-Rechts, insbesondere die Unklarheitenregel und das Transparenzgebot eine andere Sichtweise erfordern.

(b) Einfluss der Richtlinie 93/13/EWG

Schwerer wiegt an dieser Stelle das Argument *Basedows*, nämlich der Verweis auf Erwägungsgrund 20 der europäischen Richtlinie 93/13/EWG.[256] Dort heißt es ausdrücklich:

> „Die Verträge müssen in *klarer und verständlicherSprache* abgefasst sein. Der Verbraucher muß tatsächlich die Möglichkeit haben, von allen Vertragsklauseln Kenntnis zu nehmen. Im Zweifelsfall ist die für den Verbraucher günstigste Auslegung anzuwenden."

Wenn hier verlangt wird, dass Verträge in klarer und verständlicher Sprache abgefasst sein müssen, ist dies ein deutliches Indiz dafür, dass die Unklarheitenregel vor allem an sprachliche Defizite anknüpfen soll, bzw. diese sanktionieren soll. Daraus ließe sich ableiten, dass vor allen Dingen die sprachliche Gestaltung, die sich im Wortlaut einer Klausel niedergeschlagen hat, über die Anwendbarkeit der Unklarheitsregel entscheiden soll. Denknotwendig ist dem Wortlaut dann aber auch ein stärkeres Gewicht bei der Auslegung zuzumessen.

---

254 Wobei zuzugeben ist das diese Konstellation sehr selten vorkommen sollte.

255 Vgl. hierzu etwa das Beispiel von Thüsing, AGB-Kontrolle, Rn. 207.

256 MünchKomm/Basedow, § 305 c Rn. 29.

Offen bleibt, ob der Richtlinie daneben entnommen werden kann, dass der Vorrang des Wortlautes „im Guten wie im Schlechten" gilt, d.h. ob der Wortlaut auch maßgeblich ist, wenn der für den Kunden ungünstiger als das auf Basis sonstiger Auslegungsmethoden gewonnene Ergebnis ist. Der grundsätzliche Schutzzweck der Richtlinie besteht zwar sicherlich darin, die Rechte des Verbrauchers zu stärken. Wenn der Verwender allerdings die Anforderungen erfüllt hat, die die Richtlinie stellt, also die Vertragsbedingungen sprachlich eindeutig gestaltet hat, erscheint es sachgerecht, möglicherweise entgegenstehende Bedeutungen zu Gunsten des Kunden nur in eingeschränkter Maße zu berücksichtigen. Hier müsste es sich dann schon um einen besonders deutlichen Fall handeln, so dass das Vertrauen, was der eindeutige Wortlaut begründet, durch einen ebenso eindeutigen Sinn und Zweck erschüttert wird.

Auch hier gilt allerdings: Die Richtlinie bezieht sich lediglich auf Verbraucherverträge. Angesichts der anzustrebenden Harmonisierung der Auslegungsmethoden im Verbrauchervertrag und im „sonstigen" Vertragsrecht ist dieses Argument zwar durchaus geeignet, Sympathien hervorzurufen. Soweit das nationale Recht im Einzelnen aber ein höheres Schutzniveau vorsieht, verpflichtet die Richtlinie die Mitgliedsstaaten nicht dazu, dies zu ändern. Falls sich aus sonstigen Erwägungen also ergeben sollte, dass andere Auslegungsmittel zu Gunsten des Kunden heranzuziehen sind, kann die Richtlinie daher nicht in Stellung gebracht werden.

(c) Einfluss der Unklarheitenregel

Fraglich ist, inwieweit die Unklarheitenregel selbst einen Einfluss auf die Auswahl der Auslegungsmittel haben kann. Dazu muss man zunächst feststellen, dass nach der nahezu unwidersprochenen Meinung die Unklarheitenregel eine subsidiäre, d.h. nachrangige Auslegungsregel ist.[257] § 305 c Abs. 2 ist demnach erst anzuwenden, wenn nach Ausschöpfung der in Betracht kommenden Auslegungsmethoden ein nicht behebbarer Zweifel bleibt und mindestens zwei Ausle-

---

257 BGH v. 15.11.2006 – VIII ZR 166/06, NJW 2007, 504, 506; BGH v. 23.6.2004 – IV ZR 130/03, NJW 2004, 2589, 2590; BGH v. 3.7.2002 – XII ZR 327/00, NJW 2002, 3232, 3233; BGH v. 11.3.1997 – X ZR 146/94, NJW 1997, 3434, 3435; BGH v. 5.7.1995 – IV ZR 133/94, NJW-RR 1995, 1303, 1304; BGH v. 4.7.1990 – VIII ZR 288/89, BGHZ 112, 65, 68; Basedow, VersR 1999, 475, 479; MünchKomm/Basedow, § 305 c Rn. 29; Palandt/Heinrichs, (64.Auflage), § 305 c Rn. 18; Roth, WM 1991, 2125, 2134; Staudinger/Schlosser, § 305 c Rn. 106; Stoffels, Rn. 370; Ulmer/Brandner/Hensen-Ulmer, § 305 c Rn. 67; Wacke, JA 1981, 666, 668; v.Wesphalen, Die Praxis der Schuldrechtsreform, § 307 Rn. 3; Wolf/Lindacher/Pfeiffer-Lindacher, § 305 c Rn. 129. Explizit gegen ein solches Verständnis so weit ersichtlich heutzutage einzig Schlechtriem, FS-Heinrichs, S. 503 ff.

gungsergebnisse rechtlich vertretbar sind. Vor diesem „systematischen“ Hintergrund fällt es aus Gründen der Logik schwer, der Unklarheitenregel einen durchschlagenden Einfluss auf die anderen Auslegungsmittel zuzubilligen.

Dennoch gibt es vor allem in ihrer älteren Historie Anhaltspunkte dafür, dass allein schon sprachliche Mehrdeutigkeiten ohne Berücksichtigung des jeweiligen Sinn und Zwecks zur Anwendung der Zweifelsregel führen sollten.[258] Dies gilt insbesondere für deren ursprüngliche Bedeutung (*ambiguitas contra stipulatorem est*[259]*; in dubio contra proferentem*[260]) und für die Ausprägung, die die Regel in der Pandektistik des 18. und 19. Jahrhunderts erfahren hat (*interpretatio contra eum qui clarius loqui potuit*).[261] Daraus könnte man den Schluss ziehen, dass seit jeher der Schwerpunkt desjenigen Vorwurfs, den die Unklarheitenregel sanktionieren soll, ein Versäumnis sprachlicher Art ist. Zwingend ist aber auch diese Erwägung nicht, denn aus der Historie lassen sich ebenso gut Gegenbeispiele finden, in denen die Subsidiarität der Regel besonders betont wurde, so zum Beispiel in der gemeinrechtlichen Lehre, die maßgeblich darauf abstellte, dass die „interpretatio contra proferentem“ nur im Zweifel in Betracht kommen sollte, wenn weder bewiesen werden konnte, was vereinbart war, noch insoweit eine Wahrscheinlichkeitsvermutung aufgestellt werden konnte.[262] Auch die Entstehungsgeschichte des AGBG weist eher in diese Richtung. Wie oben geschildert, wurde das Rangverhältnis zwischen Auslegung und Unklarheitenregel im damaligen Gesetzgebungsverfahren ausdrücklich thematisiert.[263] Man sah die Gefahr, dass durch die Aufnahme der Unklarheitenregel ins AGB-Gesetz das Subsidiaritätsverhältnis zu den übrigen Auslegungsregeln – gleich welche hier auch immer gemeint waren – nicht hinreichend klar zum Ausdruck käme.[264] Insbesondere wurde moniert, dass lediglich eine von mehreren Auslegungsmethoden und dann auch noch die logisch nachrangige ins Gesetz aufgenommen werden sollte.[265] Sämtliche dieser Bedenken wurden vom Gesetzgeber allerdings nicht geteilt. Im Gegenteil war man der Ansicht, dass durch die lange Tradition der Unklarheitenregel eine ausdrückliche Klarstellung der Subsidiarität entbehrlich sei.[266] Ein

---

258 Vgl. dazu oben: Teil 1.A.

259 Siehe oben: Teil 1.A; Krampe, S. 11 ff.; vgl. auch Honsell, JA 1985, 260 ff.; Troje, S. 93 ff.; Wacke, JA 1981, 666.

260 Vgl. oben:Teil 1.A ; Krampe S. 14 unter Verweis auf: Corpus Glossatorium Iuris Civilis VII (Turin 1969 Bl. 43), Glosse legem zu D.2, 14, 39; vgl. auch Troje, S. 98.

261 Vgl. dazu oben: Teil 1.A; zu diesem Gedanken auch schon Thüsing, NZA 2003, 1184, 1185.

262 Krampe, S. 15.

263 BT-Drucks. 7/3919, S. 60.

264 BT-Drucks. 7/3919, S. 60; vgl. auch oben Teil 1.A.

265 siehe oben: Teil 1.A; insbesondere: BT-Drucks. 7/3919, S. 60.

266 BT-Drucks. 7/3919, S. 60; zudem oben: Teil 1.A.

Stichhaltiges Argument für den Vorrang des Wortlauts lässt sich der Historie in dieser Hinsicht also eher nicht entnehmen.

Soweit der Wortlaut die für den Kunden günstigste Deutungsalternative ist, ließe sich ein Vorrang unabhängig von der Nachrangigkeit aber zumindest mit dem hinter der Unklarheitenregel stehenden Transparenzzweck begründen: Angesichts der einseitigen Wahrnehmung von Vertragsgestaltungsfreiheit durch den Verwender der AGB scheint es unangebracht, Sinn und Zweck sowie Systematik vollumfänglich selbst dann zu berücksichtigen, wenn sie nicht deutlich erkennbar waren. Dies gilt umso mehr, wenn man der Unklarheitenregel zugesteht, dass sie einen Präventions- bzw. einen Sanktionscharakter beinhaltet.[267] Fraglich mag allerdings sein, ob die Unklarheitenregel selbst die richtige dogmatische Verankerung bzw. der richtige dogmatische Ausgangspunkt für derartige Überlegungen ist. Denn vor allem der Sanktions- und Präventionsgedanke fußt eher im Transparenzgebot als in der Unklarheitenregel.[268] Nichtsdestotrotz stellt die Unklarheitenregel selbst eine Ausprägung des Transparenzgebots dar. Insofern erscheint es legitim, dies auch bei der Auslegung der Unklarheitenregel selbst zu berücksichtigen.

Soweit allerdings der Wortlaut die für den Kunden ungünstigere Deutungsalternative ist, fällt eine Begründung des Vorrangs des Wortlauts mithilfe der Unklarheitenregel recht schwer – im Gegenteil: konsequenterweise kann sie nicht gelingen. Fraglich ist aber, ob die Unklarheitenregel mit diesem Ergebnis wenigstens vereinbar wäre. Schon vor dem Hintergrund, dass die Unklarheitenregel subsidiär ist, kann man dies eindeutig bejahen. Zudem muss aber auch hier gelten, was diesbezüglich schon bei der Erörterung des Einflusses der Richtlinie erwähnt wurde: Zumindest wenn der Wortlaut eindeutig ist, spricht einiges dafür. Denn in diesem Fall hat der Verwender ja zumindest eine sprachlich eindeutige Formulierung geschaffen. Ihm ist also „Nichts vorzuwerfen“. Wenn man auf der einen Seite zudem davon ausgeht, dass der Kunde regelmäßig den Wortlaut als wichtigstes Auslegungskriterium ansieht, spricht auch dies dafür, einen ungünstigen Wortlaut gegen die Unklarheitenregel als maßgeblich zu erachten. Insofern ist der Kunde nämlich nicht schutzwürdig. Er hat sich angesichts des Wortlautes „sehenden Auges“ auf die bestimmte Bedeutung eingelassen. Erst wenn die vom Wortlaut ausgehende Vermutung so eindeutig erschüttert ist, dass der Kunde sich nicht mehr sicher sein kann, ob nun der Wortlaut gelten soll, oder die möglicherweise andere Bedeutung, die eine Klausel beispielsweise aufgrund der Interessenlage haben könnte, ist es gerechtfertigt, die Unklarheitenregel zur Anwendung

---

267 Vgl. oben zum Sinn und Zweck der Unklarheitenregel: Teil 1.B.

268 Dementsprechend leiten Thüsing und Lambrich den Vorrang der Wortlautsauslegung auch aus dem Transparenzgebot ab, vgl. Thüsing/Lambrich, RdA 2002, 193, 201.

zu bringen. Hierfür wird aber mehr erforderlich sein, als beim juristisch geschulten Rechtsanwender.

Festhalten kann man daher: Soweit der Wortlaut die für den Kunden günstigere Auslegungsalternative ist, lässt sich der Vorrang des Wortlauts zumindest hilfsweise auch mit der Unklarheitenregel begründen, soweit der Wortlaut die ungünstigere Deutungsalternative ist, lässt sich der Vorrang zwar nicht begründen aber zumindest unter bestimmten Voraussetzungen mit dem Sinn der Unklarheitenregel vereinbaren.

(d) Einfluss des Transparenzgebots

In der wissenschaftlichen Auseinandersetzung, spielt daneben vor allem das Transparenzgebot eine gewichtige Rolle in diesem Zusammenhang. Wie oben schon einmal erwähnt, verlangt das Transparenzgebot als übergreifende, grundsätzliche Obliegenheit vom Verwender, entsprechend den Grundsätzen von Treu und Glauben, die von ihm einseitig gestellten Regelungen für den Vertragspartner möglichst klar und verständlich bzw. durchschaubar zu gestalten.[269] Zweck des Transparenzgebots ist daher der Kundenschutz.[270] Noch präziser formuliert, besteht der Schutzzweck darin, eine inhaltliche Benachteiligung des Vertragspartners dadurch zu vermeiden, dass der Vertragspartner verständliche und zutreffende Informationen über die vertraglichen Rechte und Pflichten erhält.[271] Daher können nur solche Auslegungsmittel zur Bestimmung des Bedeutungsgehalts einer Klausel herangezogen werden, deren Informationsgehalt die Kunden erreicht. Für den juristisch unbedarften Kunden ist das am leichtesten erkennbare Informationsmittel die direkte Kommunikation, d.h. also die Sprache. Daraus folgt, dass es sich, sofern sich der Regelungsgehalt einer Klausel nicht aus ihrem Wortlaut, sondern erst aus dem vom Verwender damit verfolgten, für den Adressaten nicht offen erkennbaren Zweck ergibt, um Umstände handelt, die für die

269 Grundlegend BGH v. 24.11.1988 – III ZR 188/87, BGHZ 106, 42, 49; BGH v. 17.1.1989 – XI ZR 54/88, BGHZ 106, 259, 264 f. = Wertstellungsurteil; seitdem ständige Rechtsprechung: BGH v. 30.9.2009 – IV ZR 47/09, (juris); BGH v. 30.4.2008 – IV ZR 241/04, NJW-RR 2008, 458 ff.; BGH v. 12.6.2001 – XI ZR 274/00, NJW 2001, 2635, 2636; BGH v. 9.5.2001 – IV ZR 138/99, NJW 2001, 2012, 2013; BGH v. 24.3.1999 – IV ZR 90/98, BGHZ 141, 137, 143; BGH v. 8.11. 1997 – IV ZR 220/96, BGHZ 136, 394, 401; BGH v. 5.11.1991 – XI ZR 246/90, NJW 1992, 180 f.; BGH v. 30.4.1991 – XI ZR 223/90, NJW 1991, 1889; vgl. auch die Nachweise bei Staudinger/Coester, § 307 Rn. 170, ausführlich zum Begriff des Transparenzgebots: Joppich, S. 11; vgl. auch Teil 1. C.2. sowie Teil 1.E.III.

270 In diesem Zusammenhang expilizit: Thüsing/Lambrich, RdA 2002, 193, 201; vgl. allgemein: Ulmer/Brandner/Hensen-Fuchs, § 307 Rn. 326 m.w.N..

271 Däubler/Dorndorf/Bonin/Deinert-Dorndorf/Bonin, § 307 Rn. 146; Ulmer/Brandner/Hensen-Fuchs, § 307 Rn. 326.

Auslegung nicht ohne weiteres verwertbar sind, sondern nur, soweit sie für den Kunden mit hinreichender Deutlichkeit erkennbar sind.[272] Insoweit kommt auch dem Transparenzgedanken eine Auslegungsrelevanz zu.[273] Die Sichtweise, die einige schon auf den Grundsatz der objektiven Auslegung zurückführen wollen wird damit vor allem durch das Transparenzgebot bestätigt: Der Wortlaut ist vorrangig maßgeblich, da er in der Regel immer für den Kunden erkennbar sein sollte. Zumindest komplizierte systematische Erwägungen dürften sich dem Kunden in der Regel eher verschließen. Insbesondere, wenn die sonstigen Auslegungsergebnisse nicht zu einheitlichen Ergebnissen führen, ergibt sich für den Kunden kein hinreichender Anlass, von einer vom Wortlaut abweichenden Bedeutung auszugehen. Auch das BAG äußert sich ausdrücklich in diesem Sinne: Der Gesetzgeber habe mit der Schuldrechtsnovelle unter anderem eine erneute nachhaltige Aufforderung an die Verwender von Formularverträgen erhoben, das von ihnen Gewollte auch in der entsprechenden verständlichen (§ 307 Abs. 1 S. 2) Form eindeutig zum Ausdruck zu bringen.[274]

Da auch das Transparenzgebot dem Kundenschutz dient, kann es allerdings nicht zur Begründung des Vorrangs des Wortlauts herangezogen werden, wenn sich hierdurch Nachteile für den Verwendungsgegner ergeben. Daher kann eine Abweichung vom Wortlaut zu Gunsten des Kunden eher zulässig sein, als eine Abweichung zu dessen Lasten. Allerdings fordert es nach seiner Zielrichtung auch nicht die vorrangige Berücksichtigung sonstiger Auslegungsmethoden, wenn diese für den Kunden günstiger sind, der Kunde aber anhand des Wortlauts den maßgeblichen Bedeutungsgehalt unschwer erkennen konnte. Nur wenn der dem Wortlaut entgegenstehende Zweck dazu geeignet ist, erhebliche Zweifel an der dem Wortlaut entsprechenden Auslegung zu rechtfertigen, fehlt es an einer hinreichenden Transparenz. Hierzu muss der auf Basis der sonstigen Ausegungsmethoden ermittelte Sinngehalt freilich hinreichend offenkundig zu Tage treten, um die vom Wortlaut begründete Vermutung zu widerlegen.

Darüber hinaus liefert das Transparenzgebot aber noch weitere Anhaltspunkte für die Auslegung: Wie erwähnt, fordert es, dass der Verwender seine Vertragsbedingungen so klar wie möglich formuliert. Unmögliches wird vom Verwender aber nicht verlangt.[275] Im Gegenteil wäre es sogar kontraproduktiv im Sinne des

---

272 Roth, WM 1991, 2125, 2128; Schäfer, Das Transparenzgebot im Recht der AGB, S. 115 f.; Thüsing/Lambrich, RdA 2002, 193, 201; Ulmer/Brandner/Hensen-Ulmer, § 305 c Rn. 81.

273 Bunte, NJW 1985, 600 f.; Wolf/Lindacher/Pfeiffer-Lindacher, § 305 c Rn. 107; Ulmer/Brandner/Hensen-Ulmer, § 305 c Rn. 81.

274 Exemplarisch: BAG v. 18.4.2007 – 4 AZR 652/05, AP Nr. 53 zu § 1 TVG Bezugnahme auf Tarifvertrag, Rz. 58.

275 BGH v. 23.2.2005 – IV ZR 273/03, NJW-RR 2005, 902; BGH v. 3.6.1998 – VIII ZR 317/97, NJW 1998, 3114, 3116; BGH v. 10.7.1990 – XI ZR 275/89, BGHZ 112, 115, 119; BGH v.

Transparenzgebots, wenn der Verwender versuchen würde, sämtliche Einzelfälle in seinen Allgemeinen Geschäftsbedingungen zu regeln.[276] Dies muss sich in irgendeiner Weise auch in der Rechtsanwendung widerspiegeln. Daher darf einerseits ein unklarer Wortlaut dem Verwender dann nicht zum Vorwurf gemacht werden, wenn man sich nicht hätte klarer fassen können bzw. müssen. Andererseits muss sich ein klarer Wortlaut zu Gunsten des Verwenders durchsetzen, wenn der Kunde die Bedeutung aufgrund dieses eindeutigen Wortlauts hätte erkennen müssen, selbst wenn möglicherweise auf Basis der Interessenlage verschiedene Sichtweisen denkbar wären. Denn dann ist es nicht gerechtfertigt, die Unklarheitenregel gegen ihn anzuwenden. Sachgerecht erscheint daher eine Berücksichtigung dergestalt, dass die Folgen des Transparenzgebots, die unter anderem in der Anwendbarkeit der Unklarheitenregel und in der Transparenzkontrolle bestehen, erst eingreifen können, wenn festgestellt wurde, dass sich der Verwender unter Berücksichtigung von Treu und Glauben nicht hätte klarer ausdrücken können bzw. müssen und der Kunde dementsprechend nicht von einer bestimmten Sichtweise hätte ausgehen müssen. Nebenbei würde dies auch mit einer der historischen Sichtweisen der Unklarheitenregel korrespondieren.[277]

(e) Fazit

Aus den vorangestellten Erörterungen ergibt sich damit folgendes Bild:

Die gewichtigeren Argumente sprechen dafür, bei der Auslegung Allgemeiner Geschäftsbedingungen in erster Linie auf den Wortlaut abzustellen und diesem eine gewisse Vorrangstellung gegenüber den sonstigen Auslegungsmethoden zuzubilligen. Dies ergibt sich allerdings weniger aus dem Grundsatz der objektiven Auslegung als vielmehr aus dem Zusammenspiel zwischen dem hinter der Unklarheitenregel stehenden Gedanken des Transparenzgebots und den allgemeinen Auslegungsmethoden. Dies steht insoweit im Einklang mit einigen bereits in der Literatur geäußerten Auffassungen. Eine alleinige Maßgeblichkeit des Wortlauts lässt sich allerdings nicht begründen. Dennoch ist hier genauer als bislang zu differenzieren:

Aus dem Transparenzgebot folgt, dass nur solche Auslegungsmittel und Auslegungsergebnisse zu Lasten des Kunden berücksichtigt werden können, die für den Kunden hinreichend deutlich erkennbar sind. Aus empirischen Gründen ist

---

10.3.1993 – VIII ZR 85/92, NJW 1993, 2052, 2054; Palandt/Grüneberg, § 307 Rn. 18; Wolf/Lindacher/Pfeiffer-Wolf, § 307 Rn. 253; Wolf/Lindacher/Pfeiffer-Lindacher, § 305 c Rn. 120.

276 BGH v. 23.2.2005 – IV ZR 273/03, NJW-RR 2005, 902; Wolf/Lindacher/Pfeiffer-Wolf, § 307 Rn. 253; Wolf/Lindacher/Pfeiffer-Lindacher, § 305 c Rn. 120.

277 Siehe oben:Teil 1.A.

der Wortlaut das wichtigste Auslegungsmittel für den gewöhnlichen Kunden. Den Wortlaut dürfte jeder Kunde in der Regel als eine mögliche Auslegungsalternative in Betracht ziehen. Daher geht hiervon eine gewisse Indizwirkung für das Vorhandensein oder die Abwesenheit von Zweifeln aus. Insofern ist der Kunde in seinem Vertrauen auf den Wortlaut schutzwürdig.

Im Gegenzug muss man allerdings auch anerkennen, dass der Kunde bei eindeutigem Wortlaut nicht schutzwürdig ist, wenn ein auf Basis der sonstigen Auslegungsmethoden gefundenes Ergebnis nicht hinreichend eindeutig ist, selbst wenn aus den anderen Auslegungsmitteln möglicherweise positivere Ergebnisse folgen würden. Mit anderen Worten muss sich der Wortlaut auch zu Lasten des Kunden auswirken können, wenn der Wortlaut der betreffenden Klausel hinreichend eindeutig ist und die sonstigen Auslegungsmittel die vom Wortlaut ausgehende Vermutung nicht hinreichend erschüttern können. Der Kunde lässt sich nämlich dann auf nichts ein, was er nicht hätte erkennen können. Mit anderen Worten: Wenn der Kunde eine bestimmte Bedeutung unschwer erkennen musste, ist er auch nach dem Gedanken der Unklarheitenregel und des Transparenzgebots nicht schutzwürdig. Insofern ist hier auch den berechtigten Interessen des Verwenders Rechnung zu tragen. Dies ergibt sich aus der allgemeinen Auslegungsdogmatik. Daraus folgt gleichzeitig allerdings, dass eine Abweichung vom Wortlaut zu Gunsten des Kunden in der Regel eher zulässig sein dürfte, als eine Abweichung zu seinen Lasten. Denn die Anforderungen des Transparenzgebots sind hier strenger, als diejenigen der allgemeinen Auslegungsmethoden. Dies zeigt sich insbesondere am Text der Richtlinie, in dem zumindest in den Erwägungsgründen ausdrücklich betont wurde, dass es auf eine sprachliche Transparenz ankommt.

Zudem kann der mit dem Transparenzgebot begründete Vorrang auch nur so weit reichen, als auch die Anforderungen des Transparenzgebotes dies erfordern. Daraus ergibt sich neben der vorangestellten Erwägung auch, dass wenn der Verwender sich nach Wertungsgesichtspunkten nicht hätte klarer fassen müssen oder gar hätte klarer fassen können, die Anwendung der speziellen Schutznormen nicht gerechtfertigt ist, da nach der allgemeinen Systematik des Zivilrechts Unmögliches nicht verlangt werden kann. Hat der Verwender also eine Vorschrift geschaffen, die nach Wertungsgesichtspunkten hinreichend deutlich ist (selbst wenn der Worltaut mehrdeutig ist), muss er auch darauf vertrauen dürfen, dass diese im Rechtsverkehr bestand hat.

(f) Ein Versuch der Strukturierung: Bildung von Fallgruppen

Anhand der vorangestellten Überlegungen ergibt sich folgende Systematik für die Bejahung von Zweifeln bzw. die Feststellung eindeutiger Auslegungsergebnisse:

Aufgrund der Vorrangstellung des Wortlauts ist zunächst grundlegend zu unterscheiden, ob der Wortlaut eindeutig ist, oder nicht. Ist er dies, so geht eine starke Indizwirkung für die Maßgeblichkeit des im Wortlaut angelegten Inhalts aus. Ist er es nicht, so liegt es nahe, Zweifel anzunehmen. Weil der Wortlaut für den durchschnittlichen Vertragspartner eine so herausgehobene Bedeutung hat, ist zudem bei der Gewichtung zwischen dem Wortlaut auf der einen Seite und dem auf Basis der sonstigen Auslegungsmethoden ermittelten möglichen Inhalt einer Klausel auf der anderen Seite zu unterscheiden. Im Einzelnen bedeutet dies:

1.: Eindeutiger Wortlaut:

- Ist der Wortlaut eindeutig, lassen die liquiden sonstigen Auslegungsmittel hingegen mehrere Deutungen zu, so sollte sich der Wortlaut für gewöhnlich durchsetzen und zwar in beide Richtungen, d.h. auch, wenn der Wortlaut eine für den Kunden ungünstigere Sichtweise erfordern würde. Exemplarisch ist etwa der Fall, dass mehrere Sichtweisen von der Interessenlage her möglich wären, der Wortlaut aber nur eine der Sichtweisen zulässt. Ähnlich verhält es sich, wenn der Sinn und Zweck zu einer anderen Beurteilung als die systematische Stellung der Klausel führen würde. Das Auslegungsergebnis ist insoweit eindeutig, für eine Anwendung der Unklarheitenregel besteht kein Bedürfnis. Dies ergibt sich aus folgenden Überlegungen: Wie oben geschildert, hat der Wortlaut erfahrungsgemäß eine besondere Bedeutung für den regelmäßig nicht juristisch vorgebildeten Kunden. Es kann daher davon ausgegangen werden, dass der „normale" Kunde diejenige Bedeutung einer Klausel als maßgeblich erachtet, die dem Wortlaut entspricht. Wenn sich auf Basis der sonstigen Auslegungsmittel kein einheitliches Bild präsentiert, kann der vom Wortlaut ausgehenden Vermutung der Maßgeblichkeit für den Kunden kaum erschüttert werden. Zu Gunsten des Verwenders der Allgemeinen Geschäftsbedingungen muss man in dieser Situation zudem berücksichtigen, dass er jedenfalls die sprachlichen Anforderungen, die das Transparenzgebot an ihn stellt, erfüllt hat. Insofern hat er auch ein berechtigtes Interesse daran, dass der von ihm gewählten Formulierung inhaltlich zum Durchbruch verholfen wird.
- Ist der Wortlaut eindeutig, das auf Basis der sonstigen zu berücksichtigenden Auslegungsmethoden gewonnene Ergebnis in entgegengesetzter Richtung aber ebenso eindeutig und für den Kunden erkennbar, so ist in der Regel von Zweifeln auszugehen, sodass es zur Anwendung der Unklarheitenregel kommt. Exemplarisch ist hier der Fall, dass sowohl die Interessenlage, als auch der sonstige Sinn und Zweck, sowie die systematische Stellung einer Klausel einmütig eine identische Sichtweise nahe legen, die allerdings dem Wortlaut widerspricht. In Abweichung zur erstgenannten Situation ist hier das auf Basis

der sonstigen Auslegungsmethoden gefundene Ergebnis aufgrund der Eindeutigkeit und damit der Erkennbarkeit geeignet, Zweifel beim durchschnittlichen Kunden zu erwecken. Zudem ist dem Verwender hier anders als im ersten Fall unter Transparenzgesichtspunkten ein Vorwurf zu machen: Er hat den erkennbaren Zweck einer Regelung nicht zutreffend durch den Wortlaut wiedergegeben. Es besteht die Gefahr, dass der Kunde sich von diesem eindeutig erkennbaren entgegenstehenden Inhalt hat zum Vertragsschluss verleiten lassen, bzw. von der Geltendmachung seiner Rechte hat abhalten lassen. Daher ist in dieser Konstellation die Anwendung der Unklarheitenregel gerechtfertigt.

- Schwer denkbar ist ein Fall, dass ein eindeutiger Wortlaut als Auslegungsvariante ausgeschlossen ist, da der juristisch nicht gebildete Kunde den Wortlaut nahezu immer als mögliche Auslegungsvariante ansehen dürfte. Nur unter besonderen Voraussetzungen dürfte dies einmal nicht der Fall sein. *Thüsing* nennt hier das Beispiel, dass der Wortlaut ausgeschlossen ist, wenn man sich darauf einigt, „100 Kröten" für ein gebrauchtes Moped zu zahlen, der Vertragspartner wissen werde, dass er nicht in Lurchen oder Amphibien seine Schuld begleichen könne.[278] Dieses Beispiel hinkt allerdings ein wenig, da schon der Ausdruck „Kröten" mehrdeutig ist. Überwunden werden muss damit kein eindeutiger Wortlaut sondern ein mehrdeutiger, was bei eindeutigem Sinnzusammenhang unter Umständen leichter begründbar erscheint (dazu sogleich, Nr. 2 b und c). Unabhängig davon muss die Auslegung aber jedenfalls so offensichtlich sein, dass jedermann von einer entsprechenden Sichtweise ausgehen musste. Andernfalls ließe sich das Abweichen vom Wortlaut entgegen der Unklarheitenregel nicht rechtfertigen, da sich der Verwender auch hier grundsätzlich den Vorwurf gefallen lassen muss, dass er es nicht geschafft hat, den eindeutigen Sinn und Zweck in die richtige sprachliche Form zu fassen. Eine solche Situation ist schwer denkbar, dennoch soll die Konstellation nicht grundsätzlich ausgeschlossen sein.

2.: Mehrdeutiger Wortlaut:

Ist der Wortlaut mehrdeutig, so sind aufgrund der besonderen Bedeutung des Wortlauts in der Regel Zweifel zu bejahen. Es fehlt insofern auch an der Indizwirkung des Wortlauts für die eine oder andere Richtung. Vor allem in diesen Fällen ist dem Verwender mit Blick auf das Transparenzgebot der Vorwurf des missverständlichen Formulierens zu machen.

278 Thüsing, AGB-Kontrolle, Rn. 207.

- Dies gilt insbesondere dann, wenn sich auch auf Basis der sonstigen Auslegungsmethoden kein einheitliches Bild ergibt, also etwa wenn sowohl der Wortlaut als der Sinn und Zweck mehrdeutig ist.
- Aber auch wenn der Wortlaut mehrdeutig ist und der durch systematische oder teleologische Erwägungen gefundene Bedeutungsinhalt eindeutig zutage tritt, müssen Zweifel bejaht werden, wenn der auf dieser Basis ermittelte Inhalt mit keiner der möglichen Varianten des Wortlauts korresponiert.[279] Auch in diesem Fall ist für den Kunden gänzlich nicht erkennbar, welche Deutungsalternative gelten soll. Zudem hat der Verwender es auch hier nicht zustande gebracht hat, den eindeutigen Sinn in die korrekte sprachliche Form zu bringen.
- Nur wenn ein eindeutiger Sinn und Zweck mit einer der möglichen Bedeutungsinhalte des Wortlauts vereinbar ist, ist es gerechtfertigt, Zweifel zu verneinen und die dem Wortlaut und dem Sinn und Zweck entsprechende Alternative ohne Anwendung der Unklarheitenregel als maßgeblich zu betrachten. Hier dürfte das „Krötenbeispiel" einzuordnen sein. Zumindest umgangssprachlich ist anerkannt, dass mit Kröten auch Zahlungsmittel gemeint sind. Dennoch ist der Wortlaut natürlich mehrdeutig. Der Sinn und Zweck ist hier aber hinreichend offensichtlich, dass es gerechtfertigt ist, auch gegen die Unklarheitenregel zum Ergebnis zu kommen, der Betrag in der üblichen Währung geschuldet ist.[280]

3.: Allgemeine Ausnahmen

Ausnahmen vom strengen Vorrang des Wortlauts über die Entscheidung, ob Zweifel zu bejahen sind, sind aus Wertungsgründen zudem dann zu machen, wenn der Verwender sich sprachlich gesehen nicht hätte klarer fassen müssen oder können oder wenn der Sinn und Zweck einer Regelung unzweideutig und derart offensichtlich ist, dass er jedermann einleuchten muss. Die erste Ausnahme ergibt sich daraus, dass vom Verwender nichts Unmögliches verlangt werden kann und daraus, dass es auch unter Transparenzaspekten nicht förderlich ist, wenn jeder Einzelfall in Allgemeinen Geschäftsbedingungen geregelt wird, da darunter die Lesbarkeit und die Transparenz selbst erheblich leiden würden. Die zweite Ausnahme ergibt sich wieder aus der Überlegung, dass dem Transparenzgebot genüge getan ist, wenn jedermann von einer entsprechenden Deutung ausgehen musste.

---

279 Ein solcher Fall dürfte freilich sehr selten sein.

280 Sicherlich kommt es hier aber auf die konkrete Situation an. Auf einer Tauschbörse für Amphibienfreunde wird der Großhändler sich nicht darauf berufen können, dass nicht in Naturalien gezahlt werden sollte.

(g) Methodisches Vorgehen bei der Feststellung von Zweifeln

Methodisch gesehen bietet sich zur Feststellung von Zweifeln bzw. dessen, was der Verwendungsgegner erkennen konnte, folgendes Vorgehen an:

1. In einem ersten Schritt ist zu überprüfen, ob der Wortlaut der betreffenden Klausel in der konkreten Regelungssituation eindeutig ist oder nicht. (*Ist er es nicht, ergibt sich ein erstes Indiz für die Anwendbarkeit der Unklarheitenregel.*)
2. Im zweiten Schritt ist danach zu fragen, welchen möglichen Inhalt die Klausel auf Basis der sonstigen Auslegungsmittel haben könnte, d.h. ob das Auslegungsergebnis auf dieser Basis eindeutig ist oder nicht. (*Ist er es nicht, sind die sonstigen Auslegungsmittel einerseits nicht geeignet Zweifel an einem eindeutigen Wortlaut zu begründen, ebenso aber auch nicht geeignet Zweifel an einem mehrdeutigen Wortlaut auszuräumen.*)
3. Im dritten Schritt sind die Ergebnisse entsprechend des vorangestellten Schemas gegenüberzustellen. Hier ist zu fragen, inwieweit sich eine der Sichtweisen gegen die andere aufgrund dessen, dass der Kunde sie unschwer erkennen muss, durchsetzen kann. Zudem ist zu berücksichtigen, dass eine Abweichung vom Wortlaut zu Lasten des Kunden nur unter strengeren Voraussetzungen anzunehmen ist. (*Sprachlich gesehen könnte man folgendermaßen differenzieren: Zu Lasten des Kunden kann ein Wortlaut nur überwunden werden, wenn die Bedeutung der Klausel so offentsichtlich ist, dass sie jedermann klar sein muss, zu Gunsten des Kunden kann der Wortlaut hingegen überwunden werden, wenn die Bedeutung hinreichend eindeutig erkennbar ist, so dass sie nach objektiven Kriterien geeignet ist, beim Kunden Zweifel hervorzurufen.*)
4. Im vierten Schritt ist das gefundene Ergebnis anhand der Wertungen des Transparenzgebotes zu überprüfen, d.h. konkret ist danach zu fragen, ob der Verwender seinen Verpflichtungen nach dem Transparenzgebot nachgekommen ist und es damit nicht gerechtfertigt ist, die Rechtsfolgen der Unklarheitenregel gegen ihn anzuwenden. (*Dies dürfte in nur sehr wenigen Fällen einmal möglich sein.*)

c) Zulässigkeit sonstiger ungeschriebener Auslegungsregelnneben der Unklarheitenregel

Fraglich ist daneben auch, ob bei der Auslegung Allgemeiner Geschäftsbedingungen auch neben den bisher erwähnten Besonderheiten bestimmte Auslegungsregeln existieren und wenn ja, in welchem Verhältnis sie zur Unklarheitenregel stehen. Wenn solche Auslegungsregeln zulässig wären, könnte man damit unabhängig von der Unklarheitenregel Auslegungszweifel beseitigen. In Betracht kommen hier vor allem das sog. Restriktionsprinzip, die sog. individualvertragskonforme Auslegung und die geltungserhaltende Reduktion einer übermäßigen und unangemessenen Klausel.

aa) Auswirkungen des Transparenzgebots und der Unklarheitenregel auf die Zulässigkeit sonstiger ungeschriebener Auslegungsregeln

Es dürfte dem Gesetzgeber zwar bekannt gewesen sein, dass neben der bereits gewohnheitsrechtlich akzeptierten Unklarheitenregel auch sonstige Auslegungsregeln gerade im Rahmen formularmäßiger Vereinbarungen von einigen Rechtsanwendern propagiert wurden. In den Gesetzesmaterialien finden sich diesbezüglich allerdings keinerlei Aussagen. Jedenfalls gelten die oben erörterten Anforderungen des Transparenzgebots und der Unklarheitenregel grundsätzlich auch für die Zulässigkeit sonstiger Auslegungsregeln.[281] Jenseits der Unklarheitenregel können daher nur solche Auslegungsmethoden herangezogen werden, die sich dem typischen Vertragspartner ohne weiteres erschließen. Gerade bei solchen Methoden beziehungsweise Auslegungsmitteln, die erst durch die Rechtsprechung geprägt wurden, die mitunter also nicht mal in das Gesetz Eingang gefunden haben, dürfte dies in der Regel zu bezweifeln sein. Vom durchschnittlichen Kunden kann nicht erwartet werden, dass er derartige Auslegungsregeln kennt. Insbesondere das Restriktionsprinzip und auch eine auf das zulässige Maß reduzierende Auslegung dürften dem durchschnittlichen Kunden nicht bekannt sein. Hinsichtlich der individualvertragskonformen Auslegung erscheint es schon eher realistisch, dass diese Methode einem Kunden zugänglich ist, obgleich auch hier noch ein gehöriges Maß an Skepsis entgegenzubringen ist. Dies soll im Folgenden näher untersucht werden. Die oben benannten Einschränkungen gelten allerdings auch hier. Da wo weder die Unklarheitenregel, noch das Transparenzgebot einer Etablierung von Auslegungsregeln entgegenstehen, also namentlich wenn sich die Regel allein zu Gunsten des Kunden auswirken kann, kann eine solche zulässig sein. Auch hierbei sind allerdings wieder die berechtigten Interessen des Verwenders zu berücksichtigen. Dieser muss sich keine fern liegenden und in keiner Weise erkennbaren Auslegungsregeln entgegenhalten lassen. Jedoch wird man vom Verwender regelmäßig mehr an Kenntnissen voraussetzen können, als beim Kunden. Haben sich mithin bestimmte Auslegungsregeln etwa über Jahrzehnte hinweg entwickelt, fehlt es diesbezüglich an einer Schutzwürdigkeit des Verwenders. Er hätte sich bei der Aufstellung seiner Allgemeinen Ge-

281 Vgl. dazu: Teil 1.D.II.2.b.cc.c und d.

schäftsbedingungen besser infomieren müssen. Dies ist ihm im Gegensatz zum Kunden zumutbar.

bb) Zulässigkeit im Einzelnen

(1) Geltungserhaltende Auslegung infolge zu vermutender Redlichkeit des Verwenders

Nach der ganz herrschenden Meinung kann eine Vertragsbestimmung, die weiter gefasst ist als nach zwingendem Recht zulässig, nicht im Zweifel aus der Erwägung, dass ihr Urheber mit ihr nichts Unredliches angestrebt haben dürfte, mit dem gesetzlich zulässigen Inhalt aufrechterhalten bzw. ausgelegt werden.[282] Dies gebietet die Systematik, aber vor allem auch der Sinn und Zweck der entsprechenden AGB-rechtlichen Regeln, insbesondere der §§ 307 ff.. Demnach ist die Verwendung von verbotswidrigen Klauseln als eine objektiv zur Täuschung geeignete Störung des Rechtsverkehrs zu bewerten, vor allem deshalb, weil es der rechtsunkundige Verwendungsgegner in der Regel nicht auf einen Prozess ankommen lässt, sondern eine Vertragsabwicklung nach Maßgabe der AGB einschließlich der unwirksamen Klauseln hinnimmt. Der Verwender würde geradezu dazu ermutigt, die Klausel möglichst weit greifend zu formulieren. Er hätte keinerlei Risiko, da bei einer drohenden Unwirksamkeit aufgrund einer Inhaltskontrolle die Klausel auf das gerade noch zulässige Maß "reduziert“ würde. Auch Zusätze wie „soweit gesetzlich zulässig“ sind als Umgehung unbeachtlich.[283]

Nur bei gänzlich fern liegenden Auslegungsalternativen soll eine Ausnahme möglich sein. Das heißt: Eine Klausel, die nur in untypischen, vom Verwender nicht bedachten oder nicht für regelungsbedürftig gehaltenen Ausnahmefällen gegen die §§ 307 verstößt, soll einschränkend auszulegen sein.[284] Ob man dieses

282 Grundlegend: BGH v. 17.5.1982 – VII ZR 316/81, BGHZ 84, 109, 114 ff.; heute ständige Rechtsprechung: BGH v. 6.4.2005 – VIII ZR 27/04, NJW 2005, 1574, 1576; BGH v. 30.11.2004 – XI ZR 200/03, BGHZ 161, 189, 191; BGH v. 29.7.2004 – III ZR 293/03, NJW-RR 2004, 1498; BGH v. 23.1.2003 – VII ZR 210/01, BGHZ 153, 311, 324; BGH v. 3.11.1999 – VIII ZR 269/98, BGHZ 143, 104, 114; Erman/Roloff, § 305 c Rn. 24; Bamberger/Roth-Schmidt, § 305 c Rn. 35; Palandt/Heinrichs, (64.Auflage), Vorb. zu § 307 Rn. 8; Ulmer, NJW 1981, 2025 f.; Ulmer/Brandner/Hensen-Ulmer, § 305 c Rn. 102; Ulmer/Brandner/Hensen-Schmidt, § 306 Rn. 15; Wolf/Lindacher/Pfeiffer-Lindacher, § 305 c Rn. 119.

283 BGH v. 5.12.1995 – X ZR 14/93, WM 1996, 967, 975; BGH v. 20.1.1993 – VIII ZR 10/92, NJW 1993, 1061, 1062; BGH v. 26.11.1984 – VIII ZR 214/83, BGHZ 93, 29, 48; Ulmer/Brandner/Hensen-Schmidt, § 306 Rn. 14.

284 BAG v. 25.5.2005 – 5 AZR 572/04, AP Nr. 1 zu § 310 BGB; BGH v. 20.10.1992 – X ZR 74/91, NJW 1993, 657, 658; BGH v. 25.3.1987 – VIII ZR 71/86, NJW 1987, 2506, 2508;

Ergebnis mit einer Ausnahme vom Verbot der geltungserhaltenden Reduktion[285] oder als Resultat der Auslegung selbst[286] deklariert kann letztlich dahinstehen. Im Ergebnis ist man sich jedenfalls zu Recht einig. Auslegungsalternativen, die so fernliegend sind, dass eine Gefährdung des Rechtsverkehrs nicht zu besorgen ist, können die Unwirksamkeit einer Klausel nicht begründen. Selbst wenn man davon ausgehen will, dass die Unklarheitenregel gleichrangig oder gar vorrangig gegenüber den sonstigen Auslegungsmethoden wäre, ergibt sich für die hier in Rede stehende Situation kein Konflikt. Zwar könnte sich eine einschränkende Auslegung im Endergebnis zu Lasten des Verwenders auswirken, der Anwendungsbereich der Unklarheitenregel ist in den in Rede stehenden Fallkonstellationen aber schon nicht eröffnet. Es fehlt insofern an einer mehrdeutigen Klausel. Zudem fordert gerade das Transparenzgebot diese Bewertung. Die Berücksichtigung aller denkbaren Ausnahmesituationen ist dem Verwender nahezu unmöglich und daher auch nicht zumutbar. Im Gegenteil: Würde jeder noch so unwahrscheinliche Einzel- und Ausnahmefall in das Klauselwerk mit aufgenommen, so würde gerade darunter die Verständlichkeit leiden.[287]

(2) Geltung eines Restriktionsprinzips

Dennoch ist die Unklarheitenregel nicht die einzige Auslegungsregel, derer sich die Rechtsprechung in der Vergangenheit bediente, um für den Kunden nachteilige Bestimmungen in Allgemeinen Geschäftsbedingungen zu entschärfen bzw. den Inhalt mehrdeutiger oder vermeintlich mehrdeutiger Formulierungen festzulegen. In vielen Fällen wurde eine Auslegung gegen den Verwender auch mit dem Restriktionsprinzip begründet.[288] Auch nach Inkrafttreten des AGBG hat

---

AnwK/Kollmann, § 305 c Rn. 43; Canaris, FS-Steindorff, S. 519, 552 f.; Erman/Roloff § 305 c Rn. 22; Horn, WM 1984, 449, 452; Lindacher, BB 1983, 154, 159; Palandt/Heinrichs, (64.Auflage), Vorb. zu § 307 Rn. 9; Roth, WM 1991, 2134; Staudinger/Schlosser, § 305 c Rn. 109; Wolf/Lindacher/Pfeiffer-Lindacher, § 305 c Rn. 120.

285 So etwa Canaris, FS-Steindorff, S. 519, 552 f..

286 So etwa: BAG v. 25.5.2005 – 5 AZR 572/04, AP Nr. 1 zu § 310 BGB; BGH v. 20.10.1992 – X ZR 74/91, NJW 1993, 657, 658; Palandt/Heinrichs, (64.Auflage), Vorb. zu § 307 Rn. 9; Ulmer/Brandner/Hensen-Schmidt, § 306 Rn. 15.

287 Wolf/Lindacher/Pfeiffer-Lindacher, § 305 c Rn. 120.

288 BGH v. 11.3.1986 – VI ZR 22/85, NJW 1986, 2757, 2758; BGH v. 10.3.1983 – VII ZR 301/82, NJW 1983,1491, 1492; BGH v. 7.2.1979 – VIII ZR 305/77, NJW 1979, 2148; BGH v. 10.10.1977 – VIII ZR 110/76, NJW 1978, 204, 205; BGH v. 17.5.1960 – VIII ZR 61/59, NJW 1960, 1661; BGH v. 19.3.1957 – VIII ZR 74/56, BGHZ 24, 39, 45; RG v. 6.12.1933 – I 136/33, RGZ 142, 353, 356. Wie die Unklarheitenregel kann auch das Restriktionsprinzip auf eine jahrhundertelange Tradition zurückblicken. Es geht zurück auf Ulpian, Ulp.Dig 50.17.9 (semper in obscuris quod minimum est sequimur), 34; vgl. auch Gai. Dig. 50. 17. 56. Auch das Preußische Allgemeine Landrecht kannte besagtes Prinzip. § 268 PreußALR sah vor:

man an dieser Praxis – vor allem bei Haftungsausschlussklauseln – festgehalten, obwohl lediglich die Unklarheitenregel, nicht aber das Restriktionsprinzip in das Gesetz Eingang gefunden hat.[289] Hierbei konnte sich die Rechtsprechung allerdings auf die Begründung des Gesetzgebers berufen, dass durch die Kodifikation des AGBG beziehungsweise die Aufnahme der Unklarheitenregel ins AGB-Gesetz keine abschließende Entscheidung für oder wider sonstiger Auslegungsregeln und Methoden getroffen werden sollte.[290]

Seit langer Zeit ist – jedenfalls im Verbandsprozess – ein Trend dahin zu erkennen, das Restriktionsprinzip zu Gunsten einer möglichst weit greifenden Inhaltskontrolle nach den §§ 307 – 309 nicht mehr anzuwenden.[291] Auch im Individualprozess taucht die Berufung auf das Restriktionsprinzip nur noch hin und wieder bzw. in der jüngeren Rechtsprechung gar nicht mehr auf.[292] Mit der neuen Rechtsprechung zur Ermittlung der kundengünstigsten Auslegungsalternative dürfte das Restriktionsprinzip kaum mehr vereinbar sein.[293]

Die Stimmen in der Literatur sind überwiegend kritisch.[294] Teilweise geht man hier davon aus, dass das Restriktionsprinzip lediglich einen Unterfall der Unklarheitenregel darstelle.[295] Dennoch gibt es, vornehmlich zwar im älteren, teilweise aber auch im jüngeren, Schrifttum durchaus Befürworter des Restriktionsprinzips.[296] In der älteren Literatur wird dem Restriktionsprinzip ein eigenständiger

---

„Wenn aller übrigen Auslegungsregeln nicht zutreffen, so muss die zweifelhafte Stelle so erklärt werden, wie es dem Verpflichteten am wenigsten lästig ist."

289 BGH v. 11.3.1986 – VI ZR 22/85, NJW 1986, 2757, 2758; BGH v. 2.12.1982 – I ZR 176/80, MDR 1983, 552, 553; BGH v. 10.3.1983 – VII ZR 301/82, NJW 1983,1491, 1492.

290 Siehe oben: Teil 1.A.

291 Exemplarisch: BGH v. 21.4.2009 – XI ZR 55/08, BB 2009, 905; BGH v. 17.02.2004 – XI ZR 140/03, NJW 2004, 1588, 1589; BGH v. 8.7.1998 – VIII ZR 1/98, BGHZ 139, 190, 198, 199; BGH v. 3.7.1996 – VIII ZR 221/95, BGHZ 133, 184, 189 f.; BGH v. 18.1.1989 – VIII ZR 142/88, NJW-RR 1989, 625, 626; BGH v. 23.3.1988 – VIII ZR 58/87, NJW 1988, 1726, 1727; weitere Nachweise bei Ulmer/Brandner/Hensen-Ulmer, § 305 c Rn. 96.

292 zuletzt soweit ersichtlich: BGH v. 17.4.1996 – IV ZR 229/95, NJW-RR 1996, 858 f., wo jedenfalls nicht der Vorinstanz (OLG Schleswig, 13. Juli 1995, Az: 16 U 5/95, (juris)) widersprochen wird, die das Ergebnis mit einer im Zweifel eng auszulegenden Klausel in den AVB des Beklagten begründet hatte; zudem BGH v. 11.3.1986 – VI ZR 22/85, NJW 1986, 2757, 2758; BGH v. 10.3.1983 – VII ZR 301/82, NJW 1983,1491, 1492; BGH v. 7.2.1979 – VIII ZR 305/77, NJW 1979, 2148.

293 Vgl. dazu unten: Teil 1.D.III.1.b.bb.

294 Bunte, NJW 1985, 600; Erman/Roloff, § 305 c Rn. 24; Honsell, JA 1985, 263, 225; Meyer-Cording, NJW 1981, 2338 f.; MünchKomm/Basedow, § 305 c Rn. 27; Roth, WM 1991, 2133; Sambuc, NJW 1981, 314 f.; Soergel/Stein, § 9 AGBG Rn. 3, 9; Staudinger/Schlosser, § 305 c Rn. 125; Stoffels, Rn. 377 ff.; Ulmer/Brandner/Hensen-Ulmer, 305 c Rn. 99, 100 f..

295 Dietlein/Rebmann, § 5 AGBG Rn. 2; Schmidt-Salzer, AGB, S. 158.

296 so vor allem: Wolf/Lindacher/Pfeiffer-Lindacher, § 305 c Rn. 137 f.; aber auch Brox/Walker, Rn. 233; Brehm, AT Rn. 565; HK-BGB/Schulte-Nölke, § 305 c Rn. 4, sowie aus dem älterem

Anwendungsbereich neben § 305 c Abs. 2 zugestanden.[297] Demnach sollen Klauseln, die der Inhaltskontrolle nach den §§ 307 bis 309 standhalten, eng ausgelegt werden.[298] Auch wird betont, dass sich mithilfe des Restriktionsprinzips das Eingreifen einer einschränkungslos formulierten Klausel gegenüber nicht bedachten Ausnahmefällen vermeiden ließe.[299]

Die jüngere Literatur verweist unter grundsätzlicher Anerkennung eines allgemeinen, d.h. auch im AGB-Recht geltenden, Restriktionsprinzips vor allem darauf, dass das Restriktionsprinzip außerhalb des Bereichs der AGB-Kontrolle einen sinnvollen Anwendungsbereich haben könne, so etwa wenn die Einbeziehung der AGB auf die übereinstimmende Initiative beider Parteien zurückzuführen ist.[300]

Gerechtfertigt wird die Existenz in erster Linie – wie teilweise auch die Unklarheitenregel – mit dem Ausgleichs- und Schutzgedanken.[301] Darüber hinaus betont *Lindacher*, dass das Prinzip dem Gerechtigkeitsgehalt des dispositiven Rechts entspringe. Bei berechtigten Auslegungszweifeln sei die Wertentscheidung des Gesetzgebers maßgeblich und einer Klausel daher diejenige Lesart beizumessen, die der gesetzlichen Regelung am nächsten käme.[302]

Gegen die Existenzberechtigung bzw. zumindest die Anwendbarkeit einer Auslegungsregel im Sinne des Restriktionsprinzips im Anwendungsbereich Allgemeiner Geschäftsbedingungen sprechen allerdings gewichtige Gründe:

Unabhängig vom Verhältnis zur Unklarheitenregel ist vor allem das Verhältnis zwischen einer dem Restriktionsprinzip entsprechenden Auslegung und der Inhaltskontrolle problematisch. So kann nämlich die Anwendung des Restriktionsprinzips dazu führen, dass eine Klausel nur wegen der engen Auslegung eine Inhaltskontrolle nach den §§ 307 ff. unbeschadet übersteht. Der durch das Restriktionsprinzip vermittelte und wohl ursprünglich auch bezweckte Schutz realisiert sich folglich nur unvollkommen, bzw. verkehrt sich im Endeffekt sogar in sein Gegenteil.[303] Dieser Argumentation könnte man zwar entgegensetzen, dass das Restriktionsprinzip nicht allein dem Schutz der Interessen des Kunden, sondern

---

Schrifttum: Helm, BB 1977, 1110; Horn, WM 1984, 452; Krampe, S. 40 ff.; Lambsdorff, ZIP 1981, 245; Sieg, VersR 1977, 489, 490.

297 Knütel, JR 1981, 221, 225; Wolf/Lindacher/Pfeiffer-Lindacher, § 305 c Rn. 137 ff.; vgl. auch Wacke, JA 1981, 668.

298 Knütel, JR 1981, 221, 225; Wolf/Lindacher/Pfeiffer-Lindacher, § 305 c Rn. 137 ff..

299 Kümpel, WM 1978, 971.

300 Wolf/Lindacher/Pfeiffer-Lindacher, § 305 c Rn. 137 ff..

301 So Knütel, JR 1981, 221, 225; Koch/Stübing, Einl. Rn. 48.

302 Wolf/Lindacher/Pfeiffer-Lindacher, § 305 c Rn. 138.

303 Für den Verbandsprozess erkennen dies bezeichnenderweise auch einige Befürworter des Restriktionsprinzips an, so vor allem; Knütel JR 1981, 221, 225; Koch/Stübing, § 5 AGBG Rn. 8; Wolf/Lindacher/Pfeiffer-Lindacher, § 305 c Rn. 141.

vielmehr einer interessengerechten Auslegung und damit dem Schutz und den Interessen beider Vertragsparteien dienen soll. Jedenfalls dann, wenn eine Klausel ohne einschränkende Auslegung im Sinne des Restriktionsprinzips einer Inhaltskontrolle nicht standhalten würde, käme dies aber in Konflikt mit dem Verbot der geltungserhaltenden Reduktion.[304] Denn wenn die restriktive Auslegung dazu führt, dass eine Klausel nur durch die Anwendung der Regel ihre Wirksamkeit behält, kann die Rechtsfolge keine andere sein, als für den Fall, dass eine zu weit reichende Klausel nach einer nicht schadlos überstandenen Inhaltskontrolle auf das zulässige Maß „zurecht gestutzt“ wird.

Zudem ist entscheidend: In systematischer Hinsicht würde eine Auslegung entsprechend dem Restriktionsprinzip einer verdeckten Inhaltskontrolle gleichkommen.

Vor der Kodifikation des AGB-Gesetzes mag die enge Auslegung als notdürftiger Ersatz für die im Gesetz nicht verankerte Inhaltskontrolle dienlich gewesen sein. Mit der Systematik des geltenden AGB-Rechts wäre dies nur sehr schwer zu vereinbaren, da heutzutage scharf und eindeutig zwischen der Auslegung und einer Inhaltskontrolle nach den §§ 307 ff. unterschieden wird.[305] Klauseln, die potenziell unangemessen sein könnten, würden sich gar nicht mehr der Inhaltskontrolle stellen müssen. Die Angemessenheit, nach denen eine Klausel nach der heutigen Systematik in allererster Linie inhaltlich zu bestimmen ist, würde bei grundsätzlich restriktiver Auslegungspraxis jedenfalls an der Klausel, wie sie sich für den unbedarften Kunden liest, nicht mehr überprüft.

Hinzu kommt schließlich, dass der Rückgriff auf das Restriktionsprinzip im Anwendungsbereich des § 305 c Abs. 2 regelmäßig entbehrlich ist, da sich das Auslegungsergebnis schon aus der Anwendung der Unklarheitenregel ergibt. Denn die enge Auslegung einer Klausel, die einer Inhaltskontrolle standhält, gebietet schon eine Auslegung zu Lasten des Verwenders. Nach alldem ist mithin schon ein Existenzbedürfnis, aber auch die Existenzberechtigung eines Restriktionsprinzips bei der Auslegung Allgemeiner Geschäftsbedingungen nicht gegeben. Eigenständige Bedeutung kann das Restriktionsprinzip folglich nur außer-

---

304 BGH v. 22.6.1988 – VIII ZR 232/87, NJW 1988, 2664, 2665; Knütel, JR 1981, 221, 222; Sambuc, NJW 1981, 314, 316; Ulmer/Brandner/Hensen-Ulmer, § 305 c Rn. 100.

305 Erman/Roloff, § 305 c Rn. 24; Sambuc, NJW 1981, 314f.; Ulmer/Brandner/Hensen-Ulmer, § 305 c Rn. 100, insbesondere zur Trennung von Auslegung und Inhaltskontrolle: BGH v. 23.6.2004 – IV ZR 130/03, NJW 2004, 2589, 2590; BGH v. 10.2.1999 – IV ZR 324/97, NJW 1999, 1633, 1634; BGH v. 2.3.1994 – IV ZR 109/93, NJW 1994, 1534 ff.; Bamberger/Roth-Schmidt, § 305 c Rn. 35; Belke, JA 1988, 475, 484; Fastrich, Inhaltskontrolle, S. 21 ff.; Lange, ZGS 2004, 208; Larenz/Wolf, AT, § 43 Rn. 30; Leenen, AcP 188,386 ff.; Roth, WM 1991, 2125, 2134; Staudinger/Schlosser, § 305 c Rn. 105; Stoffels, Rn. 358; Ulmer/Brandner/Hensen-Fuchs, Vorb. v. § 307 Rn. 13; Wacke, JA 1981, 666, 668; Wolf/Lindacher/Pfeiffer-Lindacher, § 305 c Rn. 102; Wolf/Lindacher/Pfeiffer-Wolf, § 307 Rn. 48.

halb der Auslegung Allgemeiner Geschäftsbedingungen entfalten. Dort mag die Anwendung – mangels eines der Inhaltskontrolle vergleichbaren Korrektivs – insbesondere bei Haftungsausschlüssen gerechtfertigt sein. Entsprechend ist dies in diesem Bereich auch ständige Rechtsprechung.[306]

(3) Individualvertragskonforme Auslegung

Wenn eine Individualvereinbarung im Widerspruch zu einer Klausel in den Allgemeinen Geschäftsbedingungen steht, gilt nach § 305 b der Vorrang dieser Individualabrede. In dem betroffenen Bereich kann die Klausel nicht angewandt werden, d.h. sie tritt hinter die Individualabrede zurück.[307] Nach dem Grundsatz der individualvertragskonformen Auslegung soll die betreffende Klausel in den AGB nun im Hinblick auf die Individualvereinbarung einschränkend oder ausdehnend interpretiert werden, sodass ihr letztlich mit dem individualvertragskonformen Sinn zur Geltung verholfen wird.[308]

Im Prinzip geht es um die Frage, ob bei der Auslegung Allgemeiner Geschäftsbedingungen auch die zwischen den Parteien individuell ausgehandelten Vereinbarungen herangezogen werden dürfen, um den Inhalt bestimmter Klausel festzulegen. Für die Unklarheitenregel hat diese Frage Bedeutung, da sich, wenn man den Grundsatz der individualvertragskonformen Auslegung bejaht, auch aus einem unzweifelhaften Wortlaut der Klausel selbst in der Zusammenschau mit der Individualabrede Unklarheiten ergeben können. Aber auch umgekehrt können gerade durch die Berücksichtigung der Individualabrede Zweifel hinsichtlich einer Klausel ausgeräumt werden.

Zu dieser Problematik wird beispielhaft der Fall genannt, dass jemand einen erst nach längerer Zeit zu liefernden Gegenstand zu einem ausgehandelten Preis gekauft hat, der um einen bestimmten Betrag unter dem empfohlenen Richtpreis und geben üblicherweise verlangten Preis liegt.[309] In den Allgemeinen Geschäftsbedingungen steht, dass im Falle einer im Betrieb des Verwenders allgemein vorgenommenen Preiserhöhung die im Lieferzeitpunkt empfohlenen Richt-

306 BGH v. 17.4.1996 – IV ZR 229/95, NJW-RR 1996, 858 f.; BGH v. 30.9.1970 – III ZR 87/69, BGHZ 54, 299, 305; BGH v. 5.4.1967 – VIII ZR 32/65, BGHZ 47, 312, 318; BGH v. 11.7.1963 – VII ZR 120/62, BGHZ 40, 65, 69; BGH v. 29.10.1956 – II ZR 79/55, BGHZ 22, 90, 96.

307 Die Klausel in den AGB ist allerdings nicht unwirksam. Auch der Einbeziehung in den Vertrag steht die Individualabrede nicht entgegen; vgl. Ulmer/Brandner/Hensen-Ulmer, § 305 b Rn. 1.

308 Schmidt-Salzer, AGB, 139 ff.; Staudinger/Schlosser, § 305 c Rn. 131 ff.; vgl. auch Denzinger, BB 1981, 1123, 1125.

309 Beispiel bei Staudinger/Schlosser, § 305 c Rn. 131; Stoffels, Rn. 180; ähnlich Wolf/Lindacher/Pfeiffer-Lindacher, § 305 c Rn. 117.

preise oder allgemein verlangten Preise gelten sollen. Würde es tatsächlich zu einer Preiserhöhung im Betrieb des Verwenders kommen, so stünde der Inhalt der Individualabrede in Widerspruch zum Klauselinhalt, da dieser dem Wortlaut nach jedenfalls nicht den Fall bedacht hat, dass ein Käufer einen Nachlass ausgehandelt hat. Dementsprechend würde die Klausel hinter die Individualabrede zurücktreten. Der Käufer müsste lediglich den Betrag zahlen, den er ursprünglich vereinbart hatte, das heißt den früher üblichen Preis abzüglich des ausgehandelten Nachlasses. Mittels der individualvertragskonformen Auslegung soll nun erreicht werden, dass der Käufer den ursprünglich ausgehandelten Nachlass erhält, aber auch, dass der Verkäufer insoweit geschützt ist, als seine Preisanpassungsklausel ebenfalls zu Geltung gebracht wird, indem sie dahingehend ausgelegt wird, dass zwar der Preis angepasst wird, der Rabatt aber von ebendiesem angepassten Preis abgerechnet wird.

Auf Basis derjenigen Ansicht, die die allgemeinen Auslegungsregeln auch im Rahmen der Bestimmung von AGB-Klauseln anwenden will, bereitet die Berücksichtigung des Inhalts der Individualabrede kaum Probleme. Denn wenn schon die individuellen Vertragsschlussumstände eine Relevanz für die Auslegung von AGB haben, kann dies auch für die Individualabrede selbst gelten. Entsprechend stammen die Befürworter einer Individualvertragskonformen Auslegung in der Regel auch aus den Reihen der Gegner einer rein objektiven Auslegungsdogmatik.[310] Auch nach deren Ansicht sind hier freilich zwei Grenzen zu beachten: Auf der einen Seite darf nicht gegen das Verbot der geltungserhaltenden Reduktion verstoßen werden, auf der anderen Seite darf nicht der Vorrang der Individualabrede konterkariert werden.[311]

Schwieriger wird es für die Vertreter der objektiven Auslegung. Denn die Berücksichtigung derartiger Aspekte widerspricht im Grundsatz einer rein objektiv verstandenen Auslegungsdogmatik. Entsprechend steht eine verbreitete Meinung in der Literatur einer Existenzberechtigung skeptisch gegenüber.[312] Wie bei der Anerkennung eines übereinstimmenden Klauselverständnisses könne auch hier eine Berücksichtigung nur im Rahmen des § 305 b, bzw. unter Zugrundelegung des Rechtsgedankens des § 305 b stattfinden. Neben § 305 b sei aber kein Raum für einen eigenständigen Grundsatz der individualvertragskonformen Auslegung.

Stoffels schließlich ist der Ansicht, dass sich ein entsprechendes Auslegungsergebnis schon aus der natürlichen Auslegung einer Klausel ergebe. Denn auch die objektive Auslegung stehe einer Berücksichtigung gemeinsamer Vorstellun-

---

310 so Staudinger/Schlosser, § 305 c Rn. 131; Wolf/Lindacher/Pfeiffer-Lindacher, § 305 c Rn. 117.

311 Vgl. Wolf/Lindacher/Pfeiffer-Lindacher, § 305 c Rn. 117.

312 Erman/Roloff, § 305 c Rn. 20; MünchKomm/Basedow, § 305 c Rn. 26; Ulmer/Brandner/Hensen-Ulmer, § 305 c Rn. 69; ähnlich: Stoffels, Rn. 380.

gen der Parteien von Inhalt und Bedeutung der Allgemeinen Geschäftsbedingungen nicht im Wege.[313] In dem angegebenen Beispiel hätten die Parteien durch die für den Käufer günstige Festpreisabrede zugleich ihr gemeinsames Verständnis der formularmäßigen Preiserhöhungsklausel kundgetan. Diese könne nur so verstanden worden sein, dass der Preisvorteil dem Kunden nicht durch eine nachträgliche Preiserhöhung verloren gehen sollte. Dem übereinstimmenden Verständnis könne somit schon im Wege der natürlichen Auslegung zur Geltung verholfen werden.

Zur Existenzberechtigung und überhaupt zu einem Existenzbedürfnis eines eigenen, individualvertragskonformen Auslegungsgrundsatzes ist mithin folgendes festzuhalten: Wie oben schon erörtert, sprechen die stichhaltigeren Argumente gegen eine rein objektiv verstandene Auslegungsdogmatik. Folglich ist auch im Rahmen dieser Problematik dem Grunde nach davon auszugehen, dass sämtliche Auslegungsmittel, die dem Vertragspartner normalerweise bekannt sein müssten (Stichwort: „objektiver Empfängerhorizont"),zur Bestimmung des Inhalts einer Klausel heranzuziehen sind. Auch wenn der Kunde in diesem Fall systematische Erwägungen anstellen muss, so ist die Individualabrede aber eine Quelle, die sich auch dem rechtsunkundigen Vertragspartner in der Regel ohne weiteres erschließen sollte. Denn für ihn ist die Individualabrede – um im vorigen Beispiel zu bleiben: der Preisnachlass – regelmäßig der zentrale Punkt des Rechtsgeschäfts. Der dahingehende Schluss, dass die individuell ausgehandelten Vertragsbestandteile zumindest im Ergebnis maßgeblich für die Gestaltung der Vertragsbeziehung sein müssen, drängt sich also auch dem Laien auf.

Fraglich ist, ob anderweitige Prinzipien oder Vorschriften einer Berücksichtigung entgegenstehen. Denkbar wäre ein Konflikt mit dem Verbot der geltungserhaltenden Reduktion sowie mit § 305 b.

Ein Verstoß gegen das Prinzip des Verbots der geltungserhaltenden Reduktion wird zwar wohl für möglich gehalten.[314] Richtigerweise kann ein solcher Verstoß schon aus systematischen Gründen aber nicht vorkommen. Denn hat eine Klausel durch Berücksichtigung des Inhalts der Individualabrede einen bestimmten Sinn erhalten, ist dies ein Ergebnis der Auslegung selbst, nicht aber einer Reduktion aufgrund einer inhaltlichen Unangemessenheit nach den §§ 307 ff..

In Betracht kommt daher vor allem ein Konflikt mit der Gesamtsystematik des AGB-Rechts und hier insbesondere mit dem Rechtsgedanken des § 305 b. Nach der Systematik der §§ 305 ff. geht die Individualabrede Bestimmungen in Allgemeinen Geschäftsbedingungen vor. Insoweit wird der potentielle Konflikt, der

313 Stoffels Rn. 381.

314 Stoffels, Rn. 381, auch Wolf/Lindacher/Pfeiffer-Lindacher, § 305 c Rn. 117 sieht diese Problematik.

zwischen den individuell ausgehandelten Vereinbarungen und bestimmter Klauseln innerhalb der vorformulierten Vertragsbedingungen entstehen kann, eindeutig zu Gunsten der Individualabrede gelöst. Eine individualvertragskonforme Auslegung hat also die in der Individualabrede getroffenen Vereinbarungen zu respektieren und deren Geltung vollumfänglich sicherzustellen. Die AGB-Klausel kann daher nur dann Platz greifen, wenn die Individualabrede eine Lücke gelassen hat, d.h. in der Individualabrede eine bestimmte Situation nicht bedacht wurde, in unserem Beispiel die Tatsache, dass eine generelle Preiserhöhung vollzogen wurde. Nur insoweit wäre die individualvertragskonforme Auslegung unbedenklich.

Ob vor diesem Hintergrund überhaupt ein Rückgriff auf eine gesonderte individualvertragskonforme Auslegung notwendig ist, darf aber bezweifelt werden. Denn eigentlich ist dies der klassische Anwendungsfall einer ergänzenden Vertragsauslegung. Das gleiche Ergebnis lässt sich daher in der Regel schon mit einer entsprechenden Auslegung der Individualabrede selbst erreichen. Wenn in der Individualabrede darauf abgestellt wurde, dass grundsätzlich der übliche Preis maßgeblich sein sollte und ein Nachlass von einem bestimmten Betrag gewährt werden sollte, so wird der später angepasste Preis ja zum üblichen Preis, von dem der Nachlass abzuziehen ist. War hingegen ein bestimmter Festpreis zwischen den Parteien vereinbart, so kann auch nur dieser maßgeblich sein. Auf die Auslegung der Individualabrede hat die Unklarheitenregel naturgemäß keine Bedeutung. Jedenfalls besteht aber kein Bedarf für eine gesonderte Auslegungsregel in diesem Sinne.

(4) Grundsatz der kundenfeindlichsten Auslegung – Prinzip der Ergebnisorientierten Auslegung zu Lasten des Kunden – „geltungshindernde Auslegung“

In der Regel ist eine enge Auslegung bei Klauseln, die dem Kunden Rechte nehmen oder die diesen belasten, für den Kunden günstig. Wie oben schon einmal erwähnt, sind aber durchaus Fallgestaltungen denkbar, in denen gerade die enge bzw. „scheinbar kundenfreundliche“ Auslegung dazu führt, dass eine Vorschrift die Inhaltskontrolle unbeschadet übersteht, womit sich die Auslegung im Endergebnis doch in einer Weise „zu Lasten“ des Verwendungsgegners ausgewirkt hat. Man könnte daher darüber nachdenken, Klauseln bewusst nicht in der kundengünstigeren Alternative auszulegen, um im Ergebnis eine Unwirksamkeit der Klausel herbeizuführen. Entsprechende Bestrebungen sind im Rahmen der Anwendung der Unklarheitenregel weit verbreitet und mittlerweile auch in der

Rechtsprechung weitgehend akzeptiert.[315] Zunächst wurde diese Vorgehensweise zwar nur im Verbandsprozess praktiziert.[316] Nach einigem Zögern setzte sich diese Sichtweise aber auch im Individualprozess durch.[317] Als systematisch eigenständige, neben die Unklarheitenregel selbst tretende Auslegungsregel wird diese Verfahrensweise, soweit ersichtlich, allerdings nicht angesehen.[318] Dies dürfte daran liegen, dass es sich bei dieser Verfahrensweise weniger um die Erscheinungsform einer Auslegungsregel, als vielmehr um die Art der Anwendung der Unklarheitenregel handelt, also insbesondere um die Frage, was Auslegung „zu Lasten" des Kunden bedeutet. Entsprechend soll erst bei der Frage nach der Anwendung der Unklarheitenregel selbst näher auf diese Problematik eingegangen werden.[319]

Die Rechtsprechung erweckt durch ihre „gebetsmühlenartige" Verwendung der Formulierung „in der im Verbandsprozess gebotenen kundenfeindlichen Auslegung" zwar bisweilen den Anschein, dass es sich schon um eine eigenständige Auslegungsregel handelt.[320] Auch mancher Leitsatz könnte in diese Richtung gedeutet werden.[321] Eine solche Sichtweise ist aus vorangestelltem Grunde aber abzulehnen. Jenseits des Anwendungsbereichs der Unklarheitenregel ist kein Bedürfnis auszumachen, den Kunden durch Etablierung einer zusätzlichen, den Kunden im Ergebnis begünstigenden Auslegungsregel zu schützen. In den Urteilsgründen verweist die Rechtsprechung zudem zumeist auch selbst darauf, dass „nur wenn nach Ausschöpfung aller in Betracht kommenden Auslegungsmethoden Zweifel verbleiben und mindestens zwei Auslegungsmöglichkeiten rechtlich vertretbar sind, die Unklarheitenregel des § 305 c Abs. 2 zur Anwendung kommt, bei der im Verbandsprozess die kundenfeindlichste Auslegung zugrunde zu legen ist."[322]

---

315 BGH v. 23.09.2009 – VIII ZR 344/08, WuM 2009, 655, 656; BGH v. 12.3.2008 – XII ZR 147/05, NJW 2008, 2254, 2255; BGH v. 29.4.2008 – KZR 2/07, BGHZ 176, 244 ff.; BGH v. 20.12.2007 – III ZR 144/07, NJW 2008, 987; implizit wohl auch schon: BGH v. 20.10.2004 – VIII ZR 378/03, NJW 2005, 425, 426.

316 Siehe unten: Teil 1.D.III.1.b.aa und 2.b.

317 Siehe unten: Teil 1.D.III.1.b.bb.

318 Vgl. etwa MünchKomm/Basedow, § 305 c Rn. 34, 35; Wolf/Lindacher/Pfeiffer-Lindacher, § 305 c Rn. 131, nicht ganz so deutlich bei Ulmer/Brandner/Hensen-Ulmer, § 305 c Rn. 65, 66.

319 Siehe unten: Teil 1.D.III.1.b.

320 Exemplarisch BGH v. 29.05.2008 – III ZR 330/07, NJW 2008, 2495.

321 BGH v. 29.05.2008 – III ZR 330/07, NJW 2008, 2495.

322 BGH v. 29.05.2008 – III ZR 330/07, NJW 2008, 2495; 2496, Rz. 20.

(5) Fazit

Bei der Auslegung Allgemeiner Geschäftsbedingungen besteht neben der Unklarheitenregel weder ein Raum noch ein Bedürfnis für ein eigenständiges Restriktionsprinzip. Dies ergibt sich vor allem aus teleologischen Erwägungen und weniger aus dem vermeintlichen Verhältnis zur Unklarheitenregel. Auch eine einschränkende Auslegung aufgrund einer unterstellten Redlichkeit des Verwenders ist eine Absage zu erteilen. Nur bei gänzlich fern liegenden Auslegungsalternativen kann hiervon eine Ausnahme zugelassen werden, dies ist sogar aufgrund des Transparenzgebots erforderlich. Schließlich ist auch die Regel der individualvertragskonformen Auslegung entbehrlich und daher abzulehnen. In diesen Fällen ist vielmehr mittels einer ergänzenden Vertragsauslegung die Individualabrede selbst auszulegen. Sonstige Regeln werden jedenfalls im allgemeinen Zivilrecht soweit ersichtlich nicht diskutiert.

d) Verhältnis zur ergänzenden Vertragsauslegung

Erörterungsbedürftig ist in diesem Zusammenhang auch das Verhältnis zwischen der Unklarheitenregel und dem Institut der ergänzenden Vertragsauslegung. In diesem Zusammenhang stellen sich die Fragen, ob eine ergänzende Vertragsauslegung bei Allgemeinen Geschäftsbedingungen neben der Unklarheitenregel überhaupt Anwendung finden kann und wenn man dies bejaht, wie der jeweilige Anwendungsbereich abzugrenzen ist.

aa) Herrschende Meinung

Die ergänzende Vertragsauslegung bei einer Lückenhaftigkeit vorformulierter Vertragsbestandteile ist weitgehend anerkannt, wenn es an dispositiven Regelungen fehlt und auch die ersatzlose Streichung der unwirksamen Bestimmung keine angemessene, den typischen Interessen beider Vertragsparteien Rechnung tragende Lösung bietet.[323] Mittels dieses Rechtsinstituts können daher Vertragslük-

---

323 Grundlegend: BGH v. 1.2.1984 – VIII ZR 54/83, BGHZ 90, 69, 75 ff. (sog. Tagespreisklauselurteil); vgl. auch BGH v. 17.12.2008 – VIII ZR 274/06, BGHZ 179, 186 ff.; BGH v. 26.10.2005 – VIII ZR 48/05, NJW 2006, 996, 999, BGH v. 12.10.2005 – IV ZR 162/03, BGHZ 164, 297, 315; BGH v. 4.11.1992 – VIII ZR 235/91, BGHZ 120 108, 122; BGH v. 22.1.1992 – IV ZR 59/91, BGHZ 117, 92, 98; BGH v. 7.3.1989 – KZR 15/87, BGHZ 107, 273, 276; BGH v. 8.2.1988 – II ZR 210/87, BGHZ 103, 228, 234; BGH v. 30.10.1984 – VIII ARZ 1/84, BGHZ 92, 363, 369 ff.; BGH v. 20.11.1980 – VII ZR 70/80, BGHZ 79, 16, 25; Bamberger/Roth-Schmidt, § 305 c Rn. 31 f., 44; Erman/Roloff, § 306 Rn. 13; MünchKomm/Basedow, § 306 Rn. 22 f., sowie § 305 c Rn. 42 ff.; Staudinger/Schlosser, § 306 Rn. 12; Ulmer/Brandner/Hensen-Schmidt, § 306 Rn. 34; Ulmer/Brandner/Hensen-

ken geschlossen werden, wenn eine von einem realen Willen getragene Regelung nicht erkennbar ist, eine solche Regelung aber erforderlich ist.[324] Die Rechtsprechung bedient sich vor allem folgender Formel:[325] „Eine ergänzende Vertragsauslegung kommt nur dann in Betracht, wenn sich die mit dem Wegfall einer unwirksamen Klausel entstehende Lücke nicht durch dispositives Gesetzesrecht füllen lässt und dies zu einem Ergebnis führt, das den beiderseitigen Interessen nicht mehr in vertretbarer Weise Rechnung trägt, sondern das Vertragsgefüge einseitig zu Gunsten des Kunden verschiebt.“ In der zivilgerichtlichen Rechtsprechung fehlt es allerdings an einer expliziten Auseinandersetzung zur Zulässigkeit der ergänzenden Vertragsauslegung mit Blick auf die Unklarheitenregel.

bb) Gegenansicht

Vor allem im älteren Schrifttum gibt es allerdings auch Stimmen, die sich kritisch über eine Zulässigkeit der ergänzenden Vertragsauslegung äußern.[326] Zur Begründung beruft man sich auf den Gesetzeszweck und den abschließenden, nur auf dispositives Recht verweisenden Charakter von § 6 AGB-Gesetz bzw. § 306 Abs. 2 n.F.[327]

cc) Ansicht: Vorrang der ergänzenden Vertragsauslegung

Henssler und *Heiden* gehen in einer Anmerkung zu einem Urteil des BAG davon aus, dass die ergänzende Vertragssauslegung neben der Unklarheitenregel zulässig ist und – mehr noch – sogar vorrangig vor der Unklarheitenregel zu berücksichtigen sei.[328] Die Anwendbarkeit des Grundsatzes „ambiguitas contra proferentem“ setze nämlich voraus, dass „nach“ Erschöpfung aller Auslegungsmethoden mehrere Auslegungen einer Vertragsbestimmung denkbar sind. Über diesen Verweis hinaus ist eine tragfähige Begründung der These vom Vorrang der ergänzenden Vertragsauslegung allerdings nicht erkennbar.

Ulmer, § 305 c Rn. 102; Wolf/Lindacher/Pfeiffer-Lindacher, § 306 Rn. 15 ff.. sowie § 305 c Rn. 123; ebenso Palandt/Grüneberg, § 305 c Rn. 17, allerdings unter der Einschränkung, dass die ergänzende Vertragsauslegung aufgrund der Formulierungsverantwortung nur ausnahmsweise zulässig sei.

324 Larenz/Wolf, AT, § 28, 108.

325 Exemplarisch: BGH v. 17.12.2008 – VIII ZR 274/06, BGHZ 179, 186, 195 m.w.N.

326 So etwa Götz, NJW 1978, 2223, 2224; Niebeling, BB 1984, 1717; E.Schmidt, JuS 1987, 935; Steindorff ZHR 148, 1984, 276 f..

327 Götz, NJW 1978, 2223, 2224; Niebeling, BB 1984, 1717; E.Schmidt, JuS 1987, 935; Steindorff ZHR 148, 1984, 276 ff..

328 Henssler/Heiden, Anmerkung zu BAG v. 19.3.2003 – 4 AZR 331/02, RdA 2004, 241, 244; dem zustimmend auch Willemsen, S. 131.

dd) Ansicht: Vorrang der Unklarheitenregel

Im Gegensatz dazu geht *Wolf* bei grundsätzlicher Anerkennung der Existenzberechtigung einer ergänzenden Vertragsauslegung bei Allgemeinen Geschäftsbedingungen von einem Vorrang der Unklarheitenregel aus.[329] Eine lückenhafte Klausel dürfe nicht zum Nachteil, sondern nur zum Vorteil des Kunden durch ergänzende Auslegung vervollständigt werden. Dies ergebe sich daraus, dass § 305 c Abs. 2 das Formulierungsrisiko dem Verwender auferlege. Dieses Risiko dürfe dem Verwender nicht durch ergänzende Auslegung abgenommen werden. Nicht ganz klar wird, ob sich diese Aussage generell auf Lücken innerhalb von Allgemeinen Geschäftsbedingungen bezieht, oder ob nur solche Lücken gemeint sind, die auf sprachlichen Unklarheiten beruhen.

ee) Arbeitsgerichtliche Rechtsprechung

Von einem Vorrang der Unklarheitenregel geht man offenbar auch in den Reihen des 4. Senats des BAG aus, wenn man zunächst ausführt, dass die Unklarheitenregel, das Transparenzgebot und das Verbot der geltungserhaltenden Reduktion gegen eine wohlwollende Auslegung zu Gunsten des Klauselverwenders streiten und im Anschluss verkündet, dass diese Gesichtspunkte dann auch gegen die Annahme einer Vertragslücke sprechen.[330] Zudem wurde in auch in der Rechtsprechung andere Senate wiederholt betont, dass das Ergebnis einer ergänzenden Vertragsauslegung nicht im Widerspruch zu dem im Vertrag ausgedrückten Parteiwillen stehen dürfe.[331] Lässt sich also mittels der Unklarheitenregel ein Inhalt ermitteln, so dürfte eine ergänzende Vertragsauslegung zu keinem anderen Ergebnis führen. Auch dies spricht dafür, dass man von einer Vorrangstellung der Unklarheitenregel ausgeht. Auch sonst gibt es Entscheidungen, in denen man die Unzulässigkeit der ergänzenden Vertragsauslegung jedenfalls mit dem Rechtsgedanken der Unklarheitenregel begründet hat.[332] Ausdrücklich für einen Vorrang spricht sich das Hessische LAG aus.[333] Anders urteilte jüngst freilich das LAG Schleswig-Holstein.[334]

---

329 Wolf/Lindacher/Pfeiffer-Wolf, § 307 Rn. 48; ähnlichRüßmann, BB 1987, 843, 845.

330 BAG v. 14.12.2005 – 4 AZR 536/04, AP Nr. 39 zu § 1 TVG Bezugnahme auf Tarifvertrag, Rz. 21, 22.

331 BAG v. 13.11.2002 – 4 AZR 393/01, AP Nr. 27 zu § 1 TVG Bezugnahme auf Tarifvertrag, Rz. 42; BAG v. 3.6.1998 – 5 AZR 552/97, AP Nr. 57 zu § 612 BGB, Rz. 42.

332 BAG v. 10.12.2008 – 10 AZR 1/08, AP Nr. 40 zu § 307 BGB, Rz. 19.

333 Hessisches LAG v. 22.5.2009 – 3 Sa 812/08, (juris), Rz. 39.

334 LAG Schleswig-Holstein v. 20.1.2009 – 5 Sa 101/08, ZTR 2009, 269 ff..

ff) Ansicht Singer/Hake

Aus dem neueren Schrifttum haben sich vor allem *Singer* und *Hake* – explizit unter Bezugnahme auf die Unklarheitenregel – im Bereich der Allgemeinen Geschäftsbedingungen generell gegen eine Anwendung des Instituts der ergänzenden Vertragsauslegung ausgesprochen.[335] Nach deren Ansicht soll nach dem Sinn des § 305 c gerade der Verwender das Risiko einer Vertragslücke tragen, so dass ihm eine ergänzende Auslegung dieses Risiko nicht wieder abnehmen dürfe.[336] Näher begründet wird diese These nicht. *Singer/Hake* verweisen lediglich auf Erwägungen *Basedows*. An der Stelle, auf die verwiesen wird, setzt sich *Basedow* mit den Rechtfertigungsgründen für die Unklarheitenregel auseinander.[337] Aus der einseitigen Formulierungsgewalt folge die Verantwortung für die Klarheit der Allgemeinen Geschäftsbedingungen, auch dann, wenn die Partei sie nicht selbst formuliert, sondern die von anderen formulierten AGB für ihre Zwecke übernommen habe. Trage aber der Verwender die Verantwortung für die Fassung der AGB, so wäre es unangemessen, wenn im Falle objektiv mehrdeutiger Klauseln die daraus sich ergebenden Risiken beide Parteien in gleicher Weise träfen, also auch den Kunden, der auf die Formulierung der Klausel keinen Einfluss nehmen könne. Daher würden bei mehrdeutigen ABG-Klauseln die allgemeinen Regeln nicht eingreifen; an ihre Stelle träte der Grundsatz, dass die Unklarheit der AGB-Klauseln zu Lasten desjenigen gehe, der sie eindeutig hätte formulieren können.

gg) Ansicht Basedow

An anderer Stelle verweist *Basedow* selbst darauf, dass nach seinem Verständnis ein Widerspruch zwischen Ungehaltenregel und ergänzender Vertragsauslegung gar nicht bestehe.[338] Denn die Unklarheitenregel ziele auf die Auslegung vorhandener AGB-Klauseln ab, die ergänzende Vertragsauslegung hingegen auf die Schließung der Lücke, die in einem Vertrage durch das Fehlen von AGB-Klauseln bestünde. Bei der Schließung eventueller Lücken sei zu unterscheiden: Seien die AGB nach den §§ 305 Abs. 2 und 305 c Abs. 1 in vollem Umfang Bestandteil des Vertrages geworden und auch gemäß der §§ 307 ff. als wirksam anzusehen, wiesen sie aber von Anfang an eine Lücke auf, so richte sich die Schlie-

---

335 Singer/Hake, Anmerkung zu BAG v. 24.9.2008 – 6 AZR 390/07, AP Nr. 11 zu § 305 c.

336 Singer/Hake, Anmerkung zu BAG v. 24.9.2008 – 6 AZR 390/07, AP Nr. 11 zu § 305 c unter Verweis auf MünchKomm/Basedow, § 305 c Rn. 28; ähnlich auchMünchKomm/Kötz, (3. Auflage), § 5 AGBG Rn. 6; MünchKomm/Kramer, § 155 Rn. 6; Roth, WM 1991, 2085, 2086.

337 MünchKomm/Basedow, § 305 c Rn. 28.

338 MünchKomm/Basedow, § 305 c Rn. 42.

ßung der Lücke nach den allgemeinen Regeln über die ergänzende Vertragsauslegung. Sei ein Vertrag hingegen deshalb lückenhaft, weil die AGB, die ihm zu Grunde gelegt werden sollten, ganz oder teilweise nicht Vertragsbestandteil geworden sein (§ 305 Abs. 2 und § 53 Abs. 1) oder als unwirksam anzusehen (§§ 307 folgende) seien, so gelte für die Schließung der dadurch entstehende Lücke die Vorschrift des § 306 Abs. 2.

hh) Stellungnahme und eigene Ansicht

Die Zulässigkeit der ergänzenden Vertragsauslegung wird mithin in zweierlei Hinsicht angezweifelt: Einerseits wird der Rechtsgedanke, der hinter der Unklarheitenregel steht, angeführt, andererseits verweist man auf die Wertungswidersprüche, die zum Verbot der geltungserhaltenden Reduktion bestehen können und damit auf eine möglicherweise entgegenstehende Gesetzessystematik.

(1) Vereinbarkeit der allgemeinen Gesetzessystematik des AGB-Rechts

Letztere Erwägungen können nicht überzeugen. Die ergänzende Vertragsauslegung ist ein anerkanntes Rechtsinstitut der allgemeinen Rechtsgeschäftslehre, das keiner ausdrücklichen Zulassung durch die §§ 305 ff. bedarf.[339] Es ist daher unschädlich, dass § 306 Abs. 2 die ergänzende Vertragsauslegung nicht ausdrücklich erwähnt. Entscheidend ist vielmehr, dass dieses Institut nicht ausdrücklich ausgeschlossen wird, obwohl der damalige Gesetzgeber sicherlich das etwaig vorhandene Konfliktpotential kannte.[340] Dies ergibt sich aus den Materialien zum AGB-Gesetz.[341] Der Zweck des AGB-Rechts steht einer richterlichen Ergänzung nicht entgegen.

Schwerer wiegt zwar der Vorwurf, dass eine ergänzende Vertragsauslegung zu Wertungswidersprüchen mit dem Verbot der geltungserhaltenden Reduktion führen kann. Denn der Sinn und Zweck des § 306 gebietet, dass nicht mittels der ergänzenden Vertragsauslegung der materielle Gehalt einer Klausel im gerade noch zulässigen Maß aufrechterhalten wird. Dem könnte man zwar entgegnen, dass nicht das gerade noch zulässige Maß, sondern eine angemessene Regelung hergestellt würde und dem Schutz des Kunden vor einer unangemessenen Benachteiligung schon Rechnung getragen sei, wenn an die Stelle der ursprünglich unangemessenen Klausel eine beiderseits interessengerechte Regelung trete.[342] Dies

---

339 Stoffels, Rn. 613.

340 Stoffels, Rn. 613; Ulmer/Brandner/Hensen-Schmidt, § 306 Rn. 34; Wolf/Lindacher/Pfeiffer-Lindacher, § 306 Rn. 15.

341 BT-Drucks. 7/5422, S. 5.

342 Ulmer/Brandner/Hensen-Schmidt, § 306 Rn. 34 a.

würde aber dem Sanktionscharakter des AGB-Rechts in diesem Punkte nicht gerecht. Da, wo freilich gar keine Regelungen vorhanden sind, steht § 306 Abs. 2 einer Lückenfüllung nicht entgegen. Die Zulässigkeit der ergänzenden Vertragsauslegung in diesem Bereich richtet sich dann danach, inwieweit man dem Verwender als Resultat des hinter der Unklarheitenregel stehenden Verantwortungsprinzips auch das Risiko der Vollständigkeit seines Vertragswerkes aufbürden will, dazu sogleich. An dieser Stelle am überzeugendsten erweist sich daher die differenzierende Sichtweise *Basedows*. Nur auf diese Weise wird dem Zweck des § 306 Abs. 2 genüge getan.

(2) Einfluss der Unklarheitenregel

Damit kommt es nun darauf an, inwieweit die Unklarheitenregel der Berücksichtigung des Ergebnisses einer ergänzenden Vertragsauslegung entgegensteht. Hier ist zunächst festzustellen, dass es genau genommen eigentlich gar nicht zu einem Konflikt beider Institute kommen kann, da es jedenfalls für die Anwendung der ergänzenden Vertragsauslegung im Anwendungsbereich der Unklarheitenregel, d.h. wenn die mit der ergänzenden Vertragsauslegung erstrebte Regelung gleichzeitig eine der denkbaren Auslegungsalternativen ist, schon an einer planwidrigen Lücke des Gesetzesrechts fehlt. Denn für diesen Fall hat der Gesetzgeber eindeutig normiert, dass die Zweifel zu Lasten des Verwenders zu gehen haben.

Flankierend kann entsprechend der Ausführungen zum Rangverhältnis der einzelnen Auslegungsmethoden zudem auch hier nur die Prämisse gelten, dass sowohl die Unklarheitenregel als auch das Transparenzgebot einer einschränkungslosen Zulässigkeit der ergänzenden Vertragsauslegung entgegenstehen, da in erster Linie der Wortlaut für die Auslegung maßgeblich ist und Versäumnisse bei der Formulierung entsprechend dem Schutzgedanken des Transparenzgebots nicht folgenlos bleiben dürfen, geschweige denn ohne weiteres durch die ergänzende Vertragsauslegung behoben werden dürfen. Da wo sich der Verwender hätte klarer ausdrücken können, darf nicht mittels einer ergänzenden Vertragsauslegung dasjenige Ergebnis erzielt werden, welches sich bei Anwendung der Unklarheitenregel gerade nicht durchgesetzt hätte. Auch dies ist aber nur insoweit der Fall, als auch die Zielrichtungen beider Prinzipien dies erfordern. Wo sie dies nicht tun, bleibt grundsätzlich Raum für eine ergänzende Vertragsauslegung (auch zu Lasten des Kunden), es sei denn, man geht davon aus, dass der Verwender nach dem Verantwortungsgedanken auch das Risiko der „Vollständigkeit" zu tragen hat.

Zumindest grundsätzlich rechtfertigen ließe sich auch dies wohl mit dem hinter der Unklarheitenregel stehenden Verantwortungsprinzip. Man könnte sich hier in der Tat auf folgenden Standpunkt stellen: Wenn der Verwender für sich einseitig die Vertragsgestaltung in Anspruch nimmt, muss er auch das Risiko tragen, wenn er bestimmte Dinge nicht bedacht hat.[343] Bezieht sich die Lücke aber auf einen Fall, in dem eindeutig feststeht, dass keine vertragliche Regelung getroffen wurde, so sprechen die besseren Gründe dafür, dass die Unklarheitenregel nicht anwendbar ist und damit der Weg für eine ergänzende Vertragsauslegung frei ist. Die Gegenansicht würde insbesondere zu weit führen, wenn man dem Verwender hinsichtlich seiner Vertragsgestaltung unter Transparenzgesichtspunkten keinen Vorwurf machen kann. Dies dürfte beispielsweise der Fall sein, wenn die ursprüngliche Formulierung hinreichend eindeutig war, durch eine Änderung der tatsächlichen Verhältnisse aber eine nachträgliche Lücke entstanden ist. Zur Behebung solcher „Probleme" sind andere Vorschriften, wie eben die ergänzende Vertragsauslegung und die Grundsätze zur Störung der Geschäftsgrundlage berufen, nicht aber die Unklarheitenregel. Ein derart weitreichender Zweck lässt sich weder der Entstehungsgeschichte, noch dem Wortlaut oder der systematischen Stellung der Norm entnehmen. Insbesondere gilt in einem solchen Fall nämlich nicht mehr der Satz: „Der Verwender konnte sich klarer ausdrücken, also trägt er auch die Nachteile, wenn er dies versäumt hat."

Im Gegenteil soll die Unklarheitenregel den Kunden nicht vor sämtlichen Lücken im Vertrag schützen, sondern nur vor solchen, die auf unklaren Formulierungen beruhen. Auch die von *Singer/Hake* angeführte Argumentation *Basedows*[344] rechtfertigt keine andere Sichtweise. Dies zeigt sich schon daran, dass *Basedow* selbst an anderer Stelle ausdrücklich erwähnt, dass die Unklarheitenregel einer ergänzenden Vertragsauslegung nicht grundsätzlich im Wege steht, nämlich dann nicht, wenn keine Reglung zu einer bestimmten Frage getroffen wurde.[345] Entgegen *Singer/Hake* decken auch die Gedanken zum generellen Rangverhältnis und der Berücksichtigungsfähigkeit einzelner Auslegungsmittel ein solches Verständnis zudem nicht. Denn dort wurde ausdrücklich festgestellt, dass die Unklarheitenregel in Verbindung mit dem Transparenzgebot vor allem auf eine *sprachliche* Eindeutigkeit hinwirken will. Dann ist es aber widersprüchlich, wenn man auch Lücken, die nicht auf einem sprachlichen Versäumnis beruhen, sondern darauf, dass man bestimmte Regelungen schlichtweg vergessen hat, mit der Unklarheitenregel beheben will. Die hier vertretene Ansicht würde im Übrigen auch dem Wortlaut der Unklarheitenregel am ehesten entsprechen. Steht nämlich fest, dass eine bestimmte Regelung gar nicht getroffen wurde, bzw. ge-

---

343 So dementsprechend: Singer/Hake, Anmerkung zu BAG v. 24.9.2008 – 6 AZR 390/07, AP Nr. 11 zu § 305 c unter Verweis auf MünchKomm/Basedow, § 305 c Rn. 28; ähnlich auch-MünchKomm/Kötz, (3. Auflage), § 5 AGBG Rn. 6; MunchKomm/Kramer, § 155 Rn. 6; Roth, WM 1991, 2085, 2086.

344 MünchKomm/Basedow, § 305 c Rn. 28.

345 MünchKomm/Basedow, § 305 c Rn. 28.

troffen worden sein kannund steht damit auch fest, dass eine Lücke vorliegt, so bestehen keine Zweifel bei der Auslegung.

Insgesamt sprechen die besseren Gründe also dagegen, dem Verwender auch das Risiko der Vollständigkeit aufzubürden.

(3) Eigene Auffassung

Um diesen Anforderungen gerecht zu werden ist folgendermaßen zu differenzieren:

Hinsichtlich der Zulässigkeit der ergänzenden Vertragsauslegung ist nach dem Schutzzweck der Unklarheitenregel danach zu unterscheiden, ob es sich um sprachliche Unklarheiten handelt oder nicht. Vor allem sollte vermieden werden, eine Lücke mit einer Unklarheit zu verwechseln. Nur da, wo die Unklarheit sich darauf bezieht, ob eine Lücke besteht oder nicht, hat die Unklarheitenregel Vorrang. D.h., wenn bei einer Lesart die Lücke geschlossen ist und bei einer anderen nicht, gilt die für den Kunden günstigere Lesart unabhängig von der ergänzenden Vertragsauslegung. Anders formuliert: Ist zweifelhaft, ob eine Situation bedacht wurde oder nicht, bleibt es bei der Anwendung der Unklarheitenregel. Nur wenn sicher feststeht, dass nicht an eine bestimmte Situation gedacht werden konnte und auch der Wortlaut nicht den Anschein erwecken kann, dass doch eine Regelung getroffen wurde, ist Raum für eine ergänzende Vertragsauslegung. Dies gilt auch, wenn es unter Wertungsgesichtspunkten nicht gerechtfertigt ist, die Unklarheitenregel anzuwenden, weil dem Verwender kein Transparenzverstoß vorzuwerfen ist.

In der Praxis ist demnach wie folgt vorzugehen: Zunächst ist zu fragen, ob überhaupt eine Regelung zu einer bestimmten Problematik getroffen werden sollte. Wenn dies bejaht wird, ist danach zu fragen, welchen möglichen Sinngehalt die Regel bei entsprechender Auslegung haben könnte. Sind mehrere alternative Bedeutungen möglich, so kommt die Unklarheitenregel zur Anwendung. Hinsichtlich *aller anderen* alternativen Auslegungsmöglichkeiten ist eine ergänzende Vertragsauslegung versperrt, d.h. für sämtliche Fragen, die sich auf die Auslegung der Klausel beziehen, ist eine ergänzende Vertragsauslegung ausgeschlossen. Nur wenn keine Regelung getroffen wurde, ist Raum für eine ergänzende Vertragsauslegung.

e) Anwendbarkeit der Unklarheitenregel bei der ergänzenden Vertragsauslegung selbst

Nicht beantwortet ist damit allerdings die Frage, was gelten soll, wenn die ergänzende Vertragsauslegung auf Schwierigkeiten stößt, etwa weil sich ein hypothetischer Parteiwille nicht feststellen lässt. *Däubler* spricht sich auch hier für die Anwendung der Unklarheitenregel aus.[346] Dem kann nicht zugestimmt werden. Denn nach dem eben Gesagten soll den Verwender gerade nicht das Risiko der Vollständigkeit treffen. Würde man die Unklarheitenregel zur Feststellung des hypothetischen Parteiwillens heranziehen, würde diese Wertung unterlaufen. Zumindest in der arbeitsgerichlichten Rechtsprechung wird dies verbreitet ebenso gesehen.[347]

3. Auslegungsdogmatik von AGB im Verkehr zwischen Unternehmern i.S.v. § 14

Auch im Rechtsverkehr zwischen Unternehmern gelten in diesem Zusammenhang keine Besonderheiten.[348] Daher sind die soeben skizzierten Auslegungsgrundsätze uneingeschränkt auch hier anzuwenden. Nach § 14 Abs. 1 ist Voraussetzung für den unternehmerischen Verkehr, dass der Unternehmer bei Abschluss des Rechtsgeschäfts in Ausübung seiner gewerblichen oder selbstständigen beruflichen Tätigkeit handelt. Daher sollte in der Regel davon auszugehen sein, dass der einzelne Unternehmer hinsichtlich dieser Geschäfte eine besondere Sachkenntnis aufweist.[349] Dies muss sich entsprechend bei der Bestimmung des Auslegungshorizonts widerspiegeln.

4. Auslegungsdogmatik in Verbraucherverträgen

a) Grundsatz

Entsprechend der oben erörterten Dogmatik richtet sich auch die Auslegung von vorformulierten Klauseln in Verbraucherverträgen nach den allgemeinen Vorschriften der §§ 133, 157. Trotz des im Einzelnen umfassend geregelten Verbraucherschutzrechts sind keinerlei Sonderregelungen zur Auslegung Allgemeiner Geschäftsbedingungen in Verbraucherverträgen ersichtlich.

---

346 Däubler/Dorndorf/Bonin/Deinert-Däubler, § 305 c Rn. 32.

347 Hessisches LAG v. 22.5.2009 – 3 Sa 812/08, (juris), Rz. 39; LAG Düsseldorf v. 13.8.2009 – 13 Sa 1673/08, (juris); Hessisches LAG v. 15.8.2008 – 3 Sa 1798/07, ZTR 2009, 29, 31.

348 BGH v. 7.2.1979 – VIII ZR 305/77, NJW 1979, 2148, 2149; Staudinger/Schlosser, § 305 c Rn. 129; Ulmer/Brandner/Hensen-Ulmer, § 305 c Rn. 104; Wolf/Lindacher/Pfeiffer-Lindacher, § 305 c Rn. 143.

349 BGH v. 7.2.1979 – VIII ZR 305/77, NJW 1979, 2148, 2149; Staudinger/Schlosser, § 305 c Rn. 129; Ulmer/Brandner/Hensen-Ulmer, § 305 c Rn. 104; Wolf/Lindacher/Pfeiffer-Lindacher, § 305 c Rn. 143.

b) Einmalbedingungen

Was bisher im rechtswissenschaftlichen Schrifttum auch von den Vertretern der traditionellen Ansicht bisweilen vernachlässigt wurde, ist die Frage, ob für die rein objektive Auslegung im Sinne dieser Ansicht in Fällen des § 310 Abs. 3 Nr. 2, also bei Bedingungen, die nur zur einmaligen Verwendung bestimmt sind, überhaupt Raum ist. Dies ist zu verneinen.[350] Denn die tragenden Gründe für die rein objektive Auslegung können jedenfalls hier in keinem Fall greifen, da es sich um Vertragsbedingungen handelt, die nur zur einmaligen Verwendung erstellt wurden. Es fehlt sowohl am Massencharakter als auch an dem damit verbundenen Rationalisierungsbedürfnis des Verwenders. Daher sind auch derartige Vertragsbedingungen nach den allgemeinen Regeln der §§ 133 157 auszulegen.

5. Auslegungsdogmatik von AGB im Verbandsprozess

Die allgemeinen Auslegungsgrundsätze gelten auch im Verbandsprozess.[351] Dort kommt es allerdings der Natur der Sache nach schon zur objektiven Auslegung im Sinne der traditionellen Ansicht. Mangels eines konkreten Vertragsschlusses können individuelle Umstände des Einzelfalles nicht vorliegen. Oben wurde herausgearbeitet, dass ausgehend vom Wortlaut – unter den beschriebenen Einschränkungen – grundsätzlich auch systematische und teleologische Erwägungen bei der Bestimmung des Klauselinhalts zu berücksichtigen sind, sofern sie für den Kunden unschwer erkennbar sind.[352] Dies gilt auch für den Verbandsprozess. Da es im Verbandsprozess an einem konkreten Kunden fehlt, *kann* hier aber nur auf die Verständnismöglichkeit eines typischen Kunden des Aufstellers Allgemeiner Geschäftsbedingungen abgestellt werden.[353] Andere Auslegungsregeln sind auch hier neben der Unklarheitenregel nicht heranzuziehen.[354]

6. Ergebnis

Hinsichtlich der Auslegungsdogmatik kann man damit festhalten:

- Grundsätzlich richtet sich die Auslegung Allgemeiner Geschäftsbedingungen nach den allgemeinen Vorschriften der §§ 133, 157. Der Grundsatz der zwingend einheitlich objektiven Auslegung lässt sich nicht rechtfertigen.

---

350 Ebenso Michalski, DB 1999, 677, 679; Ulmer/Brandner/Hensen-Ulmer, § 305 c Rn. 108.

351 Wolf/Lindacher/Pfeiffer-Lindacher, § 305 c Rn. 141.

352 Siehe oben: Teil 1.D.II.2.b.cc.

353 Wolf/Lindacher/Pfeiffer-Lindacher, § 305 c Rn. 141.

354 Siehe oben: Teil 1.D.II.2.c.

- Bei der Frage danach, wann Zweifel vorliegen, ist dem Grunde nach von der allgemein akzeptierten Formel auszugehen. Zweifel sind demnach zu bejahen, wenn nach der Ausschöpfung aller in Betracht kommenden Auslegungsmethoden ein nicht behebbarer Zweifel bleibt und keine der vorrangigen Auslegungsmethoden bzw. der Auslegungsergebnisse einen „klaren Vorzug" verdient.[355] Diese Formel bedarf allerdings der Ausfüllung hinsichtlich der Fragen, welche Auslegungsmethoden in Betracht kommen und wie sich gegebenenfalls ein Rangverhältnis gestaltet.
- Diesbezüglich verlangt die Unklarheitenregel, vor allem aber auch das Transparenzgebot, dass nur solche Auslegungsmethoden und Ergebnisse herangezogen werden können, die ohne weiteres für den Kunden erkennbar sind. Dies ist bei der Entstehungsgeschichte eines AGB-Klauselwerks in der Regel zu verneinen. Dennoch kommt es für die Anerkennung sämtlicher Auslegungsmethoden stets auf die Umstände des Einzelfalles an.
- Aus dem Zusammenspiel der allgemeinen Auslegungsmethoden, dem Sinn und Zweck der Unklarheitenregel sowie dem Transparenzgebot folgt auch, dass der Wortlaut bei der Frage danach, ob Auslegungszweifel vorliegen, vorrangig zu beachten ist. In der Regel entscheidet daher der Wortlaut über die Anwendbarkeit der Unklarheitenregel. Ist er klar, so kommt es für gewöhnlich nicht zur Anwendung der Unklarheitenregel, ist er unklar, so greift § 305 c Abs. 2 in den meisten Fällen ein. Nach der oben erörterten Systematik kann sich aus den anderen Auslegungsmethoden aber anderes ergeben, wenn sie hinreichend offensichtlich sind und wenn dem Verwender gleichzeitig unter Transparenzgesichtspunkten kein Vorwurf gemacht werden kann.
- Sonstige ungeschriebene Auslegungsregeln sind nur zulässig, soweit sie sich zu Gunsten des Verwendungsgegners auswirken. Ein Bedarf zur Etablierung derartiger Auslegungsregeln ist neben der Unklarheitenregel allerdings kaum auszumachen. Dies gilt insbesondere für die bisher in diesem Zusammenhang diskutierten Regeln der individualvertragskonformen Auslegung, des Restriktionsprinzips und der geltungserhaltenden Reduktion bei zu vermutender Redlichkeit des Verwenders.
- Eine ergänzende Vertragsauslegung ist hingegen grundsätzlich zulässig bei Allgemeinen Geschäftsbedingungen. Insbesondere folgt aus der Unklarheitenregel nicht, dass der Verwender auch das Risiko etwaiger Vertragslücken trägt. Allerdings ist nach dem Schutzzweck der Unklarheitenregel danach zu differenzieren, ob es sich um sprachliche Unklarheiten handelt oder nicht. Nur da wo die Unklarheit sich darauf bezieht, ob eine Lücke besteht oder nicht, hat

355 So etwa BGH v. 3.7.2002 – XII ZR 327/00, NJW 2002, 3232, 3233; ebenso v.Westphalen, NJW 2003, 1635, 1637; Wolf/Lindacher/Pfeiffer-Lindacher, § 305 c Rn. 129.

die Unklarheitenregel Vorrang. d.h. wenn bei einer Lesart die Lücke geschlossen ist und bei einer anderen nicht, gilt die für den Kunden günstigere Lesart unabhängig von der ergänzenden Vertragsauslegung.
- Besteht eine vertragliche Lücke, ist aber zweifelhaft, welche Regelung die Parteien getroffen hätten, kann nicht auf die Unklarheitenregel zurückgegriffen werden.
- Diese Auslegungsdogmatik gilt sowohl für den Geschäftsverkehr zwischen Unternehmern, als auch im Verbraucherprozess, auch wenn es sich um sog. Einmalbedingungen handelt. Nichts anderes gilt auch im Verbandsprozess.

III. Rechtsfolgen

Bleiben auch nach Ausschöpfung der soeben erörterten Auslegungsmethodik Zweifel hinsichtlich des Auslegungsergebnisses zurück, gehen diese ausweislich der Anordnung des § 305 c Abs. 2 zu Lasten des Verwenders. Bei der Bestimmung der kundengünstigeren bzw. der kundengünstigsten Deutungsalternative sind vor allen Dingen zwei Aspekte klärungsbedürftig:

- Einerseits geht es um den Wertungsmaßstab, nach dem sich die kundengünstigste Deutungsalternative bestimmt. Hier ist fraglich, ob es auf die konkrete oder auf die abstrakte (typische) Situation ankommt und ob die Günstigkeit sich nach objektiven Kriterien oder nach der subjektiven Sicht des Bertoffenen richtet.
- Andererseits ist die Vorgehensweise der Ermittlung der kundengünstigeren Auslegungsalternative erörterungsbedürftig und hier insbesondere, ob das Ergebnis einer hypothetischen Inhaltskontrolle zu berücksichtigen ist.

1. Rechtsfolgen im Individualprozess

Im Gegensatz zum Verbandsprozess ist im Individualprozess eine Auslegungsstreitigkeit in einem konkreten Verfahren Grundlage des Prozesses. Damit können im Individualprozess konkrete Umstände des Einzelfalles vorliegen, die man bei der Bestimmung der Rechtsfolge berücksichtigen könnte. So ist es etwa denkbar, dass eine Klausel sich in der Regel für die Kunden des Verwenders bei einer bestimmten Auslegung günstig auswirkt, in der konkreten Situation für den betroffenen Kunden aber – aus welchen Gründen auch immer – negativ auswirkt.

Fraglich ist daher, inwieweit dem individuellen Schutzbedürfnis des konkreten Vertragspartners mittels einer Anwendung der Unklarheitenregel Rechnung zu tragen ist.

a) Wertungsmaßstab

aa) Abstrakt oder konkret ?

Unter Berufung auf das Gebot einheitlicher Auslegung nach generalisierenden Maßstäben, teils aber auch ohne nähere Begründung, plädieren Teile der Literatur für die Maßgeblichkeit desjenigen Bedeutungsgehalts, der sich typischerweise am stärksten zu Gunsten des Verwendungsgegners auswirkt.[356] Auf die konkrete Situation könnte folglich keine Rücksicht genommen werden. Auch die Rechtsprechung geht wohl stillschweigend davon aus, wenn sie erwähnt, dass Allgemeine Geschäftsbedingungen objektiv und vor allem einheitlich auszulegen sind.[357] Es gibt allerdings kaum eine Entscheidung, die sich explizit damit befasst, ob auch im Rahmen der Anwendung der Unklarheitenregel individuelle Aspekte Bedeutung erlangen können. Eine der wenigen Entscheidungen in diesem Zusammenhang stammt vom OLG Hamm.[358] Dort waren die Richter der Ansicht, dass auf den Einzelfall abstellende Erwägungen im Rahmen des § 5 AGBG nicht statthaft seien.[359]

---

356 Ulmer/Brandner/Hensen-Ulmer, § 305 c Rn. 92 a, Rn. 64; undeutlich aber beim Verbrauchervertrag; wohl auch Giesen, NZA 2006, 625, 627; vgl. auch Lange, ZGS 2004, 208, 211 Fn. 37; Präve, Versicherungsbedingungen und AGB-Gesetz, Rn. 302; im Ansatz ferner Roth, WM, 1991, 2125, 2130;

357 BGH v. 14.6.2006 – IV ZR 54/05, VersR 2006, 1246, 1248; BGH v. 19.01.2005 – XII ZR 107/01, NJW 2005, 1183, 1184;BGH v. 23.6.2004 – IV ZR 130/03, NJW 2004, 2589, 2590; BGH v. 14.1.1999 – IX ZR 140/98, NJW 1999, 1105, 1106; BGH v. 17.2.1993 – VIII ZR 37/92, NJW 1993, 1381, 1382; BGH v. 13.6.1990 – VIII ZR 130/89, NJW-RR 1990, 1525, 1526; BGH v. 17.12.1987 – VII ZR 307/86, BGHZ 102, 384, 389f.; BGH v. 16.6.1982 – IVa ZR 270/80, BGHZ 84, 268, 272; BGH v. 10.12.1980 – VIII ZR 295/79, BGHZ 79, 117, 118 f.; BGH v. 12.5.1980 – VII ZR 158/79, BGHZ 77, 116, 118 f.; BGH v. 26.1.1973 – V ZR 47/71, BGHZ 60, 174, 177; BGH v. 29.9.1960 – II ZR 25/59, BGHZ 33, 216, 218; BGH v. 29.10.1956 – II ZR 79/55, BGHZ 22, 90, 98.

358 Ein Beispiel bietet hier die Entscheidung des OLG Hamm v. 23.5.1986 – 20 U 327/85, NJW 1986, 2888, 2890.

359 OLG Hamm v. 23.5.1986 – 20 U 327/85, NJW 1986, 2888, 2890: „Dem Grundsatz der für den Versicherungsnehmer günstigsten Auslegungsmöglichkeit steht nicht entgegen, dass nach der Darstellung der Bekl. im Einzelfall bei Gleichstellung der halbstationären mit der stationären Behandlung der Versicherungsnehmer ungünstiger stehe, nämlich dann, wenn die Krankheitskostenversicherung nicht die vollen Kosten des Krankenhausaufenthalts deckt, während sie alle Kosten einer ambulanten Behandlung decken würde. Solche auf den Einzelfall abgestellten Erwägungen sind im Rahmen von § 5 AGB-Gesetz nicht statthaft. Sie treffen beispielsweise in all den Fällen nicht zu, in denen der Versicherungsnehmer gesetzlich krankenversichert ist und die Krankenhaustagegeldversicherung nur als private Zusatzversicherung abschließt."

Diejenigen Gründe, die eine objektiv einheitliche Auslegung rechtfertigen, lassen sich auch an dieser Stelle ins Feld führen. In erster Linie ist hier das Rationalisierungsbedürfnis zu nennen. Gleichzeitig streiten aber auch diejenigen Argumente, die gegen die traditionelle Ansicht sprechen, gegen die Nichtbeachtung individueller Umstände bei der Rechtsfolge. Selbst auf Basis der rein objektiven Auslegungsdogmatik, kann man jedenfalls an der Schlussfolgerung hinsichtlich des Wertungsmaßstabs bei der Bestimmung der kundengünstigsten Deutungsalternative zweifeln.

Eine typologische Betrachtung wäre nämlich nur dann erforderlich, wenn eine einzelne Klausel in Allgemeine Geschäftsbedingungen in allen Fällen das gleiche Schicksal teilen müssten, in dem Sinne, dass sie identisch ausgelegt werden müsste, dass Zweifel nur einheitlich behoben werden könnten und schließlich, dass die Inhaltskontrolle in allen Fällen gleich auszufallen hat. Dem ist mitnichten so. Denn auch nach der traditionellen Auffassung sollen ja die verschiedenen Verständnismöglichkeiten unterschiedlicher Verkehrskreise bei der Auslegung Berücksichtigung finden. Auch nach dieser Ansicht können ein und dieselben AGB je nach Verständnishorizont folglich unterschiedlich ausgelegt werden. Zumindest im Verbraucherprozess kann ein und dieselbe Klausel wegen § 310 Abs. 3 Nr. 3 zudem durchaus ein anderes Schicksal erleiden. Dann erscheint es aber im Rahmen der Rechtsfolge der Unklarheitenregel inkonsequent, wenn man verlangt, dass ein typologischer Maßstab zu wählen ist, mit der Folge, dass für eine Klausel auch nur ein typisches Auslegungsergebnis bestand haben kann. Zudem waren unterschiedliche Ergebnisse im Individualprozess und im Verbandsprozess hinsichtlich ein und derselben Klausel lange Zeit an der Tagesordnung.[360] Ein derartiges Gebot lässt sich folglich nicht begründen.[361] Auch ein Verweis auf das Rationalisierungsbedürfnis könnte nicht überzeugen. Denn zum einen dürften die Interessenlagen der Kunden ohnehin in der Regel vergleichbar sein sodass Situationen, in denen eine andere Rechtsfolge aufgrund einer anderen Interessenlage selten und damit zumutbar wäre.

Nach dem Wortlaut der Unklarheitenregel haben sich zwar Zweifel bei der Auslegung zu Lasten des Verwenders auszuwirken. Stellt man aber auf eine typologische Betrachtung hinsichtlich des Wertungsmaßstabs ab, so kann es dazu kommen, dass eine bestimmte Auslegung einer Klausel in der konkreten Einzelsituation für den Kunden nachteilig ist.[362] Die Auslegung würde sich damit entgegen dem Wortlaut zu Lasten des Kunden, und zu Gunsten des Verwenders

360 Siehe im Einzelnen dazu unten: Teil 1.D.III.1 und 2.

361 Im Ergebnis so auch: Wolf/Lindacher/Pfeiffer-Lindacher, § 305 c Rn. 134 Fn. 3.

362 Siehe etwa die Fallgestaltung zum Urteil: OLG Hamm v. 23.5.1986 – 20 U 327/85, NJW 1986, 2888, 2890.

auswirken. Im Gesetz steht aber nicht, dass Unklarheiten nur in der Regel oder typischerweise zu Lasten des Verwenders gehen sollen.

Man könnte zwar argumentieren, dass in § 305 c Abs. 2 nicht danach gefragt ist, was günstiger für den Kunden ist, sondern welche Auslegungsvariante sich zu Lasten des Verwenders auswirkt. Zu Lasten des Verwenders kann sich eine Auslegung auch dann auswirken, wenn sie typischerweise, also etwa in 95 von 100 Fällen für den Verwender nachteilig, in nur 5 von 100 Fällen aber zu dessen Vorteil ist. Ob eine derart weitreichende Folge mit dieser Wendung beabsichtigt war, ist aber sehr fraglich. In den Materialien lassen sich hierfür keine Anhaltspunkte finden.[363]

Die typisierende Betrachtung würde die Unklarheitenregel zu einer reinen „Strafvorschrift" degradieren. Dies ist aber nicht der wesentliche Zweck der Unklarheitenregel. Im Zentrum steht im Gegenteil der Schutz desjenigen, der keinen Einfluss auf die Vertragsgestaltung nehmen konnte, nicht aber die Bestrafung desjenigen, der missverständlich formuliert hat. Dieser Schutz des Vertragspartners lässt sich aber nur umfassend erreichen, wenn man auf die konkrete Einzelsituation abstellt. Zumindest im Verbrauchervertrag hat der Gesetzgeber durch die Schaffung des § 310 Abs. 3 Nr. 3 ausdrücklich dokumentiert, dass es ihm gerade auf eine Einzelfallgerechtigkeit ankommt. Selbst bei Einmalbedingungen hat er die Unklarheitenregel für anwendbar erklärt.

Eine andere Sichtweise wäre zumindest beim Verbrauchervertrag auch nicht richtlinienkonform. Denn in Art. 5 S. 2 der Richtlinie 93/13/EWG ist ausdrücklich auf eine Auslegung zu Gunsten des Verbrauchers abgestellt. Wörtlich heißt es dort: „Bei Zweifeln über die Bedeutung einer Klausel gilt die für den Verbraucher günstigste Auslegung." Es sind aber keine Gründe ersichtlich, warum außerhalb des Verbraucherprozesses etwas anderes gelten soll.

Auch unter Wertungsgesichtspunkten überzeugt diese Ansicht: Aufgrund der Tatsache, dass der Verwender eine intransparente Regelung in seinen Vertragsbedingungen verwendet, auf die der Vertragspartner keinen Einfluss nehmen konnte, fehlt es nach dem Sinn und Zweck der Unklarheitenregel schlichtweg an einer Schutzbedürftigkeit des Verwenders.

Letztlich wird also eine konkret-individuelle Betrachtungsweise dem Schutzzweck des § 305 c Abs. 2 am ehesten gerecht. Die generalisierende Betrachtung führte im Einzelfall zu einem nicht begründbaren Schutz des Verwenders vor den Konsequenzen seines missverständlichen Formulierens. Selbst wenn aus Rationalisierungsgründen eine abstrakt-generellen Betrachtung wünschenswert wäre – nicht alles, was rechtspolitisch erwünscht ist, rechtfertigt ein Abweichen vom Ge-

363 Weder in den Entwürfen zum AGBG, BT-Drucks. 7/3919, noch in den Materialien zum Schuldrechtsmodernisierungsgesetz, BT-Drucks. 14/7052, BT-Drucks. 14/6040.

setzesrecht. Und dort hat im Gegensatz zur Unklarheitenregel das Rationalisierungsbedürfnis keinen Niederschlag gefunden.

Auch wenn sich – wie gesagt – explizit zu dieser Problematik kaum Rechtsprechung findet,[364] lässt sich die hier bevorzugte Sichtweise durch die Tendenz in der neueren Rechtsprechung des BGH, welche den Schutz des Verwendungsgegners noch stärker betont, stützen.[365] Im Einklang mit dem verbreitetem Schrifttum ist im Individualprozess von mehreren möglichen Deutungen daher derjenigen Geltung zu verschaffen, die sich in der konkreten Regelungssituation für den Kunden als günstigste erweist.[366]

bb) Objektiv oder subjektiv? – Möglichkeit eines Wahlrechts?

Noch nicht beantwortet ist damit aber die Frage, ob es auf die subjektive Einschätzung des konkreten Kunden (was materiell auf ein Wahlrecht des Kunden hinausliefe) oder um ein an objektiven Kriterien orientiertes Günstigkeitsurteil ankommt. Wenn man von dem Dogma abweicht, dass Klauseln in Allgemeinen Geschäftsbedingungen denknotwendig identisch auszulegen sind und man den Schutz des Kunden in den Vordergrund stellt, dann ist allerdings der Weg frei für eine subjektive Interpretation dessen, was zu Gunsten des Kunden gehen soll. In Rechtsprechung und Literatur wird diese Frage allerdings kaum beachtet, wobei sie sich bei denjenigen Vertretern, die ohnehin lediglich einen abstrakt-generellen Maßstab postulieren, aus deren Sicht logischerweise erübrigt.

Insbesondere bei der Bestimmung der Günstigkeit von Bezugnahmeklauseln im Arbeitsrecht kann dies aber Bedeutung erlangen. Dementsprechend finden sich vor allem im arbeitsrechtlichen Schrifttum Aussagen zu dieser Problema-

---

364 Explizit in dem hier vertretenen Sinne hat sich bislang nur das LG Berlin geäußert, LG Berlin, NJW-RR 2000, 1177: „Diese teilweise unklare bzw. widersprüchliche Gestaltung des Vertragsformulars geht nach § 5 AGBG zu Lasten der Kl., denn nach der Unklarheitenregelung ist je nach konkreter Vertragslage in der konkreten Regelungssituation die für den Kunden günstigste Alternative als gültig zu Grunde zu legen.". nicht explizit, aber der Sache nach wohl auch: BGH v. 30.1.1979 – VI ZR 216/77, NJW 1979, 2353, 2354.

365 BGH v. 23.09.2009 – VIII ZR 344/08, WuM 2009, 655, 656; BGH v. 12.3.2008 – XII ZR 147/05, NJW 2008, 2254, 2255; BGH v. 29.4.2008 – KZR 2/07, BGHZ 176, 244 ff.; BGH v. 20.12.2007 – III ZR 144/07, NJW 2008, 987; implizit wohl auch schon: BGH v. 20.10.2004 – VIII ZR 378/03, NJW 2005, 425, 426.

366 Erman/Roloff, §305 c Rn. 28; Kapnopoulou, S. 148; Koch/Stübing, § 5 AGBG, Rn. 11; Staudinger/Schlosser, § 305 c Rn. 124; Soergel/Stein, § 5 AGBG, Rn. 15; Wolf/Lindacher/Pfeiffer-Lindacher, § 305 c Rn. 134; im Arbeitsrecht unter Umständen eine konkrete Betrachtung zulassend auch: ErfK/Franzen, § 4 TVG Rn. 73.

tik.[367] Nach verbreiteter Ansicht seien Günstigkeitserwägungen wie bei § 4 Abs. 3 TVG allein nach objektiven Maßstäben zu bestimmen.[368] Der Verwendungsgegner dürfe sich folglich die Rechtsfolge nicht aussuchen. Auch *Thüsing* äußert sich kritisch, stützt seine Bedenken aber im Wesentlichen auf rein arbeitsrechtliche Erwägungen, die hier nicht einschlägig sind.[369]

Wenn auch nicht gänzlich unwidersprochen, sind wesentliche Gründe für die Orientierung an objektiven Maßstäben im Rahmen von § 4 Abs. 3 TVG zum einen der Arbeitnehmerschutz und zum anderen das Interesse an der Voraussehbarkeit der Entscheidung.[370] Das Interesse an der Voraussehbarkeit der Entscheidung besteht auch im Rahmen der Rechtsfolge des § 305 c Abs. 2. An dieser Stelle sei dahingestellt, ob der Verweis auf das Günstigkeitsprinzip überhaupt sachgerecht ist. Jedenfalls der Schutzgedanke, der den objektiven Maßstab beim Günstigkeitsvergleich rechtfertigt, kann im allgemeinen Zivilrecht in der Regel allerdings nicht zur Geltung kommen. Im Rahmen des Günstigkeitsvergleichs nach § 4 Abs. 3 TVG soll der Arbeitnehmer davor geschützt werden, dass der Arbeitgeber unzulässigen Druck auf den Arbeitnehmer ausübt und dieser sich infolge dieses Drucks zu einer für ihn objektiv ungünstigeren Deutung drängen lässt, bzw. jedenfalls von einer tarifvertraglichen Regelung abweicht. Mangels des sozialen Abhängigkeitsverhältnisses besteht diese Gefahr in der Regel im allgemeinen Zivilrecht nicht. Der Kunde ist in den meisten Fällen nicht darauf angewiesen, nochmals Geschäfte mit dem Verwender zu tätigen. Insofern ist das Druckpotential sehr begrenzt. Vor dem Hintergrund des Schutzgedankens des § 305 c Abs. 2 würde demnach eine Orientierung an der subjektiven Einschätzung des konkreten Vertragspartners mit der Folge eines Wahlrechts am umfassendsten Rechnung tragen, soweit ausgeschlossen werden kann, dass der Einzelne in seiner subjektiven Entscheidung vom Verwender beeinflusst werden kann.

Damit bleibt allein das Bedürfnis nach einer Voraussehbarkeit und Vereinheitlichung der Entscheidung. Ob dies allein sich gegen die Wertung des § 305 c Abs. 2 durchsetzen können soll, erscheint doch eher zweifelhaft. Das Bedürfnis

---

367 BeckOK/Jacobs, § 305 c Rn. 28; Giesen, NZA 2006, 625, 627; HWK/Gotthard, § 305 c BGB Rn. 9; Jacobs/Krause/Oetker, § 6 Rn. 165; Thüsing, AGB-Kontrolle, Rn. 214; Willemsen S.120.

368 BeckOK/Jacobs, § 305 c Rn. 28; HWK/Gotthard, § 305 c BGB Rn. 9; Jacobs/Krause/Oetker, § 6 Rn. 165; Willemsen, S. 120.

369 Thüsing, AGB-Kontrolle, Rn. 214.

370 Exemplarisch: BAG v. 20.4.1999 – 1 ABR 72/98, AP Nr. 89 zu Art. 9 GG = BAGE 91, 210, 231; Däubler/Deinert, TVG, § 4 Rn. 678 ff.; Junker, Rn. 528; Löwisch/Rieble, § 4 Rn. 310, Söllner/Waltermann, Rn. 609; Thüsing, GS-Heinze, S. 901, 902 f.; Wiedemann/Wank, § 446, 451; für eine Orientierung an der subjektiven Sicht des betroffenen Arbeitnehmers allerdings: Adomeit, NJW 1984, 26, 27; Buchner, NZA 1999, 897, 901; Heinze, NZA 1991, 329, 333; Krauss, NZA 1996, 294, 296; Picker, NZA 2002, 761, 767.

zur Orientierung einer Auslegung und damit auch der Anwendung der Unklarheitenregel an objektiven Kriterien findet seine Berechtigung im Verkehrsschutz.[371] Die Unklarheitenregel ordnet nun aber an, dass derjenige, der ein vorformuliertes Vertragswerk benutzt, schlichtweg nach Verkehrsschutzgesichtspunkten nur eingeschränkt schützenswert ist. Auch die Folgen dieser Sichtweise dürften für den Verwender hinnehmbar sein. Gerade wenn der Kunde nicht die objektiv günstigste Interpretation der Klausel wählt, wäre dies für den Verwender nämlich zumindest nach objektiven Kriterien von Vorteil. Die besseren Argumente sprechen hier also für ein Abstellen auf die individuelle, d.h. subjektive Sicht des Einzelnen.

cc) Bindung an eine einmal getroffene Wahl

Bejaht man die Möglichkeit der subjektiven Bestimmung des Günstigkeitsvergleichs, so muss freilich sichergestellt sein, dass der Kunde sich nicht je nach Interessenlage einmal auf die eine Sichtweise und einmal auf die andere Sichtweise berufen kann. Angesichts der Systematik des § 305 c Abs. 2 ist dies an sich eine Selbstverständlichkeit. Denn § 305 c Abs. 2 soll lediglich Unklarheiten bei der Auslegung beseitigen. Wurde durch die einmalige Anwendung des § 305 c Abs. 2 eine Unklarheit nun einmal beseitigt, dann ist für eine nochmalige Anwendung der Unklarheitenregel bzw. für eine nochmalige Berufung auf die Zweifelsregel kein Raum mehr. Zudem trifft § 305 c Abs. 2 die Entscheidung, *welche* von mehreren möglichen Deutungsweisen einer Klausel anzuwenden ist. Eine Kombination der verschiedenen Sichtweisen lässt aber auch die Unklarheitenregel nicht zu.[372] Nach der Anwendung kann daher *nur eine* der ursprünglichen Auslegungsmöglichkeiten Geltung beanspruchen.

Auch unabhängig von dieser Systematik ergibt sich diese Sichtweise aus den allgemeinen zivilrechtlichen Wertungen, insbesondere daraus, dass man sich durch seine Handlungen nicht in Widerspruch zu seinen vorherigen Taten setzten darf, sog. „venire contra factum proprium". Denn entsprechend des Rechtsgedan-

371 Vgl. dazu oben, die allgemeinen Auslegungsmethoden.

372 Es sei denn, dass gerade auch die „Kombination" eine der verschiedenen Deutungsalternativen ist, d.h. der Wortlaut und eventuell der Sinn und Zweck lässt auch eine dahingehende Auslegung zu, dass jeweils die günstigste Sichtweise gelten soll. Dies dürfte freilich in den seltensten Fällen so sein. Zur Verdeutlichung: Eine Klausel könnte mit dem Inhalt a, b oder c ausgelegt werden. Die Anwendung der Unklarheitenregel kann dann auch nur zur Geltung von a, b oder c führen, je nachdem, was für den Kunden am günstigsten ist. Würde der Kunde sich im ersten Prozess auf die Variante a berufen, und im zweiten Prozess auf b, wäre dies nicht mit der Unklarheitenregel vereinbar. Lediglich wenn c die Bedeutung hat, dass entweder a oder b zur Anwendung kommen sollen, je nachdem was günstiger ist, könnte man sich materiell auf a oder b berufen.

kens des „venire contra factum proprium“ kann ein früheres Verhalten auch dann eine spätere Rechtsausübung unzulässig machen, wenn es zwar nicht als solches zu missbilligen ist, sich aber das Gesamtbild eines widersprüchlichen Verhaltens ergibt und die Interessen der Gegenpartei im Hinblick darauf vorrangig schutzwürdig erscheinen.[373] Hergeleitet wird dieser Rechtsgedanke aus § 242. Erheblich sein kann in diesem Zusammenhang sowohl die sachliche Unvereinbarkeit des früheren mit dem späteren Verhalten, als auch der beim Gegner geschaffene Vertrauenstatbestand sein.[374] Tatbestandlich sind auf der subjektiven Seite weder unredlicher Absichten noch ein Verschulden hinsichtlich der Widersprüchlichkeit des Verhaltens erforderlich.[375] In der Konstellation der des Wahlrechts bei der Unklarheitenregel kommen grundsätzlich beide Aspekte des Rechtsinstituts in Betracht, also sowohl der Vertrauensschutzgesichtspunkt, als auch der rein objektive Vorwurf der Widersprüchlichkeit. Der Kern des Vorwurfs läge hier aber wohl in der Regel eher im Verhalten des auswählenden Kunden und weniger im geschaffenen Vertrauenstatbestand. Hinter dem Verbot, sich in Widerspruch zu seinem früheren Handlungen zu setzen, steht der Gedanke, dass in der Einnahme von Rechtspositionen eine gewisse Konsistenz verlangt werden muss, insbesondere der Einzelne eine möglicherweise vorhandene Rechtsunsicherheit oder mangelnde Durchsetzungskraft des Rechts nicht nach seinem jeweiligen Vorteil und Belieben ausnutzen darf.[376] Die Rechtsfolge greift ein, wenn ein früheres Verhalten zu dem späteren in unlösbaren Widerspruch steht.[377] Ein typischer Fall ist der Wechsel von Tatsachenbehauptungen.[378] Auch außerprozessuales Verhalten kann den Vorwurf der Widersprüchlichkeit begründen.[379] Insbesondere kann es auch rechtsmissbräuchlich sein, einen Vertrag als gültig zu behandeln, solange man Vorteile daraus zieht, und die Unwirksamkeit geltend zu machen, nachdem die Vorteile ausgeschöpft sind.[380] Widersprüchlich kann es auch sein, wenn ein AGB-Verwender eine Klausel zunächst selbst in einem bestimmten Sinn auslegt und dann im gegenteiligen Sinne ausgelegt wissen will, wobei hier auch der Vertrauensschutz eine nicht unerhebliche Rolle spielen sollte.[381] Unter umgekehrten Vorzeichen wäre genau letzteres der Fall, wenn man auf

373 MünchKomm/Roth, § 242 Rn. 255; vgl. auch grundlegend dazu: Singer, Das Verbot widersprüchlichen Verhaltens, 1993.

374 MünchKomm/Roth, § 242 Rn. 255.

375 BGH v. 12.6.2002 – VIII ZR 187/01, NJW 2002, 3110 ff.; BGH v. 20.3.1968 – VIII ZR 127/67, WM 1968, 876 ff.; MünchKomm/Roth, § 242 Rn. 259.

376 MünchKomm/Roth, § 242, Rn. 287.

377 MünchKomm/Roth, § 242 Rn. 287.

378 MünchKomm/Roth, § 242 Rn. 289

379 BGH v. 2.4.1987 – III ZR 76/86, NJW 1987, 3140; MünchKomm/Roth, § 242 Rn. 289.

380 MünchKomm/Roth, § 242 Rn. 290.

381 BGH v. 16.9.1993 – VII ZR 206/92, NJW 1993, 3264; MünchKomm/Roth, § 242 Rn. 290.

eine Bindung an das einmal ausgeübte Wahlrecht im Rahmen der Unklarheitenregel verzichten würde. Denn nichts anderes als die entgegengesetzte Auslegung würde der Kunde in einem solchen Fall verlangen. Die Berufung auf das jeweils günstigste Auslegungsergebnis je nach Klagesituation stünde folglich in unlösbaren Widerspruch zueinander.[382]

dd) Günstigkeitsneutrale Regelungen – Günstigkeit lässt sich nicht anhand objektiver Kriterien feststellen

Selbst wenn man dem Grunde nach an der traditionellen Auffassung und an der These der notwendig einheitlichen Auslegung festhalten will und eine subjektive Sichtweise nicht anerkennen will, so sollte sich jedenfalls dann, wenn sich anhand objektiver Kriterien nicht feststellen lässt, welche Sichtweise für den Kunden günstiger ist, die Wertung des § 305 c Abs. 2 gegenüber dem Bedürfnis nach Vereinheitlichung der Behandlung durchsetzen.[383] Schon mangels einer sinnvollen Alternative erscheint das Wahlrecht hier am sachgerechtesten: Für eine ergänzende Vertragsauslegung ist kein Raum, da die Unklarheitenregel eine Auslegung gegen den Verwender verlangt und somit eine Lücke des Vertrages zu verneinen ist. Die Transparenzkontrolle des § 307 Abs. 1 S. 2 kann nicht helfen, weil deren Rechtsfolge ungeeignet ist.

Allzu verheerend dürften die Auswirkungen vor allem im allgemeinen Zivilrecht ohnehin nicht ausfallen, da sich zumindest nach objektiven Kriterien kein klarerer Vor- oder Nachteil ausmachen lässt. Insofern dürfte auch die Belastung für den Verwender nach allen in Betracht kommenden Auslegungsalternativen in etwa gleich ausfallen. Abwegige Auslegungsalternativen werden zudem von vornherein nicht in den Vergleich mit einbezogen. Insofern scheint der Verwender hinreichend geschützt. Zu beachten wäre aber auch hier, dass der Kunde sich an seiner einmal getroffenen Wahl festhalten lassen muss.[384] Ob die Sache im Arbeitsrecht möglicherweise anders zu beurteilen ist, soll an späterer Stelle erörtert werden.[385]

---

382 Dennoch gibt es vor allem im arbeitsrechtlichen Schrifttum Stimmen, die eine Berufung auf die Unklarheitenregel je nach Prozeßsituation immer wieder zulassen wollen (so vor allem Däubler/Dorndorf/Bonin/Deinert-Däubler, 305 c Rn.43). Im Einzelnen soll hierauf im Rahmen des arbeitsrechtlichen Teils dieser Arbeit eingegangen werden, vgl. daher unten: Teil 2.B.II.1.b.

383 In diesem Sinne auch Staudinger/Schlosser, § 305 c Rn. 110: „ Lässt sich ein „Normalfall" nicht konzipieren, ist kundengünstig die Auslegung, auf die sich der Kunde in der Vertragsabwicklungsphase beruft, etwa bei unklaren Kündigungsfristen" (diesbezüglich unter Verweis auf LG Kassel v. 14.10.1999 – 1 S 163/99, NJW-RR 2000, 601.

384 Vgl. oben: Teil 1.D.III.1.a.cc.

385 Vgl. unten: Teil 2.B.II.a.ff.(2).

b) Methodik der Ermittlung der kundengünstigsten Deutungsalternative

Soweit die Mehrdeutigkeit einer Klausel zu Tage getreten ist, sind gemäß § 305 c Abs. 2 Zweifel zu Lasten des Verwenders auszuräumen. Dabei bieten sich methodisch zwei Vorgehensweisen an: Zum einen könnte bei unterstellter rechtlicher Geltung aller potentiellen Regelungsinhalte die dem Kunden im Wortsinn günstigste Auslegungsvariante der weiteren AGB-Kontrolle zu Grunde gelegt werden. Andererseits besteht die Option des Vorgehens unter Berücksichtigung der Ergebnisse und Folgen einer hypostasierten Inhaltskontrolle.[386] Dennals Auslegungsregel ist die Unklarheitenregel systematisch gesehen zwar der Inhaltskontrolle vorgelagert.[387] Dennoch muss hieraus nicht zwingend auf eine absolute Selbständigkeit der Prüfungspunkte voneinander geschlossen werden. Wie oben schon angesprochen, kann es durchaus Fallgestaltungen geben, in denen sich die vermeintlich günstigere Auslegungsalternative nach einer Inhaltskontrolle als letztendlich ungünstiger herausstellt, weil gerade wegen der Auslegung zu Gunsten des Kunden die Inhaltskontrolle schadlos passiert werden kann.

aa) Frühere Position der Rechtsprechung

Die Rechtsprechung hat diese Ergebnisse lange Zeit so hingenommen.[388] Im Individualprozess wurde aus § 5 AGBG gefolgert, dass die in Frage stehende Klausel möglichst verwenderfeindlich auszulegen sei. Belastende Klauseln wurden folglich im Zweifel eng ausgelegt, begünstigende Klauseln dagegen weit. Im Verbandsprozess hingegen wurde eine Klausel zunächst möglichst kundenfeindlich ausgelegt.[389] Sodann wurde die Klausel mit dem kundenfeindlichsten Inhalt einer Inhaltskontrolle unterzogen. Stellte sich heraus, dass die Klausel mit einer

---

386 Wolf/Lindacher/Pfeiffer-Lindacher, § 305 c Rn. 131 ff..

387 Allgemeine Ansicht: BGH v. 23.6.2004 – IV ZR 130/03, BGH v. 23.6.2004 – IV ZR 130/03, NJW 2004, 2589, 2590; BGH v. 10.2.1999 – IV ZR 324/97, NJW 1999, 1633, 1634; BGH v. 2.3.1994 – IV ZR 109/93, NJW 1994, 1534 ff.; Bamberger/Roth-Schmidt, § 305 c Rn. 35; Belke, JA 1988, 475, 484; Fastrich, Inhaltskontrolle, S. 21 ff.; Lange, ZGS 2004, 208; Larenz/Wolf, AT, § 43 Rn. 30; Leenen, AcP 188,386 ff.; Roth, WM 1991, 2125, 2134; Staudinger/Schlosser, § 305 c Rn. 105; Stoffels, Rn. 358; Ulmer/Brandner/Hensen-Fuchs, Vorb. v. § 307 Rn. 13; Wacke, JA 1981, 666, 668; Wolf/Lindacher/Pfeiffer-Lindacher, § 305 c Rn. 102; Wolf/Lindacher/Pfeiffer-Wolf, § 307 Rn. 48.

388 Bis dato ständige Rechtsprechung: BGH v. 9.7.1992 – VII ZR 7/92, NJW 1992, 3158; 3162; BGH v. 11.02.1992 – IX ZR 151/91, NJW 1992, 1097 ff.; BGH v. 23.4.1991 – XI ZR 128/90, NJW 1991, 1886, 1887; BGH v. 19.9.1985 – III ZR 214/83, BGHZ 95, 350 ff.; BGH v. 31.10.1984 – VIII ZR 226/83, NJW 1985, 320 ff.; BGH v. 28.4.1983 – VII ZR 259/82, NJW 1983, 1671 f..

389 BGH v. 17.2.2004 – XI ZR 140/03, BGHZ 158, 149, 155; BGH v. 8.7.1998 – VIII ZR 1/98, BGHZ 139, 190, 199; BGH v. 19.9.1985 – III ZR 214/83, BGHZ 95, 350, 353.

der Normen der Inhaltskontrolle unvereinbar war, so war die Klausel unwirksam. Lediglich in dem seltenen Fall, dass die kundenfreundlichste Sinndeutung dem Kunden dienlicher ist, als die bei Unwirksamkeit greifende Ersatzregelung, musste das Unangemessenheitsverdikt im Sinne von § 305 c Abs. 2 der direkten Anwendung des günstigsten Auslegungsergebnisses weichen.[390] Nur wenn die Klausel einer Inhaltskontrolle auch in ihrer kundenfeindlichsten Auslegungsvariante standhielt, sollte die kundenfreundlichste Auslegung maßgeblich sein. Als Gegenstück zur geltungserhaltenden Reduktion wurde im Verbandsprozess also eine Art „geltungshindernde Interpretation" der Klausel vorgenommen. Dieses deutsche Verständnis des § 5 AGBG bildete auch die Grundlage für Art. 5 RL 93/13/EWG.

bb) Aktuelle Position der Rechtsprechung

Nach einigem Zögern und zunächst unter mehr oder weniger eindeutiger Sympathiebekundung[391] hat der Bundesgerichtshof mittlerweile seine ursprüngliche Position auch hinsichtlich des Individualprozesses ausdrücklich aufgegeben.[392] Einzig der Kartellsenat begründet seine Abkehr von der bisherigen Praxis. Hierbei beschränkt auch er sich allerdings auf einen Verweis auf die aus seiner Sicht beachtlichen Erwägungen der Urteile des XI Zivilsenats aus den Jahren 1992 und 1994, in denen die Frage mangels Entscheidungserheblichkeit letztlich aber offen bleiben konnte.[393]

Der XI. Senat trug in seiner Entscheidung von 1992 vor, dass die kundenfeindliche Auslegung im Individualprozess dem Kunden im Ergebnis die bessere Rechtsposition gegenüber dem Verwender einräume und damit den Normzweck des § 5 AGBG erfülle, wenn eine Klausel bei dieser Auslegung gegen § 9 AGBG verstoße.[394] Für diese Auffassung spreche zudem insbesondere, dass sie im Indi-

---

390 BGH v. 17.2.2004 – XI ZR 140/03, BGHZ 158, 149, 155; BGH v. 8.7.1998 – VIII ZR 1/98, BGHZ 139, 190, 199; BGH v. 19.9.1985 – III ZR 214/83, BGHZ 95, 350, 353.

391 Jeweils mangels Entscheidungserheblichkeit offengelassen: BGH v. 10.5.1994 – XI ZR 65/93, NJW 1994, 1798, 1799; BGH v. 11.02.1992 – IX ZR 151/91, NJW 1992, 1097, 1099.

392 BGH v. 23.09.2009 – VIII ZR 344/08, WuM 2009, 655, 656; BGH v. 12.3.2008 – XII ZR 147/05, NJW 2008, 2254, 2255; BGH v. 29.4.2008 – KZR 2/07, BGHZ 176, 244 ff.; BGH v. 20.12.2007 – III ZR 144/07, NJW 2008, 987; implizit wohl auch schon: BGH v. 20.10.2004 – VIII ZR 378/03, NJW 2005, 425, 426.

393 BGH v. 29.4.2008 – KZR 2/07, NJW 2008, 2172, 2173 unter Verweis auf: BGH v. 10.5.1994 – XI ZR 65/93, NJW 1994, 1798, 1799; BGH v. 11.02.1992 – IX ZR 151/91, NJW 1992, 1097, 1099.

394 BGH v. 11.02.1992 – IX ZR 151/91, NJW 1992, 1097, 1099 unter Verweis auf: Wolf/Horn/Lindacher-Lindacher, (2.Auflage), § 5 AGBG Rn. 11-33; Soergel/Stein, BGB 12. Aufl. § 5

vidualprozess zu den gleichen Auslegungsergebnissen komme wie im Verfahren nach § 13 AGBG. Die Gegenmeinung würde den Richter zwingen, den Streit über die Wirksamkeit derselben Klausel in einem Individualprozess zu Gunsten des Verwenders zu entscheiden, in einem späteren anderen Individualprozess aber zu Gunsten des Kunden, wenn zwischenzeitlich einer gegen die Klausel gerichteten Verbandsklage im Verfahren nach § 13 AGBG stattgegeben worden sei (unter Verweis auf § 21 Satz 1 AGBG).

In der Entscheidung von 1994 begegnete er lediglich dem Argument, dass auf Basis der „geltungshindernden Interpretation" die Gefahr bestehe, dass auch völlig abwegige Auslegungsvarianten auf diesem Wege zu einer Unwirksamkeit einer Klausel führen können.[395]

cc) Meinungsbild in der Literatur

Von weiten Teilen der Literatur wurde dieser Paradigmenwechsel seit längerem gefordert bzw. ausdrücklich begrüßt.[396] Die Erwägungen decken sich im Wesentlichen mit denjenigen der Rechtsprechung. Nur dieser Ansatz mache mit der Teleologie des § 305 c Abs. 2 uneingeschränkt ernst, da nur auf diese Weise der Kundenschutz vollumfänglich gewährleistet sei.[397] Zudem würde nur dieses methodische Vorgehen die erstrebenswerte Einheit zwischen Individualprozess und Verbandsprozess herstellen.[398] Darüber hinaus wird aber auch betont, dass nur diese Sichtweise eine größtmögliche Breitenwirkung der richterlichen AGB-Kontrolle gewährleiste.[399] Denn Folge der früher von der Rechtsprechung praktizierten kundenfreundlichen Auslegung sei häufig gewesen, dass Klauseln von zweifelhafter Bedeutung durch eine kundenfreundliche Auslegung Bestand hatten und demzufolge in anderen Verträgen desselben Verwenders weiter benutzt wurden. Nicht selten hätten sich die Verwender aber in diesen anderen Verträgen auf eine Auslegung der betreffenden Klausel berufen, die der richterlichen Überprüfung nicht standgehalten hätte.

AGBG Rn. 16, 17; Erman/Hefermehl, (8. Auflage), § 5 AGBG Rn. 22; Horn, WM 1984, 449, 451; Schlosser, ZIP 1985, 449, 457, 458; v.Olshausen, ZHR 1987, 636, 639,640.

395 BGH v. 10.5.1994 – XI ZR 65/93, NJW 1994, 1798, 1799

396 Bamberger/Roth-Schmidt, § 305 c Rn. 35; Erman/Hefermehl, (8. Auflage) § 5 AGBG Rdn. 22; Erman/Roloff, § 305 c Rn. 28; Horn, WM 1984, 449, 451; MünchKomm/Basedow, § 305 c Rn. 20, 35; v.Olshausen, ZHR 1987, 636, 639,640; Palandt/Heinrichs, (64.Auflage), § 305 c Rn. 20; Soergel/Stein, (12. Auflage), § 5 AGBG Rn. 16, 17; Ulmer/Brandner/Hensen-Ulmer, § 305 c Rn. 64; Wolf/Lindacher/Pfeiffer-Lindacher, § 305 c Rn. 131 ff.; früher noch anderer Ansicht: Ulmer/Brandner/Hensen-Ulmer, (8.Auflage), § 5 AGBG Rn. 31.

397 Wolf/Lindacher/Pfeiffer-Lindacher, § 305 c Rn. 131.

398 Stoffels, Rn. 374; Ulmer/Brandnder/Hensen-Ulmer, § 305 c Rn. 64.

399 MünchKomm/Basedow, § 305 c Rn. 35; Stoffels, Rn. 374.

Teilweise wird sogar eine noch weitergehende Differenzierung vorgeschlagen.[400] Demnach soll die Nichtigkeit der Klausel auf Basis der kundenfeindlichsten Auslegung nur dann für zulässig erachtet werden, wenn die alternierende kundenfreundlichste Auslegung nicht günstiger als das dispositive Gesetzesrecht ist. Nur so wäre gewährleistet, dass stets die Deutungsvariante zur Geltung kommt, die sich im Ergebnis am stärksten zu Lasten des Verwenders auswirkt.

Allerdings gab und gibt es bis heute Stimmen, die eine Berücksichtigung des Ergebnisses der Inhaltskontrolle bei der Bestimmung der kundengünstigsten Lesart einer Klausel im Individualprozess ablehnen.[401] Schon früher wurden vor allen Dingen in systematischer Hinsicht Bedenken geäußert.[402] Eine Vorgehensweise, die schon bei der Auslegung das Ergebnis einer etwaigen Inhaltskontrolle berücksichtige, missachte die strikte Trennung zwischen Auslegung und Inhaltskontrolle, die den AGB-rechtlichen Regelungen, aber auch schon den allgemeinen Regeln des Privatrechts zu Grunde liegt. Auch brächte eine derartige, dreistufige Kontrollemethode eine erhebliche Rechtsunsicherheit mit sich.[403] Heutzutage wird daneben vor allem kritisiert, dass eine derartige Sichtweise nicht mit der europarechtlichen Richtlinie 93/13/EWG vereinbar sei.[404] Zudem werde dadurch ein weder begründbarer noch erforderlicher und vor allen Dingen übermäßiger Schutz des Kunden praktiziert.[405]

dd) Stellungnahme

Im Wesentlichen werden von den Gegnern des hier so genannten Prinzips der „geltungshindernden Interpretation“ mithin vier Argumente vorgetragen: die Europarechtswidrigkeit, der übermäßige Schutz des Kunden, die systematischen Ungereimtheiten und die Rechtsunsicherheit eines derartigen Vorgehens.

Ohne größere Schwierigkeiten lässt sich der Vorwurf der mangelnden Rechtssicherheit widerlegen. Denn gerade die von der Rechtsprechung angewandte Methodik und der damit verbundenen Einklang der Handhabung des § 305 c

---

400 Artz, JuS 2002, 528, 530, dem folgend wohl Joppich, S. 63; auch Wank/Maties, JURA 2010, 1, 5.

401 Heinrichs/Loewe/Ulmer-Medicus, 10 Jahre AGB-Gesetz S. 83, 85; Honsell, JA 1985, 260, 263; Roth, WM 1991, 2085, 2088; Rottnauer, EwiR 2008, 673, 674; Staudinger/Schlosser, § 305 c Rn. 108.

402 Helm, BB 1977, 1109, 1110 (jedenfalls für den kaufmännischen Verkehr); Knütel, JR 1981, 221, 224; Locher, Das Recht der Allgemeinen Geschäftsbedingungen, (1980) 53; Roth, WM 1991, 2085, 2088, 2089; Ulmer/Brandner/Hensen-Ulmer, (8.Auflage), § 5 AGBG Rn. 31;

403 Roth, WM 1991, 2085, 2089; Ulmer/Brandner/Hensen-Ulmer, (8.Auflage), § 5 AGBG Rn. 31.

404 Rottnauer, EwiR 2008, 673, 674.

405 Staudinger/Schlosser, § 305 c Rn. 108.

Abs. 2 im Individual- wie auch im Verbandsprozess tragen zur Rechtssicherheit und Rechtsklarheit erheblich bei. Es werden eben nicht zwei verschiedene Auslegungsergebnisse beziehungsweise Anwendungsergebnisse produziert.

Bei genauerem Hinsehen erweist sich auch der Vorwurf der Europarechtswidrigkeit als haltlos.

> Artikel 5 S. 2 und 3 der Richtlinie lauten: „Sind alle dem Verbraucher in Verträgen unterbreiteten Klauseln oder einige dieser Klauseln schriftlich niedergelegt, so müssen sie stets klar und verständlich abgefasst sein. Bei Zweifeln über die Bedeutung einer Klausel gilt die für den Verbraucher günstigste Auslegung. Diese Auslegungsregel gilt nicht im Rahmen der in Artikel 7 Absatz 2 vorgesehenen Verfahren." Artikel 7 Abs. 2 behandelt das Verbandsklageverfahren.

Aus dem Wortlaut der Vorschrift und insbesondere aus dem systematischen Zusammenspiel zwischen Art. 5 S. 2 und Art. 5 S. 3 der Richtlinie könnte man zwar folgern, dass die kundenfeindlichste Betrachtungsweise im Verbraucherprozess und damit in den meisten Fällen gleichzeitig im Individualprozess keine Anwendung finden sollte. Denn in der Richtlinie wird ausdrücklich nur die Auslegung nicht aber das Ergebnis einer kompletten AGB-Kontrolle angesprochen. Zudem soll die Auslegungsregel nach Art. 5 S. 3 im Verbandsprozess nicht gelten. Daraus könnte man den Schluss ziehen, dass diese Aussage ihren Sinn verlöre, wenn Satz 2 nicht lediglich die kundenfreundlichere und daher im Zweifelsfalle nicht zur Feststellung der Missbräuchlichkeit führende Auslegung anordnen würde.[406] Auch die bei Richtlinienentstehung als Vorbild dienende damalige deutsche Praxis könnte ein derartiges Verständnis auf den ersten Blick stützen.[407]

Letztlich können aber schon diese Argumente nicht überzeugen. Der Wortlaut der Richtlinie kann zwar im Sinne der in der Literatur vertretenen Auffassung gedeutet werden, er muss es aber nicht. Genau genommen kann man dem Wortlaut gar nichts für die Beantwortung der in Rede stehenden Frage entnehmen. Denn es sind keinerlei Kriterien angegeben, wonach sich die Günstigkeit richten soll. Eine „für den Verbraucher günstigste Auslegung" im Sinne von Art. 5 S. 2 RL 93/13/EWG deckt auch im Individualprozess eine zunächst kundenfeindliche Auslegung, da diese im Ergebnis für den Kunden günstiger ist.[408] Daher ist der Weg nicht versperrt, die Günstigkeit unter Berücksichtigung einer hypothetischen Inhaltskontrolle als maßgeblich zu erachten. Auch die systematischen Erwägungen bezüglich des Zusammenspiels von Art. 5 S. 2 und Art. 5 S. 3 gehen hier fehl. Es ist zwar richtig, dass in Art. 5 S. 3 die Anwendung von Art. 5 S. 2, das

406 MünchKomm/Basedow, § 305 c Rn. 20

407 MünchKomm/Basedow, § 305 c Rn. 20.

408 Jauernig/Stadler, § 305 c, Rn. 6; Wolf/Lindacher/Pfeiffer-Wolf, Art. 5 RL, Rn. 8, Kapnopoulou, S. 148 f.

heißt, die Anwendung der kundengünstigsten Auslegung selbst im Verbandsprozess ausgeschlossen wurde beziehungsweise – besser formuliert – jedenfalls nicht zwingend von den Mitgliedsstaaten anzuordnen ist. Für die Zulässigkeit der Ermittlung der kundenfreundlichsten Auslegung unter Berücksichtigung der Inhaltskontrolle sagt auch das aber nichts.

Denn das entscheidende Argument gegen die Europarechtswidrigkeit der Methodik findet sich im Text der Richtlinie selbst: Europarechtswidrig kann diese Methodik in keinem Falle sein, da Art. 8 der Richtlinie ausdrücklich ein höheres Schutzniveau in den einzelnen Mitgliedsstaaten zulässt.[409] Eine Anwendung der Unklarheitenregel unter Berücksichtigung des Ergebnisses einer hypothetischen Inhaltskontrolle erhöht ohne Zweifel und in jedem denkbaren Fall das Schutzniveau.

Vor diesem Hintergrund kann vom Argument der Europarechtswidrigkeit also allenfalls noch eine gewisse Indizienwirkung ausgehen. Angesichts der Tatsache, dass auch die zunächst erörterten Argumente wenig stichhaltig erscheinen, kann diese Indiz-Wirkung darüber hinaus doch nur sehr schwach ausfallen. Keinerlei Gewicht dürfte zudem auch die Erwägung haben, dass sich der Richtliniengeber am deutschen Vorbild orientieren wollte, wonach die Auslegung ohne Berücksichtigung des Ergebnisses einer Inhaltskontrolle vorgenommen wurde. Der Gesetzestext hat sich zur Vorgängerregelung nicht geändert. Insofern wohnte eine derartige Methodik schon der „Vorbildsregelung" inne, sie wurde lediglich erst spät von der Rechtsprechung umgesetzt, bzw. berücksichtigt.

Schwerer wiegt da schon der Vorwurf, dass durch eine solche Methodik die in der Systematik des AGB-Rechts angelegte Trennung zwischen Auslegung und Inhaltskontrolle verwässert würde. Dem könnte man zwar entgegnen, dass durch die Berücksichtigung des Ergebnisses einer hypothetischen Inhaltskontrolle die Inhaltskontrolle bei der Auslegung keinesfalls vorweggenommen oder auch nur irgendwie verwischt würde, da die Inhaltskontrolle lediglich der Bestimmung der kundengünstigeren Auslegungsvariante diene. Überzeugend wäre diese Argumentation – gerade auch vor dem Hintergrund zu dem bei der Ablehnung des Restriktionsprinzips Gesagten – letztlich allerdings nicht. Denn in der Tat ist zuzugeben, dass durch die Berücksichtigung des Ergebnisses der Inhaltskontrolle schon bei der Auslegung eine Inhaltskontrolle stattzufinden hat. Die Frage ist daher aber, wie schwer dieses systematische Argument im Verhältnis zu denjenigen Argumenten wiegt, die für die Berücksichtigung des hypothetischen Auslegungsergebnisses sprechen.

409 MünchKomm/Basedow, § 305 c Rn. 20; Wolf/Lindacher/Pfeiffer-Lindacher, § 305 c Rn. 133; Stoffels, Rn. 375.

Im Einklang mit der herrschenden Lehre sind diejenigen Argumente, die für eine Berücksichtigung des Ergebnisses der Inhaltskontrolle bei der Bestimmung der kundengünstigeren Auslegung schwerer zu gewichten. Dem alten Verständnis von § 305 c Abs. 2 im Individualprozess und der damit einhergehenden Neigung zur Betonung einer restriktiven Auslegung benachteiligender Klauseln ist im Sinne einer offenen Inhaltskontrolle daher eine Absage zu erteilen.[410] Entscheidend ist hier das teleologische Argument.

Wie bei der Ablehnung des allgemeinen Restriktionsprinzips im Bereich der AGB-Kontrolle schon ausführlich erörtert, steht eine enge und auch eine kundenfreundliche Auslegung einer offenen Inhaltskontrolle im Wege. Nach dem Sinn und Zweck des § 305 c Abs. 2, soll die Anwendung der Unklarheitenregel zu einer Begünstigung des Kunden führen. Daher ist es nicht hinnehmbar, dass sie sich in Sonderfällen zu Gunsten des Verwenders auswirkt.

Nur durch die Berücksichtigung des Ergebnisses einer hypothetischen Inhaltskontrolle lässt sich zudem ein Wertungswiderspruch mit dem Prinzip des Verbots der geltungserhaltenden Reduktion verhindern.[411] Die Aufrechterhaltung einer potentiell unangemessenen Klausel entspricht nur in exzeptionellen Einzelfällen dem Normzweck des § 305 c Abs. 2 und kann daher nicht mehr als Grundsatz anerkannt werden.[412] Gerade die „umgekehrte Anwendung“[413] der Unklarheitenregel verhilft dem Normzweck erst zu voller Entfaltung.[414] Vor diesem Argumentationshintergrund kann auch der These[415] nicht zugestimmt werden, dass dem Vertragspartner kein Unrecht geschehe, wenn eine im Verbandsverfahren in kundenfeindlicher Auslegung für unangemessen befundene Klausel im Individualprozess in kundenfreundlicher Form gilt. Übereinstimmende Auslegungsergebnisse im Individual- und Verbandsprozess bezüglich ein und derselben Klausel sind im Gegenteil erstrebenswert.[416] Auch die Abweichung des neuen Verständnisses von dem Grundsatz, gemäß welchem der Wirksamkeitsprüfung einer Klausel die Ermittlung ihres Bedeutungsgehalts mittels Auslegung vorangeht, findet eine Rechtfertigung im Normzweck von § 305 c Abs. 2 und der Behebung der Auslegungsdiskrepanz.[417]

---

410 Ulmer/Brandner/Hensen-Ulmer, § 305 c Rn. 90; Stoffels, Rn. 375.

411 Ulmer/Brandner/Hensen-Ulmer, § 305 c Rn. 100.

412 Ulmer/Brandner/Hensen-Ulmer, § 305 c Rn. 90 f., 97ff.; Stoffels, Rn. 374.

413 Palandt/Heinrichs, (64.Auflage), § 305 c, Rn. 20.

414 MünchKomm/Basedow, § 305 c Rn. 35; Ulmer/Brandner/Hensen-Ulmer, § 305 c Rn. 91; Wolf/Lindacher/Pfeiffer-Lindacher, § 305 c Rn. 131.

415 Staudinger/Schlosser, § 305 c Rn. 108.

416 Stoffels, Rn. 374; Ulmer/Brandner/Hensen-Ulmer, § 305 c Rn. 91.

417 Ulmer/Brandner/Hensen-Ulmer, § 305 c Rn. 91.

Schließlich kann auch nicht die Rede davon sein, dass der Kunde durch eine derartige Methodik über Gebühr geschützt wird. Teilweise wird zwar vorgebracht, dass der Kunde, soweit die Klausel auf ein zumutbares Maß zurückgeführt worden könne, kein Anrecht auf den Zufallsvorteil habe, der sich aus einer Inhaltskontrolle am Maßstab der kundenfeindlichsten Auslegung ergebe.[418] Diese Argumentation vernachlässigt aber mehrerlei: Zum einen kann es kaum als Zufallsvorteil bezeichnet werden, wenn eine Klausel der Unwirksamkeit anheim fällt, weil Nachlässigkeit seitens des Verwenders eine unangemessene Auslegungsvariante bedingt. Zum anderen muss dem Plädoyer für eine undifferenzierte kundenfreundliche Auslegung und deren alleinige Beachtung bei der Inhaltskontrolle entgegengehalten werden, dass hierin tendenziell eine Verkürzung des Anwendungsbereichs der §§ 307 bis 309 liegt.[419] Zudem muss die kundenfeindlichste Deutungsalternative, die letztlich zur Unwirksamkeit einer Klausel führt, in jedem Fall dem Wortlaut der Klausel entnommen werden können. Völlig abwegige bzw. nur theoretisch denkbare Auslegungsalternativen werden daher ohnehin schon bei der Auslegung eliminiert. Sobald eine Auslegunsalternative realistischerweise denkbar ist, besteht aber die potentielle Gefahr, dass ein Kunde von ebenjener Deutungsmöglichkeit ausgeht und seine ihm in Wirklichkeit zustehenden Rechte nicht geltend macht, beziehungsweise Leistungen erbringt, die er nach einer Inhaltskontrolle der AGB Klausel eigentlich nicht erbringen müsste, weil sie etwa gegen grundsätzliche gesetzliche Wertungen verstoßen. Schon allein diese Gefahr rechtfertigt es nach dem Sinn und Zweck des AGB-Rechts, die Klauseln insgesamt für unwirksam zu erklären. Insofern erscheint der Schutz darüber hinaus nicht nur nicht übermäßig, sondern sogar geboten, um die Rechte des Kunden nicht entgegen der Wertungen des AGB-Rechts zu beschneiden. Es ist nicht ersichtlich, warum der Kunde auf einen eventuellen Verbandsprozess verwiesen werden sollte.

Noch nicht beantwortet ist damit aber, ob auch die von *Artz* angeregte Differenzierung danach, ob die kundenfreundlichste Auslegung oder das dispositive Gesetzesrecht günstiger ist, Anwendung finden sollte.[420] Gründe, die gegen diese Ansicht sprechen sind kaum ersichtlich. Im Gegenteil erscheint auch die Berücksichtigung des dispositiven Gesetzesrechts nur konsequent. Wenn eine unklare, in ihrer freundlichsten Auslegung gegenüber dem dispositiven Recht günstigere Klausel aufgrund der kundenfeindlichsten Auslegung wegfallen würde, käme eben jenes dispositive Gesetzesrecht in der verbleibenden Lücke zur Anwendung.

---

418 Staudinger/Schlosser, § 305 c Rn. 108

419 Wolf/Lindacher/Pfeiffer-Lindacher, § 305 c Rn. 141; Ulmer/Brandner/Hensen-Ulmer, § 305 c Rn. 90 f.; Stoffels, Rn. 374.

420 Artz, JuS 2002, 528, 530, dem folgend Joppich, S. 63; Wank/Maties, JURA 2010, 1, 5.

Hier wäre die Unwirksamkeit im Ergebnis also schlechter für den Kunden. Richtig verstanden kann man in der vorgeschlagenen Differenzierung nicht einmal einen eigenen Ansatz erblicken. Die Berücksichtigung ist lediglich das Ergebnis einer konsequenten und richtigen Anwendung der mittlerweile herrschenden Ansicht.

Die praktische Bedeutung dieser vermeintlichen Unterscheidung dürfte indes eher gering sein, da derart ambivalente Klauseln doch eher selten sein sollten. Am ehesten könnte sich die Problematik im Rahmen von zwei sich widersprechenden Klauseln stellen, wenn eine Klausel eine Begünstigung beinhaltet und die widersprechende Klausel eine nach den §§ 307 ff. nicht hinnehmbare Belastung beinhaltet.

2. Rechtsfolgen im Verbandsprozess

Weitestgehend einig in Rechtsprechung und Schrifttum ist man sich mittlerweile hinsichtlich der Rechtsfolgenanordnung im Verbandsprozess:

a) Wertungsmaßstab

Da es im Verbandsprozess an einem konkreten Vertragsverhältnis fehlt, kann sich der Wertungsmaßstab, nach dem sich die Günstigkeit des Inhalts einer Klausel bemisst, logischerweise nur an generalisierend abstrakten Gesichtspunkten orientieren.[421] Maßgeblich ist daher, was typischerweise für den typischen Kunden objektiv gesehen günstiger ist. Der Richter ist allerdings aufgefordert, mit aller Phantasie zu versuchen, sich eine möglichst erschöpfende Vorstellung von den denkbaren Tatsachenabläufen, also den möglichen Risiken zu machen.[422]

b) Methodik der Ermittlung der kundengünstigsten Deutungsalternative

Zudem ist seit langem anerkannt, bei der Bestimmung der verwenderungünstigen Deutungsalternative das Ergebnis einer hypothetischen Inhaltskontrolle mit einzubeziehen.[423]

421 Wolf/Lindacher/Pfeiffer-Lindacher, § 305 c Rn. 141.

422 Basedow, AcP 182 (1982), 335, 356.

423 BGH v. 23.1.2003 – III ZR 54/02, NJW 2003, 1237, 1238; BGH v. 5.11.1998 – III ZR 226/97, NJW 1999, 276, 277; BGH v. 9.7.1992 – VII ZR 7/92, NJW 1992, 3158; 3162; BGH v. 5.4.1984 – III ZR 2/83, BGHZ 91, 55, 61; BGH v. 28.4.1983 – VII ZR 259/82, NJW 1983, 1671, 1672; Erman/Roloff, § 305 c Rn. 29; MünchKomm/Basedow, § 305 c Rn. 34; Palandt/Grüneberg, § 305 c Rn. 19; Wolf/Lindacher/Pfeiffer-Lindacher, § 305 c Rn. 142.

3. Rechtsfolgen im Prozess zwischen Verbraucher und Unternehmer

Auch im Verbraucherprozess ergeben sich keine Besonderheiten für die Bestimmung der Rechtsfolgen einer Unklarheit, wenn man – wie hier – die Ansicht vertritt, dass ein konkret individueller Wertungsmaßstab bei der Bestimmung der verwenderungünstigsten Auslegungsvariante zu Grunde zu legen ist. Nach der hier vertretenen Auslegung besteht daher auch kein Konfliktpotential im Falle von sog. „Einmalbedingungen“. Ein solcher Konflikt ergibt sich nur, wenn man einen abstrakten, typologisierenden Maßstab wählt.

4. Unwirksamkeit als Rechtsfolge?

In einigen früheren Entscheidungen hat der BGH die Unwirksamkeit einzelner Klauseln auch mit der Unklarheitenregel begründet, bzw. ist davon ausgegangen, dass die Anwendung der Unklarheitenregel im Einzelfall dazu führen könne, dass eine Klausel ersatzlos wegfallen könne.[424] Dies sollte beispielsweise der Fall sein, wenn sich auch im Wege der Auslegung mangels einer sich in vernünftigem Rahmen haltenden Zahl von Deutungsmöglichkeiten keine verschiedenen Bedeutungsalternativen ermitteln ließen.[425] Grundsätzlich mag das Bestreben, gänzlich unklare Bestimmungen ersatzlos entfallen zu lassen, durchaus begrüßenswert sein. Die Unklarheitenregel ist aber spätestens seit der Aufnahme der Regelung des § 307 Abs. 1 S. 2 der gänzlich falsche Ort, um diesen Bemühungen nachzugehen. Nach dem eindeutigen Wortlaut des § 305 c Abs. 2 bezieht sich die Bestimmung nur auf das Stadium der Auslegung der vorformulierten Vertragsbestimmung und besagt nichts über die Wirksamkeit oder die Unwirksamkeit einer in Allgemeinen Geschäftsbedingungen oder Formularverträgen enthaltenen Klausel.[426] Sowohl nach dem Wortlaut als auch nach der systematischen Stellung der Vorschrift verbietet sich daher, als Rechtsfolge des § 305 c Abs. 2 die Unwirksamkeit anzunehmen. Selbstverständlich ist damit allerdings nicht zwingend gesagt, dass die Klausel nicht aufgrund einer Intransparenz nach § 307 Abs. 1 S. 2

---

424 BGH v. 21.11.1985 – VII ZR 22/85, NJW 1986, 924; 925; BGH v. 12.6.1985 – VIII ZR 148/84, NJW 1985, 2253, 2255; BGH v. 29.2.1984 – VIII ZR 350/82, NJW 1985, 53; 56; BGH v. 28.10.1981 – VIII ZR 302/80, BGHZ 82, 121, 131; so auch: OLG Celle v. 8.2.1996 – 14 U 23/95, NJW-RR 1997, 82; v.Hoyningen-Huene, NJW 1979, 838, 840.

425 Dies wurde beispielsweise für die an „ ungünstige Auskünfte“ „oder ähnliches“ geknüpfte Fälligstellung eines Darlehens in der Klausel eines Automatenaufstellungsvertrages angenommen, BGH v. 19.5.1983 – I ZR 77/81, NJW 1984, 52, 53.

426 BGH v. 30.1.1979 – VI ZR 216/77, NJW 1979, 2353, 2354; Honsell, JA 1985, 260, 263; MünchKomm/Basedow, § 305 c Rn. 33; Sambuc, NJW 1981, 313, 314; Roth, WM 1991, 2085, 2087; 2088.

unwirksam ist, bzw. ob die Klausel überhaupt wirksam in den Vertrag einbezogen wurde.[427]

Um Missverständnissen vorzubeugen: Diese Argumentation steht nicht im Widerspruch zu den Erwägungen, die bei der Methodik zur Ermittlung der kundengünstigsten Auslegungsvariante angestellt wurden. Denn auch wenn man das Ergebnis der Inhaltskontrolle schon bei der Auslegung berücksichtigt, ändert sich nichts an der Rechtsfolge der Unklarheitenregel, die lediglich darin besteht, denjenigen Inhalt zu bestimmen, der später einer Inhaltskontrolle nach den §§ 307 ff. unterzogen wird. Die Unwirksamkeit folgt auch in diesem Fall aus den §§ 307 ff. Die Unklarheitenregel betrifft nur die Vorfrage, mit welchem Inhalt die Klausel kontrolliert werden soll.

Einzig wenn sich zwei Klauseln inhaltlich widersprechen, kann die Unwirksamkeit, besser die Unanwendbarkeit einer der beiden konträren Klauseln Rechtsfolge der Anwendung der Unklarheitenregel sein.[428] Auch vor dem Hintergrund der klaren Trennung von Auslegung und Inhaltskontrolle widerspricht dies nicht der Systematik des AGB-Rechts, da rechtstechnisch gesehen die günstigere Klausel lediglich mit der Maßgabe ausgelegt wird, dass die widersprechende Klausel ihr nicht entgegensteht. So gesehen ist die Klausel aber nicht unwirksam. Dies entspricht jedenfalls auch der bisherigen Rechtsprechung des BGH und der herrschenden Meinung in Schrifttum.[429] Wenn Allgemeine Geschäftsbedingungen gleichrangige, sich widersprechende Klauseln enthielten, dann sei diejenigen Klausel unbeachtlich, die sich für die Klauselgegner typischerweise ungünstiger auswirken könne. Im Individualprozess sei es diejenige, die sich in der konkreten Situation für den Kunden ungünstiger auswirke.[430] Entsprechendes solle auch gelten, wenn der Widerspruch auf der gleichzeitigen An-

---

427 MünchKomm/Basedow, § 305 c Rn. 33; Wolf/Lindacher/Pfeiffer-Lindacher, § 305 c Rn. 124; schon früher für eine Unwirksamkeit nach § 2 Abs. 1 Nr. 2 AGBG in solchen Fällen: OLG Hamm v. 18.6.1993 – 12 U 43/93, NJW-RR, 1994, 888; OLG Stuttgart v. 25.3.1988 – 2 U 155/87, NJW-RR 1988, 786, 787; Heinrichs, NJW 1995, 1395, 1397; Honsell, JA 1985, 260, 263; Roth, WM 1991, 2085, 2087; Wolf/Horn/Lindacher-Lindacher, (4.Auflage), § 5 AGBG Rn. 24.

428 Vgl. etwa die Fallgestatlungen in: BGH v. 21.3.2002 – VII ZR 493/00, BGHZ 150, 226, 230; BGH v. 9.5.2001 – VIII ZR 208/00, NJW 2001, 2165, 2166; BGH v. 13.5.1998 – VIII ZR 292/97, NJW 1998, 2207; (im Ergebnis auch schon OLG Frankfurt v. 9.7.1980 – 17 U 29/80, MDR 1980, 939; OLG Hamm v. 25.9.1987 – 12 U 141/86, BB 1988, 301, 302.).

429 BGH v. 21.3.2002 – VII ZR 493/00, BGHZ 150, 226, 230; BGH v. 9.5.2001 – VIII ZR 208/00, NJW 2001, 2165, 2166; BGH v. 13.5.1998 – VIII ZR 292/97, NJW 1998, 2207; (im Ergebnis auch schon OLG Frankfurt v. 9.7.1980 – 17 U 29/80, MDR 1980, 939, OLG Hamm v. 25.9.1987 – 12 U 141/86, BB 1988, 301, 302.); Däubler/Dorndorf/Bonin/Deinert-Däubler, § 305 c Rn. 33; Erman/Roloff, § 305 c Rn. 27; Koch/Stübing, § 5 AGBG Rn. 11; Staudinger/Schlosser, § 305 c Rn. 124; Ulmer/Brandner/Hensen-Ulmer, § 305 c Rn. 88.

430 Vgl. dazu insbesondere Staudinger/Schlosser, § 305 c Rn. 124.

wendung unterschiedlicher, inhaltlich nicht aufeinander abgestimmter Klauselwerke beruhe.[431] Wenn allerdings selbst bei Unbeachtlichkeit einer der sich widersprechenden Klauseln keine Klarheit zu gewinnen sei, so seien beide Bestimmungen unwirksam.[432]

Die arbeitsgerichtliche Rechtsprechung ist jedenfalls im Sonderfall von Freiwilligkeitsvorbehalten hinsichtlich der Anwendbarkeit der Unklarheitenregel allerdings etwas skeptischer, wenn sich zwei Klauseln inhaltlich widersprechen.[433] Der hier zitierten Entscheidung zu Grunde lag eine Streitigkeit über Bonuszahlungen. Eine Klausel des Arbeitsvertrages sah vor, dass dem Arbeitnehmer eine Bonuszahlung zusteht. Im nächsten Abschnitt des Vertragswerkes war ein Freiwilligkeitsvorbehalt normiert, wonach kein Rechtsanspruch für die Zukunft begründet werden sollte. Näher begründet wurde die Unanwendbarkeit der Unklarheitenregel selbst allerdings nicht. Das BAG beschränkte sich auf die Aussage, dass widersprüchliche Klauseln nicht klar und verständlich im Sinne des Transparenzgebotes (gemeint war hier wohl die Transparenzkontrolle) seien, soweit sie einerseits einen Anspruch des Arbeitnehmers auf eine Bonuszahlungen begründen sollten, andererseits einen solchen Anspruch aber auch ausschließen sollten. Die Anwendung der Unklarheitenregel setze voraus, dass die Auslegung einer einzelnen AGB-Bestimmung mindestens zwei Ergebnisse als vertretbar erscheinen lasse und von diesen keine den klaren Vorzug verdiene. Dem dürfte die Vorstellung zugrunde gelegen haben, dass § 305 c Abs. 2 jedenfalls in der in Rede stehenden Konstellation von § 307 Abs. 1 S. 2 verdrängt wird. Es darf allerdings bezweifelt werden, dass der Senat der Anwendung der Unklarheitenregel bei sich widersprechenden AGB eine generelle Absage erteilen wollte. Nur ein gutes Jahr später entschied der gleiche Senat nämlich, dass die Unklarheitenregel in einer ähnlichen Situation zwar nicht direkt, aber immerhin entsprechend anwendbar sei.[434] Wenn bereits Zweifel bei der Auslegung Allgemeiner Geschäftsbedingungen zu Lasten des Klauselverwenders gingen, sei es gerechtfertigt anzunehmen, dass es auch zu Lasten des Klauselverwenders gehe, wenn sich von ihm formulierte Regelungen inhaltlich widersprächen und damit nicht klar und verständlich seien. In einem Fall widersprüchlicher Regelungen müsse es der Verfasser Allgemeiner Geschäftsbedingungen gegen sich gelten lassen, dass nur die seinem Vertragspartner günstige Klausel wirksam sei. Grundlage der Entscheidung war auch hier ein Freiwilligkeitsvorbehalt. Zwar handelte es sich um einen Altfall,

431 Staudinger/Schlosser, § 305 c Rn. 124; Ulmer/Brandner/Hensen-Ulmer, § 305 c Rn. 88; unter Verweis auf: OLG Frankfurt v. 17.12.1980 – 105/80, DB 1981,637; OLG Köln v. 22.10.1987 – 1 U 40/87, NJW-RR 1988, 504, 505.

432 Staudinger/Schlosser, § 305 c Rn. 124; Ulmer/Brandner/Hensen-Ulmer, § 305 Rn. 88.

433 BAG v. 24.10.2007 – 10 AZR 825/06, AP Nr. 32 zu § 307 BGB.

434 BAG Urteil v. 10.12.2008 – 10 AZR 1/08, AP Nr. 40 zu § 307 BGB = DB 2009, 684 f..

d.h. die Allgemeinen Geschäftsbedingungen wurden vor Inkrafttreten der Schuldrechtsreform verwendet. Da es sich hier aber um ein Dauerschuldverhältnis handelte, fanden dennoch gemäß Art. 229 § 5 EGBGB die §§ 305 ff. Anwendung.

5. Ergebnis

Hinsichtlich der Rechtsfolgenanordnung der Unklarheitenregel kann man damit festhalten:

- Im Individualprozess ist bei der Feststellung dessen, was zu Lasten des Verwenders gehen soll, auf die konkret individuelle Situation des konkreten Vertragsverhältnisses abzustellen, d.h. sämtliche Umstände des Einzelfalles sind zu berücksichtigen. Dies ergibt sich daraus, dass die Unklarheitenregel in erster Linie einen umfassenden Schutz des Kunden bezweckt und weniger als reine Sanktionsnorm gegenüber dem Verwender anzusehen ist. Diesem Zweck wird man aber nur gerecht, wenn auf die einzelne Situation abgestellt wird. Dies gilt sowohl für den Verbrauchervertrag, als auch für den „normalen" Geschäftsverkehr ohne Beteiligung eines Verbrauchers.
- Die besseren Gründe sprechen dafür, aufgrund der Geltungsanordnung der Unklarheitenregel zudem auf die subjektive Sicht des konkreten Vertragspartners abzustellen. Folge dessen ist, dass dem Verwendungsgegner ein Wahlrecht zuzubilligen ist. Selbst wenn man in diesem Punkt eine andere Auffassung vertreten will, erfordert die Unklarheitenregel aber zumindest dann, wenn sich anhand objektiver Kriterien nicht feststellen lässt, was für den konkreten Kunden günstiger ist, dass es auf die subjektive Sicht des Betroffenen ankommt. Soweit dieses Wahlrechts zugebilligt wird, ist zu beachten, dass der Kunde an seine einmal ausgeübte Wahl gebunden ist. Dies ergibt sich sowohl aus dem Sinn und Zweck der Unklarheitenregel, als auch aus dem Verbot des widersprüchlichen Verhaltens, sog. „venire contra factum proprium".
- Bei der Ermittlung der kundengünstigsten Auslegungsalternative ist zudem stets das Ergebnis einer hypothetischen Inhaltskontrolle zu beachten. Methodisch gesehen führt dies dazu, dass die betreffende Klausel zunächst im kundenungünstigsten Sinne einer Inhaltskontrolle zu unterziehen ist und erst, wenn sich die Klausel als kontrollfest erweist, die kundengünstigste Sichtweise als maßgeblich erachtet wird. Mit einzubeziehen ist auch die Überlegung, dass ein Wegfall der Klausel mitunter ungünstiger sein könnte, als das dispositive Recht.
- Mangels einer konkreten Vertragsbeziehung kann bei der Anwendung der Unklarheitenregel im Verbandsverfahren schon aus logischen Gründen nur auf eine abstrakt generelle, d.h. typisierende Günstigkeitsbeurteilung zurückge-

griffen werden. Hinsichtlich der Vorgehensweise ist auch diesbezüglich das Ergebnis einer hypothetischen Inhaltskontrolle zu beachten.
- Keine mögliche Rechtsfolge der Anwendung der Unklarheitenregel ist die Unwirksamkeit einer Klausel. Diese kann sich nur als Resultat einer kundenfeindlichen Auslegung in Verbindung mit den Inhaltskontrollvorschriften der §§ 307 ff. ergeben.

E) Abgrenzung von sonstigen Vorschriften, die Unklarheiten sanktionieren

Da es sich sowohl bei § 305 c Abs. 2, als auch bei der Einbeziehungskontrolle nach § 305 Abs. 2, dem Verbot der Verwendung überraschender Klauseln des § 305 c Abs. 1, sowie der Transparenzkontrolle des § 307 Abs. 1 S. 2 um Erscheinungsformen des Transparenzgebots handelt,[435] ergeben sich zwischen diesen Regelungen Berührungspunkte, da sämtliche genannten Vorschriften zumindest auf den ersten Blick dazu berufen sind, Unklarheiten zu sanktionieren. Vor allem die Beziehung zwischen der Unklarheitenregel und der Transparenzkontrolle des § 307 Abs. 1 S. 2 ist bislang weder durch die Rechtsprechung noch durch das Schrifttum hinreichend aufgearbeitet. Nachdem die Anwendungsvoraussetzungen und Rechtsfolgen der Unklarheitenregel ausführlich erörtert wurden, soll sich die Untersuchung nun auf die Frage konzentrieren, inwieweit eine Schnittmenge zwischen den genennten Vorschriften besteht und wie gegebenenfalls daraus entstehende Konkurrenzverhältnisse zu lösen sind, bzw. wie der Gesetzgeber diese mutmaßlich gelöst hat.

I. Verhältnis zur Einbeziehungskontrolle

Die erste Hürde, die eine unklare Klausel bzw. ein insgesamt schwer verständliches Vertragswerk bei der AGB-Prüfung zu überspringen hat, ist die Einbeziehungskontrolle nach § 305 Abs. 2 Nr. 2. Demnach werden Allgemeine Geschäftsbedingungen nur dann Bestandteil eines Vertrages, wenn der Verwender bei Vertragsschluss der anderen Vertragspartei die Möglichkeit verschafft, in zumutbarer Weise von ihrem Inhalt Kenntnis zu nehmen. Hierfür ist vor allen Dingen notwendig, dass die Allgemeinen Geschäftsbedingungen für den Kunden

---

435 Staudinger/Coester, § 307 Rn. 171; Ulmer/Brandner/Hensen-Fuchs, § 307 Rn. 323; Wolf/Lindacher/Pfeiffer-Wolf, § 307 Rn. 235.

frei verfügbar und lesbar sind.[436] Paradebeispiel für den Anwendungsbereich der Einbeziehungskontrolle ist das nicht mehr ohne weiteres lesbare „Kleingedruckte". Insofern geht es zunächst in § 305 Abs. 2 Nr. 2 um formal technische Aspekte. In diesem Bereich kann es mithin kaum zu Überschneidungen, geschweige denn Konflikten mit der Unklarheitenregel kommen.

Im Verhältnis zur Unklarheitenregel kann die Einbeziehungskontrolle aber dennoch relevant werden, weil verbreitet die Auffassung vertreten wird, dass auch rein inhaltliche Unklarheiten anhand von § 305 Abs. 2 Nr. 2 zu überprüfen seien.[437] Zur Möglichkeit, vom Inhalt Kenntnis zu nehmen, gehöre auch die Verständlichkeit der gewählten Formulierungen, es reiche nicht aus, dass der Kunde weiß, dass überhaupt AGB existieren und einbezogen werden sollen.[438] Obwohl das Transparenzgebot mittlerweile im Rahmen des § 307 Abs. 1 S. 2 als Transparenzkontrolle ausdrücklich als Maßstab der Inhaltskontrolle normiert worden sei, sei es auch schon bei der er Einbeziehungskontrolle zu berücksichtigen.[439] Auch die Existenz der Unklarheitenregel dürfe nicht dahingehend missverstanden werden, dass dadurch eine inhaltsbezogene Einbeziehungskontrolle entbehrlich sei und dem Verwender als einzige Sanktion das Auslegungsrisiko aufzubürden sei.[440] Nach teilweise vertretener Ansicht kann schon die Unbestimmtheit einer Formulierung zur Anwendung des § 305 Abs. 2 Nr. 2 führen.[441] Vor allem wenn eine Unklarheit mittels der Unklarheitenregel beseitigt werden könnte, stellt sich die Frage, ob die Unklarheitenregel in diesem Fall nicht vorrangig zu beachten ist.[442] Uneinig ist man sich aber vor allem darüber, nach welchen Kriterien eine Abgrenzung vorzunehmen ist. Häufig ist den Ausführungen nicht einmal klar zu entnehmen, was überhaupt ein Anwendungsfall des § 305 Abs. 2 Nr. 2 sein soll und was nicht.

Soweit ersichtlich, hatte sich die Rechtsprechung bei inhaltlichen Unklarheiten im Rahmen der Einbeziehungskontrolle vor allem mit Sachverhalten zu beschäf-

---

436 Wolf/Lindacher/Pfeiffer-Pfeiffer, § 305 Rn. 84 ff.

437 Bamberger/Roth-Schmidt, § 307 Rn. 42; Basedow, VersR 1999, 1046 ff.; Berger, ZGS 2004, 329, 333; Gottschalk, AcP 206 (2006), 568 ff.; Heinrichs, FS-Trinkner, S. 157, 160; MünchKomm/Basedow, § 305 Rn. 69; Palandt/Grüneberg, § 305 c Rn. 41; Palandt/Heinrichs, (64.Auflage), § 305 Rn. 41; Staudinger/Coester, § 307 Rn. 171; Ulmer/Brandner/ Hensen-Ulmer, § 305 Rn. 150; v.Westphalen/Thüsing, Vertragsrecht und AGB-Klauselwerke, Nr. 34 Transparenzgebot, Rn. 5; Wolf/Lindacher/Pfeiffer-Pfeiffer, § 305 Rn. 88; Wolf/Lindacher/Pfeiffer-Wolf, § 307 Rn. 239.

438 Wolf/Lindacher/Pfeiffer-Pfeiffer, § 305 Rn. 84.

439 Palandt/Grüneberg, § 305 Rn. 41.

440 Ulmer/Brandner/Hensen-Ulmer, § 305 Rn. 150.

441 Wolf/Lindacher/Pfeiffer-Pfeiffer, § 305 Rn. 88.

442 In noch stärkerem Maße wird diese Frage bei der Abgrenzung der Anwendungsbereiche der §§ 305 c Abs. 2 und 307 Abs. 1 S. 2.

tigen, in denen auf andere Regelungswerke Bezug genommen wurde, diese selbst dem Kunden aber nicht bekannt waren bzw. nicht ausgehändigt wurden.[443] In seltenen Fällen ging es auch um inhaltliche Unklarheiten der Formulierung selbst, wie z.B. beim Verweis auf Grundsätze einer Vollkaskoversicherung[444] oder im Rahmen eines Haftungsausschlusses „soweit gesetzlich zulässig"[445]. An eindeutigen Aussagen zum Verhältnis der Unklarheitenregel und der Einbeziehungskontrolle fehlt es allerdings gänzlich. Immerhin wird aber deutlich, dass die Rechtsprechung nie eine ausufernde Transparenzkontrolle unter inhaltlichen Gesichtspunkten im Rahmen der Einbeziehungskontrolle durchgeführt hat.

Wolf will die Abgrenzung zwischen Einbeziehungskontrolle und inhaltlicher Transparenzkontrolle nach § 307 und damit wohl auch zu § 305 c Abs. 2 von den unterschiedlichen Schutzzielen her definieren.[446] Seines Erachtens diene die Einbeziehungstransparenz der Ermöglichung selbstbestimmter Entscheidungen beim Vertragsschluss, während die Transparenz bei der Inhaltskontrolle vor allem den angemessenen Interessenausgleichsausgleich und insbesondere die Abwicklungstransparenz sicherstellen solle.[447] Die Überprüfung der Transparenz bei der Einbeziehungskontrolle hindere nicht deren erneute Berücksichtigung bei der Inhaltskontrolle.[448] Da bei der Einbeziehung der Allgemeinen Geschäftsbedingungen kaum alle Fallgestaltungen überschaubar und vorhersehbar seien und den Kunden zum Teil auch die Möglichkeit der Nachfrage und Klärung beim Vertragsabschluss offen stehe, genüge zur Wahrung der Selbstbestimmung bei der Einbeziehung eine weniger detaillierte Transparenz als bei der Inhaltskontrolle, bei der konkrete Sachverhalte darauf zu überprüfen seien, ob sie von einer verbindlich vereinbarten Klausel präzise erfasst werden oder nicht.[449]

---

443 BGH v. 10.6.1999 – VII ZR 170/98, NJW-RR 1999, 1246 f.; LAG Köln v. 19.6.2009 – 4 Sa 901/08, AuA 2009, 162: Verweis auf „Richtlinien", die nicht beigefügt waren; OLG Saarbrücken v. 15.12.2005 – 8 U 627/04, MDR 2006, 984 ff.: Verweis auf VOB.

444 Exemplarisch: BGH v. 19.1.2005 – XII ZR 107/01, BGHZ 162, 39 ff..

445 OLG Stuttgart v. 19.12.1980 – 2 U 122/80, NJW 1981, 1105, 1106: In der Sache ging es um den Ausschluss von Schadensersatzansprüchen im Falle des Verzugs und der Nichtleistung. Die Formulierung „ausgeschlossen, so weit gesetzlich zulässig" war den Richtern zu unbestimmt.

446 Wolf/Lindacher/Pfeiffer-Wolf, § 307 Rn. 239; ebenso Oetker JZ 2002, 337 ff.; explizit dagegen aber MünchKomm/Kieninger, § 307 Rn. 52 unter Verweis auf eine entgegenstehende Praxis der Rechtsprechung in BGH v. 9.5.2001 – IV ZR 138/99, BGHZ 147, 373, 378 und BGH v. 12.10.2005 – IV ZR 162/03, BGHZ 164, 297 ff.

447 Wolf/Lindacher/Pfeiffer-Wolf, § 307 Rn. 239.

448 Wolf/Lindacher/Pfeiffer-Wolf, § 307 Rn. 239; so auch: Staudinger/Coester, § 307 Rn. 171; in diesem Punkt explizit anderer Ansicht allerdings: Hansen, WM 1990, 1521, 1524.

449 Wolf/Lindacher/Pfeiffer-Wolf, § 307 Rn. 240.

Auch liest man, dass von § 305 Abs. 2 Nr. 2 nur grobe Unklarheiten, die zur Unverständlichkeit der Klausel insgesamt führten, erfasst seien.[450] Teilweise wird auch nach einer Intransparenz des Kernbereichs bzw. des Randbereichs einer Klausel differenziert.[451] Die Einbeziehung einer Klausel, die in ihrem Kernbereich unklar oder unverständlich sei, scheitere bereits an § 305 Abs. 2 Nr. 2. Für § 305 c Abs. 2 bleibe nur Raum, wenn die im Grundsatz verständliche Klausel in Einzelaspekten mehrdeutig sei.[452] Andere betonen, dass Klauseln an der Einbeziehungskontrolle scheiterten, wenn entweder das gesamte Klauselwerk oder einzelne Klauselteile insgesamt unklar seien.[453] Offen bleibt freilich, wann ein Klauselwerk insgesamt unklar sein soll.

Nach *Basedow* geht es – anders als etwa bei der Transparenzkontrolle des § 307 Abs. 1 S. 2 – bei der Einbeziehungskontrolle nicht um die inhaltliche Würdigung *einzelner Klauseln*, sondern allein um die *formal-sprachliche Transparenz* der Allgemeinen Geschäftsbedingungen bzw. des Klauselwerkes *insgesamt*.[454] Aus sich heraus nicht verständlich seien daher insbesondere Allgemeine Geschäftsbedingungen, die auf ein Regelwerk oder Normen verweisen, welche selbst nicht mit abgedruckt sind. Hierzu zähle auch der Verweis auf anderweitige Allgemeine Geschäftsbedingungen, insbesondere etwa die VOB. Damit lehnt er die Berücksichtigung inhaltlicher Unklarheiten im Rahmen der Einbeziehungskontrolle zwar nicht ausdrücklich ab. Materiell gesehen kommt dies aber einer Ablehnung gleich. Denn gerade bei einer Weiterverweisung auf andere Regelwerke handelt es sich in erster Linie um ein „technisches" Problem der Wahrnehmungsmöglichkeit, nicht um eines der Auslegung. Nach dieser Sichtweise dürfte es daher kaum zu Überschneidungen des Anwendungsbereichs der Unklarheitenregel und der Einbeziehungskontrolle kommen, da § 305 c Abs. 2 bei Klauseln, die insgesamt unklar sind, kaum anwendbar sein dürfte. Denn die Anwendung der Unklarheitenregel macht nur Sinn, wenn durch die Anwendung bzw. nach der Anwendung ein eindeutiges Ergebnis erzielt werden kann. Hieran fehlt es aber bei insgesamt unverständlichen Klauselwerken bzw. Teilen von Klauselwerken.

Ähnlich sieht dies auch *Becker*: Es müsse hinreichend transparent sein, ob und welche AGB in den Vertrag einbezogen werden. Das in § 305 Abs. 2 Nr. 2 enthaltene Transparenzgebot greife insoweit § 305 c nicht vor, sondern trete ergänzend hinzu: Sei aufgrund der äußeren Gestaltung der AGB unklar, welche Klau-

---

450 So insbesondere: Staudinger/Coester, § 307 Rn. 171.

451 Heinrichs, FS-Trinkner, S. 157, 160; Palandt/Grüneberg, § 305 Rn. 41.

452 Heinrichs, FS-Trinkner, S. 157, 160; Palandt/Grüneberg, § 305 Rn. 41.

453 Staudinger/Coester, § 307 Rn. 171; Ulmer/Brandner/Hensen-Ulmer, § 305 Rn. 150.

454 Basedow, VersR 1999, 1046 ff.; MünchKomm/Basedow, § 305 Rn. 69; dem folgend: Berger, ZGS 2004, 329, 333; Gottschalk, AcP 206 (2006), 555, 571; Jauernig/Stadler, § 305 Rn. 14.

seln in den Vertrag einbezogen werden sollen, sei dem Kunden eine zumutbare Kenntnisnahme nicht möglich; seien einzelne, wirksam einbezogene AGB-Klauseln mehrdeutig und unverständlich, greift § 305c Abs 2.[455]

Im Gegensatz dazu können nach *Pfeiffer* schon einzelne unbestimmte Formulierungen zur Anwendung des § 305 Abs. 2 Nr. 2 führen, sofern eine klarere Fassung zumutbar gewesen sei.[456]

Ausdrücklich gegen eine Berücksichtigung inhaltlicher Aspekte im Rahmen der Einbeziehungskontrolle sprechen sich *Schmidt* und *Schulte-Nölke* aus.[457] Bei der Einbeziehungskontrolle könne es nur um formale Kriterien gehen. Beispiele hierfür seien Unklarheiten, die sich aus einer systematisch fragwürdigen Klauselgestaltung und -anordnung ergeben bzw. Zweifel bezüglich bestimmter Verweisungen innerhalb eines Klauselwerks oder auf externe Regelwerke.[458] Der Rückschluss, dass Klauseln, die inhaltlich intransparent seien, damit auch schon nicht einbezogen werden könnten, sei unter Berücksichtigung der Systematik des AGB-Rechts nicht richtig.[459] Eine Transparenzkontrolle unter inhaltlichen Gesichtspunkten sei überdies auf der Ebene der Einbeziehungskontrolle überflüssig, da eine solche in § 307 Abs. 1 S. 2 ohnehin vorgesehen sei.[460] Eigenständige Kriterien ließen sich kaum finden. Ohnehin wäre der Anwendungsbereich beschränkt auf Nebenabreden außerhalb des unternehmerischen Verkehrs. Denn bei Preisvereinbarungen und Leistungsbeschreibungen handele es sich um notwendige Vertragsbestandteile. Sollten diese an der Einbeziehung scheitern, wäre der gesamte Vertrag hinfällig. Im unternehmerischen Verkehr sei § 305 Abs. 2 ausdrücklich nicht anwendbar. Zudem passe auch die Rechtsfolge des § 305 Abs. 2 Nr. 2, nämlich die Nichteinbeziehung der unklaren Klausel in den Vertrag, nicht in solchen Fällen, in denen die Klausel für den Kunden günstig gewesen wäre.[461] Folge dieser Ansicht ist, dass auch schwer verständliche Klauseln zunächst in den Vertrag einbezogen werden. Mittels der Unklarheitenregel kann dann versucht werden, den betreffenden Klauseln einen eindeutigen Inhalt zu geben. Wenn sich ein eindeutiger Inhalt auch durch Anwendung der Unklarheitenregel nicht fest-

---

455 Bamberger/Roth-Becker, § 305 Rn. 60.

456 Wolf/Lindacher/Pfeiffer-Pfeiffer, § 305 Rn. 88. Er sieht aber wohl selbst ein, dass dies eher ein Anwendungsfall von § 307 Abs. 1 S.2 ist.

457 Bamberger/Roth-Schmidt, § 307 Rn. 42; HK-BGB/Schulte-Nölke, § 305 Rn. 16; früher schon Dietlein/Rebmann, § 2 AGBG Rn. 5; Löwe/v.Westphalen-Löwe, § 2 AGBG Rn. 17; vgl. auch Niedenführ, Informationsgebote des AGB-Gesetzes, S. 97, der die einzig realistische Funktion der Einbeziehungskontrolle darin sieht, dass der Vertragspartner überhaupt über die Geltung der AGB informiert wird.

458 Bamberger/Roth-Schmidt, § 307 Rn. 42.

459 Bamberger/Roth-Schmidt, § 307 Rn. 42.

460 HK-BGB/Schulte-Nölke, § 305 Rn. 16.

461 HK-BGB/Schulte-Nölke, § 305 Rn. 16.

stellen lässt, dürfte die Klausel gegen § 307 Abs. 1 S. 2 verstoßen. Ob die betreffende Klausel wegen Verstoßes gegen das Transparenzgebot auch dann keine Wirksamkeit erlangt wenn ihr nach Anwendung der Unklarheitenregel ein eindeutige Bedeutung zugemessen werden kann, ist dann eine Frage des Verhältnisses zwischen der Unklarheitenregel und § 307 Abs. 1 S. 2.[462]

Die Spannbreite der vertretenen Auffassungen dessen, was schon bei der Einbeziehungskontrolle zu berücksichtigen ist und sich damit zu Lasten des Anwendungsbereichs der Unklarheitenregel auswirken würde, reicht mithin von nur insgesamt unklaren Vertragswerken bis hin zu Unklarheiten bei einzelnen unbestimmten Formulierungen. Es bleibt aber festzuhalten, dass nach den meisten Ansichten die Schnittmenge der Anwendungsbereiche der Einbeziehungsklontrolle sowie der Unklarheitenregel sehr gering sein sollte, gleich ob man nun darauf abstellt, dass von § 305 Abs. 2 Nr. 2 nur insgesamt unklare Vertragswerke, insgesamt unklare Klauseln, im Kernbereich unklare Klauseln in inhaltlicher Hinsicht, insgesamt unklare Klauselwerke in formal sprachlicher Hinsicht, oder gar unklare Einzelformulierungen erfasst sind. Dogmatisch gesehen überzeugen dennoch einzig diejenigen Ansichten, die eine Einbeziehungskontrolle auf formal-sprachliche, besser gesagt formal-technische Aspekte beschränken wollen, wobei es nur konsequent erscheint, den Schritt „zu wagen" und gänzlich auf die Berücksichtigung inhaltlicher Unklarheiten zu verzichten.

Entscheidendes Argument hierfür ist, dass mit der Schaffung des § 307 Abs. 1 S. 2 eine eigenständige Inhaltskontrolle auf Ebene der Einbeziehungskontrolle überflüssig geworden ist und. Darüber hinaus wäre eine solche auf dieser Ebene systemwidrig. Denn zum einen können sämtliche inhaltlich unklaren Klauseln, die den Kunden belasten könnten, auch nach allen zum Verständnis der Reichweite des § 307 Abs. 1 S. 2 vertretenen Ansichten eliminiert werden. Zum anderen würde eine der Auslegung vor bzw. gleich gelagerte Inhaltskontrolle der mittlerweile allgemein anerkannten, klaren Trennung von Auslegung und Inhaltskontrolle zuwider laufen. Auch ist kaum einzusehen, warum Unklarheiten, die sich durch eine Anwendung des § 305 c Abs. 2 beheben ließen, nicht in Verträge einbezogen werden sollen. Gleiches gilt bei intransparenten Bestimmungen, die für den Kunden günstig sind.

Schon der Gesetzgeber des AGB-Gesetzes bewertete die Obliegenheit zur Kenntnisverschaffung als rein formal.[463] In der Regierungsbegründung heißt es zu diesem Punkt ausdrücklich: „Seiner Obliegenheit zur Kundbarmachung der Bedingungen wird der Verwender in jedem Fall genügen, wenn er dem anderen Vertragsteil den Wortlaut der Bedingungen zugeleitet oder übergibt. Zur Mög-

462 Siehe dazu: Teil 1.E.III.

463 BT-Drucks. 7/3919, S. 18.

lichkeit, in zumutbarer Weise vom Inhalt von AGB Kenntnis zu nehmen, gehört es im Übrigen auch, dass diese mühelos lesbar sind.“[464] Auch die im Rahmen der Schuldrechtsreform vorgenommene Modifikation der Einbeziehungskontrolle durch Ergänzung des Relativsatzes „die auch eine für den Verwender erkennbare körperliche Behinderung der anderen Vertragspartei angemessen berücksichtigt“ zeigt, dass es dem Gesetzgeber in der Sache um formal-technische Aspekte der Möglichkeit der Kenntnisnahme ging und nicht um inhaltliche Kriterien. Auch dies wird in der Diskussion selten beachtet.

Nicht zuletzt liegt es auch schon nach dem Wortlaut näher, nur formaltechnisch-sprachliche Kriterien zu berücksichtigen. Es erscheint doch eher gekünstelt, auch bei inhaltlich zweifelhaften Formulierungen davon zu sprechen, dass keine zumutbare Möglichkeit bestand, vom Inhalt der Formulierungen Kenntnis zu nehmen. Denn der Inhalt selbst wird auch bei inhaltlich zweifelhaften Formulierungen zutreffend wahrgenommen, nämlich dergestalt, dass die Klausel eben einen unklaren Inhalt hat.

II. Verhältnis zu § 305 c Abs. 1

Die Bestimmung des Verhältnisses zwischen § 305 c Abs. 2 und § 305 c Abs. 1 fällt nicht schwer. Obwohl beide Regelungen Ausprägungen des Transparenzgebotes sind, liegen ihnen doch unterschiedliche Schutzzwecke zu Grunde. Anders als die Unklarheitenregel soll § 305 c Abs. 1 vor allem die Erwartungen des Kunden an einen entsprechenden Vertragsinhalt, bzw. das Vertrauen des Kunden in den redlichen Geschäftsverkehr schützen.[465] Der Kunde soll – gleich ob er die AGB gelesen hat oder nicht – darauf vertrauen dürfen, „dass sich die einzelnen Regelungen im Großen und Ganzen im Rahmen dessen halten, was nach den Umständen bei Abschluss des Vertrages erwartet werden kann“.[466] Es mag zwar sein, dass auch Unklarheiten zu der von § 305 Abs. 1 geforderten Überrumpelung bzw. Ungewöhnlichkeit einer Klausel beitragen.[467] Dennoch kommt man im Rahmen des § 305 c Abs. 1 nicht ohne ein „materielles“ Überraschungsmoment“ aus.[468] Überraschend im Sinne von § 305 c Abs. 1 ist eine Klausel, wenn zwischen Vertragsinhalt bei unterstellter Geltung der zu beurteilenden Klausel und

464 BT-Drucks. 7/3919, S. 18.

465 MünchKomm/Basedow, § 305 c Rn. 1; Ulmer/Brandner/Hensen-Ulmer, § 305 c Rn. 2.

466 BT-Drucks. 7/3919, S. 19.

467 In diesem Sinne wohl: Wagner-Wieduwilt, WM 1989, 37, 42; Löwe/v.Westphalen /Trinkner-Trinkner, § 3 AGBG Rn. 12.

468 MünchKomm/Basedow, § 305 c Rn. 1; Ulmer/Brandner/Hensen-Ulmer, § 305 c Rn. 11; Wolf/Lindacher/Pfeiffer-Lindacher, § 305 c Rn. 18.

den begründeten Erwartungen des Kunden eine deutliche Diskrepanz besteht.[469] In objektiver Hinsicht muss die Klausel ungewöhnlich sein. In subjektiver Hinsicht muss der Kunde von ihr überrascht sein. Vor allem die zweite Voraussetzung setzt denknotwendig voraus, dass der Kunde eine gewisse Erwartungshaltung bezüglich des Inhalts einer Klausel hatte. Ist aber gerade der Inhalt einer Klausel unklar, kann folglich auch kaum eine Diskrepanz zu einer bestimmten Erwartungshaltung entstehen. Allein die Erwartung, dass der Kunde die Allgemeinen Geschäftsbedingungen versteht, wird soweit ersichtlich nicht von § 305 c Abs. 1 geschützt. Ein Konkurrenzproblem kann somit nicht entstehen.

Ein Zusammenhang mit der Unklarheitenregel ergibt sich aber dann, wenn der Regelungsgehalt unklarer AGB-Klauseln und damit auch die Entscheidung über ihren überraschenden Charakter selbst erst durch Auslegung zu gewinnen ist. Exemplarisch ist der Fall, dass eine Deutungsvariante überraschend wäre, die andere(n) nicht. Nach verbreiteter Ansicht soll auch in einer solchen Konstellation die Unklarheitenregel dazu führen, dass zwar zunächst die für den Kunden scheinbar ungünstigere, weil überraschende Auslegungsvariante maßgeblich sein soll, die Wirksamkeit der Klausel aber freilich wegen Verstoßes gegen § 305 c Abs. 1 verhindert wird.[470] Insofern besteht eine gewisse Parallelität zu der oben erörterten Problematik der Feststellung der kundengünstigsten Deutungsalternative.[471]

Geht man davon aus, dass die Prüfung nach § 305 c Abs. 1 in drei Schritten erfolgt,[472] erscheint dies jedenfalls innerhalb der Regelung des § 305 c Abs. 1 systemgerecht: Im ersten Schritt ist festzustellen, welche Vorstellungen und Erwartungen der Kunde vom Inhalt des abgeschlossenen Vertrages nach den Umständen hatte und haben durfte. Im zweiten Schritt ist der Inhalt der streitigen Klausel zu ermitteln. Erst im dritten Schritt ist danach zu fragen, ob die Diskrepanz zwischen den Vorstellungen des Kunden und dem Inhalt der Klausel so groß ist, dass sich die Annahme rechtfertigt, es handele sich um eine überraschende Klausel im Sinne des § 305 c Abs. 1. Fehlt es an einem eindeutigen Inhalt, so kann auf der zweiten Stufe mittels Anwendung der Unklarheitenregel ein solcher bestimmt werden.

Bedenken ergeben sich zwar aus der Tatsache, dass § 305 c Abs. 1 systematisch gesehen der Einbeziehungskontrolle zuzuordnen ist.[473] Diese ist nach der Systematik des AGB-Rechts der Auslegung vorgeschaltet, das heißt, Klauseln, die an der Einbeziehungskontrolle bzw. an § 305 c Abs. 1 scheitern, werden erst

469 BGH v. 11.12.2003 – III ZR 118/03, BGH NJW-RR 2004, 780, 781; Wolf/Lindacher/ Pfeiffer-Lindacher, § 305 c Rn. 18.

470 Staudinger/Schlosser, § 305 c Rn. 106; Ulmer/Brandner/Hensen-Ulmer, § 305 c Rn. 3, 63.

471 Siehe Teil 1.D.III.1.b.

472 Vgl. die Ausführungen bei MünchKomm/Basedow, § 305 c Rn. 5.

473 Zu dieser systematischen Einordnung vgl. Wolf/Lindacher/Pfeiffer-Lindacher, § 305 c Rn. 5.

gar nicht Vertragsinhalt.[474] Es erscheint daher auf den ersten Blick etwas merkwürdig, eine Klausel auszulegen, die nicht einmal Inhalt des Vertrages geworden ist. Wie bei der Problematik der Ermittlung der kundengünstigsten Auslegungsalternative setzt sich aber auch hier der Schutzzweck der Unklarheitenregel gegen die Bedenken in systematischer Hinsicht durch.[475]

III. Verhältnis zu § 307 Abs. 1 S. 2

Probleme bereitet die Bestimmung des Verhältnisses zwischen der Transparenzkontrolle des § 307 Abs. 1 S. 2 und der Unklarheitenregel, wenn die Unklarheit potentiell durch die Unklarheitenregel beseitigt werden könnte. Denn in diesem Fall sehen beide gesetzlichen Vorschriften unterschiedliche Sanktionen vor. Auf der einen Seite ist die Unwirksamkeit einer Klausel angeordnet, auf der anderen Seite „nur" die Auslegung zu Lasten des Verwenders. Betrachtet man nur den Wortlaut, so könnte sich daraus eine erhebliche Schnittmenge ergeben, obwohl beide Vorschriften in systematischer Hinsicht unterschiedlichen "Instituten" zuzuordnen sind, nämlich der Auslegung und der Inhaltskontrolle bzw. der Transparenzkontrolle, wenn man davon ausgeht, dass diese eine eigenständige Prüfungskategorie ist. Entsprechend wird im rechtswissenschaftlichen Schrifttum auch die Vermutung geäußert, dass die Unklarheitenregel zunehmend von der Transparenzkontrolle in den Hintergrund gedrängt werde.[476] Andere sind hingegen der Ansicht, dass die Unklarheitenregel große praktische Bedeutung habe.[477] Wie bereits in der Einleitung erwähnt, wird der Unklarheitenregel teilweise gar attestiert, dass sie zur dominierenden Norm eines neuen AGB-Rechts werden könne.[478] Jedenfalls scheint eine klare Abgrenzung bisher nicht gefunden.[479] Wahrscheinlich nicht zuletzt aufgrund des enormen Zeitdrucks der Verabschiedung der Schuldrechtsreform hat der Gesetzgeber es versäumt, das Verhältnis beider Regelungen klarzustellen.

---

474 Wolf/Lindacher/Pfeiffer-Lindacher, § 305 c Rn. 45.

475 Vgl. oben Punkt: Teil 1.D.III.1.b.

476 So insbesondere Stoffels, Rn. 368.

477 Thüsing Rn. 90; zur Rechtslage vor der Schuldrechtsreform schon: Roth, WM 1991, 2085, 2086; Schlechtriem, FS-Heinrichs, S. 503; Ulmer, 10 Jahre AGB-Gesetz, S. 5.

478 Thüsing, AGB-Kontrolle, Rn. 90.

479 HK-BGB/Schulte-Nölke, § 305 c Rn. 4: „Das Verhältnis der Vorschrift (der Unklarheitenregel) zur Inhalts- und vor allem zur Transparenzkontrolle ist unklar."; ebenso Lange, ZGS 2004, 208: „Wann eine AGB-Bestimmung die Grenze der Wirksamkeit i.S.d. § 305 c Abs. 2 zur Unwirksamkeit gem. § 307 Abs. 1 S. 2 i.V.m. § 307 Abs. 1 S. 1 überschreitet, ist bislang trotz ihrer erheblichen praktischen Bedeutung ungeklärt."; vgl. auch Zöllner, Beilage zu Heft 3 NZA 2006, 99, 105.

1. Bestimmung der Schnittmenge beider Regelungen

Bevor eine Aussage zum Verhältnis beider Regelungen zueinander gemacht werden kann, sind zunächst der Anwendungsbereich, d.h. die Anwendungsvoraussetzungen der Transparenzkontrolle und insbesondere die daraus entstehende Schnittmenge beider Regelungen zu erörtern.

a) Sinn und Zweck der Transparenzkontrolle

Entsprechend der Zweckbestimmung des Transparenzgebotes besteht der Schutzzweck der Transparenzkontrolle des § 307 Abs. 1 S. 2 darin, eine inhaltliche Benachteiligung des Vertragspartners dadurch zu vermeiden, dass der Vertragspartner verständliche und zutreffende Informationen über die vertraglichen Rechte und Pflichten erhält.[480] Geschützt werden durch die Transparenzkontrolle nicht die intellektuellen Erkenntnismöglichkeiten des Vertragspartners an sich, sondern seine Rechtspositionen.[481] Insoweit sind zwei Aspekte zu unterscheiden: die transparente Information ist für den Vertragspartner sowohl für den Vertragsschluss als auch bei der Vertragsdurchführung von Bedeutung. Zum einen kann die Unklarheit dem Vertragspartner bei Vertragsschluss die Möglichkeit nehmen, den Vertrag sachgerecht zu beurteilen. Es droht dem Vertragspartner die Gefahr, dass er zu einer falschen Beurteilung veranlasst wird, ob der Vertrag für ihn günstig und akzeptabel ist. Dadurch werden die Vertragspartner der Marktvergleich und die Wahrnehmung von Ausweichmöglichkeiten am Markt erschwert. Zum anderen kann die Unklarheit im Rahmen der Vertragsdurchführung zu einer Erschwerung der Wahrnehmung durch den Vertragspartner führen. Eine unklare Klausel begründet die Gefahr, dass der Vertragspartner im Konfliktfall seine Rechte und Pflichten falsch einschätzt oder aus anderen Gründen nicht zweckmäßig durchsetzt. Der Vertragspartner wird veranlasst, vor scheinbaren Rechten des Verwenders zu kapitulieren.

Im Wesentlichen sind daher 3 Fallgruppen bzw. Schutzrichtungen zu unterscheiden:

1. Verstöße gegen die Rechtsklarheit (Abwicklungstransparenz) = Schutz davor, dass man seine Rechte auch wahrnemen kann
2. Verstöße gegen die Preisklarheit (Abschlusstransparenz) = Schutz vor einer Verschleierung des Preis-Leistungs-Verhältnisses
3. Verstöße gegen das Bestimmtheitsgebot, = das heißt, der Anwender soll sich nicht einen unangemessenen Entscheidungsspielraum ausbedingen.

---

480 Däubler/Dorndorf/Bonin/Deinert-Dorndorf/Bonin, § 307 Rn. 146; Ulmer/Brandner/Hensen-Fuchs, § 307 Rn. 326.

481 Däubler/Dorndorf/Bonin/Deinert-Däubler § 307 Rn. 146.

b) Tatbestandsvoraussetzungen der Transparenzkontrolle, § 307 Abs. 1 S. 2

Nicht mit letzter Verbindlichkeit geklärt ist schon der Anwendungsbereich bzw. die Tatbestandsvoraussetzungen des § 307 Abs. 1 S. 2 selbst. Denknotwendig wirkt sich deren Bestimmung freilich auf die eventuelle Schnittmenge zwischen Unklarheitenregel und Transparenzkontrolle aus.

aa) Intransparenz als unangemessene Benachteiligung – Verhältnis von Intransparenz und Angemessenheitskontrolle

Nach dem Wortlaut des Gesetzes sind Bestimmungen in Allgemeinen Geschäftsbedingungen dann unwirksam, wenn sie den Vertragspartner des Verwenders entgegen den Geboten von Treu und Glauben unangemessen benachteiligen, § 307 Abs. 1 S. 1. Nach § 307 Abs. 1 S. 2 kann sich eine unangemessene Benachteiligung auch daraus ergeben, dass eine Bestimmung nicht klar und verständlich ist. Systematisch gesehen erscheint die Transparenzkontrolle auf den ersten Blick damit ein Unterfall der Inhaltskontrolle zu sein. Gänzlich geklärt ist dies auch im rechtswissenschaftlichen Schrifttum freilich noch nicht.[482] Umstritten ist daher, unter welchen Voraussetzungen die Intransparenz zu einer unangemessenen Benachteiligung und damit zur Unwirksamkeit der Klausel führt, insbesondere, ob allein schon die Intransparenz hierzu führen kann, oder ob es darüber hinaus einer materiellen Benachteiligung des Vertragspartners bedarf.[483] Zudem ist fraglich, ob § 307 Abs. 1 S. 2 auch Anwendung auf Klauseln findet, die die Rechtslage des Kunden verbessern.

(1) „Intransparenz reicht nur, wenn es sich um belastende Regelungen handelt"

Schon zur Rechtslage vor der Normierung des § 307 Abs. 1 S. 2 hielt die überwiegende Auffassung einen lediglich formalen Transparenzverstoß nicht für ausreichend, die Unwirksamkeit einer Klausel herbeizuführen, sondern verlangte, dass die Klausel auch eine Komponente inhaltlicher Unangemessenheit aufwies.[484] Nach der Rechtsprechung des BGH im Annuitätendarlehensfall war die

---

482 Ausführlich hierzu allerdings nunmehr Joppich, S. 37f.

483 Ausführlich zum Streitstand mit weiteren Nachweisen: Joppich, S. 13 ff. 26 ff.; MünchKomm/Kieninger, § 307 Rn. 53; Staudinger/Coester, § 307 Rn. 174; Ulmer/ Brandner/Hensen-Fuchs, § 307 Rn. 330 ff.;Wolf/Lindacher/Pfeiffer-Wolf, § 307 Rn. 250.

484 BGH v. 5.11.1998 – III ZR 5/97, BGHZ 140, 25, 31; BGH v. 24.11.1988 – III ZR 188/87, BGHZ 106, 42, 49; Hellner, FS-Steindorff, S. 573, 583 ff.; Köndgen, NJW 1989, 943, 947; Staudinger/Coester, § 9 AGBG Rn. 124; Wolf/Horn/Lindacher-Wolf, (4. Auflage), § 9 AGBG Rn. 146. Wolf, JZ 1988, 719.

Intransparenz lediglich ein Kriterium der Interessenabwägung.[485] Orientiert am klassischen Verständnis der Generalklausel des § 9 Abs. 1 AGBG wurde zunächst der benachteiligende Inhalt einer Klausel festgestellt.[486] Erst in der anschließenden Interessenabwägung wurde das Interesse des Kunden an einer möglichst transparenten Darstellung dieses Nachteils mit einbezogen.[487]

Auch nach der Schuldrechtsreform wird diese Ansicht mit unterschiedlicher Akzenturierung verbreitet vertreten.[488] Auch ein Verstoß gegen das Transparenzgebot führe nur dann zur Unwirksamkeit nach § 307, wenn daraus eine unangemessene Benachteiligung entstehe. Für den Rechtsanwender bedeutet dies, dass die unangemessene Benachteiligung der Klausel konkret festgestellt werden muss. Das folge aus der Verwendung des Wortes „kann" in § 307 Abs. 1 S. 2.[489] Zudem sei erforderlich, dass die materielle Rechtslage des Kunden durch den intransparenten Klauselinhalt verschlechtert werde.[490] Vorformulierte Vertragsbestimmungen, die die rechtliche Stellung des Kunden gegenüber dem dispositiven Recht verbesserten, würden daher auch in Zukunft nicht an § 307 Abs. 1 scheitern.[491] In der Regel liege allerdings eine unangemessene Benachteiligung schon in der unklaren Rechtslage und der Unübersichtlichkeit des Preis-Leistungs-Verhältnisses, weil dem Kunden dadurch die Ausübung seiner Entschließungsfreiheit bei Abschluss des Vertrages versagt werde, bzw. er daran gehindert werde, Verhandlungsmöglichkeiten oder Marktchancen wahrzunehmen.[492] Auf die-

---

485 So vor allem in BGH v. 24.11.1988 – III ZR 188/87, BGHZ 106, 42, 49.

486 BGH v. 24.11.1988 – III ZR 188/87, BGHZ 106, 42, 49.

487 BGH v. 24.11.1988 – III ZR 188/87, BGHZ 106, 42, 49.

488 Bamberger/Roth-Schmidt, § 307 Rn. 42 f.; Heinrichs, FS-Trinkner, S. 157, 162; Koch WM 2002, 2175; Palandt/Grüneberg, § 307 Rn. 20; Staudinger/Coester, § 307 Rn. 174; Wolf/Lindacher/Pfeiffer-Wolf, § 307 Rn. 250; wohl auch v.Westfalen, NJW 2002, 12, 17; ähnlich auch MünchKomm/Kieninger, § 307 Rn. 53: Zwar will er aus dem Gesetzeswortlaut ableiten, dass allein die Intransparenz den Kunden unangemessen benachteiligen könne, ohne dass darüber hinaus eine materielle Unausgewogenheit der vertraglichen Rechte und Pflichten festgestellt werden müsse. Er selbst billigt allerdings im nachfolgenden Satz zu, dass die Fälle, in denen eine intransparente Klausel inhaltlich nicht zu beanstanden sei, nur schwer vorstellbar sei. Vorformulierte Vertragsbestimmungen, die die rechtliche Stellung des Kunden gegenüber dem dispositiven Recht verbesserten, sollten nach seiner Ansicht daher auch in Zukunft nicht an § 307 Abs. 1 S. 2 scheitern.

489 v.Westphalen, NJW 2002, 12, 17.

490 Bamberger/Roth-Schmidt, § 307 Rn. 42; v.Westphalen, NJW 2002, 12, 17; Wolf/Lindacher/Pfeiffer-Wolf, § 307 Rn. 250.

491 So insbesondere: MünchKomm/Kieninger, § 307 Rn. 53 unter Verweis auf die Begründung des Rechtsausschusses: BT-Drucks. 14/7052, S. 188.

492 Wolf/Lindacher/Pfeiffer-Wolf, § 307 Rn. 250 unter Verweis auf: BGH v. 24.11.1988 – III ZR 188/87, BGHZ 106, 42, 49; BGH v. 5.11.1998 – III ZR 95/97, BGHZ 140, 25 ff.; BGH v. 12.10.2005 – IV ZR 162/03, NJW 2005, 3559; ebenso Palandt/Grüneberg, § 307 Rn. 20; Staudinger/Coester, § 307 Rn. 175.

ser Linie liegt wohl auch ein neueres Urteil des BGH.[493] Begründet wird diese Ansicht neben dem genannten Wortlaut vor allem mit systematischen und teleologischen Erwägungen: Zum einen stelle § 307 Abs. 1 S. 2 selbst die Verbindung zur unangemessenen Benachteiligung des § 307 Abs. 1 S. 1 her.[494] Zum anderen gebiete der Sinn und Zweck des AGB-Rechts, dass dem Kunden günstige Gestaltungen erhalten bleiben und nicht an einer Transparenzkontrolle scheitern.[495] Zudem stützt man sich auf die Entstehungsgeschichte der Norm: Aus dem im Gesetzgebungsverfahren geänderten Text des §§ 307 der in § 307 Abs. 3 S. 2 neben Abs. 1 S. 2 ausdrücklich auch Abs. 1 S. 1 in Bezug nehme werde verdeutlicht, dass nur eine kombinierte Anwendung beider Vorschriften die Klausel unwirksam machen könne.[496]

Zumindest in diese Richtung weisen auch verschiedene jüngere Entscheidungen des BAG.[497] Auch die jüngere Rechtsprechung des Bundesgerichtshofes scheint von dieser Auffassung auszugehen.[498] Anders lässt es sich kaum erklären, dass trotz nachgewiesener Intransparenz explizit festgestellt wird, dass in dieser Intransparenz zugleich eine unangemessene Benachteiligung der Kunden zu sehen sei, weil diese die Berechtigung der Preisänderung nicht verlässlich nachprüfen könnten.[499] Auch die Überlegungen des BGH[500], ob durch ein Kündigungsrecht der Vorwurf der unangemessenen Benachteiligung relativiert oder gar aufgehoben werden könne, würden wenig Sinn machen, wenn allein die formelle Intransparenz zur Unwirksamkeit der Klausel führen würde. Zudem ist kein Urteil ersichtlich, in dem die jüngere Rechtsprechung begünstigende Klauseln an einer Intransparenz scheitern ließ.

---

493 BGH v. 24.05.2006 – IV ZR 263/03, NJW 2006, 2545, 2547. Freilich waren die Richter in dieser Entscheidung nicht dazu genötigt, eine Aussage dazu zu machen, wie im Falle von begünstigenden intransparenten Vertragsgestaltungen zu verfahren ist, da der Entscheidung eine belastende Klausel zu Grunde lag.

494 Wolf/Lindacher/Pfeiffer-Wolf, § 307 Rn. 250.

495 Jauernig/Stadler, § 307 Rn. 6.

496 So vor allem Palandt/Grüneberg, § 307 Rn. 20.

497 BAG v. 24.10.2007 – 10 AZR 825/06, BAGE 124, 259 ff.; BAG v. 14.03.2007 – 5 AZR 630/06, AP Nr. 45 zu § 1 TVG Bezugnahme auf Tarifvertrag : „..Ein Verstoß gegen das Transparenzgebot liegt deshalb nicht schon dann vor, wenn der Arbeitnehmer keine oder nur eine erschwerte Möglichkeit hat, die betreffende Regelung zu verstehen. Erst in der Gefahr, dass der Vertragspartner des Klauselverwenders wegen unklar abgefasster allgemeiner Vertragsbedingungen seine Rechte nicht wahrnimmt, liegt eine unangemessene Benachteiligung im Sinne von § 307 Abs. 1....".

498 BGH v. 17.12.2008 – VIII ZR 274/06, NJW 2009, 578 ff..

499 BGH v. 17.12.2008 – VIII ZR 274/06, NJW 2009, 578, 579.

500 BGH v. 17.12.2008 – VIII ZR 274/06, NJW 2009, 578, 579, 580.

(2) „Verzicht auf eine benachteiligende Wirkung"

Nach der Gegenauffassung vor der Schuldrechtsreform kam es auf eine materiell benachteiligende Wirkung nicht an, weil es sich bei der Transparenzkontrolle um ein eigenständiges Kontrollinstrument handele und die Intransparenz einen selbstständigen Unwirksamkeitsgrund enthalte.[501] Dies wird auch heute noch in ähnlicher Weise vertreten.[502] Nach Ansicht seiner Anhänger hat der Ansatz sogar durch die Reform eine neue Legitimationsbasis erhalten. Denn die im früheren Recht umstrittene Frage sei durch Abs. 1 S. 2 in Verbindung mit S. 1 im Sinne der Gegenansicht entschieden worden.[503] Dies ergebe sich insbesondere auch aus der Gesetzesbegründung.[504] Dort sei klargestellt worden, dass erstens das Transparenzgebot (besser: die Transparenzkontrolle) eine „ganz eigenständige Prüfungskategorie" sei und dass zweitens „intransparente Klauseln per se, ohne das Hinzutreten einer unangemessenen Benachteiligung des Vertragspartners als unwirksam zu betrachten seien".[505] Im Übrigen entspreche dies auch dem Wortlaut der Vorschrift. Demnach könne sich eine unangemessene Benachteiligung auch daraus ergeben, dass eine Bestimmung nicht klar und verständlich sei. In systematischer Hinsicht spreche auch die Tatsache, dass durch § 307 Abs. 3 S. 2 auch preis- und leistungsbestimmende Klauseln der Transparenzkontrolle unterworfen seien, obwohl insoweit gemäß § 307 Abs. 3 S. 1 eine inhaltliche Angemessenheitskontrolle nicht stattfinde für diese Sichtweise. Allerdings zeichnet sich eine Tendenz dahingehend ab, dass eine Intransparenz zwar auch ohne inhaltliche Benachteiligung zu einer Unwirksamkeit der Klausel führen kann aber nicht muss.[506] Denn nicht jede noch so geringfügige Unklarheit müsse eine unange-

---

501 BGH v. 8.10.1997 – IV ZR 220/96, BGHZ 136, 394, 401; BGH v. 19.10.1999 – XI ZR 8/99, NJW 2000, 651, 652; Ulmer/Brandner/Hensen-Brandner, (9. Auflage), § 9 AGBG Rn. 89,175; Heinrichs, NJW 1997, 1407, 1413; Frey, ZIP 1993, 572, 575.

502 Däubler/Dorndorf/Bonin/Deinert-Dorndorf/Bonin, § 307 Rn. 151 ff. (der Verweis auf BAG v. 21.4.2005 – 8 AZR 425/04, NZA 2005, 1053, 1055 geht allerdings fehl, da es sich in dem zugrunde liegenden Sachverhalt um eine den Arbeitnehmer belastende Regel handelte); ebenso Kohte/Micklitz/Rott/Tonner/Willingmann-Micklitz, § 307 Rn. 2; ebenso HK BGB/ Schulte-Nölke, § 307 Rn. 21. Nicht klar wird allerdings, wann genau die Transparenz nach Ansicht Schulte-Nölkes zur Unwirksamkeit führen soll. Anders als Stoffels (siehe dazu nächster Absatz) geht er aber jedenfalls nicht soweit, dass im Fall einer Unklarheit eine unwiderlegliche Vermutung zu Gunsten einer unangemessenen Benachteiligung bestehe.

503 Däubler/Dorndorf/Bonin/Deinert-Dorndorf/Bonin, § 307 Rn. 151; HK-BGB/Schulte-Nölke, § 307 Rn. 21.

504 Vgl.: BT-Drucks. 14/6040, S. 153.

505 Däubler/Dorndorf/Bonin/Deinert-Dorndorf/Bonin, § 307 Rn. 151 unter Verweis auf BT-Drucks. 14/6040, S. 153.

506 So insbesondere Däubler/Dorndorf/Bonin/Deinert-Dorndorf/Bonin, § 307 Rn. 152.

messene Benachteiligung sein. Hierfür spreche vor allem der Wortlaut des § 307 Abs. 1 S. 2 („kann“).

(3) „Intransparenz reicht immer“

Dezidiert anderer Ansicht sind *Stoffels* und *Lange*: Zwar erkennen auch sie an, dass ein Transparenzverstoß nur dann zur Unwirksamkeit der betreffenden Klausel führt, wenn von ihm auch eine unangemessene Benachteiligung ausgeht.[507] Eine gesonderte Feststellung der Unangemessenheit sei jedoch entbehrlich, da hierfür eine unwiderlegliche Vermutung spreche. Man begründet diese Ansicht mit dem „eigentlich tragenden Gedanken des Transparenzgebotes“. Dieser liege in dem Bestreben, die „Konditionentransparenz“ zu verbessern, um auf diese Weise die Wahrnehmbarkeit, Durchschaubarkeit und Vergleichbarkeit von Bedingungswerken zu steigern. Nur der informierte Kunde sei in der Lage, Änderungsvorschläge einzubringen beziehungsweise auf andere Angebote auszuweichen. Würden die Bedingungen des Marktes von der Verwenderseite ausgehend durch mangelnde Informationen oder gar gezielte Desinformation gestört, so bedürfe es der Intervention durch die Transparenzkontrolle. Schon in der Behinderung der Wahrnehmung von Wettbewerbschancen und überindividuell in der Verfälschung des Wettbewerbs selbst sei regelmäßig eine unangemessene Benachteiligung zu sehen. Dafür spreche, dass es im Rahmen der Generalklausel nach allgemeiner Ansicht nicht darauf ankomme, ob gerade der jeweilige Kunde infolge der intransparenten Klauselgestaltung tatsächlich einen Nachteil erlitten habe. Schon allein die abstrakte Gefahr des Verlustes von Marktchancen sei daher im Rahmen des § 307 als unangemessene Benachteiligung zu werten.[508] Ob § 307 Abs. 1 S. 2 nur bei belastenden Klauseln zur Anwendung kommen solle, spricht *Stoffels* nicht explizit an. Aus dem Gesamtzusammenhang seiner Ansicht muss man aber schließen, dass auch in diesem Fall eine Unwirksamkeit nach § 307 Abs. 1 S. 2 die Folge wäre.

Dementsprechend sieht *Lange* auch keinen Grund, die Anwendung des § 307 Abs. 1 S. 2 auf belastende Regelungen zu beschränken.[509] Seiner Ansicht nach seien begünstigende Klauseln, deren Voraussetzungen nicht hinreichend klar erkennbar sind, ein „Muster ohne Wert“, da der Kunde aufgrund dieser Unsicherheit seine Rechte ohnehin nicht realisieren könne. Selbst wenn die für den Kunden ungünstigere gesetzliche Regelung gelte, sei der Kunde ausreichend geschützt, da er sich in diesem Fall nach § 306 Abs. 3 vom Vertrag lossagen könne.

---

507 Stoffels, Rn. 564; Lange, NZG 2004, 208, 211, 212; zur früheren Rechtslage im Ergebnis ebenso: Brandner, Ulmer/Brandner/Hensen-Brandner, (9.Auflage), § 9 AGBG Rn. 89, 175.

508 Stoffels, Rn. 564.

509 Lange, ZGS 2004, 208, 212.

(4) Differenzierende Ansicht

Einen differenzierenden Ansatz vertritt *Fuchs*.[510] Auch nach seiner Ansicht bedarf es im Falle der Intransparenz einer Klausel zusätzlich einer Überprüfung, ob die Intransparenz zu einer unangemessenen Benachteiligung des Vertragspartners i.S.v. § 307 Abs. 1 S. 1 geführt hat. Für die Frage, ob eine Benachteiligung konkret vorliegt, sei allerdings nach den Schutzdimensionen des Transparenzgebotes zu differenzieren: Eine Verletzung der Abschlusstransparenz[511] sei stets als eine unangemessene Benachteiligung zu werten. Wie auch von der ersten Ansicht schon festgestellt, werde der Kunde von vornherein an einem sachgerechten Marktvergleich und der Aufnahme etwaiger Verhandlungen mit dem Verwender gehindert. Schon im Verlust dieser alternativen Marktchancen sei eine Benachteiligung zu sehen. Bei der Abwicklungstransparenz hingegen sei die Situation eine andere.[512] Hier bestehe die Gefahr, dass der Vertragspartner durch unklare oder unverständliche Klauseln seine eigenen Rechte oder die Pflichten des Verwenders nicht erkennt oder nicht richtig einschätzt und deshalb nicht wahrnehme oder durchsetze. Ob dies tatsächlich der Fall sei, müsse aber jeweils im Einzelfall gesondert festgestellt werden. Denn ein Kausalzusammenhang zwischen der Intransparenz einer die Vertragsabwicklung betreffenden Klausel und der rechtlichen Beeinträchtigung sei nicht zwangsläufig gegeben. Unklarheiten, die die Abwicklungstransparenz betreffen, seien daher nur als unangemessene Benachteiligung im Sinne des § 307 Abs. 1 S. 1 zu werten, wenn die Klausel ihrem Inhalt nach die materielle Rechtslage zu Lasten des Kunden verschlechtere. Nicht ganz klar wird bei dieser Ansicht, ob auch die Verletzung der Abschlusstransparenz nur bei belastenden Klauseln zu deren Unwirksamkeit führen soll.

(5) Anmerkung

Der markanteste Unterschied zwischen den hier vorgestellten Sichtweisen besteht in dem Erfordernis einer über die Intransparenz an sich hinausgehenden, materiell belastenden Wirkung der in Rede stehenden Klausel. Auch wenn sicherlich die Gesetzesbegründung in gewissem Maße gegen ein solches zusätzliches Erfordernis sprechen könnte, kann es nicht Sinn und Zweck der AGB-Kontrolle sein, dass diese sich im Ergebnis zu Lasten des Kunden auswirkt. Genau dies wä-

---

510 Ulmer/Brandner/Hensen-Fuchs, § 307 Rn. 331 ff..

511 Die Abschlusstransparenz ist verletzt, wenn durch die unklare Formulierung typische Abschlusserwägungen betroffen sind, also etwa Höhe des Kaufpreises oder des zu erwartenden Kreditzinses – dem Kunden sollen vor Vertragsschluss die wirtschaftliche Bedeutung und eventuelle Belastungen klar vor Augen geführt werden.

512 Ulmer/Brandner/Hensen-Fuchs, § 307 Rn. 334.

re aber der Fall, wenn man unklaren, begünstigenden Regelungen unter Berufung auf § 307 Abs. 1 S. 2 i.V.m. § 307 Abs. 1 S. 1 die Wirksamkeit versagen würde. Insofern ist denjenigen Ansichten (hier also der Gegenansicht und der Ansicht von *Stoffels*), die auf ein solches Erfordernis verzichten wollen, schon von vornherein der Boden entzogen. Darüber hinaus erscheint die These, dass aus der Gesetzesbegründung zu entnehmen sei, dass § 307 Abs. 1 S. 2 auch im Falle von kundengünstigen Klauseln zur Anwendung kommen soll, höchst fragwürdig. Denn die hierzu angeführte Gesetzesbegründung bezieht sich auf eine letztlich nicht ins Gesetz aufgenommene Version der Norm der Transparenzkontrolle. In dieser Variante war die Transparenzkontrolle noch als Regelbeispiel für den Fall der unangemessenen Benachteiligung vorgesehen, nach dem im Zweifel bei intransparenten Klauseln von ihrer Unwirksamkeit auszugehen sei. Zudem wird in der Begründung zwar angesprochen, dass das Transparenzkontrolle eine eigenständige Prüfungskategorie sei, gleichzeitig wird aber erwähnt, dass mit der Normierung keine inhaltliche Änderung, sondern lediglich eine Klarstellung des ohnehin von der Rechtsprechung stringent angewandten Transparenzkontrolle verbunden sein sollte.[513] Die herrschende Meinung zur früheren Rechtslage verlangte aber ausdrücklich eine über die bloße Intransparenz hinausgehende belastende Wirkung der zu kontrollierenden Klausel.[514]

Zwar wird ebenso unter Verweis auf die Richtlinie 93/13/EWG im Gesetzesentwurf die Ansicht vertreten, dass mit der Normierung nunmehr klargestellt werde, dass intransparente Klauseln per se, ohne hinzutreten einer inhaltlich unangemessenen Benachteiligung des Vertragspartners als unwirksam zu betrachten seien, was dazu führe, dass die Transparenzkontrolle auch für Preisbestimmungen und leistungsbeschreibende Klauseln, die grundsätzlich von der Inhaltskontrolle ausgenommen seien, gelte.[515] Allerdings wird in der Stellungnahme des Rechtsausschusses, der sich auf die letztlich ins Gesetz aufgenommene Fassung bezieht, ausdrücklich erwähnt, dass die Anwendung des § 307 sich nicht zu Lasten des Vertragspartners des Verwenders auswirken solle.[516] Letztlich muss

---

513 BT-Drucks. 10/6040, S. 153.

514 Siehe oben: Teil 1.E.III.1.b.aa.

515 BT-Drucks. 14/6040, S. 154.

516 BT-Drucks. 14/7052, S. 188: „...Das aber führt nach Ansicht des Ausschusses dazu, dass für § 305c Abs. 2 BGB-E kaum noch Raum bleibt. Außerdem geht dies schon über die bisherige Rechtsprechung und wohl auch über Artikel 5 der Richtlinie 93/13/EWG hinaus. Beide gehen nicht davon aus, dass eine intransparente Klausel im Zweifel unwirksam ist. Dies könnte auch zu Lasten des Vertragspartners des Verwenders gehen, wenn nämlich die Anwendung des § 305c Abs. 2 BGB-E zu einem für diesen günstigeren Ergebnis führen würde als die Anwendung des an sich „stärkeren" § 307 Abs. 2 BGB-E. Der Verstoß gegen das Transparenzgebot soll deshalb in § 307 Abs. 1 BGB-E als möglicher Fall einer unangemessenen Benachteili-

dadurch nicht einmal ein Widerspruch zu der hier vertretenen Auffassung entstehen, wenn man anerkennt, dass auch der Verlust von Verhandlungsmöglichkeiten eine inhaltliche Benachteiligung darstellen kann, wenn die Regelung den Kunden ansonsten belastet, was in dem hier vor allem relevanten Bereich der Preis- und Leistungsabreden regelmäßig der Fall ist.[517]

Auch darüber hinaus können diejenigen Ansichten, die auf eine individuelle Feststellung der unangemessenen Benachteiligung verzichten wollen, nicht überzeugen. Denn selbst wenn sicherlich in den meisten Fällen in der Intransparenz schon eine unangemessene Benachteiligung des Kunden zu sehen ist, sprechen in systematischer Hinsicht die besseren Argumente dafür, dass auch bei unklaren Bestimmungen stets im Einzelnen zu überprüfen ist, ob sich aus der Unklarheit selbst eine unangemessene Benachteiligung ergibt. Denn § 307 Abs. 1 S. 2 nimmt ausdrücklich Bezug auf § 307 Abs. 1 S. 1. Zudem legt der Wortlaut legt diese Sichtweise durch die Verwendung des Wortes „kann" nahe. Auch an dieser Stelle kann aus genannten Gründen nicht mit der Gesetzesbegründung argumentiert werden. Auch die Ansicht von *Stoffels* erscheint in dieser Hinsicht zu pauschal: Zum einen findet die von *Stoffels* postulierte unwiderlegliche Vermutung weder im Gesetzestext noch in der Gesetzesbegründung auch nur irgendeinen Anhaltspunkt. Zum anderen kann, wie von der letztgenannten Ansicht vorgetragen, in der Tat ein Unterschied zwischen Unklarheiten, die die Abschlusstransparenz betreffen, und Unklarheiten, die die Abwicklungstransparenz betreffen, bestehen. Insbesondere mit Blick auf die Unklarheitenregel muss nicht jede Intransparenz den Kunden unangemessen benachteiligen, so etwa wenn der Kunde im Rahmen der Abwicklungstransparenz im Individualprozess seine vermeintlich unklaren Rechte wahrnimmt.[518] Diese Aspekte finden bei *Stoffels* keine hinreichende Berücksichtigung.

Alles in allem sprechen die besseren Argumente mithin für diejenigen Ansichten, die § 307 Abs. 1 S. 2 nur gegen belastende Klauseln in Stellung bringen wollen bzw. solche Klauseln, bei denen das Preis-Leistungsverhältnis unklar ist und die nicht auf eine individuelle Feststellung der unangemessenen Benachteiligung verzichten wollen. Vor allem die letztgenannte Ansicht bietet ein „handhabbares" Differenzierungsmerkmal an. Letztlich dürften im Ergebnis aber wohl kaum Unterschiede zwischen der Ansicht von *Fuchs* und der erstgenannten bestehen. Dementsprechend ergibt sich eine Schnittmenge mit der Unklarheitenregel auch nur in diesem Bereich.

---

gung genannt und nicht mehr in § 307 Abs. 2 Nr. 3 BGB-E als ein Fall bezeichnet werden, in dem die Klausel im Zweifel unwirksam ist...".

517 ebenso etwa Staudinger/Coester, § 307 Rn. 175; Ulmer/Brandner/Hensen-Fuchs, § 307 Rn. 334; Wolf/Lindacher/Pfeiffer-Wolf, § 307 Rn. 250.

518 Vgl. zu dieser Überlegung auch unten: Teil 1.E.III.2.b.

bb) Anforderungen an die Transparenz

Damit eine Klausel die Transparenzkotrolle unbeschadet besteht, muss sie in ihrer Ausgestaltung für den Kunden verständlich sein. Sie muss darüber hinaus die wirtschaftlichen Nachteile und Belastungen so weit erkennen lassen, wie dies nach den Umständen gefordert werden kann.[519] Auch die Anforderungen, die § 307 Abs. 1 S. 2 an den Verwender stellt, bestehen nur im Rahmen des Möglichen und Überschaubaren.[520] Nicht erwartet werden kann die Regelung sämtlicher, auch atypischer Sachverhalte. Ebenso wenig führen fern liegende Möglichkeiten der Auslegung, von der der „normale Rechtsverkehr" nicht ausgeht, zur Unwirksamkeit nach § 307.[521] So gesehen gelten für die Bejahung von Unklarheiten ähnliche Maßstäbe sowohl für die Transparenzkontrolle als auch für die Unklarheitenregel.

cc) Fazit

Auch wenn die Anforderungen an die Transparenz einer Klausel nach beiden Vorschriften vergleichbar sind, verfolgen beide Normen einen eigenständigen Zweck. Während der Unklarheitenregel als Auslegungsregel eine stärkere Bedeutung für die Vertragsabwicklung zukommen dürfte, soll die Transparenzkontrolle vor allem sicherstellen, dass der Kunde hinreichend über die mit dem Vertragsschluss verbundenen Vorteile und Belastungen informiert wird, damit er zu einer zutreffenden Einschätzung des Preis-Leistungs-Verhältnisses gelangen kann. Zudem sollen dem Kunden die ihm nach dem Vertrag zustehenden Rechte hinreichend deutlich vor Augen geführt werden, um der Gefahr zu begegnen, dass er diese Rechte aufgrund der Unklarheiten nicht wahrnimmt. Die Transparenzkontrolle betrifft also im wesentlichen die Frage, „ob" eine Klausel eine ausreichende Transparenz aufweist, die Unklarheitenregel hingegen regelt die Frage, *welche von mehreren für den typischen Kunden erkennbaren Deutungsalternativen für den Kunden am günstigsten ist* und damit zu wählen ist.

Ganz gleich wie man das Verhältnis zwischen Transparenzkontrolle und Inhaltskontrolle daher bewerten will, handelt es sich jedenfalls auch bei der Transparenzkontrolle um eine zu Gunsten des Kunden geschaffene Schutznorm. Die

---

519 BGH v. 30.4.2008 – IV ZR 241/04, NJW-RR 2008, 816 ff.; BGH v. 18.1.2006 – IV ZR 244/04, NJW-RR 2006, 750 f.; BGH v. 24.3.1999 – IV ZR 90/98, BGHZ 141, 137, 143.

520 BGH v. 20.7.2005 – VIII ZR 121/04, NJW-RR 2005, 1496; BGH v. 23.6.2004 – IV ZR 130/03, NJW 2004, 2589, 2590; BGH v. 3.6.1998 – VIII ZR 317/97, NJW 1998, 3114; BGH v. 22.2.2001 – IX ZR 191/98, BGHZ 147, 35, 43, 62; Wolf/Lindacher/Pfeiffer-Wolf, § 307 Rn. 248.

521 Wolf/Lindacher/Pfeiffer-Wolf, § 307 Rn. 248.

potenzielle Schnittmenge zwischen Unklarheitenregel und Transparenzkontrolle beschränkt sich nach der bisherigen Analyse damit auf *belastende* Klauseln, die nicht mit hinreichender Deutlichkeit die Rechte des Kunden benennen, sowie auf Klauseln, die das Preis-Leistungs-Verhältnis in einer den Kunden benachteiligenden Weise im Unklaren lassen. Klauseln, denen es schon an der hinreichenden Bestimmtheit fehlt, weil sie dem Verwender zu weit reichende Leistungsbestimmungsbefugnisse einräumen, dürften in der Regel nicht in den Schnittbereich beider Vorschriften fallen.

2. Bestimmung des Verhältnisses

a) Aussagen in den Gesetzesmaterialien

Wie in der Einleitung zu diesem Abschnitt bereits angedeutet, finden sich auch in den entsprechenden Materialien des Gesetzgebungsverfahrens keine eindeutigen und verbindlichen Aussagen zum Verhältnis der beiden Vorschriften:

Im ersten Diskussionsentwurf des Bundesjustizministeriums fehlte eine ausdrücklich normierte Transparenzkontrolle gänzlich.[522] Auch in der konsolidierten Fassung des Diskussionsentwurfes des Schuldrechtsmodernisierungsgesetzes war neben der Unklarheitenregel keine ausdrückliche Kodifikation vorgesehen.[523] Erst im Gesetzesentwurf der Bundesregierung und in dem identischen Entwurf einiger Abgeordneter tauchte eine Vorschrift, die die Folgen einer Intransparenz im Rahmen der Inhaltskontrolle regeln sollte, auf.[524] Allerdings war diese Norm zunächst noch in § 307 Abs. 2 Nr. 3 verortet.[525] Rechtstechnisch beinhaltete § 307 Abs. 2 Nr. 3 eine Zweifelsregelung. Demnach sollte eine unangemessene Benachteiligung im Zweifel anzunehmen sein, wenn eine Bestimmung nicht klar und verständlich sei.[526] Dadurch sollte das von der Rechtsprechung entwickelte und in Art. 5 S. 1 der Richtlinie 93/13/EWG über missbräuchliche Klauseln in Verbraucherverträgen vorgeschriebene Transparenzgebot nunmehr auch gesetzlich geregelt werden. Die Formulierung „klar und verständlich" sei wörtlich dem Richtlinientext entnommen und sollte dem von der Rechtsprechung bereits vor Erlass der Richtlinie entwickelten Grundsatz, dass Allgemeine Geschäftsbedingungen die Rechte und Pflichten des Vertragspartners durch eine entsprechende Ausgestaltung und geeignete Formulierung der Vertragsbedingungen durchschaubar, richtig, bestimmt und möglichst klar darstellen müssten, entsprechen.

522 Einzusehen unter: http://www.uni-koeln.de/jur-fak/lbrah/pdf_docs/eschurmo2.pdf
523 Einzusehen unter: http://www.uni-koeln.de/jur-fak/lbrah/pdf_docs/schuldrechtsreform_kf.pdf.
524 Einzusehen unter: http://www.uni-koeln.de/jur-fak/lbrah/pdf_docs/regierungsentwurf.pdf.
525 BT-Drucks. 14/6040, S. 9.
526 BT-Drucks. 14/6040, S. 153; Regierungsentwurf S. 351, 352.

In dieser Funktion sei das Transparenzgebot (im Sinne der Transparenzkontrolle) eine ganz eigenständige Prüfungskategorie. Daher sollte es ausdrücklich angesprochen werden. Damit sei keine inhaltliche Änderung verbunden, sondern lediglich eine Klarstellung des ohnehin von der Rechtsprechung stringenten angewandten Transparenzgebots (d.h. der ohnehin stringent durchgeführten Transparenskontrolle). Da das Gebot der Klarheit und Verständlichkeit vorformulierter Vertragsbestimmungen bislang als fester, wenn auch ungeschriebener Bestandteil des im bisherigen § 9 AGB-Gesetz geregelten Benachteiligungsverbots angesehen worden sei, sei es folgerichtig, es in den Katalog des Abs. 2, der die unangemessene Benachteiligung konkretisieren sollte, als neue Nr. 3 aufzunehmen. Damit sei nunmehr auch im Sinne von Art. 5 der Richtlinie 93/13/EWG klargestellt, dass intransparente Klauseln per se, ohne Hinzutreten einer inhaltlich unangemessenen Benachteiligung des Vertragspartners, als unwirksam zu betrachten seien. Dies führe gleichzeitig dazu, dass das Transparenzgebot (im Sinne der Transparenzkontrolle) auch für Preisbestimmungen und leistungsbeschreibende Klauseln, die grundsätzlich von der Inhaltskontrolle ausgenommen seien, gelten solle.

Der Bundesrat ging in seiner Stellungnahme nicht näher auf die Problematik ein.[527] Erst in der Beschlussempfehlung des Rechtsausschusses fand die Transparenzkontrolle den Standort und die Formulierung, die letztlich in Gesetzesform gegossen wurde.[528] In der Begründung machte der Ausschuss deutlich, dass er das Anliegen des Regierungsentwurfes, die seinerzeit nur von der Rechtsprechung entwickelte Transparenzkontrolle in § 307 einzustellen, grundsätzlich für sinnvoll erachte.[529] Der Rechtsausschuss war allerdings der Ansicht, dass die Transparenzkontrolle aus der sog. Zweifelsregelung des Abs. 2 herausgenommen werden sollte und als S. 2 in Abs. 1 eingestellt werden sollte. Dadurch sollte das Zusammenspiel zwischen § 305 c und § 307 Abs. 1 und 2 deutlicher gestaltet werden. Die Transparenzkontrolle des Art. 5 der sog. Klauselrichtlinie 93/13/EWG sei bisher im deutschen Recht nicht ausdrücklich geregelt gewesen. Es werde vielmehr sowohl bei der Anwendung des bisherigen § 5 AGBG als auch des bisherigen § 9 Abs. 1 des AGB-Gesetzes berücksichtigt. Das allerdings genüge nach dem Urteil des EuGH in der Rechtssache C-144/99 Niederlande gegen Kommission vom 10. Mai 2001 nicht mehr. Deshalb habe Entwurf die Transparenzkontrolle in den Katalog des § 307 Abs. 2 eingestellt. Das aber hätte nach Ansicht des Ausschusses dazu geführt, dass für § 305 c Abs. 2 kaum noch Raum bleibe. Außerdem gehe dies schon über die bisherige Rechtsprechung und

527 BR-Drucks. 338/01.

528 BT-Drucks. 14/7052.

529 BT-Drucks. 14/7052, S. 188.

wohl auch über Art. 5 der Richtlinie 93/13/EWG hinaus. Beide gingen nicht davon aus, dass eine intransparente Klausel im Zweifel unwirksam sei. Denn dies könne auch zu Lasten des Vertragspartners des Verwenders gehen, wenn nämlich die Anwendung des § 305 c Abs. 2 zu einem für diesen günstigeren Ergebnis führen würde als die Anwendung des an sich stärkeren § 307 Abs. 2. Der Transparenzverstoß solle deshalb in § 307 Abs. 1 als möglicher Fall einer unangemessenen Benachteiligung genannt und nicht mehr in § 307 Abs. 2 Nr. 3 als ein Fall bezeichnet werden, in dem die Klausel im Zweifel unwirksam sei.

Wie genau das Zusammenspiel zwischen § 305 c Abs. 2 und § 307 Abs. 1 S. 2 aussehen soll, wird auch vom Rechtsausschuss nicht näher konkretisiert. Aus den Aussagen im Gesetzgebungsverfahren lassen sich daher allenfalls vier Aspekte von Substanz ableiten:

1. Die Kodifikation des Transparenzgebots in Form der Transparenzkontrolle in § 307 sollte lediglich die bisher als Richterrecht existierende Rechtspraxis europarechtskonform gesetzlich festschreiben.
2. Die Aufnahme sollte sich nicht zu Lasten des Kunden auswirken.
3. Die Transparenzkontrolle ist eine ganz eigenständige Prüfungskategorie.
4. Hätte man es bei der ursprünglich geplanten Regelung des Regierungsentwurfs belassen, sah man die Gefahr, dass für die Unklarheitenregel kaum noch Raum bestanden hätte. Das bedeutet im Umkehrschluss, dass man bei der nunmehr gewählten Ausgestaltung diese Gefahr nicht sah. Jedenfalls wird aber das Bestreben deutlich, den Anwendungsbereich der Unklarheitenregel nicht über Gebühr durch die Transparenzkontrolle einzuschränken.[530] Die Unklarheitenregel sollte also keinen Bedeutungsverlust erleiden.[531]

b) Analyse der bisherigen Rechtsprechung

Explizite Aussagen zum Verhältnis zwischen Unklarheitenregel und Transparenzkontrolle finden sich in der Rechtsprechung kaum. Entscheidungen, in denen sich immerhin mit beiden Vorschriften auseinandergesetzt wird, stammen größtenteils von den Arbeitsgerichten.[532] Wenn es nach Ansicht der Rechtsprechung

---

530 Ähnlich sieht dies wohl dem Grunde nach auch v. Wesphalen, NJW 2002, 12, 16.: „Hätte der Gesetzgeber das Transparenzgebot in § 307 II Nr. 3 BGB als der „stärkeren" Norm im Verhältnis zu § 307 I BGB n.F. – identisch insoweit mit § 9 I AGBG – verankert, dann wäre zwangsläufig auch die Unwirksamkeitsvermutung im Sinne von Absatz 2 beim Verstoß gegen das Transparenzgebot zum Zuge gelangt. So weit wollte der Gesetzgeber nun doch nicht gehen, so dass das Transparenzgebot nunmehr in der „schwächeren" Norm des § 307 I 2 BGB n.F. – Satz 1 bleibt identisch mit § 9 I AGBG – Gesetz geworden ist...".

531 Diesen Schluss zieht auch Joppich aus den entsprechenden Formulierungen des Rechtsausschusses, vgl. Joppich, S. 64.

532 BAG v. 6.5.2009 – 10 AZR 390/08, NZA-RR 2009, 593 ff.; BAG v. 10.12.2008 – 10 AZR 1/08, AP Nr. 40 zu § 307 BGB; BAG v. 30.7.2008 – 10 AZR 606/07, AP Nr. 274 zu § 611

schon an einer Intransparenz fehlte, wurden die Klauseln in aller Regel kumulativ anhand beider Normen überprüft.[533] Ebenfalls finden sich Entscheidungen, in denen die Unwirksamkeit einer Klausel sowohl auf einen Verstoß gegen die Transparenzkontrolle des § 307 Abs. 1 S. 2 gestützt wurde, als auch auf einen Verstoß gegen § 307 Abs. 1 S. 1 in Verbindung mit § 305 c Abs. 2.[534] Ähnlich sind wohl auch diejenigen Konstellationen zu bewerten, in denen zwei Klauseln sich inhaltlich widersprachen.[535] Immerhin hat der BGH jüngst verlauten lassen, dass auch im Rahmen der Auslegung zu prüfen sein könne, ob eine Vertragsklausel gegen das Transparenzgebot verstößt, etwa unter dem Gesichtspunkt, ob eine Regelung die wirtschaftlichen Nachteile und Belastungen so weit erkenne lässt, wie dies den Umständen nach zu fordern sei.[536] Hieraus könnte man den Schluss ziehen, dass die Transparenzkontrolle der Unklarheitenregel vorgelagert ist. Denn wenn eine Bedeutungsalternative schon auf Ebene der Auslegung nicht vom Kunden erkannt werden konnte, kann zumindest diese Alternative auch im Rahmen der Unklarheitenregel nicht mehr berücksichtigt werden.

Aus der instanzgerichtlichen Rechtsprechung liegen zwar ebenfalls einige Urteile vor, in denen beide Vorschriften zitiert werden, einer Bestimmung des Verhältnisses beider Vorschriften zueinander ermangelt es aber auch dort.[537] Eine

---

BGB Gratifikation; BAG v. 18.3.2008 – 9 AZR 186/07, AP Nr. 12 zu § 310 BGB; LAG Hamm v. 4.11.2008 – 14 Sa 818/08, (juris).

533 Exemplarisch: BAG v. 6.5.2009 – 10 AZR 390/08, NZA-RR 2009, 593 ff.; BAG v. 24.9.2008 – 6 AZR 76/07, AP Nr. 11 zu § 305 c BGB; BAG v. 27.8.2008 – 5 AZR 820/07, AP Nr. 36 zu § 307 BGB.

534 So wurde in einer Fallkonstellation, in der es um die Rückzahlung von Ausbildungskosten ging, die Unwirksamkeit einer Klausel sowohl mit deren Intransparenz über § 307 Abs. 1 S. 2, als auch mit deren Unangemessenheit bei kundenfeindlicher Deutung nach § 305 c Abs. 2 i. V.m. § 307 Abs. 1 S. 1 begründet, vgl. BAG v. 18.3.2008 – 9 AZR 186/07, AP Nr. 12 zu § 310 BGB.

535 BAG v. 24.10.2007 – 10 AZR 825/06, AP Nr. 32 zu § 307 BGB. Hier hätte man zwar durch die Anwendung der Unklarheitenregel die Klauseln „formell" bestehen lassen können, Ergebnis der kundenfreundlichen Auslegung entsprechend der Unklarheitenregel wäre aber ebenso gewesen, dass die widersprechenden negativen Klauseln jedenfalls nicht zur Anwendung hätten kommen können. Ob dies nun technisch gesehen durch Auslegung beider Vorschriften oder durch die Unwirksamkeit der belastenden Klausel geschieht, beinhaltet keine verwertbare Aussage für das Verhältnis zwischen Unklarheitenregel und Transparenzkontrolle. Nur ein gutes Jahr später entschied der gleiche Senat nämlich, dass die Unklarheitenregel in einer ähnlichen Situation zwar nicht direkt, aber immerhin entsprechend anwendbar sei, BAG v. Urteil v. 10.12.2008 – 10 AZR 1/08, AP Nr. 40 zu § 307 BGB.

536 BGH v. 29.5.2009 – V ZR 201/08, (juris).

537 OLG Düsseldorf v. 19.12.2006 – 4 U 139/06, BauR 2007, 601; OLG Rostock v. 13.12.2004 – 3 U 56/04, NZM 2005, 507; LG Hildesheim v. 7.5.2008 – 4 O 408/07, GuT 2009, 178 f.; LG München I v. 14.2.2008 – 12 O 19670/07, ZGS 2008, 357 ff.; LG Stuttgart – v. 22.3.2005 – 20 O 541/04, BetrAV 2005, 792 ff..

klare Richtung ist nicht zu erkennen. Bisweilen wird – systematisch gesehen wenig überzeugend – sogar festgestellt, dass eine Regelung „gegen das Transparenzgebot des § 305 c Abs. 2 verstoße".[538] Immerhin stellte das LG München klar, dass ein Verstoß gegen die Transparenzkontrolle nur dann zur Unwirksamkeit einer Klausel führe, wenn die Unklarheit die Gefahr einer inhaltlichen Benachteiligung in sich berge.[539]

Dennoch gibt es Anhaltspunkte, aus denen sich Rückschlüsse auf das grundlegende Verständnis ziehen lassen. Entsprechend des Überschneidungsbereichs soll bei der Analyse im Folgenden zwischen Klauseln, die die Rechte des Kunden unklar darstellen und unklaren Klauseln, die das Preis-Leistungs-Verhältnis betreffen, unterschieden werden.

aa) Unklare Darstellung der Rechte des Kunden im Verbandsprozess

Ein gutes Beispiel bildet eine Entscheidung des BGH aus dem Jahre 1994:[540] Der Streitigkeit lag ein Vertrag zwischen einem KFZ-Vertragshändler (Direkthändler) und einer Import-Gesellschaft zugrunde. Der Vertrag enthielt folgende Klausel:

> *„Der Importeur wird den Direkthändler nach Maßgabe seiner Liefermöglichkeiten mit Vertragsware beliefern".*

Geklagt hatte ein eingetragener Verein zur Förderung gewerblicher Interessen, in dem der Vertragshändler Mitglied war, es handelte sich also um einen Verbandsprozess. Umstritten war die Auslegung der Klausel, insbesondere, ob die Klausel dahingehend auszulegen war, dass die Beklagte, wenn „ihre Liefermöglichkeiten" eine Belieferung nicht zulassen, nicht nur die Annahme von Bestellungen ablehnen darf, sondern auch bei bereits bindend geschlossenen Verträgen von deren Ausführung frei wird.[541] Das Gericht wandte hier zunächst die Unklarhei-

---

538 Brandenburgisches OLG v. 30.1.2008 – 7 U 71/07, (juris).

539 LG München I v. 14.2.2008 – 12 O 19670/07, ZGS 2008, 357 ff..

540 BGH v. 12.1.1994 – VIII ZR 165/92, NJW 1994, 1060 ff..

541 BGH v. 12.1.1994 – VIII ZR 165/92, NJW 1994, 1060, 1062. Nach Ansicht des Berufungsgerichts ließ die Klausel einen sanktionslosen Lieferstopp durch die Beklagte zu, was einen Verstoß gegen § 9 Abs. 2 Nr. 2 AGBG darstelle. Sie teile nicht, – zulässigerweise – ein vom japanischen Hersteller zur Verfügung gestelltes, nur begrenztes Kontingent auf die am Bezug interessierten Vertragshändler auf, sondern ermögliche der Beklagten eine Ablehnung von Bestellungen selbst dann, wenn sie Teile des für den bundesdeutschen Markt bestimmten Kontingents ins Ausland verkauft oder einzelne Vertragshändler bevorzugt beliefert habe. Darüber hinaus erlaube die Klausel der Beklagten sogar die Ablehnung schon angenommener Bestellungen und führe so zu einer unangemessenen Haftungsfreizeichnung, weil der Vertragshändler, der sich seinen Endabnehmern gegenüber nicht in gleicher Weise freizeichnen könne, in eine „Deckungslücke" zu geraten drohe.

tenregel an.[542] In der zur damaligen Zeit schon für das Verbandsverfahren akzeptierten kundenfeindlichen Auslegungsvariante sei die Klausel in der Tat in dem „befürchteten" Sinne zu verstehen. Im Folgenden wurde dann festgestellt, dass die Klausel einer Inhaltskontrolle standhält. Im Anschluss überprüfte das Gericht die Klausel im Hinblick auf hinreichende Transparenz.[543] Nach Ansicht des Gerichts lag aber kein Transparenzverstoß vor: Trotz der Verwendung der auslegungsbedürftigen Worte „nach Maßgabe seiner Liefermöglichkeiten" begegne die Klausel auch im Hinblick auf die Transparenzkontrolle keinen durchgreifenden Bedenken. Dabei sei davon auszugehen, dass an die Angabe eines sachlich gerechtfertigten Lösungsgrundes im Vertrag bei Verträgen unter Kaufleuten jedenfalls keine allzu hohen Anforderungen zu stellen seien. Habe der Vorbehalt der Liefermöglichkeit durch die Rechtsprechung seit langem eine ganz bestimmte Ausprägung erfahren, so bedürfe dieser Anwendungsbereich im kaufmännischen Verkehr keiner Wiedergabe der Klausel selbst.

Die Unklarheit, die den Anwendungsbereich der Unklarheitenregel eröffnet hat (Deutungsmöglichkeit: Ablehnungsmöglichkeit nur bei Neubestellungen oder Ablehnungsmöglichkeit auch bei bereits verbindlich geschlossenen Verträgen), wurde vom Gericht also nicht als Intransparenz im Sinne der Transparenzkontrolle angesehen. Über die Frage, wann die Verständlichkeit zu Lasten des Anwendungsbereichs der Unklarheitenregel zu verneinen ist, wurde auch in dieser Entscheidung damit freilich keine letztverbindliche Aussage getroffen. Immerhin bestätigt dies aber die bisherigen Feststellungen, wonach bei der Transparenzkontrolle danach zu fragen ist, ob man den Inhalt und die damit verbundenen möglichen Belastungen einer Klausel erkennen konnte, wohingegen § 305 c Abs. 2 die Frage regelt, welche von mehreren erkennbaren Deutungsvarianten zur Anwendung kommt.

Eine Fallgestaltung, in der jedenfalls die bestehenden Auslegungszweifel auch mittels der Unklarheitenregel hätten behoben werden können und die Klausel trotzdem die Transparenzkontrolle nicht überstanden hat, bildet ein Urteil des BGH vom 23.03.1988.[544] Hier wurde der Aussagegehalt einer vom Hersteller ausgestellten Garantiekarte nach der kundenfeindlichsten Auslegung im Verbandsprozess dahingehend festgelegt, dass sonstige Gewährleistungsansprüche auch gegenüber dem Verkäufer ausgeschlossen sein sollten.[545] In der Verschleierung der dem Kunden in Wahrheit aber zustehenden Gewährleistungsrechte sah

---

542 BGH v. 12.01.1994 – VIII ZR 165/92, NJW 1994, 1060, 1062.

543 BGH v. 12.01.1994 – VIII ZR 165/92, NJW 1994, 1060, 1062.

544 BGH v. 23.3.1988 – VIII ZR 58/87, NJW 1988, 1726 ff., auch wenn dies freilich eines jener Urteile ist, die vor der eigentlichen „Geburtsstunde" des Transparenzgebotes ergangen sind. BGH v. 11.2.1992 – IX ZR 151/91, NJW 1992, 1097 ff..

545 BGH v. 23.3.1988 – VIII ZR 58/87, NJW 1988, 1726, 1727.

man einenTransparenzverstoß.[546] Hier lag es also im Gegensatz zum erstgenannten Urteil so, dass diejenige Unklarheit, die auch den Anwendungsbereich der Unklarheitenregel eröffnete letztlich als Intransparenz angesehen wurde. Es war der Rechtsprechung also wichtiger, die Gefahr zu beseitigen, dass der Kunde seine Rechte nicht wahrnimmt, als eine systemgerechte Auslegung der Klausel vorzunehmen.[547] Später wurde diese Sichtweise von der Rechtsprechung ausdrücklich bestätigt.[548] Tragender Grund auch dieser Entscheidungen war der Gedanke, dass sich der Kunde durch die unklare Darstellung der Rechtslage eventuell davon hätte abhalten lassen können, seine ihm eigentlich zustehenden Rechte wahrzunehmen.

Die Entscheidungen verdienen Zustimmung. Denn diesem Schutzzweck hätte man mithilfe der Unklarheitenregel jedenfalls im Verbandsprozess nicht genügen können. Man hätte zwar die Auslegungsdifferenzen im Sinne des Kunden mit der kundenfreundlichsten Lesart beheben können. Diejenigen Kunden, die Vertragsbeziehungen mit dem Verwender mit identischen Klauseln unterhielten, wären aber nicht geschützt worden, da es an einer hinreichenden „Breitenwirkung" der Entscheidung fehlen würde: Die Unklarheitenregel sieht nicht die Unwirksamkeit als Rechtsfolge vor. Dementsprechend hätte im Verbandsverfahren auch kein Anspruch auf Unterlassung der Verwendung bestanden. Kunden, die eventuell in ihrem Sinne positives Urteil nicht kennen, könnten daher auch in Zukunft von der Durchsetzung der ihnen eigentlich zustehenden Rechte absehen.

bb) Unklare Darstellung der Rechte des Kunden im Individualprozess

Auch im Individualprozess behob man derartige Unklarheiten mitunter im Rahmen der Transparenzkontrolle.[549] Eine exemplarischen Entscheidung lag folgender Sachverhalt zugrunde: In einen Vertrag zwischen einer Firma, die mit Druckereimaschinen handelte und einer Spedition wurde auf die Geltung der Allge-

---

546 BGH v. 23.3.1988 – VIII ZR 58/87, NJW 1988, 1726, 1728.

547 Ähnlich auch in der Entscheidung: BGH v. 17.03.1999 – IV ZR 218/97, NJW 1999, 1865, 1866:Dort ging es um eine Klausel, nach der bei fristgerechtem Widerspruch bestimmte Verträge „mit den ursprünglichen Bedingungen„ weiterlaufen sollten. Dies beschrieb nach Ansicht des Senats die Rechtslage unzutreffend. Denn der Wortlaut schließe nicht aus, dass der Vertrag auch mit von der Rechtsprechung für unwirksam erklärten Klauseln fortgeführt werden solle. Auch ein durchschnittlicher Versicherungsnehmer werde die Klausel in diesem Sinne verstehen können. Durch die unzutreffende Darstellung der Rechtslage könne der Versicherungsnehmer davon abgehalten werden, seine Rechte durchzusetzen. Deshalb verstoße diese Regelung gegen das Transparenzgebot.

548 BGH v. 27.9.2000 – VIII ZR 155/99, NJW 2991, 292, 230; BGH v. 5.11.1998 – III ZR 226/97, NJW 1999, 276, 277, Rz. 8.

549 BGH v. 12.10.1995 – I ZR 172/93, NJW 1996, 1407 ff..

meinen Geschäftsbedingungen für Schwertransporte und Kranarbeiten (BSK) sowie der Allgemeinen Deutschen Spediteurbedingungen (ADSp) verwiesen. Die BSK enthielten folgende Klausel:

> „Ausgeschlossen von der Haftung sind, soweit gesetzlich zulässig, Schäden, soweit sie durch eine Schadenversicherung dem Grunde und der Höhe nach gedeckt sind.“[550]

Umstritten war, ob auf Basis dieser Klausel sichergestellt war, dass der Auftraggeber einen Schaden entweder vom Spediteur oder der Versicherung ohne weiteres ersetzt bekommt. Der erkennende Senat erachtete den Haftungsausschluss wegen Verstoßes gegen die Transparenzkontrolle als unwirksam.[551] Die streitgegenständliche Klausel sei nicht eindeutig in dem Sinne zu verstehen, dass der Schaden tatsächlich und in voller Höhe ersetzt werden müsse. Insbesondere der Begriff der Deckung durch eine Schadensversicherung sei nicht eindeutig in einem solchen Sinne zu verstehen. Der Wortlaut lasse auch eine Auslegung dahingehend zu, dass der Haftungsausschluss auch – unabhängig von den Realisierungsmöglichkeiten – beim bloßen Bestehen einer Schadensversicherung in ausreichender Höhe eingreifen solle. Dies führe zu Rechtsunsicherheiten, die den Vertragspartner in unzumutbarer Weise belasteten.

Auch in dieser Entscheidung wird wieder am Rande erwähnt, dass sich die Unklarheit zu Lasten des Verwenders auswirken müsse.[552] Hier lag es aber wohl so, dass man davon ausging, dass der typische Kunde beide Auslegungsvarianten hätte erkennen können, lediglich aber nicht hätte wissen können, welche von beiden maßgeblich sei. Bemerkenswert an dieser Entscheidung ist aber, dass auch hier die Unklarheit über die dem Kunden zustehenden Rechte und damit die Gefahr, dass der Kunde seine Rechtspositionen nicht durchsetzt, dazu herangezogen wurde, die Unwirksamkeit einer Klausel zu begründen, obwohl der Kunde – es handelte sich ja um einen Individualprozess – seine Rechte ja gerade wahrnahm. Die Gefahr hatte sich zumindest in diesem Fall also gar nicht realisiert.

In gewisser Weise mutet dies widersprüchlich an. Ohne diesen Widerspruch anzusprechen aber wohl folgerichtig argumentierte der BGH in einer neueren Entscheidung im Individualprozess, in der es ebenfalls um einen Haftungsausschluss ging, nicht mit § 307 Abs. 1 S. 2 oder der Gefahr, dass sich der Vertragspartner eventuell von der Geltendmachung seiner Rechte abhalten lassen könnte,

---

550 Abgedruckt in der Vorinstanz: OLG Karlsruhe v. 25.06.1993, 15 U 56/92, TranspR 1993, 398.

551 BGH v. 12.10.1995 – I ZR 172/93, NJW 1996, 1407, 1408.

552 BGH v. 12.10.1995 – I ZR 172/93, NJW 1996, 1407, 1408: „Die bestehende Unklarheit muss zu Lasten der sich auf den Haftungsausschluss nach Nr. 5.3.1. BSK berufenden Beklagten gehen.“.

sondern zog zur Beilegung der bestehenden Unklarheiten allein die Unklarheitenregel heran.[553]

Es lässt sich auch noch eine andere Entscheidung finden, in der die Rechtsprechung offenbar von einem Vorrang der Unklarheitenregel bei „Abwicklungsintransparenzen" im Individualprozess ausging.[554] Im konkreten Fall ging es um die Auslegung eines dreiseitigen formularmäßigen Vertrages zwischen einem Bauherrn, dem finanzierenden Kreditinstitut und dem Bauunternehmer. Das vorformulierte Formular stammte vom Bauunternehmer. Unklar war hier, ob das Kreditinstitut eine eigene Verbindlichkeit gegenüber dem Bauunternehmer begründen wollte. Das Berufungsgericht hatte die Auffassung vertreten, dass eine derartige Lesart durchaus möglich sei.[555] Sollte man allerdings diese Lesart zugrunde legen, so sei die Vereinbarung wegen Verstoßes gegen § 307 Abs. 1 S. 2 unwirksam. Die Revisionsinstanz lehnte diese Sichtweise ab, weil einer derartigen Auslegung schon die Unklarheitenregel entgegenstehe.[556]

cc) Unklarheiten hinsichtlich des Preis-Leistungs-Verhältnisses

Ein möglicher Überschneidungsbereich beider Vorschriften besteht auch, wenn die Unklarheiten sich auf das Preis-Leistungs-Verhältnis beziehen. Insbesondere sog. Zinsberechnungsklauseln haben die Rechtsprechung zu dieser Thematik beschäftigt.[557] Für gewöhnlich wurden diesbezüglich unklare Klauseln wegen Verstoßes gegen die Transparenzkontrolle für unwirksam erklärt. So wurde eine Zinsberechnungsklausel für unwirksam gehalten, weil die genaue Zinsberechnung, insbesondere der Effektivzins nach Meinung des Gerichts mehrdeutig war.[558] Zwingend war diese Sichtweise allerdings nicht. Jedenfalls im Individualprozess hätte sich ein Schutz des konkreten Kundens auch durch eine kundenfreundliche Auslegung im Rahmen der Anwendung der Unklarheitenregel realisieren lassen, auch wenn man davon ausgeht, dass der Kunde selbst die für ihn schlechtere Deutungsalternative der Klausel hätte erkennen können. Denn auch hier hätte sich die Gefahr, die durch eine unklare Preis – bzw. Leistungsklausel verursacht wird, nicht realisiert. Nur ein Preis, den der typische Kunde auch erkennen konnte, hätte nach der Auslegung berücksichtigt werden dürfen

553 BGH v. 19.1.2005 – XII ZR 107/01, NJW 2005, 1183, 1184.

554 BGH v. 23.3.2004 – XI ZR 14/03, NJW-RR 2004, 1347, 1348.

555 Brandenburgisches OLG v. 5.12.2002 – 12 U 67/02, WM 2003, 1465.

556 BGH v. 23.3.2004 – XI ZR 14/03, NJW-RR 2004, 1347, 1348.

557 Im Individualprozess: BGH v. 11.2.1992 – IX ZR 151/91, NJW 1992, 1097 ff.; im Verbandsprozess: BGH v. 4.2.1997 – XI ZR 149/96, NJW 1997, 1068 ff..

558 BGH v. 11.2.1992 – IX ZR 151/91, NJW 1992, 1097, 1098: Hier ging der erkennende Senat allerdings davon aus, dass die alternative Bedeutung für den Kunden nicht erkennbar war.

und nur der für ihn günstigere hätte bei verbleibenden Zweifeln zu Grunde gelegt werden dürfen. Einer Anwendung der Transparenzkontrolle hätte es folglich nicht bedurft. Systematisch gesehen wäre dies sogar stimmiger. Denn wenn man auf der einen Seite sagt, dass die Klausel wegen § 307 Abs. 1 S. 2 daran scheitern soll, dass der typische Verwendungsgegner eine mit der Klausel verbundene Belastung nicht erkennen konnte, erscheint es widersprüchlich, diese nach den Grundsätzen der Auslegung Allgemeiner Geschäftsbedingungen überhaupt zu berücksichtigen. Gleiches gilt auch im Verbandsprozess.

dd) Fazit

Der Eindruck, der bereits nach der Erörterung des Sinn und Zwecks und der Tatbestandsvoraussetzungen der Transparenzkontrolle bestand, hat sich auch nach der Analyse der bisherigen Rechtsprechung bestätigt: § 305 c Abs. 2 trifft als Auslegungsregel lediglich die Entscheidung, welche von mehreren für den typischen Vertragspartner erkennbaren Auslegungsvarianten einer Klausel maßgeblich ist. § 307 Abs. 1 S. 2 hingegen fragt danach, ob die Rechte und Belastungen die mit einer bestimmten von mehreren Auslegungsvarianten verbunden sind, überhaupt erkennbar waren bzw. ob erkennbar war, welche von mehreren möglichen Auslegungsvarianten im konkreten Fall maßgeblich ist.

Darüber hinaus legt die Analyse aber vor allem Folgendes nahe: Dadurch, dass für die Bejahung von Auslegungszweifeln nur solche Alternativen herangezogen werden können, die auch für den Vertragspartner des Verwenders auf Basis des objektiven Empfängerhorizontes erkennbar waren, ist der Vertragspartner jedenfalls im Individualprozess auch durch die Unklarheitenregel vor Unklarheiten umfassend geschützt. Weiter reicht hier auch der Schutz der Transparenzkontrolle nicht, da an die Erkennbarkeit bzw. die Transparenz identische Anforderungen zu stellen sind. Insofern ist eine Anwendung im Anwendungsbereich der Unklarheitenregel im Individualprozess entbehrlich. Nur wenn auch mittels der Unklarheitenregel kein eindeutiges Auslegungsergebnis erzielt werden kann, bietet § 307 Abs. 1 S. 2 einen weiterreichenden Schutz. Einzig der generellen Gefahr, dass der Kunde sich aufgrund der Unklarheiten von der Geltendmachung seiner ihm eigentlich zustehenden Rechte abhalten lässt, kann nicht mit der Unklarheitenregel begegnet werden. Diese Gefahr kann nur mit der Transparenzkontrolle im Verbandsprozess beseitigt werden.

Auch fällt auf, dass vielen der zuvor genannten Entscheidungen eine dogmatische Ungereimtheit zueigen ist: Obwohl man im ersten Schritt oftmals die Unklarheitenregel zur Begründung der kundenfeindlichsten Deutungsvariante heranzog, wurde der Verstoß gegen die Vorschrift des § 307 Abs. 1 S. 2 damit gerechtfertigt, dass der Kunde eine der verschiedenen Auslegungsmöglichkeiten nicht habe erkennen können (wohlgemerkt ging es nicht darum, dass der Kunde nicht erkennen konnte, welche von mehreren möglichen Varianten maßgeblich ist). Dies ist systematisch gesehen wenig stimmig, da eigentlich nur solche Auslegungsalternativen zur Begründung von Unklarheiten herangezogen werden können, die der Kunde auch erkennen kann. Diese Unstimmigkeit würde man vermeiden, wenn man die Anwendungsbereiche, wie soeben erwähnt, konsequent abgrenzt. Ob die Rechtsprechung sich dieses Widerspruchs bewusst war und ob sie diesen Widerspruch bewusst bereinigen wollte, lässt sich anhand der Aussagen in den betreffenden Entscheidungen nicht sagen. Jedenfalls ist mittlerweile ein Urteil bekannt, in dem der BGH die „Ungereimtheit" vermeidet.[559]

Angesichts der Aussage im Urteil des BGH vom 29.05.2009 könnte man gar auf die Idee kommen, dass die Transparenzkontrolle der Inhaltskontrolle vorgeschaltet und der Auslegung zumindest „gleichgeschaltet" ist.[560] Dieser Sichtweise würde freilich die systematische Einordnung in § 307 Abs. 1 S. 2 entgegenstehen.

c) Denkbare Möglichkeiten zur Bestimmung des Verhältnisses:

Auch in der Literatur hat man sich verschiedentlich zur Bestimmung des Verhältnisses Gedanken gemacht, wenn auch eine erschöpfende Analyse der Situation bisher nicht erfolgte.

aa) Meistbegünstigung

Angesichts der mittlerweile auch durch die Rechtsprechung anerkannten Methodik zur Feststellung der kundengünstigsten Auslegungsalternative unter Berücksichtigung des Ergebnisses einer hypothetischen Inhaltskontrolle, erscheint es zumindest nicht ganz abwegig, auch bei der Bestimmung des Verhältnisses zwischen Unklarheitenregel und Transparenzkontrolle das Ergebnis einer hypothetischen Transparenzkontrolle zu berücksichtigen,[561] bzw. gleich beide Vorschriften parallel anzuwenden und die dem Kunden günstigste Regelung zur Anwendung zu bringen.[562] Will man mit einem Meistbegünstigungsprinzip „ernst machen", so ist zudem das im Falle einer Unwirksamkeit „drohende" dispositive Gesetzes-

559 Vgl. insbesondere: BGH v. 19.1.2005 – XII ZR 107/01, NJW 2005, 1183, 1184.

560 BGH v. 29.5.2009 – V ZR 201/08, (juris).

561 So der Gedanke vor allem bei Joppich, S. 65 ff..

562 Artz, Jus 2002, 528, 529 f.; Bamberger/Roth-Schmidt, § 307 Rn. 41, 42; Joppich, S. 67; in diesem Sinne wohl auch HK-BGB/Schulte-Nölke, § 305 Rn. 4: „Die Anwendung von § 305 c Abs. 2 darf nicht dazu führen, dass einer nach den §§ 307 ff. an sich unwirksamen Klausel doch zur Geltung verholfen wird.", wobei seine Aussage auch dahingehend interpretiert werden könnte, dass er von einem „reinen" Vorrang der Transparenzkontrolle ausgeht.

recht zur Bestimmung der kundengünstigsten Alternative zu berücksichtigen.[563] Wenn also die kundenfreundlichste Auslegungsvariante günstiger ist, als das dispositive Gesetzesrecht, ist diese Variante zu wählen.[564]

Die maßgeblichen Argumente, die für die Berücksichtigung des Ergebnisses der Inhaltskontrolle sprechen, kann man zumindest auf den ersten Blick auch hier anführen.[565] Teilweise zieht man daraus sogar den Schluss, dass die Geltungserhaltung nach § 305 c Abs. 2 gegenüber der Inhaltskontrolle eindeutig nachrangig sei.[566] Materiell gesehen würde dies dazu führen, dass sämtliche belastenden unklaren Regelungen aufgrund von § 307 Abs. 1 S. 2 unwirksam wären, da die Unwirksamkeit bei sämtlichen belastenden Klauseln die günstigste Deutungsalternative für den Kunden wäre. Für die Unklarheitenregel bliebe daher nur Raum bei begünstigenden und „neutralen" mehrdeutigen Klauseln.

Allerdings muss man sich fragen, ob nicht doch ein wesentlicher Unterschied zwischen den vordergründig vergleichbaren Situationen besteht. Und dies ist hier in systematischer Hinsicht in der Tat der Fall: Der Unterschied besteht nämlich darin, dass bei der Methodik der Ermittlung der verwendergünstigsten Auslegung unter Berücksichtigung des Ergebnisses der Inhaltskontrolle mehrere denkbare Auslegungsalternativen der Inhaltskontrolle zugrunde gelegt werden und nach hypothetisch durchgeführter Inhaltskontrolle diejenige Variante gewählt wird, die im Ergebnis für den Kunden am günstigsten ist. Will man aber auch das Ergebnis einer hypothetischen Transparenzkontrolle berücksichtigen, so legt man der Kontrolle nicht verschiedene denkbare Auslegungsalternativen zugrunde, sondern man legt schlichtweg erst gar nicht aus. Mit anderen Worten: In der ersten Konstellation ist die Berücksichtigung des hypothetischen Ergebnisses der Inhaltskontrolle nur eine „Hilfskonstruktion" zur Feststellung des kundengünstigeren Inhalts einer Klausel im Rahmen der Anwendung der Unklarheitenregel. Richtig verstanden müsste man also die verschiedenen Auslegungsmöglichkeiten für sich genommen einer Transparenzkontrolle unterziehen. Diese Auslegungsvarianten dürften in aller Regel aber nicht intransparent sein.[567] In der vorliegenden Konstellation würde man hingegen die Unklarheitenregel gar nicht anwenden. Einem wesentlichen denkbaren Argument für diese Ansicht ist mithin die Grundlage entzogen.

---

563 Vgl. dazu Joppich, S. 67.

564 Joppich, S. 67.

565 Joppich, S. 66, siehe auch: Teil 1.D.III.1.b.dd.

566 Joppich, S. 66.

567 Es sei denn, es handelt sich um gleich mehrere für sich genommen intransparente Deutungsalternativen. In aller Regel dürfte sich dann aber auch schon mit der Unklarheitenregel kein eindeutiges Ergebnis erzielen lassen.

In Frage zu stellen ist aber auch die Annahme, dass dem Verhältnis zwischen Unklarheitenregel und Transparenzkontrolle das Meistbegünstigungsprinzip zu Grunde liegt.[568] Hiergegen spricht, dass es zumindest im Rahmen eines Individualprozesses an der Schutzbedürftigkeit des Kunden fehlt, wenn einer Klausel mithilfe der Unklarheitenregel ein eindeutiger Inhalt zugemessen werden kann. Schon im Rahmen der Auslegung können nämlich nur solche Auslegungsmethoden und Ergebnisse herangezogen werden, die der Kunde nach objektivem Empfängerhorizont erkennen konnte. Würde man allein die Tatsache, dass der Kunde nicht erkennen konnte, welche von mehreren Deutungsalternativen maßgeblich ist, zur Begründung der Unwirksamkeit nach § 307 Abs. 1 S. 2 ausreichen lassen, so wäre der Schutz des Kunden überdehnt. Im Individualprozess droht keine Beeinträchtigung seiner Rechte. Nur wenn dies aber der Fall wäre, ist eine Anwendung der Kontrollwerkzeuge d.h. konkret der Transparenzkontrolle des AGB-Rechts gerechtfertigt.

Auch mit Blick auf die Entstehungsgeschichte der Normen spricht einiges gegen die Meistbegünstigung, vor allem aber die Tatsache, dass man im Gesetzgebungsverfahren ausdrücklich klarstellen wollte, dass der Anwendungsbereich des § 305 c Abs. 2 erhalten bleibt.[569] Würde man im Sinne eines Meistbegünstigungsprinzips aber bei sämtlichen unklaren Regeln die Wirksamkeit versagen, wäre dies kaum gewährleistet. § 305 c Abs. 2 würde lediglich noch bei unklaren begünstigenden Bestimmungen eine Rolle spielen.

bb) Kumulative Anwendung – Vorrang der Transparenzkontrolle

Offenbar von einem gleichberechtigten Nebeneinander der Anwendung beider Vorschriften geht *Stoffels* aus, wenn er formuliert: „Nur dort, wo die objektive Mehrdeutigkeit nicht zugleich einen Verstoß gegen das Transparenzgebot (nach der hier verwendeten Differenzierung: § 307 Abs. 1 S. 2) darstellt, dürfte § 305 c Abs. 2 künftig ein originäres Anwendungsfeld zuwachsen."[570] Gleichzeit erkennt

---

568 Ohne nähere Begründung geht Joppich in seiner Argumentation davon aus, vgl. Joppich, S. 66, 67.

569 Siehe oben: 1.A.

570 Stoffels, Rn. 368. Auch andere scheinen von einem gleichberechtigten Nebeneinander auszugehen, vgl vor allem: Ulmer/Brandner/Hensen-Ulmer, § 305 c Rn. 63 a unter Verweis auf BGH v. 23.3.1988 – VIII ZR 58/87, BGHZ 104, 82, 92; BGH v. 17.1.1989 – XI ZR 54/88, BGHZ 106, 259, 264; BGH v. 12.10.1995 – I ZR 172/93, NJW 1996, 1407, 1408; Heinrichs, FS-Trinkner, S. 157, 159; ebenso wohl AnwK/Hennrichs, § 305 c Rn. 3. Nach der Ansicht Ulmers etwa kann die Unklarheit einer Klausel auch unter dem Gesichtspunkt des Transparenzgebotes dazu führen, ihr unabhängig von dem nach § 305 c Abs. 2 zu ermittelnden Regelungsinhalt die Wirksamkeit zu versagen. Nicht klar wird allerdings, ob im Falle begünsti-

Stoffels aber auch die Folgen einer parallelen Anwendung: Materiell gesehen läuft dies auf einen Vorrang, bzw. die alleinige Anwendung des § 307 Abs. 1 S. 2 hinaus.

Nimmt man seine Aussagen zum Anwendungsbereich und zu den Anwendungsvoraussetzungen des § 307 Abs. 1 S. 2 ernst, dann dürfte genau genommen überhaupt kein Raum mehr für die Anwendung der Unklarheitenregel verbleiben, da schon bei festgestellter Unklarheit eine unwiderlegliche Vermutung für die Unangemessenheit der Klausel besteht.[571] Ganz so drastisch formuliert er selbst dies freilich nicht. Seiner Meinung nach zeichne sich lediglich ab, dass die Unklarheitenregel zunehmend von der Transparenzkontrolle an den Rand gedrängt werde.[572] Wenn sich eine unangemessene Benachteiligung nämlich schon aus der Unklarheit oder der Undurchschaubarkeit der Regelung ergeben könne, bedürfe es der inhaltlichen Klarstellung des Klauseltextes mittels der Unklarheitenregel nicht mehr.[573] Bis hierhin besteht kaum ein Unterschied zur erstgenannten Ansicht. Dieser ergibt sich aber, wenn man – unzutreffender Weise – auch begünstigende Klauseln einer Transparenzkontrolle unterziehen will. In diesem Fall wäre im Gegensatz zu einer Orientierung am Meistbegünstigungsprinzip eine Klausel unwirksam. Vor allem darin ist auch ein wesentlicher Kritikpunkt der Ansicht zu sehen. Die eigentlich dem Schutz des Kunden dienende Vorschrift würde sich in ihr Gegenteil verkehren. Dass diese Auffassung nicht richtig ist, wurde bereits oben erörtert.[574]

Der Ansicht ist allerdings zuzubilligen, dass der Wortlaut des Gesetzes sich am ehesten in dieser Ansicht wiederspiegelt. Insbesondere lässt sich dem Wortlaut nämlich keine Einschränkung zu Gunsten oder zu Lasten der einen oder anderen Regel entnehmen. Dennoch erlaubt diese Ansicht nicht die nötigen Differenzierungen:

Wenn es um Klauseln geht, die im Zentrum des Vertrages stehen und bei deren Nichtigkeit die Wirksamkeit des gesamten Vertrages auf dem Spiel steht, dürfte die Sanktion des § 307 Abs. 1 S. 2 jedenfalls im Individualprozess nicht die sachgerechteste Lösung zu sein.[575] Denn in diesem Falle fehlt es im Individualprozess einerseits zwar an der Schutzwürdigkeit des Kunden hinsichtlich der Unklarheit, da nur solche Deutungsalternativen, die für den typischen Kunden erkennbar waren (und nach Anwendung der Unklarheitenregel sogar nur die für

---

gender Klauseln das Rangverhältnis mittels eines Meistbegünstigungsprinzips aufgelöst werden soll oder ob die Unwirksamkeitsfolge des § 307 Abs. 1 S. 2 sich durchsetzen soll.

571 Vgl. dazu oben: Teil 1.E.III.1.b.aa.(3).

572 Stoffels, Rn. 368 unter Verweis auf Thamm/Pilger, § 5 AGBG Rn. 4.

573 Stoffels, Rn. 368.

574 Siehe oben: Teil 1.E.III.1.b.aa.(5).

575 Joppich, S. 67.

den Kunden günstigste erkennbaren) das Preis-Leistungs-Verhältnis bestimmen können. Sehr wohl schutzwürdig kann aber das Vertrauen des Kunden auf den Fortbestand des Vertrages sein. Den angemessenen Ausgleich dieser Prositionen gewährleistet nur die Unklarheitenregel. Denn dem Kunden wird nichts aufgedrängt, was er nicht erkennen konnte; es soll ihm im Gegenzug aber auch nicht der gesamte Vertrag genommen werden.

Im Verbandsprozess ist diese Problematik allerdings anders zu beurteilen. Zwar können auch hier nur die für den Kunden erkennbaren Auslegungsalternativen zur Bestimmung des maßgeblichen Inhalts herangezogen werden. Damit wäre aber der Funktion des Verbandsprozesses, den Rechtsverkehr möglichst von mehrdeutigen Klauseln zu bereinigen, nicht hinreichend gedient. Denn es bestünde die Gefahr, dass sich ein Kunde durch die unklare Bestimmung beispielsweise dazu veranlasst sieht, einen höheren, als den tatsächlich geschuldeten Preis zu entrichten. Hier lässt sich der Schutz des Kunden also nur durch eine Anwendung des § 307 Abs. 1 S. 2 vollumfänglich verwirklichen. Durch die Anwendung der Transparenzkontrolle im Verbandsprozess erwächst demjenigen Kunden, der an seinem geschlossenen Vertrag festhalten will zudem kein Nachteil. Denn wird im Verbandsprozess die Unwirksamkeit festgestellt, so wirkt sich dies im Gegensatz zum Individualprozess nicht unmittelbar auf die Wirksamkeit der einzelnen Verträge aus. Es besteht lediglich ein Anspruch auf Unterlassung der Verwendung nach § 1 UKlaG. Nach § 11 UKlaG entfaltet ein Urteil im Verbandsprozess nur insoweit eine „Breitenwirkung", als sich der betroffene Vertragspartner auf die Wirkung des Unterlassungsurteils beruft.[576] Der individuell betroffene Kunde hat daher die Wahl, ob er sich auf die Unwirksamkeit der Bestimmung und damit auf die Unwirksamkeit des Vertrages insgesamt berufen will oder nicht.

Wie bei der zuvor genannten Ansicht muss man zudem gegen diese Auffassung die Entstehungsgeschichte in Stellung bringen. Entgegen der Erwägungen des Gesetzgebers verbliebe für die Unklarheitenregel kaum mehr ein Raum. Dies war schlichtweg nicht gewollt.

cc) Vorrang der Unklarheitenregel – § 305 c Abs. 2 als lex spezialis zu § 307 Abs. 1 S. 2

Eine andere, vor allem in der Literatur verbreitete Möglichkeit zur Bestimmung des Verhältnisses besteht darin, der Unklarheitenregel innerhalb ihres Anwen-

576 Beruft sich der Vertragspartner im Rechtsstreit mit dem Verwender auf das vom Verband gegen den Verwender erstrittene Urteil, ist der Richter des Individualprozesses an die dem Unterlassungsausspruch zu Grunde liegende Feststellung, dass die untersagte Klausel nicht den Mindeststandards der §§ 307-209 BGB genügt, gebunden, vgl. Wolf/Lindacher/Pfeiffer-Lindacher, § 11 UKlaG Rn. 2.

dungsbereichs generell den Vorrang einzuräumen.[577] Die Unklarheitenregel wäre damit im Hinblick auf mehrdeutige Klauseln die einzige Sanktion. Mehrdeutige Klauseln könnten daher nur unwirksam sein, wenn der mithilfe der Unklarheitenregel zu bestimmende Inhalt der Klausel einer Inhaltskontrolle nach den §§ 307 ff. – ausgenommen der Transparenzkontrolle gemäß § 307 Abs. 1 S. 2 – nicht standhielte. Nur wenn sich auch mittels der Anwendung der Unklarheitenregel kein eindeutiger bzw. hinreichend transparenter Inhalt einer Klausel feststellen lässt, könnte § 307 Abs. 1 S. 2 zum Zuge kommen.[578]

Unschwer begründen lässt sich dieser Ansatz damit, dass die Auslegung und damit § 305 c Abs. 2 als Auslegungsregel grundsätzlich der Inhaltskontrolle und auch der Intransparenz als Unwirksamkeitsgrund vorgeht.[579] Jedenfalls auf den ersten Blick macht es auch kaum einen Sinn, eine Klausel, die nach dem Ergebnis der Auslegung und der Anwendung der Unklarheitenregel einen für den Rechtsverkehr eindeutigen Inhalt aufweist, einer erneuten Verständniskontrolle in Form der Transparenzkontrolle zu unterziehen.[580] Es mutet geradezu widersprüchlich an, zunächst verbindlich festzustellen, dass eine Klausel in einem bestimmten Sinn verstanden wird um dann in einem weiteren Schritt die Verständlichkeit wieder in Frage zu stellen.[581] Bei richtiger Handhabung sei dementsprechend nach den Vertretern dieser Ansicht eine zweite Kontrollinstanz ohnehin überflüssig, da insoweit schon bei der Auslegung nur die für den typischen Kunden erkennbaren Auslegungsmethoden und Ergebnisse heranzuziehen seien.[582]

Auch der klar abgrenzbare Anwendungsbereich und die damit verbundene eindeutige Sanktionswirkung für den Verwender könnten für ein solches Ver-

---

577 So wohl AnwK/Hennrichs, § 307 Rn. 7; Jauernig/Stadler, § 307 Rn. 7; Kreienbaum, Transparenz und AGB-Gesetz, S. 64; Lange, ZGS 2004, 208, 211; MünchKomm/Kieninger, § 307 Rn. 52; Terbille, Münchener Anwaltshandbuch Versicherungsrecht, § 2 Rn. 76; Ulmer/Brandner/Hensen-Fuchs, § 307 Rn. 369; Wank/Maties, JURA 2010, 1, 5; grundsätzlich von einem Vorrang der Unklarheitenregel geht wohl auch Wolf in seiner Kommentierung unter Rn. 235 aus, vgl. Wolf/Lindacher/Pfeiffer-Wolf, § 307 Rn. 235. An anderer Stelle (§ 307 Rn. 48) liest man allerdings, dass wenn der Inhalt einer Klausel trotz Auslegung unklar bleibe, eine Klausel wegen Verstoßes gegen das Transparenzgebot für unwirksam zu erklären sein könne, falls nicht im Individualprozess eine kundenfreundliche Auslegung nach § 305 c Abs. 2 für den Verbraucher günstiger sei. Dies geht eher in die Richtung eines Meistbegünstigungsprinzips. Genau genommen dürfte dies aber lediglich die Konsequenz daraus sein, dass § 307 Abs. 1 S. 2 nicht gegen begünstigende Klauseln in Stellung gebracht werden kann (siehe oben: Teil 1.E.III.1.b.aa.(5)).

578 Kreienbaum, Transparenz und AGB-Gesetz, S. 64.

579 Lange, ZGS 2004, 208, 209; 211; MünchKomm/Kieninger, § 307 Rn. 52.

580 Lange, ZGS 2004, 208, 209.

581 Bruchner, WM 1988, 1873, 1876; Lange, ZGS 2004, 208, 209.

582 Lange, ZGS 2004, 208, 210.

ständnis sprechen.[583] *Joppich* vermutet sogar, dass das Spezialitätsverhältnis dem gesetzgeberischen Willen am nächsten käme, wenn er auch freilich selbst im Ergebnis eine andere Auffassung vertritt.[584]

Dennoch wird diesem Ansatz teilweise vorgeworfen, dass er den dogmatischen Grundsätzen des AGB-Rechts widerspreche:[585] Insbesondere missachte dieses Abgrenzungsmodell die Trennung von der auf die Inhaltsermittlung gerichteten Auslegung und der Wirksamkeitskontrolle. Dieses Argument erscheint allerdings nicht sonderlich stichhaltig. Denn das genaue Gegenteil dürfte der Fall sein: Wenn nämlich zwischen Auslegung und Inhaltskontrolle zu unterscheiden ist, so müssen zunächst sämtliche verfügbaren Mittel zur Bestimmung eines eindeutigen Inhalts herangezogen werden. Würde man die gleiche Unklarheit, die man mittels der Anwendung der Unklarheitenregel auf der Ebene der Auslegung beseitigt hat, ausreichen lassen, um den Anwendungsbereich des § 307 Abs. 1 S. 2 zu eröffnen, würde exakt diese Trennung nicht eingehalten. Denn schon auf der Ebene der Auslegung würde man Kontrollmechanismen der Inhaltskontrolle anwenden.

Auch wird bemängelt, dass das Schutzniveau der Unklarheitenregel niedriger sei, als dasjenige der Transparenzkontrolle.[586] Steht man auf dem Standpunkt, dass § 305 c Abs. 2 Ausprägung eines Meistbegünstigungsprinzips ist, mag dies sicher zutreffen. Wie oben schon erörtert, lässt sich ein solches Meistbegünstigungsprinzip dem geltenden Recht aber nicht ohne weiteres entnehmen.

Gegen den uneingeschränkten Vorrang der Unklarheitenregel spricht in erster Linie eine am Schutzzweck des Transparenzgebots orientierte Überlegung:

Derjenigen Gefahr, die gerade daraus resultiert, dass nicht klar ist, welche von mehreren denkbaren Auslegungsalternativen maßgeblich ist, kann jedenfalls im Verbandsprozess allein mit der Unklarheitenregel nicht wirksam begegnet werden, da die Unklarheitenregel als Rechtsfolge nicht die Unwirksamkeitsfolge herbeiführen kann.[587]

dd) Alternative Anwendung beider Normen:

(1) Abgrenzung nach Intransparenz von Kern- und Randbereich

In der Literatur wird auch vorgeschlagen, zwischen Unklarheiten, die den Randbereich einer Klausel betreffen und solchen, die den Kernbereich der Klausel be-

583 Joppich, S. 65; Kreienbaum, Transparenz und AGB-Gestetz, S. 63.
584 Joppich, S. 66; unter Verweis auf BT-Drucks. 14/7052, S. 188.
585 Joppich, S. 66.
586 Joppich, S. 66.
587 ähnlich die Überlegung bei Joppich, S. 67.

treffen, zu differenzieren.[588] Bei Zweifeln im Randbereich sei Raum für eine Auslegung nach § 305 c Abs. 2, bezögen sich die Zweifel hingegen auf den Kernbereich, so solle die Klausel nach § 307 Abs. 1 S. 2 unwirksam sein. Weiter begründet wird diese Sichtweise allerdings nicht.

Gegen diese Sichtweise kann man vor allem zwei Argumente in Stellung bringen: Erstens ist die Unterscheidung zwischen Kernbereich und Randbereich eine sehr schwammige. Es wird nicht deutlich wann der Kernbereich betroffen sein soll und wann der Randbereich.[589] Man bedenke nur wie problematisch die Bestimmung des Kernbereichs in anderem Zusammenhang, beispielsweise im Rahmen der Grundrechte ist. Dies würde zwar einerseits Raum für eine an wertenden Gesichtspunkten orientierte Entscheidung lassen. Andererseits würde dies aber auch erhebliche Rechtsunsicherheiten produzieren. Die Handhabung wäre damit unpraktikabel. Zweitens findet eine Differenzierung nach Kern- und Randbereich schlichtweg keinerlei Anhaltspunkte im geltenden Gesetzestext. Auch in teleologischer Hinsicht ist keine konsistente Rechtfertigung für eine an derartigen Kriterien orientierte Unterscheidung ersichtlich.

(2) Abgrenzung nach essentialia negotii und Nebenabreden

Überlegenswert erscheint es, danach zu unterscheiden, ob es sich um Klauseln handelt, die das Preis-Leistungs-Verhältnis bestimmen, also die essentialia negotii des Vertrages, oder ob lediglich unbedeutende Nebenbestimmungen betroffen sind. Würde man bei preisbestimmenden Klauseln alleine die Unklarheitenregel anwenden, könnten Verträge aufrecht erhalten werden, die bei Anwendung des § 307 Abs. 1 S. 2 hinfällig werden dürften.[590] Bei sonstigen Klauseln könnte man beide Vorschriften kumulativ, ohne Rangfolge anwenden, was dazu führen würde, dass sämtliche zweifelbehafteten, belastenden Nebenabreden unwirksam wären. Nebenbedingungen, denen die Gefahr innewohnt, dass der Kunde auf die Geltendmachung eventuell bestehender Rechte verzichtet, könnten dann mittels der Anwendung des § 307 Abs. 1 S. 2 eliminiert werden.

Auch diese Ansicht muss sich aber Defizite in der praktischen Anwendbarkeit gefallen lassen. Denn auch hier fällt es zunächst einmal schwer, festzulegen, wel-

---

588 Gottschalk, AcP 206 (2006), 555, 577; Klingebiel, S.129 f.; Palandt/Heinrichs, (64. Auflage), § 305 c Rn. 18; Palandt/Grüneberg, § 305 c Rn. 18.

589 Ebenso Joppich, S. 65.

590 ähnlich vom Gedanken her wohl auch Ulmer/Brandner/Hensen-Fuchs, § 307 Rn. 369: „Bei der Annahme einer Unwirksamkeit des Vertrags wegen intransparenter Hauptleistungen ist große Zurückhaltung angebracht, da dieses Ergebnis der Regelungsintention des § 306 BGB zuwiderläuft. Daher ist hier in besonderem Maße der Vorrang der Auslegung unklarer AGB-Klauseln – im Zweifel zu Lasten des Verwenders – nach § 305 c zu beachten.“.

che Klauseln nun konkret das Preis-Leistungs-Verhältnis betreffen und welche nicht. Zudem fehlte es auch hier an einer Schutzwürdigkeit des Kunden für eine Anwendung der Transparenzkontrolle im Individualprozess, wenn sich die Unklarheiten mittels der Unklarheitenregel beheben lassen.

ee) Fazit und eigener Ansatz: Differenzierung nach Individual- und Verbandsprozess

Nach den vorangestellten Erörterungen sind diejenigen Sichtweisen, die nach dem Rand- und Kernbereich einer Klausel bzw. zwischen essentialia negotii und Nebenbestimmungen differenzieren wollen, abzulehnen. Auch ein genereller Vorrang der Transparenzkontrolle lässt sich nicht rechtfertigen. Wie schon im Rahmen seiner Auseinandersetzung bei *Joppich* zutreffend zu lesen ist, lässt sich der Richtlinie 93/13/EWG keine Tendenz zur Bestimmung des Verhältnisses zwischen Unklarheitenregel und Transparenzkontrolle entnehmen.[591] Sowohl für den Vorrang der Unklarheitenregel im Sinne eines Spezialitätsverhältnisses, als auch für ein Meistbegünstigungsprinzip im Rahmen einer gleichberechtigten konkurrierenden Anwendung lassen sich gewichtige Argumente ins Feld führen. Ebenso ist jede der Sichtweisen unterschiedlichen stichhaltigen Einwänden ausgesetzt. Alles in allem kann daher keine der bisher entwickelten Ansätze überzeugen.

Eine Sichtweise die sämtlichen Kritikpunkten gerecht wird ergibt sich aber, wenn man die einzelnen Normen streng nach ihrem jeweiligen Sinn und Zweck und ihrer Schutzrichtung gegeneinander abgrenzt. Schon die Analyse der Rechtsprechung aber auch die Auseinandersetzung mit den in der Literatur vertretenen Ansätzen hat ergeben, dass hierzu eine Differenzierung zwischen Verbandsprozess und Individualprozess geboten erscheint. An dieser Stelle macht die „alte" Unterscheidung nach beiden Verfahrensarten auch heute noch Sinn. Im Individualprozess sollte der Unklarheitenregel der Vorrang gewährt werden. Nur wenn sich auch mittels der Unklarheitenregel kein eindeutiges Ergebnis erzielen lässt, kann die Transparenzkontrolle zum Zuge kommen. Dadurch wird einerseits verhindert, dass unnötigerweise Verträge wegen § 307 Abs. 1 S. 2 zu Fall kommen (weil eine Hauptleistung unklar aber nicht unbehebbar unklar ist), andererseits aber auch sichergestellt, dass der Kunde nicht über Gebühr geschützt wird, d.h. nicht in dem Fall geschützt wird, in dem er den richtigen Inhalt einer Klausel hätte erkennen können und müssen. Selbst wenn man bezüglich der Auslegungsdogmatik die traditionelle Auffassung vertritt, können auch ohne Anwendung der Transparenzkontrolle nach der heute herrschenden Meinung individuelle Um-

591 Joppich, S. 65.

stände des Vertragsschlusses berücksichtigt werden. Alles in allem bedarf es im Individualprozess innerhalb des Anwendungsbereichs der Unklarheitenregel daher keiner kumulativen Anwendung der Transparenzkontrolle. Im Gegenteil darf sie aus genannten Gründen nicht einmal erfolgen.

Im Verbandsprozess ist hingegen von einer kumulativen Anwendung beider Regelungen auszugehen. Hierdurch wird der Situation Rechnung getragen, dass anders als im Individualprozess keine konkrete Prozessituation vorliegt. Der Schutz davor, dass sich ein Kunde allein durch die Unklarheit einer Bestimmung von der Geltendmachung seiner ihm eigentlich zustehenden Rechte abhalten lassen könnte, kann hier daher nur mittels der Transparenzkontrolle gewährleistet werden. Anders als im Individualprozess bringt die Unwirksamkeit essentieller Vertragsbestimmungen die bestehenden Verträge auch nicht sogleich in Bedrängnis, da der Kunde sich aussuchen kann, ob er sich auf ein „Unterlassungsurteil“ und damit eventuell die Nichtigkeit des Vertrages berufen will.

IV. Ergebnis

Die Unklarheitenregel als Ausprägung des Transparenzgebots kann folgendermaßen gegen die sonstigen Vorschriften, die Intransparenzen sanktionieren, abgegrenzt werden:

- Entgegen der bislang herrschenden Meinung besteht mit der Einbeziehungskontrolle keinerlei Schnittmenge, da nach der hier vertretenen Auffassung die Einbeziehungskontrolle inhaltliche Unklarheiten nicht erfasst, sondern allein gegen formal-sprachliche, besser gesagt formal-technische „Unlesbarkeiten“ in Stellung gebracht werden kann.
- Auch zur Regelung in § 305 c Abs. 1 kann kein Konkurrenzproblem entstehen, da dieser eine gänzlich andere Schutzrichtung verfolgt. Immerhin ergibt sich aber ein Zusammenhang mit der Unklarheitenregel, wenn der Regelungsgehalt unklarer AGB-Klauseln und damit auch die Entscheidung über ihren überraschenden Charakter selbst erst durch Auslegung zu gewinnen ist.
- Zwischen Unklarheitenregel und Transparenzkontrolle besteht hingegen bei belastenden Klauseln eine Schnittmenge, allerdings auch nur dann, wenn die Intransparenz potenziell mit § 305 c Abs. 2 behoben werden kann. Lässt sich gar keine Aussage über den Inhalt einer Klausel machen, dann ist sie gemäß § 307 Abs. 1 S. 2 unwirksam.

Für den Bereich, in dem sich beide Vorschriften potenziell überschneiden könnten, gilt Folgendes: Im Individualprozess ist der Unklarheitenregel innerhalb ihres Anwendungsbereichs Vorrang zu gewähren. Die Transparenzkontrolle ist dann ausgeschlossen. Im Verbandsprozess sind beide Normen kumulativ anwendbar.

F) Zusammenfassung der bisherigen Ergebnisse

Damit kann man als Ergebnisse des ersten Teils festhalten:

1. Der Anwendungsbereich des § 305 c Abs. 2 knüpft in sachlicher Hinsicht an den AGB-Begriff an. Selbst wenn keine Allgemeinen Geschäftsbedingungen vorliegen, kann die Unklarheitenregel anwendbar sein, wenn die Vertragsbedingungen vom „überlegenen" Vertragspartner gestellt wurden. Damit ist eine umfassende Anwendbarkeit der Unklarheitenregel sichergestellt. Dies gilt auch für behördlich genehmigte oder von Interessenverbänden empfohlene AGB.

- In personeller Hinsicht kommt es darauf an, ob die Allgemeinen Geschäftsbedingungen durch einen Verwender gestellt wurden. Bei Zweifeln darüber, wer überhaupt Vertragspartner und damit Verwender ist, kann § 305 c Abs. 2 daher keine Anwendung finden. Auch wenn die Einbeziehung der Vertragsbedingungen auf die Initiative beider Vertragsparteien gleichermaßen zurückzuführen ist, kann die Regel nicht zum Zuge kommen. Gleiches gilt, wenn sich Allgemeine Geschäftsbedingungen verschiedener Vertragspartner jeweils widersprechen.
- Uneingeschränkt anwendbar ist die Unklarheitenregel auch im Verbandsprozess. Dies gilt selbst dann, wenn es an einem konkreten Verwender fehlt. Es reicht aus, wenn die in Rede stehenden Vertragsbedingungen empfohlen werden.
- Zur Beseitigung von Zweifeln innerhalb von Klauseln, die lediglich den einschlägigen Gesetzestext wörtlich wiedergeben, ist die Unklarheitenregel nicht berufen. Anderes gilt allerdings, wenn der Verwender versucht, den Inhalt der Normen mit eigenen Worten wiederzugeben und wenn er auf eine nicht einschlägige Regelung verweist.

2. Spätestens seit der Integration des AGB-Rechts ins allgemeine Schuldrecht ist ein Umdenken hinsichtlich der bisher von der Rechtsprechung angewendeten Auslegungsgrundsätze geboten. Dies äußert sich im Einzelnen wie folgt:

- Grundsätzlich richtet sich die Auslegung Allgemeiner Geschäftsbedingungen nach den allgemeinen Vorschriften der §§ 133, 157. Der Grundsatz der zwingend einheitlich objektiven Auslegung lässt sich nicht rechtfertigen.

- Bei der Frage danach, wann Zweifel vorliegen, ist dem Grunde nach von der allgemein akzeptierten Formel auszugehen. Zweifel sind demnach zu bejahen, wenn nach der Ausschöpfung aller in Betracht kommenden Auslegungsmethoden ein nicht behebbarer Zweifel bleibt und keine der vorrangigen Auslegungsmethoden bzw. der Auslegungsergebnisse einen „klaren Vorzug" verdient. Diese Formel bedarf allerdings der Ausfüllung hinsichtlich der Fragen, welche Auslegungsmethoden in Betracht kommen und wie sich gegebenenfalls ein Rangverhältnis gestaltet.
- Diesbezüglich verlangt die Unklarheitenregel, vor allem aber auch das Transparenzgebot, dass nur solche Auslegungsmethoden und Ergebnisse herangezogen werden können, die ohne weiteres für den Kunden erkennbar sind. Dies ist bei der Entstehungsgeschichte eines AGB-Klauselwerks in der Regel zu verneinen. Dennoch kommt es für die Anerkennung sämtlicher Auslegungsmethoden stets auf die Umstände des Einzelfalles an.
- Aus dem Zusammenspiel der allgemeinen Auslegungsmethoden, dem Sinn und Zweck der Unklarheitenregel sowie dem Transparenzgebot folgt auch, dass der Wortlaut bei der Frage danach, ob Auslegungszweifel vorliegen, vorrangig zu beachten ist. In der Regel entscheidet daher der Wortlaut über die Anwendbarkeit der Unklarheitenregel. Ist er klar, so kommt es für gewöhnlich nicht zur Anwendung der Unklarheitenregel, ist er unklar, so greift § 305 c Abs. 2 in den meisten Fällen ein. Nach der oben erörterten Systematik kann sich aus den anderen Auslegungsmethoden aber anderes ergeben, wenn sie hinreichend offensichtlich sind und wenn dem Verwender gleichzeitig unter Transparenzgesichtspunkten kein Vorwurf gemacht werden kann.
- Methodisch gesehen bietet sich zur Feststellung von Zweifeln bzw. dessen, was der Verwendungsgegner erkennen konnte, folgendes Vorgehen an:

  a) In einem ersten Schritt ist zu überprüfen, ob der Wortlaut der betreffenden Klausel in der konkreten Regelungssituation eindeutig ist oder nicht. (*Ist er es nicht, ergibt sich ein erstes Indiz für die Anwendbarkeit der Unklarheitenregel.*)
  b) Im zweiten Schritt ist danach zu fragen, welchen möglichen Inhalt die Klausel auf Basis der sonstigen Auslegungsmittel haben könnte, d.h. ob das Auslegungsergebnis auf dieser Basis eindeutig ist oder nicht. (*Ist er es nicht, sind die sonstigen Auslegungsmittel einerseits nicht geeignet Zweifel an einem eindeutigen Wortlaut zu begründen, ebenso aber auch nicht geeignet Zweifel an einem mehrdeutigen Wortlaut auszuräumen.*)
  c) Im dritten Schritt sind die Ergebnisse entsprechend des vorangestellten Schemas gegenüberzustellen. Hier ist zu fragen, inwieweit sich eine der Sichtweisen gegen die andere aufgrund dessen, dass der Kunde sie un-

schwer erkennen muss, durchsetzen kann. Zudem ist zu berücksichtigen, dass an eine Abweichung vom Wortlaut zu Lasten des Kunden nur unter strengeren Voraussetzungen anzunehmen ist. (*Sprachlich gesehen könnte man folgendermaßen differenzieren: Zu Lasten des Kunden kann ein Wortlaut nur überwunden werden, wenn die Bedeutung der Klausel so offentsichtlich ist, dass sie jedermann klar sein muss, zu Gunsten des Kunden kann der Wortlaut hingegen überwunden werden, wenn die Bedeutung hinreichend eindeutig erkennbar ist, so dass sie nach objektiven Kriterien geeignet ist, beim Kunden Zweifel hervorzurufen.*)

d) Im vierten Schritt ist das gefundene Ergebnis anhand der Wertungen des Transparenzgebotes zu überprüfen, d.h. konkret ist danach zu fragen, ob der Verwender seinen Verpflichtungen nach dem Transparenzgebot nachgekommen ist und es damit nicht gerechtfertigt ist, die Rechtsfolgen der Unklarheitenregel gegen ihn anzuwenden. (*Dies dürfte in nur sehr wenigen Fällen einmal möglich sein.*)

- Sonstige ungeschriebene Auslegungsregeln sind nur zulässig, soweit sie sich zu Gunsten des Verwendungsgegners auswirken. Ein Bedarf zur Etablierung derartiger Auslegungsregeln ist neben der Unklarheitenregel allerdings kaum auszumachen. Dies gilt insbesondere für die bisher in diesem Zusammenhang diskutierten Regeln der individualvertragskonformen Auslegung, des Restriktionsprinzips und der geltungserhaltenden Reduktion bei zu vermutender Redlichkeit des Verwenders.
- Eine ergänzende Vertragsauslegung ist hingegen grundsätzlich zulässig bei Allgemeinen Geschäftsbedingungen. Insbesondere folgt aus der Unklarheitenregel nicht, dass der Verwender auch das Risiko etwaiger Vertragslücken trägt. Allerdings ist nach dem Schutzzweck der Unklarheitenregel danach zu differenzieren, ob es sich um sprachliche Unklarheiten handelt oder nicht. Nur da wo die Unklarheit sich darauf bezieht, ob eine Lücke besteht oder nicht, hat die Unklarheitenregel Vorrang, d.h. wenn bei einer Lesart die Lücke geschlossen ist und bei einer anderen nicht, gilt die für den Kunden günstigere Lesart unabhängig von der ergänzenden Vertragsauslegung.
- Besteht eine vertragliche Lücke, ist aber zweifelhaft, welche Regelung die Parteien getroffen hätten, kann nicht auf die Unklarheitenregel zurückgegriffen werden.
- Diese Auslegungsdogmatik gilt sowohl für den Geschäftsverkehr zwischen Unternehmern, als auch im Verbraucherprozess, auch wenn es sich um sog. Einmalbedingungen handelt. Nichts anderes gilt auch im Verbandsprozess.

3. Auch was die Rechtsfolgen angeht, ist teilweise ein Umdenken geboten:

- Im Individualprozess ist bei der Feststellung dessen, was zu Lasten des Verwenders gehen soll, auf die konkret individuelle Situation des konkreten Vertragsverhältnisses abzustellen, d.h. sämtliche Umstände des Einzelfalles sind zu berücksichtigen. Dies ergibt sich daraus, dass die Unklarheitenregel in erster Linie einen umfassenden Schutz des Kunden bezweckt und weniger als reine Sanktionsnorm gegenüber dem Verwender anzusehen ist. Diesem Zweck wird man aber nur gerecht, wenn auf die einzelne Situation abgestellt wird. Dies gilt sowohl für den Verbrauchervertrag, als auch für den „normalen" Geschäftsverkehr ohne Beteiligung eines Verbrauchers.
- Die besseren Gründe sprechen dafür, aufgrund der Geltungsanordnung der Unklarheitenregel zudem auf die subjektive Sicht des konkreten Vertragspartners abzustellen. Folge dessen ist, dass dem Verwendungsgegner ein Wahlrecht zuzubilligen ist. Selbst wenn man in diesem Punkt eine andere Auffassung vertreten will, erfordert die Unklarheitenregel aber zumindest dann, wenn sich anhand objektiver Kriterien nicht feststellen lässt, was für den konkreten Kunden günstiger ist, dass es auf die subjektive Sicht des Betroffenen ankommt. Soweit dieses Wahlrecht zugebilligt wird, ist zu beachten, dass der Kunde an seine einmal ausgeübte Wahl gebunden ist. Dies ergibt sich sowohl aus dem Sinn und Zweck der Unklarheitenregel, als auch aus dem Verbot des widersprüchlichen Verhaltens, sog. „venire contra factum proprium".
- Bei der Ermittlung der kundengünstigsten Auslegungsalternative ist zudem stets das Ergebnis einer hypothetischen Inhaltskontrolle zu beachten. Methodisch gesehen führt dies dazu, dass die betreffende Klausel zunächst im kundenungünstigsten Sinne einer Inhaltskontrolle zu unterziehen ist und erst, wenn sich die Klausel als kontrollfest erweist, die kundengünstigste Sichtweise als maßgeblich erachtet wird. Mit einzubeziehen ist auch die Überlegung, dass ein Wegfall der Klausel mitunter ungünstiger sein könnte, als das dispositive Recht.
- Mangels einer konkreten Vertragsbeziehung kann bei der Anwendung der Unklarheitenregel im Verbandsverfahren schon aus logischen Gründen nur auf eine abstrakt generelle, d.h. typisierende Günstigkeitsbeurteilung zurückgegriffen werden. Hinsichtlich der Vorgehensweise ist auch diesbezüglich das Ergebnis einer hypothetischen Inhaltskontrolle zu beachten.
- Keine mögliche Rechtsfolge der Anwendung der Unklarheitenregel ist die Unwirksamkeit einer Klausel. Diese kann sich nur als Resultat einer kundenfeindlichen Auslegung in Verbindung mit den Inhaltskontrollvorschriften der §§ 307 ff. ergeben.

4. Im Verhältnis zu anderen Vorschriften des AGB-Rechts besteht eine nennenswerte Schnittmenge allein mit § 307 Abs. 1 S. 2. Das Konkurrenzverhältnis ist dahingehend aufzulösen, dass die Unklarheitenregel in ihrem Anwendungsbereich im Individualprozess Vorrang vor der Transparenzkontrolle beansprucht, im Verbandsprozess sind beide Vorschriften hingegen kumulativ anwendbar.

G) Gesamtbewertung

Alles in allem hat sich damit die in der Einleitung angesprochene Vermutung bestätigt, dass spätestens mit der Integration des AGBG ins allgemeine Schuldrecht eine Neubewertung manch einer althergebrachten Sichtweise angebracht ist. Dies gilt vor allem für die Auslegungsdogmatik von AGB-Klauseln. Zudem lässt sich gerade in letzter Zeit insgesamt eine stärkere Betonung des Individualschutzes im Rahmen der AGB-Kontrolle feststellen. Dies beruht vor allem auf einer strikteren Handhabung der zur Verfügung stehenden Normen. Bestes Beispiel hierfür ist die von der Rechtsprechung vollzogene Kurskorrektur bei der Feststellung der kundengünstigsten Deutungsalternative im Indiviudalprozess. Angesichts dieses generellen „Trends“ und aufgrund der überzeugenderen dogmatischen Argumente erscheint es daher folgerichtig, im Rahmen der Rechtsfolge der Unklarheitenregel bei der Feststellung der kundengünstigeren Auslegungsvariante auch ansonsten konsequent auf die Belange des konkreten Kunden in der konkreten Situation abzustellen und demzufolge auch sein Urteil zur Günstigkeit zu akzeptieren, d.h. dem Kunden letztlich ein Wahlrecht einzuräumen, was allerdings nur einmalig betätigt werden kann.

Im Gegenzug wird der Schutz der Unklarheitenregel freilich auch nicht uferlos gewährt, da nach den gewonnenen Erkenntnissen die Unklarheitenregel dem Tatbestand nach nicht so schnell, wie von manchen gefordert, zur Anwendung gelangen kann. Nach vorzugswürdiger Auffassung sind die Hürden im Gegenteil eher hoch, da mittels der erörterten Systematik viele Zweifel aufgrund des abstrakten Rangverhältnisses der Auslegungsmethoden ausgeräumt werden können. Hier wird besonders deutlich, dass es sich bei der Unklarheitenregel letzten Endes immer noch um eine nachrangige Auslegungsregel handelt, nicht um eine gleichrangige. Entgegen verbreiteter Ansicht soll die Unklarheitenregel den Verwendungsgegner zudem auch nicht vor ungewissen zukünftigen Entwicklungen schützen, sondern lediglich vor sprachlich unklar gestalteten Vertragsbedingungen. Daher ist die ergänzende Vertragsauslegung immer dann zulässig, wenn sich die Unklarheit nicht auf die Frage bezieht, ob eine Regelung für die konkrete Situation getroffen wurde oder nicht. Wie die Abgrenzung zur Transparenzkontrolle zeigt, wirkt die Unklarheitenregel teilweise sogar einer Überdehnung des

Kundenschutzes entgegen, wenn man ihr, wie hier vorgeschlagen, im Individualprozess den Vorrang einräumt.

Insgesamt ist mittels der Unklarheitenregel – wenn man sie denn mit Augenmaß anwendet und nicht vorschnell auf sie zurückgreift – mithin ein angemessener Ausgleich der Interessen des Verwenders und des Kunden sehr gut zu erzielen.

Teil 2: Die Bedeutung der Unklarheitenregel bei der Auslegung arbeitsvertraglicher Bezugnahmeklauseln

Nachdem die allgemeinen Voraussetzungen der Unklarheitenregel ausführlich erörtert wurden, soll sich die Arbeit im Folgenden mit der Anwendung der Regel speziell bei der Auslegung arbeitsvertraglicher Bezugnahmeklauseln beschäftigen. Im Zentrum steht hier die Frage, ob die Unklarheitenregel überhaupt anwendbar ist bzw. ob sie unter Umständen sogar angewendet werden muss und wenn ja, welche Auswirkungen dies auf die Auslegung gängiger Klauseltypen hat.

A) AGB-Kontrolle und Unklarheitenregel im Arbeitsrecht

Zunächst soll ein kurzer Überblick über die AGB-Kontrolle und insbesondere die Anwendbarkeit der Unklarheitenregel im Arbeitsrecht präsentiert werden. In diesem Zusammenhang soll auch darauf eingegangen werden, welche allgemeinen Besonderheiten für das Arbeitsrecht möglicherweise zu beachten sein werden.

I. Rechtspraxis vor der Schuldrechtsreform

Aus dem heutigen Arbeitsleben und insbesondere aus den heutigen Arbeitsverträgen sind formularmäßige Bestimmungen nicht mehr wegzudenken.[592] Dennoch waren die Kontrollmechanismen des AGB-Gesetzes bis zur Schuldrechtsreform auf Verträge auf dem Gebiet des Arbeitsrechts nicht anwendbar, vgl. § 23 Abs. 1 AGBG.[593] Nach Ansicht des Gesetzgebers waren die Arbeitnehmer hinreichend durch ein dichtes Netz an zwingenden Vorschriften sowie das besondere System der kollektivrechtlichen Vereinbarung und nicht zuletzt damit auch durch die Gewerkschaften abgesichert.[594] Im Schrifttum ist diese Ausklammerung teilweise

---

592 Preis, Grundfragen der Vertragsgestaltung im Arbeitsrecht, S. 54 ff.; Wolf/Lindacher/Pfeiffer Stoffels, ArbR Rn. 1.

593 Vgl. auch den allgemeinen Überblick hierzu bei Däubler/Dorndorf/Bonin/Deinert-Drondorf/Bonin, Einleitung Rn. 20 ff..

594 BT-Drucks. 7/3919, S. 41.

auf Kritik gestoßen.[595] Das Bedürfnis für eine Inhaltskontrolle der Arbeitsbedingungen wurde auch über die Existenz der kollektivrechtlichen Schutzvorkehrungen hinaus bejaht. Dies war aber wohl mehr ein Verlangen nach Rechtsklarheit und Rechtssicherheit, da die Arbeitsgerichte ohnehin arbeitsvertragliche Abreden schon vor Erlass des AGBG einer intensiven Inhalts- bzw. Billigkeitskontrolle unterzogen.[596] Ausweislich der Gesetzesbegründung zum AGBG war eine Änderung dieser Spruchpraxis nicht bezweckt.[597] Diese Praxis wurde dementsprechend trotz der Bereichsausnahme fortgeführt und weiterentwickelt.[598] Dogmatisch gesehen stütze man sich vor allem auf die Grundsätze von Treu und Glauben, auf § 138, auf Billigkeitserwägungen im Sinne von § 315, die Grundrechte, Gedanken des Umgehungsschutzes sowie auf allgemeine Auslegungsgrundsätze im Rahmen von Störungen der Vertragsparität.[599] Die Beurteilungsmaßstäbe waren daher zwar vom Ausgangspunkt her unterschiedlich, im Laufe der Zeit ging man aber teilweise dazu über, die Kriterien der Inhaltskontrolle an den Kriterien der AGB-Kontrolle zu orientieren, wenn auch eine einheitliche Linie wohl nicht erkennbar war.[600] Eine Unterscheidung zwischen solchen Schranken, die für alle arbeitsvertraglichen Absprachen galten, und jenen, die nur vorformulierten Vertragsbedingungen Grenzen setzten, die mithin Fallgestaltungen betrafen, in denen eine gestörte Parität typischerweise anzunehmen ist, wurde insbesondere durch die Rechtsprechung nicht durchgängig vollzogen.[601] Die von der Rechtsprechung entwickelten Kontrollinstrumentarien fanden folglich in der Vergangenheit regelmäßig ohne Rücksicht auf die Art und Weise ihrer formalen Ausgestaltung Anwendung. Nur ganz vereinzelt finden sich Urteile, in denen sich das Gericht strikt gegen eine Ausdehnung des AGB-Rechts auf den Arbeitsvertrag aussprach.[602] Mangels der Anwendbarkeit des AGB-Rechts konnte auch das Verbot der geltungserhaltenden Reduktion keine Wirkung entfalten. Eine aufgrund der

---

595 Preis, Grundfragen der Vertragsgestaltung im Arbeitsrecht, S. 241 ff.; Fenn, FS-Söllner, S. 333 ff..

596 Exemplarisch: BAG v. 21.12.1970 – 3 AZR 510/69, AP Nr. 1 zu § 305 BGB Billigkeitskontrolle, BAG v. 31.10.1969 – 3 AZR 119/69, AP Nr. 1 zu § 242 BGB Ruhegehalt-Unterstützungskassen.

597 BT-Drucks. 7/3919, S. 14, 41.

598 Vgl. etwa: BAG v. 6.9.1990 – 2 AZR 165/90, AP Nr. 47 zu § 615 BGB; BAG v. 24.03.1986 – 2 AZR 639/87, AP Nr. 1 zu § 241 BGB; BAG v. 13.12.1984 – 2 AZR 294/83, AP Nr. 8 zu § 620 BGB Bedingung.

599 Für einen ausführlichen Überblick vgl. Thüsing, AGB-Kontrolle, Rn. 31 f..

600 So die Beobachtung von Stoffels, vgl. Wolf/Lindacher/Pfeiffer-Stoffels, ArbR n. 3.

601 BAG v. 24.3.1988 – 2 AZR 630/87, AP Nr. 1 zu § 241 BGB; differenzierend z.B. BAG v. 5.2.1986 – 5 AZR 564/84, AP Nr. 12 zu § 339 BGB.

602 BAG v. 27.2.2002 – 9 AZR 543/00, AP Nr. 162 zu § 4 TVG Ausschlussfristen; BAG v. 13.12.2000 – 10 AZR 168/00, AP Nr. 2 zu § 241 BGB.

Inhaltskontrolle unzulässige Klausel konnte nach der Rechtsprechung des BAG daher auf das gerade noch zulässige Maß zurückgeführt werden, ohne dass die Klausel insgesamt unwirksam war.[603]

Auch der Unklarheitenregel bediente man sich bei der Auslegung mehrdeutiger Bestimmungen in Arbeitsverträgen mit Zustimmung des rechtswissenschaftlichen Schrifttums.[604] Zu nennen sind exemplarisch Versorgungszusagen, Arbeitgeberdarlehen, Vertragsstrafenabreden, Aufhebungsverträge und Bezugnahmeklauseln.[605] Hinsichtlich letzterer gewinnt die Norm besondere Bedeutung, da viele Unternehmer bei der Formulierung von Bezugnahmeklauseln über lange Zeit die notwendige Sorgfalt haben vermissen lassen. Da die Unklarheitenregel sich auf eine lange Rechtstradition auch unabhängig vom Bestehen des AGB-Rechts stützen konnte, war deren Anwendung trotz der Bereichsausnahme weitgehend unproblematisch. Den Grundsatz der objektiven Auslegung konnte das BAG freilich nicht anwenden.[606]

II. Rechtslage nach der Schuldrechtsreform

1. Erstreckung des AGB-Rechts auf Arbeitsverträge

Mit der Schuldrechtsreform wurden zumindest die dogmatischen Ungereimtheiten bei der Inhaltskontrolle arbeitsvertraglicher Formularabreden durch die Erstreckung der AGB-rechtlichen Vorschriften auf Arbeitsverträge in § 310 Abs. 4 behoben, obwohl die Erweiterung der AGB-Kontrolle auf den Bereich des Indi-

---

603 BAG v. 5.12.2002 – 6 AZR 539/01, NZA 2003, 559, 561; BAG v. 6.9.1995 – 5 AZR 241/94, AP Nr. 23 zu § 611 BGB Ausbildungsbeihilfe; BAG v. 30.4.1971 – 3 AZR 259/70, AP Nr. 2 zu § 340 BGB; BAG v. 26.9.1963 – 5 AZR 61/63, AP Nr. 1 zu § 74a HGB.

604 BAG 27.1.1998 – 3 AZR 444/96, AP Nr. 38 zu § 1 BetrAVG Unterstützungskassen; BAG v. 14.6.1995 – 10 AZR 25/94, AP Nr. 176 zu § 611 BGB Gratifikation; BAG v. 18.9.1991 – 5 AZR 650/90, AP Nr. 14 zu § 339 BGB; BAG 12.2. 1985 – 3 AZR 183/83, AP Nr. 12 zu § 1 BetrAVG; BAG v. 21.2. 1984 – 3 AZR 442/81, (juris); BAG v. 25.5. 1973 – 3 AZR 405/72, AP Nr. 160 zu § 242 BGB Ruhegehalt; BAG v. 27.6.1969 – 3 AZR 297/68, AP Nr 2 zu § 242 BGB Ruhegehalt-VBL; siehe hierzu auch ErfK/Preis, (6.Auflage), §§ 305-310 BGB Rn. 34 m.w.N.; zum Schrifttum Erman/Hanau, (10. Auflage), § 611 Rn. 257; weitergehend Soergel/Wolf, (12. Auflage), § 157 Rn. 59; ders. RdA 1988, 270, 276, der bei Vorliegen „besonderer Anhaltspunkte" eine Anwendung auch bei Individualvereinbarungen forderte.

605 Vgl. für Rechtsprechungsnachweise ErfK/Preis, (6. Auflage), §§ 305-310 BGB Rn. 34; HWK/Gotthard, § 305 c BGB Rn. 10; insbesondere zur Anwendung bei der Auslegung von Bezugnahmeklauseln:BAG v. 20.3.1991 – 4 AZR 455/90, AP Nr. 20 zu § 4 TVG Tarifkonkurrenz; BAG v. 16.8.1988 – 3 AZR 61/87, AP Nr. 8 zu § 1 BetrAVG Beamtenversorgung.

606 Exemplarisch: BAG v. 30.4. 1984 – 3 AZR 587/82, (juris); BAG v. 16.3.1982 – 3 AZR 843/79, AP Nr 6 zu § 1 BetrAVG.

vidualarbeitsrechts im ersten Entwurf zur Schuldrechtsreform nicht einmal vorgesehen war.[607] Erst auf die Initiative des Bundesrates wurde die Bereichsausnahme zu Gunsten einer Bereichseinschränkung aufgegeben.[608] Zur Begründung wurde angeführt, dass im Hinblick auf die nicht einheitliche Rechtsprechungspraxis des BAG zur AGB-Kontrolle anhand von Vorschriften außerhalb des ehemaligen AGBG und weiter wegen des Schutzbedürfnisses des Arbeitnehmers die Klauselkontrolle erforderlich sei.[609] Man scheint also die vor Erlass des AGB-Gesetzes vertretene Auffassung, dass die Arbeitnehmer hinreichend durch anderweitige Vorschriften vor der Übermacht des Arbeitgebers im Bereich des Arbeitsvertragsrechts geschützt seinen, mittlerweile revidiert zu haben.

Den AGB-Begriff des § 305 Abs. 1 S. 1, 2 erfüllen im Arbeitsrecht insbesondere Formulararbeitsverträge, Allgemeine Arbeitsbedingungen, Gesamtzusage und arbeitsvertragliche Einheitsregelung.[610] Bei der Anwendung sind ausweislich der Regelung des § 310 Abs. 4 S. 2 die im Arbeitsrecht geltenden Besonderheiten angemessen zu berücksichtigen.[611] Die Direktiven in § 305 Abs. 2 und 3 sind nicht anzuwenden. Eine Einbeziehungskontrolle findet also nicht statt. Auch kollektive Vereinbarungen, das heißt, Tarifverträge, Betriebs- und Dienstvereinbarungen sollen nicht der AGB-Kontrolle unterliegen, vgl. § 310 Abs. 4 S. 3. Diese werden vielmehr den Rechtsvorschriften im Sinne von § 307 Abs. 3 gleichgestellt.

Da der Arbeitnehmer nach der Rechtsprechung des BAG und des BVerfG[612] als Verbraucher anzusehen ist, kommen die Bestimmungen des § 310 Abs. 3 zur Anwendung.[613] Die Arbeitsvertragsbedingungen gelten daher als vom Arbeitgeber gestellt, es sei denn, sie wurden durch den Arbeitnehmer in den Vertrag eingeführt, was in der Praxis so gut wie nie vorkommen dürfte. Die Unklarheitenre-

---

607 BT-Drucks. 14/6040, S. 12.

608 BT-Drucks. 14/6857, S. 17; zum Begriff der Bereichseinschränkung: Thüsing, AGB-Kontrolle, Rn. 34.

609 BT-Drucks. 14/6857, S. 53.

610 Däubler/Dorndorf/Bonin/Deinert-Dorndorf/Bonin, Einleitung, Rn. 27 ff.; Staudinger/Coester, § 310, Rn. 92; Stoffels, Rn. 181; allgemein zur Begrifflichkeit im Arbeitsrecht: Däubler/Dorndorf/Bonin/Deinert-Dorndorf/Deinert, § 305 Rn. 3 ff..

611 Dazu unten: Teil 2.A.II.3.

612 BVerfG v. 23.11.2006 – 1 BvR 1909/06, AP Nr. 22 zu § 307 BGB; BAG v. 25.5.2005 – 5 AZR 572/04, AP Nr. 1 zu § 310 BGB = NJW 2005, 3305, 3308 f..

613 Däubler/Dorndorf/Bonin/Deinert-Däubler, Einleitung, Rn. 72; Diehn, NZA 2004, 129, 130; ErfK/Preis, §§ 305-310 BGB Rn. 26; Gotthard, Rn. 20; Hanau, Anm. zu BAG v. 7.3.2001 – GS 1/00, AP Nr. 4 zu § 288 BGB; Konzen, FS-Hadding, S. 145, 163; Stoffels, Rn. 197; Thüsing, BB 2002, 2666, 2668; a.A. allerdings Annuß, BB 2002, 458 ff.; Bauer/Kock, DB 2002, 42, 44; Henssler, RdA 2002, 129; 133; Palandt/Heinrichs, (64.Auflage), § 13 Rn. 3; Richardi, Sonderbeilage zu NZA Heft 16/2003, S. 14, 17; Rieble/Klumpp, ZIP 2002, 2153, 2158.

gel, die §§ 306 und 307-309 sowie Art. 29a des Einführungsgesetzes zum BGB finden auf Arbeitsverträge auch dann Anwendung, wenn diese nur zur einmaligen Verwendung bestimmt sind, soweit der Arbeitnehmer aufgrund der Vorformulierung auf ihren Inhalt keinen Einfluss nehmen konnte, § 310 Abs. 3 Nr. 2. Da auch diesbezüglich davon ausgegangen werden kann, dass der Arbeitnehmer in der Regel keinerlei Einfluss auf die Gestaltung der einzelnen arbeitsvertraglichen Klauseln nehmen wird, dürften die angesprochenen Vorschriften bei der Behandlung nahezu sämtlicher vorformulierter Arbeitsverträge zu beachten sein. Nach § 310 Abs. 3 Nr. 3 sind zudem die den Vertragsschluss begleitenden Umstände bei der Beurteilung der unangemessenen Benachteiligung nach § 307 Abs. 1 und 2 zu berücksichtigen.

Aufgrund der ausdrücklichen Erstreckung des AGB-Rechts auf die Kontrolle von Arbeitsverträgen ist nunmehr eine sorgfältigere Differenzierung nach der formalen Ausgestaltung der Regelungen vorzunehmen.[614] Nur solche Arbeitsbedingungen bzw. Vertragswerke, die den Anforderungen des § 305 entsprechen (inklusive der Erweiterungen nach § 310 Abs. 3), können einer AGB-Kontrolle unterzogen werden. Die Angemessenheit von Klauseln, die dem Anwendungsbereich der §§ 305 ff. unterfallen, ist zudem allein am Maßstab dieser Vorschriften zu messen; Es findet keine ergänzende Angemessenheitskontrolle am Maßstab des überkommenen Richterrechts statt.[615] Erhalten bleibt allerdings die reine Rechtskontrolle nach den §§ 134, 138.[616] Zudem kann das bisherige Richterrecht innerhalb der Wertungen der §§ 305 ff. auch weiterhin berücksichtigt werden.[617] Im Einzelnen ausgehandelte Klauseln unterliegen keiner AGB-rechtlichen Kontrolle.[618] Auch eine analoge Anwendung ist nicht möglich.[619] Aus der nunmehr geltenden Systematik muss man zudem folgern, dass individuell ausgehandelte Vertragsklauseln auch keiner allgemeinen Angemessenheitskontrolle mehr zu unterwerfen sind.[620] Dort verbleibt es bei einer allgemeinen Rechtskontrolle.

Auch ein Rückgriff auf die bisher praktizierte Reduzierung des Inhalts unangemessener Klauseln auf das gerade noch zulässige Maß erscheint seit der Erstreckung nicht mehr möglich.[621] Jedenfalls für Ausschlussfristen, Rückzah-

---

614 Thüsing, AGB-Kontrolle, Rn. 35; ders., BB 2002, 2666, 2667.

615 BAG v. 27.7.2005 – 7 AZR 443/04, AP Nr. 27 zu § 620 BGB Altersgrenze = NZA 2006, 40, 45; Thüsing, AGB-Kontrolle, Rn. 36.

616 Thüsing, AGB-Kontrolle, Rn. 38.

617 Thüsing, AGB-Kontrolle, Rn. 39.

618 Thüsing, AGB-Kontrolle, Rn. 43.

619 Thüsing, AGB-Kontrolle, Rn. 43.

620 Thüsing, AGB-Kontrolle, Rn. 44.

621 BAG v. 28.9.2005 – 5 AZR 52/05, AP Nr. 7 zu § 307 BGB = NJW 2006, 795, 798; BAG v. 25.5.2005, AP Nr. 1 zu § 310 BGB = NJW 2005, 3305, 3307 f.; BAG v. 4.3.2004 – 8 AZR 196/03, AP Nr. 3 zu § 309 BGB = BB 2004, 1740, 1746; Däubler/Dorndorf/Bonin/Deinert-

lungsklauseln, Widerrufsklauseln und Änderungsklauseln lehnt das BAG dies mittlerweile ausdrücklich ab.[622] Lediglich für den Fall, dass eine Vertragsstrafenklausel während der Probezeit unangemessen, danach aber angemessen wäre, hat sich das BAG eine Hintertür vom ausnahmslosen Verbot der geltungserhaltenden Reduktion offen gehalten.[623] Davon zu unterscheiden ist eine Aufrechterhaltung eines Teils einer Klausel, wenn die betreffenden Regelungen inhaltlich und sprachlich trennbar sind und der unwirksame Teil ohne weiteres gestrichen werden kann, ohne dass der Sinn des anderen Teils darunter leidet, sog. „blue pencil – Test".[624]

Gemäß § 15 UKlaG ist es auf dem Gebiet des Arbeitsrechts nicht möglich, einzelne Bestimmungen oder vorformulierte Klauselwerke im Verbandsverfahren anzugreifen. Dem Gesetzgeber erschien das System der Unterlassungsansprüche im Bereich des Arbeitsrechts in der im UKlaG vorgesehenen Form nicht zweckmäßig.[625] Vor allem wollte man verhindern, dass die Zivilgerichte über die Wirksamkeit von Klauseln in Arbeitsverträgen entscheiden müssen, da dies ein Bereich ist, der typischerweise den Arbeitsgerichten vorbehalten ist. Zudem war man der Ansicht, dass die Etablierung eines Verbandsverfahrens im Arbeitsrecht weit über die in der bis dato geführten Diskussion thematisierten Forderungen hinausgehen würde. Ebenso war man sich nicht sicher, wer die entsprechenden Ansprüche geltend machen soll. Da der Arbeitnehmer nach Auffassung des Gesetzgebers auch Verbraucher ist, sah man die Gefahr, dass andere Verbände als die Gewerkschaften klagebefugt sein könnten und damit den Gewerkschaften in einem zentralen Bereich ihre Rolle als Interessenvertreter der Arbeitnehmerschaft streitig machen könnten. Dies wollte man nicht. Auch bei der Kontrolle von missbräuchlichen Klauseln in Arbeitsverträgen sollten wohl allein die Betriebsräte in Konkurrenz zu den Gewerkschaften treten können. Den diesen ist in § 80 Abs. 1 Nr. 1 BetrVG die Aufgabe zugewiesen, die in Formulararbeitsverträgen enthaltenen Bestimmungen auf ihre Vereinbarkeit mit dem geltenden Recht

---

Dorndorf/Bonin, § 306 Rn. 18; Ohlendorf/Salomon, RdA 2006, 281, 283; Preis/Roloff, ZfA 2007, 43, 78; kritisch hierzu: Bayreuther, NZA 2004, 953 ff.; Willemsen/Grau, RdA 2003, 321 ff.; kritisch auch Thüsing, AGB-Kontrolle, Rn. 116 f.;

622 BAG v. 25.5.2005, AP Nr. 1 zu § 310 BGB = NJW 2005, 3305, 3307 f.; (Ausschlussfristen); BAG v. 11.4.2006 – 9 AZR 610/05, AP Nr. 16 zu § 307 BGB (Rückzahlungsklauseln); BAG v. 19.12.2006 – 9 AZR 294/06, AP Nr. 21 zu § 611 BGB Sachbezüge (Widerrufsklauseln); BAG v. 9.5.2006 – 9 AZR 424/05, AP Nr. 21 zu § 307 BGB (Änderungsklauseln).

623 BAG v. 21.4.2005 – 8 AZR 425/04, AP Nr. 3 zu § 307 = NZA 2005, 1053, 1055; BAG v. 4.3.2004 – 8 AZR 196/03, AP Nr. 3 zu § 309 BGB = BB 2004, 1740, 1746.

624 BAG v. 21.4.2005 – 8 AZR 425/04, AP Nr. 3 zu § 307 BGB = NZA 2005, 1053, 1055; ablehnend: Thüsing, BB 2006, 661, 662; ders., AGB-Kontrolle, Rn. 118 ff..

625 BT-Drucks. 14/7052, S. 189.

zu überwachen. Hierzu zählen nunmehr auch die AGB-rechtlichen Vorschriften.[626]

2. Auswirkungen der Erstreckung für die Unklarheitenregel

Speziell für die Anwendung der Unklarheitenregel brachte die Modifikation auf den ersten Blick zunächst nicht außergewöhnlich viel Neues, da diese wie gesagt ohnehin schon vorher auch im Arbeitsrecht angewendet wurde.

Zunächst springt ins Auge, dass ähnlich wie im Rahmen der Inhaltskontrolle, die Rechtsprechung seit der Reform dazu angehalten sein dürfte, genauer als bisher zwischen Individualvereinbarungen, in denen die Unklarheitenregel nach der nunmehr geltenden Systematik nicht mehr ohne weiteres anwendbar ist, und vorformulierten Arbeitsbedingungen, die im Zweifel gegen den Verwender auszulegen sind, zu unterscheiden hat. Zu Recht wird auch herausgestellt, dass trotz der arbeitsrechtlichen Tradition der Unklarheitenregelung die Kodifikation eine gegenüber entsprechendem Richterrecht gesteigerte Berücksichtigung in der Praxis veranlassen dürfte.[627]

Des Weiteren müssen die aus dem Zusammenspiel von § 305 c Abs. 2 und §§ 307-309 folgenden Verfeinerungen des Grundsatzes nun auch im Arbeitsrecht Beachtung finden.[628] Dieses Zusammenspiel nahm zwar wie dargelegt im Verbandsprozess seinen Ursprung.[629] Allein die Gesichtpunkte der offenen Anwendung der §§ 307-309, der Wertungseinheit mit dem Verbot der geltungserhaltenden Reduktion wie auch der umfänglichen Verwirklichung des Normzwecks von § 305 c Abs. 2 rechtfertigen aber auch im Arbeitsrecht die Relativierung des Vorrangs der Vertragsauslegung vor der Inhaltskontrolle.[630] Daneben wird zudem erwogen, die Geltung des geänderten Verständnisses im Arbeitrecht mit dem Wirken arbeitsrechtlicher Besonderheiten im Sinne von § 310 Abs. 4 S. 2 Hs. 1 zu begründen.[631] Als eine solche dient dabei § 15 UKlaG, der im Zusammenhang

---

626 BAG v. 16.11.2005 – 7 ABR 12/05, AP Nr. 64 zu § 80 BetrVG 1972; Wolf/Lindacher/ Pfeiffer-Stoffels, ArbR Rn. 25.

627 Reinecke, BB 2006, 2637.

628 Bratz, S. 208; BeckOK/Jacobs, § 305 c Rn. 28; Däubler/Dorndorf/Bonin/Deinert-Däubler, § 305 c Rn. 35; ErfK/Preis, §§ 305- 310 BGB Rn. 31; HWK/Gotthard, § 305 c BGB Rn. 9; Hromadka, NJW 2002, 2526; Preis/Roloff, RdA 2005, 144, 149; Reinecke, AuR 2003, 415 f.; Wolf/Lindacher/Pfeiffer-Stoffels, ArbR Rn. 58; vgl. auch LAG Brandenburg v. 13.10.2005 – 9 Sa 141/05, DB 2006, 160, 161 f..

629 Siehe oben: Teil 2.A.II.1.

630 Däubler/Dorndorf/Bonin/Deinert-Däubler, § 305 c Rn. 35; Wolf/Lindacher/Pfeiffer-Stoffels, ArbR Rn. 58.

631 Reinecke, AuR 2003, 414, 415; mit vorschichtiger Zustimmung zu diesem Begründungsansatz auch Däubler/Dorndorf/Bonin/Deinert-Däubler, § 305 c Rn. 35.

mit §§ 305 ff. die Annahme nahe lege, dass § 310 Abs. 4 S. 2 auch zu Gunsten des Arbeitnehmers Anwendung finden müsse. Denn damit die vom Gesetzgeber intendierte Angleichung des Schutzniveaus der Vertragskontrolle in Zivil- und Arbeitsrecht erfolge, müsse gerade zwecks teilweiser Kompensation des fehlenden Verbandsprozesses grundsätzlich die arbeitnehmerfeindlichste Auslegung der Inhaltskontrolle unterzogen werden. Dies zudem vor dem Hintergrund, dass § 15 UKlaG keine kategorische Schlechterstellung der Arbeitnehmer anstrebe, sondern den bestehenden Unklarheiten hinsichtlich der Ausgestaltung des arbeitsrechtlichen Verbandsprozesses geschuldet sei.[632]

Vor dem gegebenen Argumentationshintergrund ist die Übertragung der neuen Erkenntnisse auf das Arbeitsrecht zu befürworten. Hierbei gilt allerdings, dass bei unklaren Leistungsbeschreibungen oder Arbeitsentgeltbestimmungen, welche gemäß § 307 Abs. 3 S. 1 nicht der Inhaltskontrolle unterfallen, kein Raum für die zunächst arbeitnehmerfeindliche Auslegung bleibt, da dieser Schritt nur bei Kontrollfähigkeit sinnvoll ist. In beiden Fällen gebührt direkt der arbeitnehmerfreundlichsten Auslegung der Vorzug.[633]

Schwer einzuschätzen ist die Bedeutung der Regelung in § 310 Abs. 4 S. 2, wonach die im Arbeitsrecht geltenden Besonderheiten bei der Anwendung der AGB-rechtlichen Vorschriften angemessen zu berücksichtigen sind. Erste Stimmen sprechen sich zwar dafür aus, dass arbeitsrechtliche Besonderheiten der Anwendung der Unklarheitenregel grundsätzlich nicht entgegenstehen sollten.[634] Durch ihre generalklauselartige Ausgestaltung eignet sich § 310 Abs. 4 S. 2 aber potenziell hervorragend, sämtliche bisher üblichen Grundsätze zur Auslegung und Anwendung der Unklarheitenregel aus Rechtsprechung und Schrifttum auch ins neue Recht zu tradieren und darüber hinaus aber auch eventuell unerwünschte Ergebnisse zu „korrigieren".[635]

Auf den zweiten Blick werden aber mitunter zumindest gravierendere mittelbare Änderungen sichtbar, vor allem wenn man die Aussagen des BAG im Rahmen der Urteile zur Auslegung arbeitsvertraglicher Bezugnahmeklauseln ernst nimmt: Insbesondere in der Entscheidung vom 14.12.2005 wies man darauf hin, dass seit der gesetzlichen Anordnung der AGB-Kontrolle auf Arbeitsverträge von Arbeitgebern erwartet werden könne, dass sie in Bezugnahmeklauseln das von

---

632 Reinecke, AuR 2003, 414, 415 f..

633 AnwK/Kollmann, § 305 c, Rn. 36.

634 Däubler/Dorndorf/Bonin/Deinert-Däubler, § 305 c Rn. 27; ErfK/Preis, §§ 305-310 BGB Rn. 34 a; MünchKomm/Basedow, § 310 Rn. 92; Palandt/Weidenkaff, Einf v § 611 Rn. 75 c; Thüsing/Lambrich, NZA 2002, 1361, 1366; Reinecke, NZA 2005, 954, 956. ähnlich: HWK/Gotthard, § 305 c BGB Rn. 7; Hofmann, S. 102.

635 Vgl. hierzu ausführlich den nächsten Gliederungspunkt.

ihnen Gewollte hinreichend klar formulieren.[636] Dies verdeutlicht, dass zumindest der 4. Senat die AGB-rechtliche Auslegungsdogmatik nun auch konsequent bei der Auslegung arbeitsvertraglicher Bezugnahmeklauseln anwenden will. Der Verweis auf das Tansparenzgebot und die Unklarheitenregel deutet zudem darauf hin, dass auch der 4. Senat der hier im ersten Teil entwickelten Dogmatik nicht allzu ablehnend gegenüberstehen dürfte. Zumindest dürften der stärkeren Betonung des Wortlauts nach Auffassung der Richter keine durchgreifenden abreitsrechlichen Besonderheiten im Wege stehen.[637] Wie diese Aussagen im Einzelnen zu bewerten sind und was dies im Einzelfall für die Auslegung arbeitsvertraglicher Bezugnahmeklauseln bedeutet, soll im Folgenden ausführlich untersucht werden.

Für die Anwendbarkeit der sonstigen Auslegungsregeln gilt Gleiches wie im allgemeinen Zivilrecht. Für eine individualvertragskonforme Auslegung neben der Unklarheitenregel ist auch im Arbeitsrecht kein Raum. Auch für die ergänzende Vertragsauslegung existieren keine Besonderheiten.[638] Aus den oben genannten Gründen besteht ebenso kein Bedürfnis, ein Restriktionsprinzip neben die Unklarheitenregel treten zu lassen. Vor dem Hintergrund des Bestrebens der Rechtsprechung, eine möglichst offene Inhaltskontrolle durchzuführen, ist im Arbeitsrecht auch eine Auslegung dahingehend abzulehnen, dass eine Klausel auf den gerade noch zulässigen Inhalt reduziert wird.

3. Auswirkungen des § 310 Abs. 4 S. 2: Angemessene Berücksichtigung der Besonderheiten des Arbeitsrechts

Trotz der Erweiterung des Anwendungsbereichs des AGB-Rechts hat der Gesetzgeber in einer Art Generalklausel die Möglichkeit eröffnet, die im Arbeitsrecht geltenden Besonderheiten bei der Anwendung der AGB-rechtlichen Vorschriften angemessen zu berücksichtigen, vgl. § 310 Abs. 4 S. 2 HS. 1. Das erkennende Gericht hat daher in Zukunft auf einer ersten Stufe zu entscheiden, ob arbeitsrechtliche Besonderheiten vorliegen und auf einer zweiten Stufe, ob und

636 BAG v. 14.12.2005 – 4 AZR 536/04, AP Nr. 39 zu § 1 TVG Bezugnahme auf Tarifvertrag, Rz. 26.

637 Zur Maßgeblichkeit des Wortlauts sehr deutlich: BAG v. 18.04.2007 – 4 AZR 652/05,AP Nr. 53 zu § 1 TVG Bezugnahme auf Tarifvertrag, Rz. 28.

638 BAG v. 19.12.2006 – 9 AZR 294/06, NZA 2007, 809; BAG v. 11.10.2006 – 5 AZR 721/05, AP Nr. 6 zu § 308 BGB = NJW 2007, 536, 538; LAG Hamm v. 16.11.2004 – LAG Report 2005, 138; LAG Hamm v. 4.5.2004 – 19 Sa 360, 04, (juris); Thüsing, AGB-Kontrolle im Arbeitsrecht, Rn. 123.

wie jene Besonderheiten angemessen zu berücksichtigen sind.[639] Hinter dieser vorzunehmenden „angemessenen Berücksichtigung" steckt also kein Automatismus bei der Bejahung arbeitsrechtlicher Besonderheiten.[640] Damit besteht ein nicht unerheblicher Handlungsspielraum für die Rechtsprechung.

Was die Besonderheiten des Arbeitsrechts im Einzelnen sind, wird allerdings nicht erwähnt, auch nicht in den Gesetzesmaterialien. Die Bundesregierung führte im Gesetzgebungsverfahren lediglich aus, dass „vor allem die besonderen Klauselverbote ohne Wertungsmöglichkeit im Arbeitsrecht nicht zwingend uneingeschränkt zur Anwendung kommen" sollen, sondern „hier die besonderen Bedürfnisse eines Arbeitsverhältnisses" Berücksichtigung finden müssten.[641] Der Rechtsausschuss war offenbar der Auffassung, dass mittels dieser Formulierung den Besonderheiten spezifischer Bereiche des Arbeitsrechts – wie zum Beispiel des kirchlichen Arbeitsrechts – angemessen Rechnung getragen werden könnte.[642] Entsprechend der generalklauselartigen Ausgestaltung des § 310 Abs. 4 S. 2 sind im Schrifttum zahlreiche Versuche zu finden, der neuen Regelung erste Konturen zu verleihen.[643] Die Bedeutung der Regelung wurde hierbei zumindest in der Anfangszeit noch recht unterschiedlich bewertet. Das Meinungsspektrum reichte von einer Einordnung als „Kernstück des Schuldrechtsmodernisierungsgesetzes in arbeitsrechtlicher Hinsicht"[644] bis zu der Einschätzung, dass der Vorbehalt im Ergebnis leer laufe, da man jegliche arbeitsrechtlichen Besonderheiten, die sich gegen das zwingende Recht der §§ 307 ff. durchsetzen können, als Missbrauch bezeichnen müsste.[645] Teilweise glaubte man auch, dass durch die Norm die Inhaltskontrolle nach den §§ 308 und 309 im Arbeitsrecht gänzlich ausgeschlossen sein sollte.[646] Mehrere Jahre nach der Reform liegen mittlerweile einige richtungweisende Judikate der höchstrichterlichen Rechtsprechung vor.[647]

639 BAG v. 4.3.2004 – 8 AZR 196/03, AP Nr. 3 zu § 309 BGB = BB 2004, 1740, 1743; Thüsing, AGB-Kontrolle, Rn. 112.

640 Thüsing, AGB-Kontrolle, Rn. 112.

641 BT-Drucks. 14/6857, S. 54.

642 BT-Drucks. 14/7052, S. 189.

643 Vgl. etwa Annuß, BB 2002, 458, 461; Bratz, Arbeitsrechtliche Besonderheiten bei der Kontrolle Allgemeiner Geschäftsbedingungen, Diss. 2005; Birnbaum, NZA 2003, 944; Däubler/Dorndorf/Bonin/Deinert-Däubler, § 310 Rn. 59 ff.; Dorndorf, FS 50 Jahre BAG, S. 19 ff.; Hanau, FS-Konzen, S. 249 ff.; Hönn, ZfA 2003, 325 ff.; Preis, Sonderbeilage zu NZA Heft 16/2003, S. 19; Thüsing, AGB-Kontrolle, Rn. 104 ff.; ders., NZA 2002, 591 ff.; Wolf/Lindacher/Pfeiffer-Stoffels, ArbR Rn. 16 ff..

644 Annuß, BB 2002, 458, 460.

645 Henssler/v.Westphalen-v.Westphalen, § 310 Rn. 7.

646 Lingemann, NZA 2002, 181, 183.

647 BAG v. 1.3.2006 – 5 AZR 363/05, AP Nr. 3 zu § 308 BG; BAG v. 28.9.2005, – 5 AZR 52/05, AP Nr. 7 § 307 BGB = NJW 2006, 795, 797; BAG v. 25.5.2005 – 5 AZR 572/04, AP

Diese haben den Eindruck bestätigt, dass § 310 Abs. 4 S. 2 in der Tat eine gewichtige Bedeutung für die Anwendung des AGB-Rechts im Arbeitsrecht hat. Den Entscheidungen kann man entnehmen, dass arbeitsrechtliche Besonderheiten bei sämtlichen Formulararbeitsverträgen ungeachtet ihrer rechtlichen Gestaltung zu berücksichtigen sind.[648] Sie sind geeignet, Abweichungen von sämtlichen Vorschriften der §§ 305 ff. zu rechtfertigen.[649] Nicht erforderlich ist, dass es sich um Besonderheiten bestimmter Bereiche des Arbeitsrechts handelt, etwa des kirchlichen Arbeitsrechts.[650] Auch die Klauselverbote des § 309 müssen unter Umständen aufgrund arbeitsrechtlicher Besonderheiten zurückstehen.[651] Grundsätzlich können daher auch Abweichungen bei der Auslegung und bei der Anwendung der Unklarheitenregel auf arbeitsrechtliche Besonderheiten gestützt werden. Erkennbar wird zudem, dass eine pauschale Bewertung der Norm nicht weiterführt. Vielmehr erscheint es angebracht, die Besonderheiten des Arbeitsrechts in jedem Einzelfall gesondert zu überprüfen und zu erörtern.[652] Ob arbeitsrechtlich Besonderheiten, die eine Modifikation erforderlich machen, tatsächlich bestehen, bleibt mit Blick auf die Anwendung der Unklarheitenregel damit im Folgenden für jeden Einzelfall zu überprüfen. Auf den Prüfstand zu stellen ist daher vor allem auch die These, wonach bei der Anwendung der Unklarheitenregel keinerlei arbeitsrechtliche Besonderheiten vorlägen.[653]

Auch über diese Erkenntnisse zur grundsätzlichen Bedeutung und zum gegenständlichen Anwendungsbereich des § 310 Abs. 4 S. 2 hinaus lassen sich den Urteilen und den bisherigen Stellungnahme im Schrifttum einige Dinge entnehmen:

Nr. 1 zu § 310 BGB = NJW 2005, 3305, 3306; BAG v. 4.3.2004 – 8 AZR 196/03, AP Nr. 3 zu § 309 BGB.

648 Thüsing, AGB-Kontrolle, Rn. 105.

649 BAG v. 4.3.2004 – 8 AZR 196/03, AP Nr. 3 zu § 309 BGB.

650 Thüsing, AGB-Kontrolle, Rn. 105.

651 Thüsing, AGB-Kontrolle, Rn. 105.

652 So auch die wohl herrschende Meinung unmittelbar nach der Reform: Annuß, BB 2002, 458, 461; Däubler, NZA 2001, 1329, 1334; Gotthard, ZIP 2002, 277; Lingemann, NZA 2002, 181.

653 BAG v. 11.4.2006 – 9 AZR 557/05, AP Nr. 17 zu § 307 BGB = NZA 2006, 1149, 1150; BAG v. 7.12. 2005 -5 AZR 535/04, AP Nr. 4 zu § 12 TzBfG = NZA 2006, 423, 425, BAG v. 31.8.2005 – 5 AZR 545/04, AP Nr. 8 zu § 6 ArbZG = NZA 2006, 322, 327; Däubler/Dorndorf/Bonin/Deinert-Däubler, § 305 c Rn. 27; ähnlich: HWK/Gotthard, § 305 c BGB Rn. 7; Hofmann, S. 102;MünchKomm/Basedow, § 310 Rn. 92; Wolf/Lindacher/Pfeiffer-Stoffels, ArbR Rn. 55.

a) Besonderheiten die sich nicht allein auf das Arbeitsrecht beschränken

Inhaltlich gesehen sind arbeitsrechtliche Besonderheiten in erster Linie Regelungen, die im Vergleich zu den Grundsätzen des Bürgerlichen Rechts und des Prozessrechts abweichen.[654] Hierbei sind die arbeitsrechtlichen Besonderheiten aber nicht exklusiv zu verstehen. Es reicht wenn die entsprechende Norm *auch* eine Besonderheit des Arbeitsrechts ist, bzw. die Anwendung der Norm *unter anderem* im Arbeitsrecht von ihrer allgemeinen Anwendung abweicht.[655] Als Vergleichsmaßstab werden mitunter auch Regelungen in Tarifverträgen herangezogen.[656]

b) Tatsächliche Umstände als arbeitsrechtliche Besonderheiten im Sinne des § 310 Abs. 4 S. 2

Auch wenn es sich bei den arbeitsrechtlichen Besonderheiten in der Regel um gesetzliche Vorschriften handeln dürfte, so sind auch Besonderheiten *tatsächlicher Natur* nach der Rechtsprechung des BAG geeignet, die Vorschriften der AGB-Kontrolle im Sinne des § 310 Abs. 4 S. 2 zu modifizieren.[657] Es kann beispielsweise reichen, wenn bestimmte Vertragsgestaltungen seit Jahrzehnten üblich sind.[658] Teile des Schrifttums hatten dies schon früh gefordert bzw. begrüßt.[659] Für diese Sichtweise lässt sich in erster Linie die Gesetzesbegründung anführen, die von einer Berücksichtigung der „besonderen Bedürfnisse eines Arbeitsverhältnisses“[660] spricht.

Andere standen und stehen der Berücksichtigung tatsächlicher Verhältnisse kritischer gegenüber.[661] Gestützt wird diese Kritik vor allem auf den Wortlaut der Vorschrift, in der es heißt, dass die im Arbeitsrecht *geltenden* Besonderheiten zu

---

654 BAG v. 4.3.2004 – 8 AZR 196/03, AP Nr. 3 zu § 309 BGB.

655 Thüsing, AGB-Kontrolle Rn. 107.

656 BAG v. 28.9.2005 – 5 AZR 52/05, AP Nr. 7 zu § 307 BGB = NJW 2006, 795, 797.

657 BAG v. 25.5.2005 – 5 AZR 572/04, AP Nr. 1 zu § 310 BGB = NJW 2005, 3305, 3306; anders Thüsing, NZA 2002, 591, 592.

658 BAG v. 1.3.2006 – 5 AZR 363/05, AP Nr. 3 zu § 308 BGB.

659 Birnbaum, NZA 2003, 944, 946; Brors, DB 2004, 1778, 1780; Joost, ZIP 2004, 1981, 1986; Morgenroth/Leder, NJW 2004, 2797; von Steinau-Steinrück/Hurek, NZA 2004, 965.

660 BT-Drucks. 14/6857, S. 54.

661 HWK/Gotthard, § 310 BGB Rn. 22 f.; Lakies, AGB-Kontrolle im Arbeitsrecht, Rn. 341 ff.; Lindemann, S. 139 ff.; kritisch auch Thüsing, AGB-Kontrolle, Rn. 109; zum Teil widersprüchlich Wolf/Lindacher/Pfeiffer-Stoffels, ArbR Rn. 17, 18, der einerseits die bloße Üblichkeit einer vertraglichen Gestaltung nicht als arbeitsrechtliche Besonderheit akzeptieren will, andererseits aber auch eine Beschränkung auf rechtliche Besonderheiten ablehnt.

berücksichtigen sind.[662] Gelten können aber nur Rechtsnormen, nicht aber tatsächliche Verhältnisse oder übliche Vertragsgestaltungen. Zudem ist die Formulierung in § 310 Abs. 4 S. 2 enger als in § 310 Abs. 1 S. 2, nach der auf die im Handelsverkehr geltenden Gewohnheiten und Gebräuche Rücksicht zu nehmen ist.[663] Allzu verhärtet erscheinen die Fronten freilich nicht, da selbst *Thüsing* als führender Vertreter der Kritiker zumindest anerkennt, dass letztlich pragmatische Erwägungen zusammen mit der Einsicht, dass die Trennung von tatsächlichen und rechtlichen Besonderheiten mitunter wenig trennscharf ist, die Auffassung des Bundesarbeitsgerichts stützen können.[664]

Legt man die Sichtweise des BAG zu Grunde, bedeutet dies für die Anwendung der Unklarheitenregel, dass auch tatsächliche Besonderheiten des Arbeitsrechts potentiell geeignet sein können, eine von der allgemeinen Dogmatik abweichende Entscheidung herbeizuführen. Auswirken könnte sich dies vor allem auf die Anforderungen und den Maßstab der Transparenz arbeitsvertraglicher Entgeltflexibilisierungen bzw. auf dasjenige, was ein typischer Arbeitnehmer erkennen musste und was nicht. Auch erscheint es denkbar, dass aufgrund der tatsächlichen Besonderheiten oder der Üblichkeit bestimmter Regelungen die Unklarheitenregel in bestimmten Fallkonstellationen überhaupt nicht anwendbar ist. Angesichts der in diesem Bereich recht einzelfallbedingten Erwägungen erscheint eine Auseinandersetzung an dieser Stelle aber wenig ertragreich. Sollten arbeitsrechtliche Besonderheiten im Einzelnen für die Anwendung der Unklarheitenregel relevant werden, so soll dies daher erst im Zusammenhang mit der jeweils einschlägigen Situation ausführlich behandelt werden.

c) Richterrechtliche Grundsätze und Regeln

Problematisch erscheint auch die Bewertung von richterrechtlich entwickelten Grundsätzen als Besonderheiten des Arbeitsrechts. Hinsichtlich der Unklarheitenregel kann dies vor allem im Bezug auf richterrechtlich etablierte Auslegungsregeln eine Bedeutung haben, so etwa bei der schon in der Einleitung thematisierten Rechtsprechung zur Gleichstellungsabrede. Dem Grunde nach ist zwar wohl auch hier anerkannt, dass richterrechtliche Grundsätze zu diesen Besonder-

662 Thüsing, AGB-Kontrolle, Rn. 109; ders., NZA 2002, 591, 592; ihm folgend: LAG Hamm, v. 24.01.2003 – 10 Sa 1158/02, AP Nr. 1 zu § 309 BGB = NZA 2003, 499, 501; Däubler/Dorndorf/Bonin/Deinert-Däubler, § 310 Rn. 64; Hönn, ZfA 2003, 331 ff.; Lakies, AR-Blattei SD 35 R. 201; Preis, Sonderbeilage zu NZA Heft 16/2003, S. 26.

663 Thüsing, AGB-Kontrolle, Rn. 109.

664 Thüsing, AGB-Kontrolle, Rn. 109.

heiten zählen können.[665] Ein Beispiel hierfür sind die klassischen Fallgestaltungen des Arbeitsrechts wie etwa die Arbeitnehmerhaftung, die Betriebsrisikolehre oder die Rückzahlung von Ausbildungskosten.[666] Ein Urteil allein soll allerdings noch nicht zur Annahme einer arbeitsrechtlichen Besonderheit ausreichen.[667] Über diesen Grundkonsens hinaus ist in diesem Bereich aber noch vieles umstritten. Während *Thüsing* das Richterrecht in weitem Umfang als arbeitsrechtliche Besonderheit akzeptieren will,[668] sind andere mit einer solchen Annahme sehr zurückhaltend.[669]

In einer früheren Stellungnahme spricht *Thüsing* im Zusammenhang mit der Auslegung des § 307 sogar von einem Kontinuitätsgebot, was seiner Ansicht nach dazu führen dürfte, dass insbesondere bei der auf § 307 gestützten Inhaltskontrolle weitgehend mit dem Fortbestand der bisherigen Rechtsprechung zu rechnen sei.[670] Er selbst beschränkt dieses Gebot aber auf Konstellationen, in denen nicht gerade die Erstreckung des AGB-Rechts auf das Arbeitsverhältnis zu abweichenden Wertungen zwingt. Diese Sichtweise bestätigt er in seinen späteren Ausführungen zu dieser Problematik.[671] Insbesondere betont er dort, dass das Richterrecht nicht dazu führen dürfe, „dass alles beim Alten bleibt und der Gesetzgeber sich die Änderung des § 310 Abs. 4 hätte sparen können".[672] Ein Kontinuitätsgebot, das die Veränderungen der gesetzlichen Rahmenbedingungen ignoriert, könne es nicht geben.[673] Anders als es die Ausführungen von *Stoffels*[674] vermuten lassen, geht er also keineswegs von einem uneingeschränkten, unreflektierten Geltung eines Kontinuitätsgebots aus.

Stoffels selbst hingegen sieht in den bisher ergangenen höchstrichterlichen Entscheidungen und in den in ihnen aufgestellten richterrechtlichen Regeln noch keine Besonderheit des Arbeitsrechts.[675] Seiner Ansicht nach ging die Intention des Gesetzgebers dahin, den Richter zunächst auf die Anwendung des „neuen"

---

665 Hönn, ZfA 2003, 325, 334; Preis, Sonderbeilage zu NZA Heft 16/2003, 19, 26; Thüsing, AGB-Kontrolle, Rn. 110.

666 LAG Schleswig-Holstein v. 24.09.2003 – 3 Sa 6/03, NZA-RR 2004, 74, 76; Preis, Sonderbeilage zu NZA Heft 16/2003, 26; Thüsing, AGB-Kontrolle, Rn. 110.

667 Thüsing, AGB-Kontrolle, Rn. 110; Wolf/Lindacher/Pfeiffer-Stoffels, ArbR Rn. 17.

668 Thüsing, AGB-Kontrolle, Rn. 110.

669 Preis, Sonderbeilage zu NZA Heft 16/2003, 26; Wolf/Lindacher/Pfeiffer-Stoffels, ArbR Rn. 17.

670 Thüsing, NZA 2002, 591, 593.

671 Thüsing, AGB-Kontrolle, Rn. 110.

672 Thüsing, AGB-Kontrolle, Rn. 110 unter Verweis auf: Preis, NZA 2004, 1014, 1017.

673 Thüsing, AGB-Kontrolle, Rn. 110 unter Verweis auf: BAG v. 27.7.2005 – 7 AZR 443/04, AP Nr. 27 zu § 620 BGB Altersgrenze = NZA 2006, 40, 45; Brors, DB 2004, 1778, 1780.

674 Wolf/Lindacher/Pfeiffer-Stoffels, ArbR Rn. 1.

675 Wolf/Lindacher/Pfeiffer-Stoffels, ArbR Rn. 17.

AGB-Rechts zu verpflichten und damit die Rechtsprechung auf eine neue Grundlage zu stellen. Er spricht sich damit ausdrücklich gegen ein Kontinuitätsgebot aus. Es sei aber auch nicht ausgeschlossen, dass eine richterrechtlich aufgestellte Rechtsregel im Einzelfall Ausdruck einer im Arbeitsrecht geltenden Besonderheit sei.[676] Im Ergebnis ist man daher wohl gar nicht so weit voneinander entfernt. Jedenfalls dürfte man sich darüber einig sein, dass auch in diesem Zusammenhang eine pauschale Bewertung fehl am Platze ist. Daher erscheint auch hier allein eine differenzierte Betrachtung eines jeden einzelnen Falles sachgerecht.

B) Bedeutung der Unklarheitenregel bei der Auslegung von Bezugnahmeklauseln

Nachdem die allgemeinen Weichenstellungen für die Auslegung und die Anwendung der Zweifelsregel im Arbeitsrecht nach der Schuldrechtsreform vorgestellt sind, soll sich der Fokus der Untersuchung nun auf die Bedeutung der Unklarheitenregel bei der Auslegung von Bezugnahmeklauseln richten.

Wie schon in der Einleitung angesprochen enthalten in Deutschland ca. 90 % aller Arbeitsverträge Bezugnahmeklauseln auf Tarifverträge.[677] Schon anhand dieser Zahl kann man die enorme Bedeutung von Verweisungsklauseln für das Arbeitsrecht unschwer erkennen. Dennoch führten Bezugnahmeklauseln in der juristischen Diskussion über Jahrzehnte hinweg eher ein Schattendasein.[678] Der Zwang zu Rationalisierungsmaßnahmen und die damit häufig verbundenen Bestrebungen der Unternehmen, sich von tariflichen Bindungen zu lösen, hat in diesem Punkt allerdings ein Umdenken mit sich gebracht. Wie *Willemsen* es zutreffend in ihrer kürzlich erschienenen Dissertation bezeichnete, sind arbeitsvertragliche Bezugnahmen und ihre Auslegung mittlerweile sogar ein „Dauerbrenner“ und zugleich eine der strittigsten Fragen des Arbeitsrechts an der Schnittstelle zwischen Arbeitsvertrags- und Tarifrecht.[679]

Die Motivation zum Abschluss dieser Klauseln besteht in der Regel darin, einheitliche Vertragsgrundlagen für die gesamte Belegschaft oder zumindest für Teile derselben zu schaffen und damit der Gleichbehandlung innerhalb des Be-

676 Wolf/Lindacher/Pfeiffer-Stoffels, ArbR Rn. 17.

677 Preis, Grundfragen der Vertragsgestaltung im Arbeitsrecht, S. 61 ff.; Gamillscheg, Kollektives ArbeitsR I, S. 730.

678 Thüsing/Lambrich, RdA 2002, 193.

679 Willemsen, S. 27.

triebes Rechnung zu tragen.[680] Damit sorgt eine Bezugnahmeklausel außertariflich, d.h. vertragsrechtlich für die Geltung eines Tarifvertrages, wo dieser tarifrechtlich scheitern würde.[681] Rechtstechnisch werden die in Bezug genommenen Regelungen damit in den Arbeitsvertrag „inkorporiert" und gelten als arbeitsvertragliche Klauseln.[682] Eine normative Geltung ist damit nicht verbunden.[683]

Der wesentliche Anreiz für den Arbeitnehmer, in eine Gewerkschaft einzutreten, geht damit weitestgehend verloren.[684] Wenn der Arbeitgeber nicht tarifgebunden ist, besteht der Zweck des Verweises für gewöhnlich darin, die Verträge einfacher zu gestalten, da kein eigenes Regelwerk verhandelt und erstellt werden muss, sowie darin, Transaktionskosten zu sparen.[685] Mit der Bezugnahme verbunden ist zudem ein Gewinn an Rechtssicherheit, da den in Bezug genommenen Tarifverträgen eine Richtigkeitsgewähr innewohnt und eine Inhaltskontrolle daher nicht stattfindet, wenn sie als ganzes erfasst sind sowie räumlich und fachlich einschlägig sind.[686] Nicht zu vernachlässigen ist auch der Gedanke, dass eine tarifliche Bezahlung im Wettbewerb um die „Rekrutierung" qualifizierte Arbeitskräfte in der Regel notwendig sein dürfte.[687]

Verbreitet sind daneben aber auch Verweisungen auf Betriebs- oder Pensionsordnungen, Betriebsvereinbarungen, Unternehmensrichtlinien oder Allgemeine

---

680 Bauschke, ZTR 1993, 416; Kania, Sonderbeilage zu NZA Heft 3/2000; Thüsing, AGB-Kontrolle, Rn. 177; Wiedemann/Oetker, § 3 Rn. 85.

681 Löwisch/Rieble, § 3 Rn. 223.

682 BAG v. 24.11.2004 – 10 AZR 202/04, AP Nr. 70 zu § 242 BGB Betriebliche Übung = NZA 2005, 349, 351; BAG v. 20.3.1991 – 4 AZR 455/90, AP Nr. 20 zu § 4 TVG Tarifkonkurrenz; Annuß, ZfA 2005, 405, 409; Däubler/Dorndorf/Bonin/Deinert-Däubler, § 305 c Rn. 40; ErfK/Franzen, § 3 TVG Rn. 32; Giesen, NZA 2006, 625; Hanau/Kania, FS-Schaub, S. 239, 241; Thüsing/Lambrich, RdA 2002, 193, 194; Wiedemann/Oetker, § 3 Rn. 230, 241; a.A. v.Hoyningen-Huene, RdA 1974, 138, 140 ff..

683 Die Gegenansicht (vgl. v.Hoyningen-Huene, RdA 1974, 138, 140 ff.) kann nicht überzeugen. Normative Wirkung können vertragliche Regelungen Privater nur erlangen, sofern der Gesetzgeber dies ausdrücklich vorsieht (vgl. BVerfG v. 9.5.1972 – 1 BvR 518/62, 1 BvR 308/64, BVerfGE 33, 125, 158; Kirchhof, Private Rechtssetzung, S. 48 ff und 91 f.; Rieble, Arbeitsmarkt und Wettbewerb, Rn. 1215; Lambrich, Tarif- und Betriebsautonomie, S. 214 ff.). Das Tarifvertragsgesetz knüpft die unmittelbare Wirkung von Tarifverträgen, abgesehen von der Allgemeinverbindlichkeitserklärung gemäß § 5 TVG, jedoch ausschließlich an die Mitgliedschaft in der vertragsschließenden Koalition oder im Falle des Arbeitgebers ebenso an seine Stellung als Partei eines Tarifvertrages. Der Gesetzgeber selbst hat diese Sichtweise in § 101 Abs. 2 ArbGG bestätigt; ausführlich dazu Thüsing/Lambrich, RdA 2002, 193, 194; Willemsen, S. 66 ff..

684 ErfK/Franzen, § 3 TVG Rn. 29.

685 ErfK/Franzen, § 3 TVG Rn. 29; Rieble, Arbeitsmarkt und Wettbewerb, Rn. 1719 ff..

686 Däubler/Lorenz, TVG § 3 Rn. 237; Löwisch/Rieble, § 3 TVG Rn. 264.

687 ErfK/Franzen, § 3 TVG Rn. 29.

Arbeitsbedingungen.[688] Auch diesbezüglich steht der Gleichbehandlungsgedanken im Vordergrund,[689] wenn es auch hier nicht der einzige Grund sein muss, der die Vertragsparteien bzw. zumeist den Arbeitgeber zur Aufnahme in die Arbeitsverträge motiviert.

I. Die Bezugnahme auf Tarifverträge

Entsprechend ihrer praktischen Bedeutung sollen zunächst Bezugnahmeklauseln auf Tarifverträge untersucht werden.

1. Arten von Bezugnahmeklauseln

Hinsichtlich ihrer Wirkungsweise und der Reichweite der Verweisung sind verschiedene Arten von Bezugnahmeklauseln zu unterscheiden. Es bietet sich daher an, nach der Art des sachlichen Umfangs, der Reichweite der Bezugnahme in zeitlicher und fachlicher Hinsicht sowie der Art der Rechtswirkung zu differenzieren.[690]

Eingeordnet nach der Reichweite in fachlicher und zeitlicher Hinsicht hat sich die folgende Terminologie eingebürgert:[691]

- Sofern im Arbeitsvertrag auf einen bestimmten, an einem näher definierten Stichtag gültigen Tarifvertrag verwiesen wird, ist von einer statischen Verweisung auszugehen. Spätere tarifliche Änderungen sind in diesem Fall ohne Auswirkungen (**sog. statische Bezugnahmeklausel**).[692]
- Wenn die Arbeitsvertragsparteien die Bezugnahme in zeitlicher Hinsicht dynamisch gestalten wollen, indem sie auf den für das Unternehmen einschlägigen oder auch einen branchenfremden Tarifvertrag in seiner jeweils gültigen Fassung verweisen, liegt eine **sog. kleine dynamische Bezugnahmeklausel** vor.[693] Damit ist sichergestellt, dass zukünftige Änderungen des in Bezug genommenen Tarifvertrages auch für die Arbeitsverhältnisse, die entsprechende

---

688 Thüsing, AGB-Kontrolle, Rn. 177.

689 Thüsing, AGB-Kontrolle, Rn. 117; bei der Bezugnahme auf vom Arbeitgeber satzungsgemäß einzuhaltende allgemeine Arbeitsbedingungen soll dies nach Meinung des BAG allerdings nicht uneingeschränkt zutreffen, Vgl. BAG v. 27.11.2002 – 4 AZR 663/01, AP Nr. 18 zu § 611 BGB Rotes Kreuz; dem zustimmend ErfK/Franzen, § 3 TVG Rn. 29.

690 Ebenso Willemsen, S. 69 ff.; vgl. auch Jacobs, FS-Birk, S. 243, 244 f..

691 Hromadka/Maschmann/Wallner, Der Tarifwechsel, Rn. 75 ff.; Annuß, BB 1999, 2558 f., Heinze, NZA 2001, Sonderheft S. 73, 74; Hümmerich, § 1 Rn. 1040 ff.; Seitz/Werner, NZA 2000, 1257, 1259; Thüsing, AGB-Kontrolle, Rn. 178 ff..

692 Beispiel: „Es gilt der Tarifvertrag X in seiner Fassung vom (...)“

693 Beispiel: „Es gilt der Tarifvertrag der X Branche in seiner jeweils gültigen Fassung.“

Bezugnahmeklauseln enthalten, Wirkung entfalten. Ein Sonderfall im Zusammenhang der Ersetzung des BAT durch den TVöD stellt hier die erst kürzlich vom BAG als solche bezeichnete. **„Tarifsukzessionsklausel“**[694] dar.

- Soll die Bezugnahme zudem fachlich dynamisch gestaltet sein, ist es möglich den jeweils für den Betrieb einschlägigen Tarifvertrag in seiner jeweiligen Fassung in Bezug zu nehmen (**sog. große dynamische Bezugnahmeklausel**).[695] Erfasst sind damit auch Änderungen, die sich daraus ergeben, dass ein anderer, als der ursprüngliche Tarifvertrag in Zukunft auf den Betrieb des Arbeitgebers Anwendung findet, sei es durch den Verbandswechsel, einen Betriebsübergang oder ähnliches. In der Rechtsprechung werden solche Klauseln daher auch „**Tarifwechselklauseln**“ genannt.[696] In der neueren Rechtsprechung wurde zudem der Begriff der **„begrenzten Tarifwechselklausel“** verwendet, wenn die fachliche Dynamik nicht allumfassend ausgestaltet war.[697]

Insbesondere bei der Verwendung dynamischer Bezugnahmeklauseln ist bereits im Zeitpunkt der Vertragsgestaltung das rechtliche Schicksal zu bedenken, das diese Vereinbarungen im Falle eines Verbandswechsels- bzw. -austritts, des Arbeitgebers oder eines Betriebsübergangs nehmen sollen.[698] Soll die Dynamik an die Zugehörigkeit des Arbeitgebers zu einem bestimmten Arbeitgeberverband geknüpft werden und daher lediglich eine Gleichstellung der Außenseiter mit den gewerkschaftlich organisierten Arbeitnehmern hergestellt werden, so bezeichnet man die entsprechende Klausel als sog. **Gleichstellungsabrede**.[699] Alternativ kann die Klausel aber auch vorsehen, dass die bisherige Dynamik unabhängig vom Schicksal der Tarifgebundenheit des Arbeitgebers auch weiterhin bestehen bleiben soll, **sog. „Ewigkeitsklausel“**.

In sachlicher Hinsicht kann man zudem danach differenzieren, ob eine Einzel-, Teil- oder Globalverweisung gewollt ist:

- Wie der Name schon andeutet, wird bei einer **Globalverweisung** auf den gesamten Tarifvertrag mit all seinen begünstigenden aber auch belastenden Re-

---

694 BAG v. 22.4.2009 – 4 ABR 14/08, NZA 2009, 1286, 1289, Rz. 28.

695 Beispiel: Es gilt der jeweils einschlägige Tarifvertrag in seiner jeweils gültigen Fassung.“ Teilweise werden derartige Klauseln auch als „Jeweiligkeitsklauseln“ bezeichnet, vgl. Bauschke, ZTR 1993, 416; Hanau/Kania, FS-Schaub, S. 239, 246; Reinecke, BB 2006, 2637. Nicht unüblich sind auch Klauseln, die an die Geltung der jeweiligen Tarifverträge im Betrieb des Arbeitgebers anknüpfen. Die Tarifbindung des Arbeitgebers wird damit zur Voraussetzung erhoben, vgl. Willemsen, S. 86.

696 BAG v. 21.8.2002 – 4 AZR 263/01, AP Nr. 21 zu § 157 BGB = NZA 2003, 442, 443; BAG v. 21.2.2001 – 4 AZR 18/00, AP Nr. 20 zu § 4 TVG = NZA 2001, 1318, 1324.

697 BAG v. 22.4.2009 – 4 AZR 100/08, NZA 2010, 41, 44, Rz. 44.

698 Thüsing, AGB-Kontrolle, Rn. 181.

699 Zur Problematik der Auslegung in diesen Fällen siehe unten: Teil 2.B.III.1.

geln verwiesen, soweit diese zulässigerweise in einem Individualarbeitsvertrag vereinbart werden können.[700]

- Bei der **Teilverweisung** soll/sollen lediglich ein Regelungskomplex bzw. mehrere einzelne Regelungskomplexe anwendbar sein. Mit der herrschenden Meinung in Rechtsprechung[701] und Literatur[702] ist von der Zulässigkeit derartiger Bezugnahmeklauseln auszugehen, auch wenn sie vereinzelt bezweifelt wird.[703]
- Möglich ist auch der Verweis nur auf einzelne Vorschriften innerhalb eines Tarifvertrages (**sog. Einzelverweisung**).

Sinnvoll ist schließlich die Differenzierung nach der Art der Wirkung der Bezugnahmeklausel.[704] Diese kann deklaratorisch oder konstitutiv sein. **Konstitutiv** ist eine Bezugnahmeklausel, wenn sie bewirken soll, dass ein eigener vertraglicher Anspruch neben die einschlägigen tariflichen Bestimmungen treten soll.[705] Für Außenseiter ist daher nahezu jede Verweisung auf die einschlägigen Tarifverträge konstitutiv, es sei denn die entsprechenden Tarifverträge sind für allgemeinverbindlich erklärt.[706] Gleiches gilt für alle Arbeitnehmer, wenn es sich um branchenfremde oder räumlich nicht einschlägige Tarifverträge handelt.[707] Von einer **deklaratorischen** Bezugnahmeklausel spricht man hingegen, wenn in der Klausel lediglich ein Hinweis auf die geltende Rechtslage zu sehen ist.[708] Der Verwender muss daher logischerweise davon ausgehen, dass die Tarifbedingungen schon aus einem anderen Grund gelten.[709] Nach der neueren Rechtsprechung des BAG soll auch im Verhältnis zweier beiderseits tarifgebundener Vertragsparteien

---

700 Zur Einschränkung auf die im Individualvertrag zulässigen Bestimmungen vgl. Annuß, BB 1999, 2558; Otto, Bezugnahmeklauseln, S. 42; Schaub, ZTR 2000, 259; Seitz/Werner, NZA 2000, 1257; Willemsen, S. 73. Ausgenommen sind Tarifnormen über gemeinsame Einrichtungen sowie über betriebliche und betriebsverfassungsrechtliche Normen, die Fragen erfassen, die nur einheitlich zwischen Arbeitgeber und der gesamten Belegschaft geregelt werden können.

701 BAG v. 19.1.1999 – 1 AZR 606/98, AP Nr. 9 zu § 1 TVG Bezugnahme auf Tarifvertrag = NZA 1999, 879, 881; BAG v. 23.2.1988 – 3 AZR 300/86, AP Nr. 17 zu § 1 BetrAVG Zusatzversorgungskassen = NZA 1988, 614, 615.

702 Annuß, BB 1999, 2558, 2559; Bauschke, ZTR 1993, 416, 417; D. Gaul, ZTR 1991, 188, 193; Otto, Bezugnahmeklauseln, S. 43; Wiedemann/Oetker, § 3 Rn. 263; Willemsen, S. 74 ff. m.w.N..

703 Kempen/Zachert-Stein, § 3 Rn. 85; Hanau/Kania, FS-Schaub, S. 239, 242.

704 Vgl. dazu ausführlich Willemsen, S. 69 ff..

705 Hromadka/Maschmann/Wallner, Der Tarifwechsel, Rn. 103; Reichel, Bezugnahme, S. 25.

706 Thüsing/Lambrich, RdA 2002, 193, 201; Willemsen, S. 69.

707 Däubler/Lorenz, TVG § 3 Rn. 227; Willemsen, S. 69.

708 Hromadka/Maschmann/Wallner, Der Tarifwechsel, Rn. 103; Reichel, Bezugnahme, S. 25.

709 Willemsen, S. 70.

in der Regel von einer konstitutiven Wirkung auszugehen sein, da der Arbeitgeber regelmäßig nicht weiß, ob der Arbeitnehmer tarifgebunden ist oder nicht und sich somit nicht allein auf eine deklaratorische Wirkung verlassen kann.[710]

Wie schon an dieser Stelle deutlich wird, sind sowohl die mit der Bezugnahmeklausel verfolgten Ziele, als auch die damit korrespondierenden Gestaltungsmöglichkeiten vielfältig. In der Theorie mag die Einordnung zu der einen oder anderen Gattung bzw. mit der einen oder anderen Wirkung auf den ersten Blick vielleicht einfach fallen. Die Praxis lehrt allerdings anderes. Häufig mangelt es an der erforderlichen Sorgfalt bei der Formulierung der einzelnen Klauseln.[711] Damit ist es Sache des Richters, im Rahmen der Auslegung zu entscheiden, was mit der konkreten Bezugnahme bezweckt werden sollte und inwieweit dieser Zweck nach objektiven Kriterien vom Arbeitnehmer bzw. dem typischen Durchschnittsarbeitnehmer hätte verstanden werden müssen. Nicht selten hat die Rechtsprechung auf diese Weise Unzulänglichkeiten der Kautelarjurisprudenz bzw. der Klauselersteller ausgebügelt: Das beste Beispiel ist die frühere Rechtsprechung zur Gleichstellungsabrede.[712]

2. *Mögliche Zweifel bei der Auslegung von Bezugnahmeklauseln/ möglicher Anwendungsbereich für die Unklarheitenregel*

Entsprechend vorgenommenen Differenzierungen kann bei der Auslegung von Bezugnahmeklauseln insbesondere zweifelhaft sein:

- Die Reichweite der Bezugnahme in fachlich-zeitlicher Hinsicht (also die Frage danach, ob eine statische, eine kleine dynamische oder eine große dynamische Klausel vereinbart ist);
- das Schicksal einer Bezugnahmeklausel beim Tarifwechsel/Verbandsaustritt oder Betriebsübergang (d.h. ob eine Klausel als Gleichstellungsabrede einzustufen ist oder nicht);

710 BAG v. 29.8.2007 – 4 AZR 767/06, AP Nr. 61 zu § 1 TVG Bezugnahme auf Tarifvertrag; BAG v. 19.3.2003 – 4 AZR 331/02, AP NR. 33 zu § 1 TVG Bezugnahme auf Tarifvertrag; vgl. auch Heinlein, NJW 2008, 321, 322 f.; Schliemann, Sonderbeilage zu NZA Heft 16/2003, 3, 6; Thüsing/Lambrich, RdA 2002, 193, 202.

711 Thüsing/Lambrich, RdA 2002, 193, 201.

712 BAG v. 1.12.2004 – 4 AZR 50/04, AP Nr. 34 zu § 1 TVG Bezugnahme auf Tarifvertrag; BAG v. 19.3.2003 – 4 AZR 331/02, AP Nr. 33 zu § 1 TVG Bezugnahme auf Tarifvertrag; BAG v. 27.11.2002 – 4 AZR 540/01, AP Nr. 29 zu § 1 TVG Bezugnahme auf Tarifvertrag; BAG v. 26.9.2001 – 4 AZR 544/00 – AP Nr. 21 zu § 1 TVG Bezugnahme auf Tarifvertrag; BAG v. 30.8.2000 – 4 AZR 581/99, AP Nr. 12 zu § 1 TVG Bezugnahme auf Tarifvertrag; ebenso andere Senate des BAG: BAG v. 24.11.2004 – 10 AZR 202/04, AP Nr. 70 zu § 242 BGB Betriebliche Übung; BAG v. 21. 7.2004 – 7 AZR 589/03, ZTR 2005, 255 ff.; BAG v. 19.1.1999 – 1 AZR 606/98, AP Nr. 9 zu § 1 TVG Bezugnahme auf Tarifvertrag.

- die Reichweite in sachlicher Hinsicht (d.h. etwa die Frage danach, ob eine Einzel-Teil- oder Globalverweisung vorliegt, bzw. inwieweit einzelne Regeln in Bezug genommen sind (Stichwort: enthält der Verweis „der Urlaub richtet sich nach dem Tarifvertrag xy“ auch einen Verweis auf die Regelungen zum Urlaubegeld)
- die Frage, auf welchen von mehreren in Betracht kommenden Tarifverträgen verwiesen ist (die praktische Relevanz dieser Frage dürfte insbesondere nach der Aufgabe der Rechtsprechung zum Grundsatz der Tarifeinheit ansteigen)[713]
- die Frage, ob eine Klausel deklaratorisch oder konstitutiv wirken sollte.

3. Auslegung von Bezugnahmeklauseln

Beim Verweis auf Tarifverträge ist strikt zwischen der Auslegung des Tarifvertrages selbst und der Auslegung der Bezugnahmeklausel zu differenzieren. Die Auslegung der Bezugnahmeklausel richtet sich nach den allgemeinen Grundsätzen der Vertragsauslegung gemäß der §§ 133, 157 und nicht etwa nach denen der Tarifvertragsauslegung.[714] Da Bezugnahmeklauseln überdies in den allermeisten Fällen vorformuliert sind, sind ggf. die Besonderheiten der Auslegung Allgemeiner Geschäftsbedingungen zu beachten.

4. AGB-Kontrolle und Zulässigkeit von Bezugnahmeklauseln trotz § 307 Abs. 1 S. 2

Da sich die mit der Bezugnahmeklausel vereinbarten Rechte und Pflichten nicht unmittelbar aus dem Text selbst ergeben, könnte auf den ersten Blick ein gewisses Problem mit der Transparenzkontrolle des § 307 Abs. 1 S. 2 bzw. dem dahinter stehenden Transparenzgebot existieren. Denn dieses verlangt eine klare und verständliche Formulierung der Vertragsklauseln in einem vorformulierten Arbeitsvertrag. Nach einhelliger Meinung fehlt es aber selbst bei dynamischen Bezugnahmeklauseln in der Regel hieran nicht, obwohl bei ihnen für den Arbeitnehmer nicht im Einzelnen voraussehbar ist, welche Arbeitsbedingungen zukünf-

713 Thüsing, AGB-Kontrolle, Rn. 182.

714 Grundlegend: BAG v. 6.12.1990 – 6 AZR 268/89, AP Nr. 2 zu § 1 TVG Bezugnahme auf Tarifvertrag; vgl. auch BAG v. 13.11.2002 – 4 AZR 393/01, NZA 2003, 1039, 1041; BAG v. 26.9.2001 – 4 AZR 544/00, NZA 2002, 634, 635; Jacobs/Krause/Oetker, § 6 Rn. 163; Reichel, Bezugnahme, S. 22 f.; Reinecke, BB 2006, 2637, 2638; Schliemann, ZTR 2004, 502, 506; Wiedemann/Oetker, § 3 Rn. 308.

tig für sein Arbeitsverhältnis gelten sollen.[715] Eine Verweisung auf Vorschriften des Gesetzes oder eines anderen Regelungswerkes führt für sich genommen mithin nicht zur Intransparenz. Sinn der Transparenzkontrolle ist es, der Gefahr vorzubeugen, dass der Arbeitnehmer von der Durchsetzung bestehender Rechte abgehalten wird. Erst in der Gefahr, dass der Arbeitnehmer wegen unklar abgefasster Allgemeiner Vertragsbedingungen seine Rechte nicht wahrnimmt, liegt eine unangemessene Benachteiligung iSv. § 307 Abs. 1.[716] Auch dynamische Bezugnahmeklauseln entsprechen einer üblichen Regelungstechnik und dienen den Interessen beider Parteien. Dies ergibt sich aus der Zukunftsgerichtetheit von Arbeitsverhältnissen. Die im Zeitpunkt der jeweiligen Anwendung in Bezug genommenen Regelungen sind bestimmbar. Das ist nach Ansicht des BAG ausreichend.[717] Arbeitsvertragliche Bezugnahmen auf nicht immer einfach zugängliche Tarifverträge werden darüber hinaus ausdrücklich in arbeitsrechtlichen Gesetzen erlaubt (vgl. § 622 Abs. 4 Satz 2; § 13 Abs. 1 Satz 2 BUrlG; § 7 Abs. 3 ArbZG; § 4 Abs. 4 Satz 2 EFZG; § 14 Abs. 2 Satz 4 TzBfG). Auch das Nachweisgesetz lässt einen allgemeinen Hinweis auf Tarifverträge oder Betriebsvereinbarungen genügen (§ 2 Abs. 1 Satz 2 Nr. 10 NachwG).[718] Nicht zuletzt zeigt auch die Unanwendbarkeit von § 305 Abs. 2 Nr. 2 auf Arbeitsverträge, dass dem Arbeitnehmer vor Vertragsschluss gerade keine zumutbare Kenntnisnahmemöglichkeit vom Inhalt des Vertrages ermöglicht werden muss.[719]

Auch für die Anwendung der Unklarheitenregel ist diese Rechtsprechung nicht ohne belang. Denn die Konsequenz dieser Sichtweise besteht darin, dass der Arbeitnehmer unter Umständen gar nicht genau weiß, worauf er sich im Einzelnen einlässt. Um den Arbeitnehmer aufgrund dieses Informationsdefizits nicht über Gebühr zu benachteiligen, erscheint zumindest aus diesem Grund schon eine sorgfältige und strenge Handhabung der Unklarheitenregel im Hinblick auf zweifelbehaftete Verweisklauseln angebracht.

---

715 BAG v. 14.3.2007 – 5 AZR 630/06, AP Nr. 45 zu § 1 TVG Bezugnahme auf Tarifvertrag; Däubler, NZA 2001, 1329, 1336; Stoffels, Rn. 573; Thüsing, AGB-Kontrolle, Rn. 193; Thüsing/Lambrich, NZA 2002, 1361, 1364.

716 BAG v. 14.3.2007 – 5 AZR 630/06, AP Nr. 45 zu § 1 TVG Bezugnahme auf Tarifvertrag Rz. 27; unter Verweis auf BGH v. 23. 11.1994 – IV ZR 124/93, BGHZ 128, 54 ff.; BGH v. 8.11.2001 – III ZR 14/01, BGHZ 149, 146; Stoffels, Rn. 573; Oetker, JZ 2002, 337, 340.

717 BAG v. 14.3.2007 – 5 AZR 630/06, AP Nr. 45 zu § 1 TVG Bezugnahme auf Tarifvertrag, Rz. 29 unter Verweis auf Preis, Arbeitsvertrag, II V 40 Rn. 58, 77.

718 Thüsing, AGB-Kontrolle, Rn. 193.

719 Annuß, BB 2006, 1333, 1337.

5. Schutz vor überraschenden Verweisungen

Schutz vor überraschenden Verweisungen bietet § 305 c Abs. 1. Als überraschend in diesem Sinne sind grundsätzlich Klauseln anzusehen, die auf einen Branchen – oder ortsfremden Tarifvertrag verweisen, wenn nicht der Arbeitsvertrag einen deutlichen, über die bloße Verweisung hinausgehenden Hinweis darauf enthält, dass gerade nicht der einschlägige Tarifvertrag angewendet werden soll.[720] Einem Überraschungscharakter steht insoweit auch entgegen, wenn es sich um einen Tarifvertrag mit einem besonderen Bezug zum Arbeitsverhältnis handelt, d.h. wenn er etwa der einschlägige Tarifvertrag für den überwiegenden Teil der Arbeitnehmer des Unternehmens oder des Konzerns ist.[721]

Bei dynamischen Bezugnahmeklauseln gewährt § 305 c Abs. 1 darüber hinaus nach *Thüsing* auch einen Schutz vor unvorhersehbaren Tarifänderungen.[722] Angesichts der Tatsache, dass sich an der Verweisungsklausel selbst bei unvorhergesehenen Änderungen des in Bezug genommenen Objekts nichts ändert, erscheint diese These ein wenig fragwürdig. Dennoch kann – auch wenn die dogmatische Begründung für einen derartigen Schutz nicht ganz einheitlich ist und hinsichtlich der Reichweite des Schutzes im Detail unterschiedliche Auffassungen vertreten werden, im Ergebnis von einem breiten Konsens in der Frage gesprochen werden, dass der Arbeitnehmer vor erheblichen unvorhergesehenen Änderungen zu schützen ist.[723] Für die Unklarheitenregel kann dies insoweit Bedeutung erlangen, als damit abgesichert ist, dass auch bei einer dynamischen Verweisung keine unzumutbaren Verschlechterungen hingenommen werden müssen. Dies untermauert die von der Rechtsprechung mitunter aufgestellte Vermutung, dass dynamische Bezugnahmen in der Regel für den Arbeitnehmer günstiger sind.[724]

---

720 Gotthard, Rn. 232, Thüsing, AGB-Kontrolle, Rn. 194; Thüsing/Lambrich, NZA 2002, 1361, 1365.

721 Thüsing, ABG-Kontrolle, Rn. 194.

722 Thüsing, AGB-Kontrolle, Rn. 195.

723 Vgl. BAG v. 14.3.1961 – 3 AZR 83/60, AP Nr. 78 zu § 242 BGB Ruhegehalt; Löwisch/Rieble, § 3 Rn. 127; Preis, Grundfragen der Vertragsgestaltung im Arbeitsrecht, S. 401 ff.; Wiedemann/Oetker, § 3 Rn. 247; Hanau/Kania, FS-Schaub, S. 239, 243; Reichel, Die arbeitsvertragliche Bezugnahme auf den Tarifvertrag, S. 62 ff.; a.A. LAG Hamburg, 29.11.1995 – 8 Sa 1/95, CR 1996, 299, 301; Gamillscheg, Kollektives ArbeitsR I, S. 736 f..

724 Vgl. ausfürhlich dazu unten: Teil 2.B.III.9.

II. Anwendbarkeit der Unklarheitenregel bei der Auslegung von Bezugnahmeklauseln auf Tarifverträge

Lässt sich der Inhalt einer vorformulierten Klausel mithilfe der „herkömmlichen“ Auslegungsmethoden nicht eindeutig feststellen, so kommt wie auch im allgemeinen Zivilrecht grundsätzlich die Unklarheitenregel zur Behebung dieses Missstandes in Betracht. Denn – wie gesagt – auch vorformulierte Bezugnahmeklauseln erfüllen die Anforderungen des § 305 Abs. 1 an Allgemeine Geschäftsbedingungen.[725]

Wie schon in der Einleitung erwähnt, ist die Rechtsprechung diesbezüglich in den vergangenen Jahren allerdings recht unterschiedlich ausgefallen: Im Zusammenhang mit der Auslegung von Bezugnahmeklauseln wandte man die Zweifelsregel zwar teilweise ohne größere Bedenken an,[726] vereinzelt zog man zumindest hilfsweise den hinter ihr stehenden Rechtsgedanken heran,[727] mitunter vertrat man aber auch im Gegenteil die Auffassung, dass sie nicht anwendbar sei, wenn auf ein Tarifwerk Bezug genommen worden sei, weil sich die Frage der Günstigkeit für den Arbeitnehmer nicht eindeutig beantworten lasse.[728] Die Probleme bei der Anwendung der Unklarheitenregel liegen hierbei sowohl auf der Tatbestands-, als auch auf der Rechtsfolgenseite. Wie insbesondere das Urteil des 6. Senats vom 24.9.2008 zeigt, bereitet offenbar vor allem die Feststellung dessen, was für den Arbeitnehmer günstiger ist, Schwierigkeiten. Dies gilt sowohl für die Frage, welcher von mehreren möglichen in Bezug genommenen Tarifverträgen bzw. welches von mehreren Tarifwerken günstiger für den Arbeitnehmer ist, als auch für die Frage, ob eine statische oder eine dynamische Verweisung vorteilhafter ist.[729] Ursache hierfür ist vor allem die Prämisse der Rechtsprechung, dass die Vergleichbarkeit der Tarifverträge sich an objektiven Kriterien zu orientieren hat.

---

725 ErfK/Franzen, § 3 TVG Rn. 30.

726 BAG v. 9.11.2005 – 5 AZR 128/05, AP Nr. 4 zu § 305 c BGB; BAG v. 9.11.2005 – 5 AZR 144/05, (juris); BAG v. 17.11.1998 – 9 AZR 584/97, AP Nr. 10 zu § 1 TVG Bezugnahme auf Tarifvertrag.

727 So vor allem BAG v. 14.12.2005 – 4 AZR 536/04, AP Nr. 39 zu § 1 TVG Bezugnahme auf Tarifvertrag; in anderem Zusammenhang auch schon BAG v. 18.8.1998 – 1 AZR 589/97, NZA 1999, 659, 661.

728 BAG v. 24.9.2008 – 6 AZR 76/07, AP Nr. 11 zu § 305 c.

729 Diesbezüglich ist das BAG zwar der Ansicht, dass im Zweifel eine dynamische Wirkung günstiger sei, da tarifliche Modifikationen in aller Regel die Rechtstellung des Arbeitnehmers verbessern, vgl. BAG v. 9.11.2005 – 5 AZR 128/05, AP Nr. 4 zu § 305 c BGB; BAG v. 9.11.2005 – 5 AZR 144/05, (juris); BAG v. 17.11.1998 – 9 AZR 584/97, AP Nr. 10 zu § 1 TVG Bezugnahme auf Tarifvertrag. Heutzutage trifft diese Annahme vor allem im Bereich der betrieblichen Altersvorsorge aber nicht mehr uneingeschränkt zu. Insoweit soll auch dieser Aspekt ausführlich untersucht werden.

Unter Berücksichtigung der Ergebnisse des ersten Teils soll im Folgenden daher zunächst überprüft werden, ob es sich um unüberwindbare Schwierigkeiten handelt, oder ob der Unklarheitenregel nicht doch ein größerer Raum zuzubilligen ist, als es nach den Ausführungen des 6. Senats zumindest vordergründig den Anschein macht.

Auf Seiten der Tatbestandsvoraussetzungen ist unklar, welche Gesichtspunkte bei der Auslegung der einzelnen Bezugnahmeklauseln herangezogen werden können und vor allem, ob im Einzelfall tatsächlich die Voraussetzungen der Unklarheitenregel gegeben sind, das heißt, ob die in Rede stehende Klausel tatsächlich zweifelbehaftet im Sinne der Unklarheitenregel ist. Hierzu soll im Anschluss an die grundlegende Untersuchung eine Einzelfallbetrachtung bestimmter Problemfälle erfolgen. Unter Berücksichtigung der Ergebnisse sollen Empfehlungen für die Formulierung der einzelnen Klauseln gegeben werden, um zukünftige Unklarheiten zu vermeiden.

1. Möglichkeiten der Feststellung der arbeitnehmergünstigeren Auslegungsvariante

Mitunter wird im Schrifttum geäußert, dass es grundsätzlich auf die konkrete Günstigkeit nicht ankomme und daher allein die Bezugnahme Gegenstand der Kontrolle sei und nicht die tarifrechtliche Regelung.[730] Hierbei ist sicher richtig, dass es in der Tat allein auf die Auslegung der Klausel ankommt.[731] Dennoch lässt sich die Frage nach der Günstigkeit eines Auslegungsergebnisses nur nach dem Inhalt der verschiedenen möglichen Auslegungsvarianten bestimmen. Besteht der Inhalt in einem Verweis auf Tarifverträge, so kommt es sehr wohl darauf an, welches der möglicherweise in Bezug genommenen Objekte günstiger ist. Insofern ist das Kernproblem der Anwendung der Unklarheitenregel sehr wohl die Frage, welcher von mehreren in Betracht kommenden Tarifverträgen oder welches von mehreren Gesamttarifwerken für den Arbeitnehmer günstiger ist. Auch für die Frage, ob eine dynamische oder eine statische Wirkung der Bezugnahme vorteilhafter ist, kommt es letzten Endes auf diese vergleichende Betrachtung an, da auch dort geklärt werden muss, ob der möglicherweise statisch in Bezug genommene Tarifvertrag günstiger ist oder die nach der Erfahrung absehbaren zukünftigen Tarifverträge es sind, bzw. sein sollten, wenn man sich nicht von vornherein darauf festlegen will, dass eine Dynamik per se günstiger ist, als eine Statik. Entsprechend soll zunächst erörtert werden, inwiefern sich

730 Sittard/Ulbrich, ZTR 2006, 458, 464, Giesen, NZA 2006, 625, 627.

731 Vgl. dazu: Giesen, NZA 2006, 625, 627; Röller/Wissmann, FS-Küttner, S. 465, 471 f.; Thüsing, NZA 2006, 473; Willemsen, S. 356.

feststellen lässt, ob ein Verweis auf bestimmte Tarifverträge oder Tarifwerke günstiger ist oder nicht.

a) Vergleichbarkeit von Tarifverträgen/Tarifwerken

aa) Rechtsprechungsanalyse

(1) Entscheidung des 6. Senats vom 24.9.2008 – 6 AZR 76/06

Wie schon mehrfach erwähnt, stammt die bemerkenswerteste Entscheidung in diesem Zusammenhang vom 24.9.2008.[732] In dem Urteil wurde mittels einer dynamischen Bezugnahmeklausel auf den Tarifvertrag für die Arbeitnehmer der Bundespost verwiesen. Auf das Wesentliche reduziert, stritten die Parteien um die Anwendbarkeit eines bestimmten Rationalisierungstarifvertrages. Zunächst begründete man ausführlich, dass keine Zweifel an der Anwendbarkeit des Rationalisierungstarifvertrages bestünden, aus diesem Grund also schon kein Raum für die Anwendung der Unklarheitenregel bestehe. Darüber hinaus war man aber auch der Auffassung, dass die Unklarheitenregel beim Globalverweis auf Tarifverträge in der Regel nicht anwendbar sein dürfte:[733] Vor allem scheitere die Anwendung der Unklarheitenregel auf arbeitsvertragliche Klauseln, die auf ein Tarifwerk Bezug nehmen, daran, dass die Frage der Günstigkeit für den Arbeitnehmer nicht abstrakt und unabhängig von der jeweiligen Fallkonstellation beantwortet werden könne. Schon bei einer hinsichtlich der erfassten Tarifverträge unklaren statischen Verweisung könne die Anwendbarkeit oder Unanwendbarkeit eines Tarifvertrages je nach der vom Arbeitnehmer erstrebten Rechtsfolge für ihn günstiger oder ungünstig sein, weil die Tarifverträge als von den Tarifvertragsparteien gefundene Kompromisse zumeist nicht nur für die Arbeitnehmer günstigere, sondern auch ungünstige Regelungen enthielten. Sei unklar, ob die vertragliche Verweisung auf einen Tarifvertrag statisch oder dynamisch ist, werde man zwar bezogen auf den Zeitpunkt des Vertragsschlusses davon ausgehen können, dass eine dynamische Bezugnahme für den Arbeitnehmer stets günstiger sei, weil die Vergütungserhöhung durch spätere Tarifverträge die Regel sei und eine Vergütungsabsenkung kaum jemals vorkommen werde.[734] Ob dies auch für die vertragliche Verweisung auf einen Manteltarifvertrag oder auf ein ganzes Tarifwerk angenommen werden könne, erscheine jedoch zweifelhaft. Jedenfalls könne man

732 BAG v. 24.9.2008 – 6 AZR 76/07, AP Nr. 11 zu § 305 c.

733 BAG v. 24.9.2008 – 6 AZR 76/07, AP Nr. 11 zu § 305 c, Rz. 27.

734 BAG v. 24.9.2008 – 6 AZR 76/07, AP Nr. 11 zu § 305 c, Rz. 27 unter Verweis auf BAG v. 9.11.2005 – 5 AZR 128/05, AP Nr. 4 zu § 305 c BGB, Rz. 22; Staudinger/Schlosser, § 305 c Rn. 110; Thüsing, AGB-Kontrolle, Rn. 198.

die Frage der Günstigkeit nicht je nach der Art des streitigen Anspruchs und des Zeitpunkts der Geltendmachung von Fall zu Fall unterschiedlich beantworten und damit von Fall zu Fall zu unterschiedlichen Auslegungsergebnissen hinsichtlich ein und derselben vertraglichen Bezugnahmeregelung kommen.[735] Nach dieser Auffassung wäre, wenn es um die Anwendung eines Sanierungstarifvertrages mit Bestandsschutzregeln und für Arbeitnehmer nachteiligen Eingriffen in das Entgeltgefüge geht, in einem Kündigungsschutzprozess die Anwendung der betreffenden Regelungen des Sanierungsvertrages für den Arbeitnehmer günstiger, bei einer auf Vergütung gerichteten Leistungsklage wäre der Sanierungstarifvertrag dagegen ungünstiger und fände deshalb wegen der ungleichen Regelung keine Anwendung. Bei einer verschlechternden Regelung wäre die Auslegung der Bezugnahmeklausel als statische Verweisung, bei einer verbessernden Bestimmung dagegen deren Auslegung als dynamische Bezugnahme für den Arbeitnehmer günstiger. Einer derart gespaltenen Auslegung der Vertragsklausel stehe jedoch entgegen, dass die Reichweite der Bezugnahme und die Anwendbarkeit eines Tarifvertrages gemäß § 256 ZPO zum Gegenstand einer (Zwischen-) Feststellungsklage gemacht werden und die entsprechende Feststellung dann in Rechtskraft erwachsen könnte.[736]

(2) Bewertung und Schlussfolgerungen

Für die hier interessierende Problematik der Vergleichbarkeit zweier Tarifverträge bzw. zweier Tarifwerke enthält das Urteil explizit vor allem ein Argument: Da Tarifwerke, aber auch Tarifverträge als von den Tarifvertragsparteien gefundene Kompromisse sowohl günstige als auch ungünstige Regelungen enthalten, kann nicht ohne weiteres auf die Günstigkeit eines der verschiedenen in Bezug genommenen Regelungswerke geschlossen werden. Materiell gesehen fehlt es nach Ansicht des Senats daher wohl an einer Vergleichbarkeit der verschiedenen Regeln bzw. an einem einheitlichen Vergleichsmaßstab. Das BAG präzisiert seine Bedenken folgerichtig (allerdings im Rahmen der Frage ob die dynamische oder die statische Auslegung günstiger ist) auch am Beispiel eines Sanierungstarifvertrages im Vergleich zum vorher geltenden Tarifvertrag. Geht es um Bestandschutzregelungen, so ist im Kündigungsschutzprozess der Sanierungstarifvertrag günstiger, geht es um das „normale“ Entgelt, so ist der bisherige Tarifvertrag

---

735 BAG v. 24.9.2008 – 6 AZR 76/07, AP Nr. 11 zu § 305 c, Rz. 27 unter Ablehnung von Däubler/Dorndorf/Bonin/Deinert-Däubler, § 305 c Rn. 43 und Staudinger/Schlosser, § 305 c Rn. 110.

736 BAG v. 24.9.2008 – 6 AZR 76/07, AP Nr. 11 zu § 305 c, Rz. 27 unter Verweis auf BAG v. 25.6.1998 – 6 AZR 475/96, AP Nr. 1 zu § 1 TV Arb Bundespost; BAG v. 28.5.1997 – 4 AZR 663/95, AP Nr. 6 zu § 1 Bezugnahme auf Tarifvertrag.

günstiger. Welches Regelungswerk ist dann aber insgesamt günstiger? Der Ansicht *Däublers*[737] erteilt man eine Absage und begründet dies im Wesentlichen mit prozessualen Erwägungen.

Zuzustimmen ist dem 6. Senat insoweit, als man anführt, dass die Unklarheitenregel nicht dazu führen darf, dass aus allen/den denkbar in Bezug genommenen Tarifverträgen die jeweils günstigste Bestimmung zur Anwendung gelangt (Stichwort: „Rosinenpicken"). Richtig verstanden führt die Unklarheitenregel jedenfalls wenn lediglich unklar ist, welcher von mehreren in Betracht kommenden Tarifverträgen bzw. welches von mehreren in Betracht kommenden Tarifwerken anwendbar ist, allerdings auch gar nicht zu einem solchen Ergebnis. Im Gegenteil steht die Unklarheitenregel einer solchen Sichtweise sogar eher im Wege. Dies folgt schon aus dem Sinn und Zweck und einer dogmatisch sauberen Anwendung der Unklarheitenregel. Denn der Zweck besteht nicht in einer Meistbegünstigung, sondern allein darin, dem Verwendungsgegner das Risiko der Mehrdeutigkeit abzunehmen.[738] Dieses Risiko wird dadurch beseitigt, dass man der zweifelbehafteten Klausel einen eindeutigen Inhalt zumisst und nicht dadurch, dass man dem Verwendungsgegner Rechte zuspricht, die über die möglichen Deutungsalternativen der Klausel hinausgehen. Genau dies wäre aber der Fall, wenn man vorliegend zum Ergebnis gelangen würde, dass sämtliche für den Arbeitnehmer günstigen Regelung, gleich aus welchem potenziell in Bezug genommenen Tarifvertrag/Tarifwerk sie stammen, auf das Arbeitsverhältnis Anwendung finden sollen. Insbesondere wenn man die einzelnen Schritte zur Auslegung und zur Anwendung der Unklarheitenregel nochmals genau aufschlüsselt, wird deutlich, dass ein solches Ergebnis nicht richtig sein kann und im Gegenteil dogmatisch mit nichts zu begründen und schlichtweg falsch ist: Bevor die Unklarheitenregel zur Anwendung kommen kann ist mit den Mitteln der Auslegung zu versuchen, der entsprechenden Klausel eine bestimmte Deutung zuzumessen. Bei der hier in Rede stehenden Konstellation ist nach der Auslegung nicht klar, auf welchen von mehreren Tarifverträgen bzw. auf welches von mehreren Tarifwerken verwiesen wird. In Betracht kommt also der Verweis auf den *einen oder den anderen* Tarifvertrag. Nicht in Betracht kommt aber der Verweis auf *beide* Tarifverträge. Dies wäre nur möglich, wenn auch die kumulative Geltung beider Regelungswerke unter der Prämisse, dass die jeweils günstigste Regelung Anwendung finden soll, eine denkbare Auslegungsalternative wäre. Weder vom Sinn und Zweck, noch vom Wortlaut dürfte sich eine solche Sichtweise in der Regel ergeben.[739] Um es ganz plastisch zu formulieren: Wenn Unklarheiten darüber bestehen, ob a oder b

---

737 Däubler/Dorndorf/Bonin/Deinert-Däubler, § 305 c Rn. 43.

738 Vgl. dazu auch schon oben: Teil 2.B.II.1.a.aa.1 und b.aa.(3).

739 Ähnlich der Gedanke auch bei Sittard/Ulbrich, ZTR 2006, 458, 465; Willemsen S. 356.

gemeint ist, kann auch nur a oder b das Ergebnis der Anwendung der Unklarheitenregel sein, nicht aber Teile von a und b gleichzeitig.

Zumindest dieser Gedanken des 6. Senats taugt also nicht zur Ablehnung der Anwendbarkeit der Unklarheitenregel auf Bezugnahmeklauseln, wenn im Rahmen einer Verweisklausel unklar ist, welcher von mehreren Tarifverträgen bzw. welches Tarifwerk in Bezug genommen ist. Damit verbleibt von diesem Argument einzig der Aspekt, dass es Schwierigkeiten bereitet, die Günstigkeit zweier verschiedener Tarifwerke/Tarifverträge zu beantworten. Fraglich ist, ob allein diese Schwierigkeiten ausreichen, die Unklarheitenregel unangewendet zu lassen. Dies ist sicher nicht der Fall, wenn sich handhabbare Kriterien zur Bestimmung der Günstigkeit finden lassen. Der Argumentation des 6. Senats wäre in diesem Fall folglich der Boden entzogen.

Genau genommen hat sich damit auch das prozessuale Argument des 6. Senats als nicht haltbar erwiesen. Denn dieses basiert auf der Annahme, dass ein und dieselbe Bezugnahmeklausel je nach Art des begehrten Anspruchs unterschiedlich ausgelegt werden kann. Schon der Sinn und Zweck der Unklarheitenregel verbietet aber wie gesagt eine solche gespaltene Auslegung. Auch darüber hinaus kann es aber nicht überzeugen, da es in sich widersprüchlich ist. Das BAG äußert zwar dahingehende Bedenken, dass die Anwendbarkeit eines Tarifvertrages zum Gegenstand einer Feststellungsklage gemacht werden könnte und damit zwangsläufig abstrakt festgestellt werden müsste, ob ein Tarifvertrag auf das Arbeitsverhältnis Anwendung finden soll oder nicht. Erwachse dieses Urteil in Rechtskraft, bestünde tatsächlich keine Möglichkeit einer abweichenden, nach der Art des geltend gemachten Anspruchs differenzierenden Auslegung. Schon *Singer* und *Hake* haben diese These in ihrer Anmerkung zu dem betreffenden Urteil aber überzeugend widerlegt:[740] Fraglich sei nämlich schon, ob eine Feststellungsklage in den Fällen, in denen eine Bezugnahmeklausel unklar sei, überhaupt erfolgreich sein dürfe. Begehre der Arbeitgeber die Feststellung, dass der streitige Tarifvertrag auf das Arbeitsverhältnis Anwendung findet, können diese Feststellung so pauschal nur dann getroffen werden, wenn die Auslegung der Bezugnahmeklausel klar und eindeutig dessen Anwendung ergebe. Beim mehrdeutigen Klauseln komme § 305 c Abs. 2 zur Anwendung, damit wäre also das für den Arbeitnehmer günstigster Auslegungsergebnis maßgeblich. Da diese Feststellung wiederum nicht abstrakt, sondern nur im Hinblick auf konkrete Ansprüche getroffen werden könne, sei in diesen Fällen eine Klage mit dem Ziel, die allgemeine Anwendbarkeit eines bestimmten Tarifvertrages festzustellen, unbegründet, weil die gewünschte Feststellung dem materiellen Recht so pauschal nicht entspreche. Inso-

740 Singer/Hake, Anmerkung zu BAG v. 24.9.2008 – 6 AZR 76/07, AP Nr. 11 zu § 305 c BGB; dem zustimmend auch Greiner, NZA 2009, 877, 881.

fern ist den beiden vollumfänglich darin zuzustimmen, dass das prozessuale Recht hier dem materiellen Recht folgen sollte und nicht umgekehrt.

(3) Sonstige Urteile

In die Richtung der Entscheidung des 6. Senats geht auch das noch unter dem Vorsitz *Schliemanns* gefällte Urteil des 4. Senats vom 19.3.2003.[741] Auch dort hatte man die Ansicht vertreten, das sich schlecht feststellen lasse, ob eine Verweisklausel für den Arbeitnehmer günstiger ist oder nicht, da die Tarifdynamik zu Gunsten und zu Lasten der Arbeitnehmer wirken könne.

Einen anderen Weg schlägt der 5. Senat ein. Denn auch ein Urteil vom 9.11.2005 beschäftigt sich zumindest mittelbar mit der Problematik, welcher von mehreren möglichen Tarifverträgen für den Arbeitnehmer vorteilhafter ist, allerdings im Rahmen der Frage, ob eine dynamische oder eine statische Wirkung günstiger ist.[742] Der 5. Senat hat in den Entscheidungen die Auffassung vertreten, dass für den Arbeitnehmer eine zeitdynamische Wirkung der Bezugnahmeklausel günstiger sei, wenn es sich um Lohntarifverträge handelt.[743] Denn in der Regel werde die Vergütung in Entgelttarifverträgen für den Arbeitnehmer verbessert und nicht verschlechtert. Später erwähnt der Senat, dass, sofern an dem gefundenen Auslegungsergebnis der Klausel überhaupt Zweifel bestünden, diese jedenfalls gemäß § 305 c Abs. 2 zu Lasten des Verwenders gingen.[744] Daraus kann man den Schluss ziehen, dass jedenfalls wenn Tarifverträge eine identische Regelungsmaterie wie etwa das Entgelt enthalten, ein Günstigkeitsvergleich durchführbar ist. Keine Aussage enthalten die Entscheidungen freilich hinsichtlich der Frage, ab welchem Grad von Komplexität ein solcher Vergleich nicht mehr durchgeführt werden kann. Nicht auszuschließen ist zudem, dass man jedenfalls materiell die Günstigkeit allein schon in der dynamischen Wirkung begründet sah.

Sonstige Urteile, in denen die Rechtsprechung sich zum abstrakten Vergleich verschiedener „Gesamt-Regelungswerke" bzw. auch nur verschiedener Tarifverträge im Zusammenhang mit § 305 c Abs. 2 geäußert hat, liegen – soweit ersichtlich – nicht vor. Im Urteil vom 14.12.2005 soll zwar die Wertung der Unklarheitenregel – neben der Wertung des Transparenzgebots und neben § 306 – einer wohlwollenden Auslegung zu Gunsten des Klauselverwenders entgegenstehen.[745]

741 BAG v. 19.3.2003 – 4 AZR 331/02, AP Nr. 33 zu § 1 TVG Bezugnahme auf Tarifvertrag.
742 BAG v. 9.11.2005 – 5 AZR 128/05, AP Nr. 4 zu § 305 c BGB.
743 BAG v. 9.11.2005 – 5 AZR 128/05, AP Nr. 4 zu § 305 c BGB, Rz. 22.
744 BAG v. 9.11.2005 – 5 AZR 128/05, AP Nr. 4 zu § 305 c BGB. Rz. 24.
745 BAG v. 14.12.2005 – 4 AZR 536/04, AP Nr. 39 zu § 1 TVG Bezugnahme auf Tarifvertrag, Rz.21.

Eine genaue Subsumtion nimmt der 4. Senat allerdings nicht vor. Dies könnte auf Bedenken hinsichtlich der praktischen Durchführbarkeit eines Günstigkeitsvergleichs zurückzuführen sein. Zwingend ist allerdings auch diese Interpretation nicht. Genauso gut kann man vertreten, dass es auf die Problematik in der vorliegenden Konstellation nicht ankam und mithin eine ausführliche Erörterung entbehrlich war. Bei genauer Subsumtion wäre es auch in diesem Urteil ohnehin wieder um die Frage gegangen, ob eine statische oder eine dynamische Wirkung für den Arbeitnehmer günstiger gewesen wäre.

(4) Fazit

Damit kann man festhalten, dass zumindest der 6. Senat des BAG der Durchführbarkeit eines Günstigkeitsvergleichs im Rahmen des § 305 c Abs. 2 zumindest beim Globalverweis auf ganze Tarifwerke grundsätzlich mit einer gewissen Skepsis gegenüberstehen dürfte. Diese Skepsis basiert im Wesentlichen darauf, dass Tarifwerke wie auch Tarifverträge als zwischen den Tarifvertragsparteien ausgehandelte Kompromisse zumeist negative wie positive Regelungen enthalten und insofern nur schwer ein gemeinsamer Vergleichsmaßstab gefunden werden kann. Nur wenn unklar ist, welcher von mehreren Tarifverträgen, die eine vergleichbare Regelungsmaterie enthalten, anzuwenden ist, hält die Rechtsprechung den Günstigkeitsvergleich für durchführbar, also beispielsweise bei Entgelttarifverträgen. Nach dem oben Gesagten kann die weitergehende Befürchtung, dass es zu einem „Rosinenpicken“ kommt, nicht herangezogen werden, wenn im Rahmen einer Verweisklausel lediglich unklar ist, welcher von mehreren Tarifverträgen anwendbar ist. Fraglich bleibt damit, ob sich nicht doch ein gemeinsamer Maßstab finden lässt, anhand dessen sich auch komplexere Tarifverträge bzw. gesamte Tarifwerke vergleichen lassen. Zudem ist fraglich, wie angesichts der zwingenden Regelungsanordnung des § 305 c Abs. 2 verfahren werden kann, wenn sich kein objektiver Vergleichsmaßstab finden lässt.

bb) Analyse des rechtswissenschaftlichen Schrifttums

(1) Aussagen im Schrifttum

Im Schrifttum finden sich wenige Stimmen, die sich explizit zur Problematik der Vergleichbarkeit von Tarifverträgen bzw. ganzen Tarifwerken im Rahmen des § 305 c Abs. 2 auslassen.[746] So findet man etwa bei *Däubler* die Aussage, dass die Unklarheitenregel hilfsweise eingreife, wenn mehrere Tarifverträge als Ver-

746 Däubler/Dorndorf/Bonin/Deinert-Däubler, § 305 c Rn. 47; Schrader, BB 2005, 714, 716.

weisungsobjekte in Betracht kommen.[747] Er muss also auf dem Standpunkt stehen, dass es grundsätzlich möglich ist, zumindest verschiedene Tarifverträge auch in ihrer Gesamtheit miteinander zu vergleichen. Auch *Schrader* erwähnt, dass Zweifelsfälle zu Lasten des Arbeitgebers gingen (d.h. der günstigere Tarifvertrag gelte), wenn zwei Tarifverträge in Betracht kämen.[748] Ähnlich äußert sich auch *Jacobs*, wenn er formuliert, dass im Zweifel der insgesamt günstigere Tarifvertrag anzuwenden sei, wenn beim Zusammentreffen einer Bezugnahmeklausel und einer Tarifpluralität unklar sei, welcher Tarifvertrag maßgeblich sei.[749] Genaueres über etwaige Vergleichsmaßstäbe erfährt man aber auch von den Befürwortern der Durchführbarkeit des Günstigkeitsvergleichs nicht.

Andere sehen wie die Rechtsprechung erhebliche Probleme bei der Durchführung eines „Gesamtvergleichs" zwischen tariflichen Regelwerken.[750] Allerdings plädiert man bisweilen im Grundsatz für die Möglichkeit der Anwendung der Unklarheitenregel, selbst wenn die Unklarheitenregel dazu führt, dass die in Bezug genommen Tarifverträge jeweils zum Teil Anwendung finden würden.[751]

Auch *Thüsing* äußert sich skeptisch.[752] Ausdrücklich bezieht er sich allerdings nur auf die Konstellation der Zweifel über die zeitliche Reichweite der Bezugnahmeklausel. Hier sei abstrakt nicht feststellbar, ob eine Dynamik oder eine Statik günstiger sei. Dies dürfte aber in erster Linie darauf zurückzuführen sein, dass die potenziell in Betracht kommenden Bezugnahmeobjekte Veränderungen unterliegen und es daher schon aufgrund dessen schwierig ist, einen abstrakten Vergleichsmaßstab zu bestimmen.

Ansonsten sind nicht wenige Stellungnahmen im Schrifttum ersichtlich von der Angst getrieben, dass es aufgrund der Unklarheitenregel zu einem „Rosinenpicken" der Arbeitnehmer kommen könne.[753] Den Ursprung für diese Angst vor

---

747 Däubler/Dorndorf/Bonin/Deinert-Däubler, § 305 c Rn. 47; unter Verweis auf Schrader, BB 2005, 714, 716.

748 Schrader, BB 2005, 714, 716.

749 BeckOK/Jacobs, § 305 c Rn. 28; Jacobs, NZA 2008, 325, 333

750 ErfK/Franzen, § 4 TVG Rn. 37; an anderer Stelle (im Zusammenhang mit einer arbeitsvertraglichen Bezugnahme bei einer Tarifpluralität) verweist zwar auch er auf die Unklarheitenregel (vgl. ErfK/Franzen, § 4 TVG Rn. 73). Dies betrifft aber den Fall der Unklarheit über die Reichweite in zeitlicher Hinsicht. In diesem Fall scheint er der Auffassung Däublers zugeneigt, nach der die Günstigkeit jeweils nach der konkreten Klagesituation zu beurteilen sei; Greiner, NZA 2009, 877, 881; Klingebiel, S. 135; Reichel, Die Arbeitsvertragliche Bezugnahme auf Tarifverträge, S. 110; aus dem älteren Schrifttum auch Bieback, DB 1989, 477, 479; Etzel, Beilage zu NZA Heft 1/1987, S. 19 f..

751 ErfK/Franzen, § 4 TVG Rn. 73; Greiner, NZA 2009, 877, 881.

752 Thüsing, AGB-Kontrolle, Rn. 214.

753 Exemplarisch: Giesen, NZA 2006, 625, 627; Klebeck, NZA 2006, 15, 17; Willemsen, S. 354 ff.; vgl auch Bayreuther, NZA 2009, 935, 936.

der "Rosinenpickerei" dürfte wohl *Klebeck* mit seiner Stellungnahme Anfang des Jahres 2006 gelegt haben.[754] Denn seiner Ansicht nach führe die Anwendung der Unklarheitenregel dazu, dass der Arbeitnehmer in Zukunft allein an der für ihn jeweils günstigeren Tarifentwicklung teilnehmen würde, ungeachtet einer tarifrechtlichen Bindung des Arbeitgebers.[755] Auch *Giesen* widmet sich dieser Problematik ausdrücklich.[756] Anders als *Klebeck* erkennt er aber, dass eine derartige Sichtweise im Widerspruch zu § 305 c Abs. 2 stünde. Denn § 305 c Abs. 2 erlaube bei unklaren Auslegungsvarianten nur die Auswahl einer der in Betracht kommenden Varianten zu Lasten des Verwenders. Ein Wahlrecht ergebe sich bei Verweisungsklauseln unter keinen Umständen.[757] Nicht ganz klar ist, was er mit diesem „Wahlrecht" meint. Der Zusammenhang, in dem er es erwähnt, spricht eher dafür, dass es sich auf die „Rosinenpickerei" bezieht. Der Verweis in der Fußnote spricht allerdings dafür, dass er einem Wahlrecht generell skeptisch gegenübersteht.[758] Denn dort führt er aus, dass die Frage der Belastung und Begünstigung nach objektiven Kriterien zu beantworten sei, und zwar losgelöst von der jeweiligen Entwicklung der Vertragsanwendung im Einzelfall.[759] Wie oben schon widerlegt, kann es zu einem solchen Rosinenpicken jedenfalls bei Unklarheiten darüber, welcher von mehreren möglicherweise in Bezug genommen Tarifverträgen oder welches von mehreren Tarifwerken gemeint ist, bei richtiger Anwendung der Unklarheitenregel gar nicht kommen. Insofern ist der Aussagegehalt für die hier interessierende Problematik beschränkt.

---

754 Klebeck, NZA 2006, 15, 17.

755 Klebeck, NZA 2006, 15, 17: „So wenig dem nichtorganisierten Arbeitgeber ein nachträglicher Verbandseintritt und damit ein Herbeiführen einer unmittelbar und zwingenden Tarifgeltung nach den §§ 4 Abs. 1, 3 Abs. 1 TVG hilft, so wenig hilft dem organisierten Arbeitgeber ein nachträglicher Verbandsaustritt, um die Dynamik der Bezugnahme zu beenden. Soll der organisierte Arbeitgeber also wirklich nicht anders als der nichtorganisierte Arbeitgeber nach bisheriger Rechtsprechung behandelt werden? Soll dem Arbeitnehmer kraft der Bezugnahme etwa bei mehreren einschlägigen Tarifverträgen nunmehr das Recht zum Rosinenpicken zustehen? Damit wird letztlich nicht nur die Arbeitsvertragsgestaltung, sondern nunmehr auch der Arbeitgeberverbandsbeitritt zu einem riskanten Rechtsgeschäft."

756 Giesen, NZA 2006, 625, 627.

757 Giesen, NZA 2006, 625, 627 unter Verweis auf Stoffels, Rn. 360 ff; Palandt/Heinrichs, (64. Auflage), § 305 c Rn. 15 f..

758 Giesen, NZA 2006, 625, 627, Fn. 18.

759 Giesen, NZA 2006, 625, 627, Fn. 18, unter Verweis auf Stoffels, Rn. 360 ff; Palandt/Heinrichs, (64. Auflage), § 305 c Rn. 15 f. Die angegebenen Fundstellen sind allerdings nur sehr bedingt geeignet diese Sichtweise zu stützen.

(2) Zwischenfazit

Als Zwischenfazit kann man festhalten, dass die Frage der Vergleichbarkeit verschiedener Tarifvertragswerke jedenfalls im Zusammenhang mit der Anwendung der Unklarheitenregel recht wenig Beachtung gefunden hat. Meist belässt man es auch im Schrifttum bei dem Verweis darauf, dass sowohl Tarifwerke als auch komplexere Tarifverträge in ihrer Gesamtheit nicht vergleichbar sind, da sie für gewöhnlich sowohl belastende als auch begünstigende Regelungen enthalten. Die Frage danach, ob bestimmte Regelungen günstiger sind als andere, wecken allerdings gerade bei einem Arbeitsrechtler sogleich Assoziationen zum Günstigkeitsvergleich in § 4 Abs. 3 TVG. Möglicherweise lassen sich aus der diesbezüglichen Rechtsprechung und der wissenschaftlichen Diskussion Rückschlüsse für die Vergleichbarkeit verschiedener Tarifwerke ziehen.

cc) Übertragbarkeit der Wertungen des Günstigkeitsvergleichs

(1) Stand der Forschung

Das Günstigkeitsprinzip stellt ein allgemeines Prinzip des Arbeitsrechts für das Verhältnis von Regelungen auf verschiedenen Regelungsstufen dar.[760] Der Günstigkeitsvergleich wird bei Individualnormen (Inhalts-, Abschluss-, und Beendigungsnormen) bezogen auf das einzelne Arbeitsverhältnis durchgeführt, also individuell.[761] Dies ist Resultat dessen, dass das Günstigkeitsprinzip dem Schutz der Privatautonomie der einzelnen Arbeitnehmer dient. Nur bei Betriebsnormen kommt es darauf an, ob die Belegschaft in ihrer Gesamtheit besser gestellt wird (sog. kollektiver Günstigkeitsvergleich).[762] Nach herrschender Meinung ist zudem anhand einer verobjektivierten Betrachtung zu entscheiden, was für den Einzelnen im Einzelfall günstiger ist.[763] Demnach ist danach zu fragen, wie ein verständiger Arbeitnehmer unter Berücksichtigung der Umstände des Einzelfalls die Bestimmung im Arbeitsvertrag im Vergleich zu der des Tarifvertrags einschätzen

---

760 ErfK/Franzen, § 4 TVG Rn. 31.

761 Belling, S. 173 ff.; ErfK/Franzen, § 4 TVG Rn. 35; Heinze, NZA 1991, 329, 333; Robert, S. 83 ff.; Söllner/Waltermann, Rn. 608; Wiedemann/Wank, § 4 Rn. 186; Wiedemann, FS-Wißmann, S. 185 ff..

762 Löwisch/Rieble, § 4 Rn. 294.

763 BAG v. 20.4.1999 – 1 ABR 72/98, AP Nr. 89 zu Art. 9 GG = BAGE 91, 210, 231; LAG München v. 4.5.1990 – 2 Sa 128/90, LAGE Nr. 3 zu § 4 TVG Günstigkeitsprinzip; Däubler/Deinert, TVG, § 4 Rn. 678 ff.; ErfK/Franzen, § 3 TVG Rn. 39; Junker, Rn. 528; Löwisch/Rieble, § 4 Rn. 310; Söllner/Waltermann, Rn. 609; Thüsing, GS-Heinze, S. 901, 902 f.; Wiedemann/Wank, § 446, 451.

würde. Die subjektive Sicht soll folglich nicht maßgeblich sein. Begründet wird dies in erster Linie mit dem Interesse der Voraussehbarkeit der Entscheidung und aus Gründen des Arbeitnehmerschutzes.[764] Einige Vertreter im Schrifttum wollen hingegen einen Schritt weiter gehen und auf die subjektive Einschätzung des einzelnen Arbeitnehmers abstellen.[765] In zeitlicher Hinsicht sei für die Durchführung des Vergleichs derjenige Zeitpunkt maßgeblich, indem die tariflichen Regelungen erstmals mit den anderweitigen Abmachungen kollidieren.[766]

Auch beim Günstigkeitsprinzip bereitet die Bestimmung des Vergleichsgegenstandes seit jeher Schwierigkeiten. Mittlerweile hat sich allerdings die Auffassung durchgesetzt, dass weder ein Einzelvergleich noch ein Gesamtvergleich vorzunehmen ist sondern ein so genannter Sachgruppenvergleich.[767] Auch hier wird der Gesamtvergleich überwiegend deshalb abgelehnt, weil er prinzipiell kaum durchführbar sei und weil dadurch tendenziell das Günstigkeitsprinzip ausgehöhlt werde.[768] Es bestünde die Gefahr, dass unter Berufung auf einzelne günstigere Vertragsbestandteile behauptet werden könne, dass die gesamte konkurrierende Regelung günstiger sei.[769] Damit wäre der Schutz, der dem Arbeitnehmer durch den Tarifvertrag zuteil werden solle nicht sichergestellt.[770]

Teilweise wird allerdings erwogen, einen Gesamtvergleich dann anzustellen, wenn das Günstigkeitsprinzip nur deshalb angewandt werden muss, weil eine arbeitsvertragliche Bezugnahmeklausel auf einen Tarifvertrag verweist und ein anderer Tarifvertrag unmittelbar und zwingend auf das Arbeitsverhältnis einwirkt.[771] Die Vertreter dieser Auffassung räumen allerdings sogleich wieder ein, dass dieser Vergleich regelmäßig dazu führen werde, dass eine günstigere Regelung nicht ausgemacht werden kann. Diese Auffassung scheint daher wohl auf

---

764 BAG v. 20.4.1999 – 1 ABR 72/98, AP Nr. 89 zu Art. 9 GG = BAGE 91, 210, 231; Belling, S. 175 f.; Däubler/Deinert, TVG, § 4 Rn. 678 ff.; Löwisch/Rieble, § 4 Rn. 310; Robert, S. 145 ff.; Schlüter, FS-Stree/Wessels, S. 1061, Söllner/Waltermann, Rn. 609; 1075; Thüsing, GS-Heinze, S. 901, 902.

765 Adomeit, NJW 1984, 26, 27; Buchner, NZA 1999, 897, 901; Heinze, NZA 1991, 329, 333; Krauss, NZA 1996, 294, 296; Picker, NZA 2002, 761, 767.

766 BAG v. 25.11.1970 – 4 AZR 534/69, AP Nr. 12 zu § 4 TVG Günstigkeitsprinzip; LAG München v. 4.5.1990 – 2 Sa 128/90, LAGE Nr. 3 zu § 4 TVG Günstigkeitsprinzip; ErfK/Franzen, § 4 TVG Rn. 42.

767 BAG v. 20.4.1999 – 1 ABR 72/98, AP Nr. 89 zu Art. 9 GG; BAG v. 23.5.1984 – 4 AZR 129/82, AP Nr. 9 zu § 339 BGB; LAG München v. 4.5.1990 – 2 Sa 128/90, LAGE Nr. 3 zu § 4 TVG Günstigkeitsprinzip; ErfK/Franzen, § 4 TVG Rn. 36; Gamillscheg, Kollektives ArbeitsR I, S. 853; Heise, FS-BAG, S. 657; Junker, Rn. 528; Söllner/Waltermann, Rn. 606.

768 Bieback, DB 1989, 477, 479; ErfK/Franzen, § 4 TVG Rn. 36; Etzel, Beilage zu NZA Heft 1/1987, S. 19 f.; Steinmeyer/Waltermann, S. 214; Wiedemann/Arnold, ZTR 1994, 399, 407.

769 Robert, S. 97 ff. Söllner/Waltermann, Rn. 606.

770 Robert, S. 97 ff. ff.; Söllner/Waltermann, Rn. 606; Wiedemann/Oetker, § 4 Rn. 67 ff.;

771 ErfK/Franzen, § 4 TVG Rn. 37; Wiedemann/Oetker, § 3 Rn. 291.

dem Bestreben zu fußen, dass sich der normativ wirkende Tarifvertrag durchsetzt, als dass sie ernsthaft die Vergleichbarkeit zweier Tarifverträge befürwortet.

Denn wenn sich nicht eindeutig beantworten lässt, ob die abweichende Regelung günstiger ist als die Regelung im Tarifvertrag (sog. günstigkeitsneutrale Regelung), soll es nach verbreiteter Meinung bei der tariflichen Regelung bleiben.[772] Allerdings ist auch diese Prämisse nicht gänzlich unumstritten. Einige Vertreter des Schrifttums wollen in diesen Fällen in der Regel den Regelungen des Arbeitsvertrags den Vorzug einräumen.[773] Darin sehen die Vertreter der herrschenden Ansicht allerdings die Gefahr, dass die zwingende Wirkung von § 4 Abs. 1 TVG ausgehöhlt wurde.[774] Der Vergleichsmaßstab dürfe nicht so gehandhabt werden, dass die gesamte Grundentscheidung für die zwingende Wirkung des Tarifvertrags überspielt werde. Außerdem hätten sich die Arbeitsvertragsparteien durch ihren Verbandsbeitritt in der Weise selbst gebunden, dass bei günstigkeits-neutralen Regelungen die Vorgaben des Tarifvertrags gelten sollten.[775]

(2) Fazit

Auch der Stand der Forschung zum Günstigkeitsprinzip bestätigt die bisherigen Erkenntnisse, dass ein Gesamtvergleich verschiedener Tarifwerke an der Komplexität der geregelten Materie scheitert. Ein Gesamtvergleich wird daher auch im Rahmen des Günstigkeitsvergleichs nicht vorgenommen. Übertragbar scheinen allerdings die zur Bildung von Sachgruppen herausgearbeiteten Grundsätze zu sein, d.h. die Vergleichbarkeit zweier Tarifverträge sollte auf Basis der bisher ersichtlichen Rechtsprechung nur bestehen, wenn die von den jeweiligen Tarifverträgen geregelten Sachverhalte einer Sachgruppe im Sinne des Günstigkeitsvergleichs entsprechen. Hierzu würden insbesondere die Urteile vom 9.11.2005, die „sachgruppeninterne“ Tarifverträge betrafen (Lohn) auf der einen Seite und das Urteil vom 24.9.2008, das „sachgruppenübergreifende“ Regelung betraf (Rationalisierungstarifverträge etc.), auf der anderen Seite passen. Um Missverständnissen vorzubeugen sei hier aber noch erwähnt, dass damit nicht gemeint ist, dass aus jedem der in Betracht kommenden Tarifverträge die günstigsten Sach-

---

772 BAG v. 12.4.1972 – 4 AZR 211/71, AP Nr. 13 zu § 4 TVG Günstigkeitsprinzip; Däubler/Deinert, § 4 Rn. 690; ErfK/Franzen, § 4 TVG Rn. 40; Gamillscheg, Kollektives ArbeitsR I, S. 857; Käppler, NZA 1991, 745, 753; Raab, ZFA 2004, 371, 391.

773 Adomeit, NJW 1984, 26 f.; Buchner, NZA 1999, 897, 901; Heinze, NZA 1991, 329; Krauss, NZA 1996, 294, 296; Picker, NZA 2002, 761. 767.

774 ErfK/Franzen, § 4 Rn. 40; Raab, ZFA 2004, 371, 391.

775 ErfK/Franzen, § 4 TVG Rn. 40; Käppler, NZA 1991, 745, 753.

gruppen zu Anwendung kommen, da dies schon keine der in Betracht kommenden Auslegungsalternativen ist.

dd) Zusammenfassung der Erkenntnisse

Sowohl in der Rechtsprechung zur Unklarheitsregel als auch in der Rechtsprechung zum Günstigkeitsprinzip ist man sich nahezu einhellig einig darin, dass ein Vergleich unterschiedlicher Tarifwerke an der Vielgestaltigkeit der Realität scheitern muss. Nur wenn unklar ist, welcher von mehreren Tarifverträgen günstiger ist und die zu vergleichenden Tarifverträge eine identische Regelungsmaterie beinhalten, kann ein Günstigkeitsvergleich anhand objektiver Kriterien stattfinden. Nach der bisherigen Analyse bietet sich hier eine Orientierung an der Rechtsprechung zur Sachgruppenbildung im Rahmen des Günstigkeitsprinzips an. Im Schrifttum wird zwar mitunter vertreten, dass ein insgesamt gültiger Tarifvertrag gelten soll, handhabbare Kriterien werden aber auch dort nicht geliefert. Damit bleibt die Frage, ob nicht jenseits der Rechtsprechungstendenzen ein Maßstab gefunden werden kann, anhand dessen auch gesamte Tarifwerke nach objektiven Kriterien miteinander verglichen werden können.

ee) Sonstige denkbare objektive Kriterien

- Gesamtabwägung -

In der Tat ungeeignet sein dürfte eine Vorgehensweise dergestalt, dass versucht würde, sämtliche Vor- und Nachteile der in Betracht kommenden Tarifwerke gegeneinander in Bezug zu setzen und gegeneinander abzuwägen.

- Vermutung für die Günstigkeit des zeitliche späteren Tarifvertrages -

Ein anderer Anhaltspunkt könnte sein, auf den Zeitpunkt des Abschlusses des Tarifvertrages abzustellen. Man könnte hier die These vertreten, dass eine tatsächliche Vermutung dafür streitet, dass ein zeitlich später abgeschlossener Tarifvertrag günstiger für den Arbeitnehmer ist. Nichts anderes tut die Rechtsprechung, wenn sie davon ausgeht, dass bei Entgelttarifverträgen im Zweifel von einer dynamischen Wirkung der Bezugnahmeklausel auszugehen ist. Wie die Rechtsprechung aber selbst schon zubilligt, gibt es durchaus Regelungsinhalte, in denen die zeitlich spätere tarifliche Regelung keineswegs mehr günstiger als eine zeitlich frühere ist. Überdies hinkt dieser Vergleich, wenn es sich beispielsweise um zwei Tarifverträge handelt, die von verschiedenen Verbänden ausgehandelt wurden. In diesem Fall ist keinesfalls gesagt, dass ein zwischen Arbeitgeberverband A und

Gewerkschaft G vor 5 Jahren abgeschlossener Tarifvertrag ungünstiger ist, als der aktuell zwischen der Gewerkschaft X und dem Arbeitgeber Y.

- Vermutung für die Günstigkeit des zeitlich späteren Tarifvertrages bei Identität der vertragsschließenden Parteien -

Man könnte immerhin überlegen, ob bei Identität der Regelungsmaterie und Identität der vertragsschließenden Parteien eine solche Vermutung aufrechterhalten werden kann, gestützt durch die Überlegung, dass ein Tarifvertrag, den eine Gewerkschaft ohne Not abgeschlossen hat in der Regel günstiger sein sollte, als der vorherige Tarifvertrag. Ein sicheres Kriterium dürfte aber auch dies nicht sein, da in Zeiten des Mitgliederschwundes der Gewerkschaften und möglicherweise durch zunehmende Konkurrenz durch verschiedene im Betrieb vertretene Gewerkschaften auch für den Arbeitnehmer ungünstigere Abschlüsse zustande kommen können.

- Vermutung zu Gunsten eines normativ geltenden Tarifvertrags -

Ungeeignet erscheint auch eine Orientierung daran, ob der in Bezug genommene Tarifvertrag normativ auf das betreffende Arbeitsverhältnis einwirken würde. Erstens hilft diese Vermutung nicht weiter, wenn auf einen branchenfremden Tarifvertrag verwiesen wird und wenn überhaupt keine Tarifbindungen auf Seiten des Arbeitgebers oder des Arbeitnehmers bestehen. Zweitens liefe die Vermutung für Gewerkschaftsmitglieder leer, da im Verhältnis zwischen dem kraft arbeitsvertraglicher Bezugnahme geltenden Tarifvertrag und dem normativ wirkenden Tarifvertrag das Günstigkeitsprinzip gelten würde.[776]

- Vermutung zu Gunsten des nicht normativ wirkenden Tarifvertrags -

Ist der Arbeitnehmer gewerkschaftlich organisiert, so könnte man sich auf den Standpunkt stellen, dass immer der nicht normativ geltende Tarifvertrag für den Arbeitnehmer günstiger ist, da aufgrund des Günstigkeitsprinzips das Niveau des normativen Tarifvertrags ohnehin nicht unterschritten werden kann. Folge wäre die Aufstockung mittels der günstigen Regelungen des nicht normativ wirkenden Tarifvertrags. Diese Sichtweise durfte allerdings nur auf die tarifgebundenen Arbeitnehmer zutreffen. Für die Außenseiter kann eine solche Vermutung keineswegs aufgestellt werden. Überdies ist auch beim dogmatischen Vorgehen hier

776 Vgl. dazu insbesondere BAG v. 29.8.2007 – 4 AZR 767/06, AP Nr. 61 zu § 1 TVG Bezugnahme auf Tarifvertrag.

Vorsicht angebracht. Verglichen werden nämlich nicht zwei verschiedene Tarifverträge sondern zwei verschiedene Situationen.

- *Vermutung zu Gunsten des repräsentativen Tarifvertrags* -

Man könnte sich auch auf den Standpunkt stellen, dass immer der repräsentative Tarifvertrag günstiger ist, weil die Mehrheit mit ihrer Einschätzung über die Vor- und Nachteile schon nicht irren wird. Ohne längeres Überlegen wird freilich klar, dass dies wohl kaum zutreffen dürfte. Die Gründe, warum die Mehrheit an einen Tarifvertrag gebunden ist bzw. warum die Mehrheit einen Tarifvertrag anwendet, können mannigfaltig ausfallen. Keineswegs steht sich der einzelne Arbeitnehmer bei der Anwendung des repräsentativsten Tarifvertrag daher zwingend günstiger.

- *Vermutung zu Gunsten des in Kernbereichen günstigeren Tarifvertrages* -

Preis und *Greiner*sehen es als denkbare Alternative an, in Zukunft auf den günstigsten Tarifvertrag zu verweisen, wobei die Günstigkeit näher umschrieben werden soll und – um ein Rosinenpicken zu vermeiden – auf Kernkriterien wie etwa den Lohn und die entsprechende Arbeitszeit, vielleicht noch die Anzahl der Urlaubstage reduziert werden soll.[777] Man könnte sich auf den Standpunkt stellen, dass in der Tat die für den Arbeitnehmer entscheidenden Kriterien zur Bestimmung der Günstigkeit der Lohn und die entsprechende Arbeitszeit sind. Dennoch ist auch hier ein abstraktes Urteil nur schwer zu fällen, da bei nur geringfügigen Unterschieden wiederum problematisch werden kann, welche der beiden Komponenten für den einzelnen wichtiger ist.

ff) Arbeitsrechtliche Besonderheit oder Wahlrecht des Arbeitnehmers?

Alles in allem bleibt es damit dabei, dass ein Vergleichsmaßstab umso schwieriger zu finden ist, je komplexer die geregelte Materie der in Betracht kommenden Tarifverträge sich gestaltet. Damit steht in den Fällen, in denen sich ein Vergleich anhand von objektiven Kriterien nicht mehr durchführen lässt aber immer noch das Problem im Raum, dass die Unklarheitenregel eine Auslegung zu Lasten des Verwenders anordnet. Dem könnte man sicherlich dadurch Rechnung tragen, indem man es dabei belässt und die Undurchführbarkeit als arbeitsrechtliche Besonderheit ansieht. Angesichts der zwingenden Regelungsanordnung des § 305 c Abs. 2 ist dieses Ergebnis – jedenfalls wenn man die Anwendung der Unklarheitenregel in diesen Fällen pauschal ablehnt – aber nicht sonderlich zu-

777 Preis/Greiner, NZA 2007, 1073, 1077.

friedenstellend. Daher ist fraglich, ob nicht anknüpfend an die Überlegungen im ersten Teil dieser Arbeit und im Einklang mit einigen Vertretern des Schrifttums, die eine solche Sichtweise beim Günstigkeitsvergleich des § 4 Abs. 3 TVG bevorzugen, auf eine subjektive Bestimmung des Günstigkeitsurteils zurückgegriffen werden kann um dieser Geltungsanordnung Rechnung zu tragen, d.h. ob dem betroffenen Arbeitnehmer zumindest für den Fall, dass sich die Günstigkeit anhand objektiver Kriterien nicht feststellen lässt, ein Wahlrecht zuzugestehen ist.[778] Auch *Etzel* hat einen ähnlichen Vorschlag in anderem Zusammenhang einst in Betracht gezogen.[779] Freilich ging es dort um Lösungsmöglichkeiten für das Problem der Tarifkonkurrenz, wenn ein speziellerer Tarifvertrag anhand objektiver Kriterien nicht auszumachen war.

(1) Vereinbarkeit eines Wahlrechts mit der Systematik des allgemeinen Zivil-, Prozess-, und AGB-Rechts

Wie oben bereits ausführlich erörtert stehen einem Wahlrecht in AGB-rechtlicher Hinsicht zumindest nach der hier vertretenen Auffassung keine unüberwindbaren Hindernisse im Wege.[780] Voraussetzung ist freilich, dass man vom Dogma abweicht, dass Klauseln in Formularverträgen zwangsläufig identisch ausgelegt und zur Anwendung gebracht werden müssen. Da der Arbeitsvertrag als Verbrauchervertrag einzustufen ist, kann das Dogma der notwendigerweise identischen Auslegung noch weniger überzeugen.[781] Die Bindungswirkung des einmal ausgeübten Wahlrechts vermeidet zudem Wertungswidersprüche zum Verbot des widersprüchlichen Verhaltens.[782] Überdies wird damit gleichzeitig ein Konflikt mit prozessrechtlichen Grundsätzen vermieden. Denn selbst wenn gerichtlich geklärt wurde, welcher Tarifvertrag bzw. welches Tarifwerk anwendbar sein soll, wäre es kein Problem, wenn die Entscheidung in Rechtskraft erwüchse, da der Arbeitnehmer ohnehin an seine Entscheidung gebunden wäre.

---

778 Ausdrücklich nicht gemeint ist hier allerdings das Wahlrecht, sich je nach Prozessituation mal auf die eine oder mal auf die andere Deutung der Bezugnahmeklausel zu berufen. Hier geht es nur um die generelle Entscheidung, ob der eine oder der andere Tarifvertrag in Bezug genommen wurde.

779 Etzel, Beilage zu NZA Heft 1/1987, S. 19 f.; ähnlich auch Jacobs für den Fall der Doppelmitgliedschaft in einer Gewerkschaft, vgl. Jacobs, Tarifeinheit und Tarifkonkurrenz, S. 275 f.; ähnlich auch Bürger, Das Kollisionsverhältnis von Fachtarifvertrag und Branchentarifvertrag, S. 133 ff.; dagegen: Löwisch/Rieble, § 4 Rn. 140.

780 Vgl. oben: Teil 1.D.III.1.a.

781 Vgl. dazu oben: Teil 1.D.III.1.a.aa.

782 Im Einzelnen vgl. oben: Teil 1.D.III.1.a.cc.

(2) Vereinbarkeit mit spezifisch arbeitsrechtlichen Besonderheiten

Damit kommt es darauf an, ob ein derartiges Wahlrecht mit spezifisch arbeitsrechtlichen Wertungnen vereinbar wäre, oder ob gegebenenfalls arbeitsrechtliche Besonderheiten entgegenstehen. In der Literatur werden zwar mehrheitlich Bedenken gegen einen Wahlrecht geäußert.[783] Diese Bedenken beziehen sich allerdings meist lediglich auf die Problematik des „Rosinenpickens" im Zusammenhang mit späteren Änderungen des in Bezug genommenen Objekts. Als Lösung für den Fall, dass objektiv nicht feststellbar ist, welche Sichtweise günstiger ist, wird dies soweit ersichtlich bislang nicht in Erwägung gezogen. Explizit gegen eine subjektive Bestimmung des Vergleichsmaßstabs sprechen sich allerdings *Jacobs* und *Gotthard* aus.[784] Auch *Thüsing* hegt Zweifel an der Zulässigkeit eines solchen Wahlrechts, insbesondere im Hinblick auf die positive Koalitionsfreiheit.[785]

(a) Kein Verstoß gegen das Prinzip der Tarifeinheit

Unverzichtbare Basis für ein Wahlrecht (genau genommen aber schon für eine an den Umständen des Einzelfalles orientierte Anwendung der Unklarheitenregel) des einzelnen Arbeitnehmers ist, dass im Betrieb des Arbeitgebers mehrere Tarifverträge – sei es auf vertraglicher oder normativer Basis – Anwendung finden können. Zumindest für das Aufeinandertreffen normativ wirkender Tarifverträge hat das BAG bislang stets angenommen, dass eine solche Situation auflösungsbedürftig ist.[786] Sowohl bei einer Tarifkonkurrenz, als auch bei der Tarifpluralität wandte das BAG in ständiger Rechtsprechung den Grundsatz der Tarifeinheit an.[787] Der Arbeitnehmer durfte sich folglich nicht die für ihn jeweils günstigere

---

783 Giesen, NZA 2006, 625, 627; Willemsen, S. 357; Wisskirchen/Lützeler, AuA 2006, 528, 530.

784 BeckOK/Jacobs, § 305 c Rn. 28; HWK/Gotthard, § 305 c BGB Rn. 9; ähnlich aber wohl auch Giesen, NZA 2006, 625, 627; Jacobs/Krause/Oetker, § 6 Rn. 165, Willemsen S.120.

785 Thüsing, AGB-Kontrolle, Rn. 214.

786 BAG v. 4.12.2002 – 10 AZR 113/02, AP Nr. 28 zu § 4 TVG Tarifkonkurrenz; BAG v. 25.7.2001 – 10 AZR 599/00, AP Nr. 242 zu § 1 TVG Tarifverträge Bau = NZA 2002, 1406, 1407; BAG v. 26.1994 – 10 AZR 611/92, AP Nr. 22 zu § 4 TVG Tarifkonkurrenz = NZA 1994, 1038, 1040; BAG v. 20.3.1991 – 4 AZR 455/90, AP Nr. 20 zu § 4 TVG Tarifkonkurrenz = NZA 1991, 736, 738.

787 BAG v. 4.12.2002 – 10 AZR 113/02, AP Nr. 28 zu § 4 TVG Tarifkonkurrenz; BAG v. 25.7.2001 – 10 AZR 599/00, AP Nr. 242 zu § 1 TVG Tarifverträge Bau = NZA 2002, 1406, 1407; BAG v. 26.1994 – 10 AZR 611/92, AP Nr. 22 zu § 4 TVG Tarifkonkurrenz = NZA 1994, 1038, 1040; BAG v. 20.3.1991 – 4 AZR 455/90, AP Nr. 20 zu § 4 TVG Tarifkonkurrenz = NZA 1991, 736, 738.

Regelung aussuchen. Im gesamten Betrieb durfte nur ein Tarifvertrag gelten.[788] Hinter dieser Rechtsfigur stehen vor allem Praktikabilitätserwägungen.[789] Allein diese Praktikabilitätserwägungen sind es auch, die gegen das Wahlrecht ins Feld geführt werden können. Denn der Grundsatz der Tarifeinheit ist im Lichte des Art. 9 Abs. 3 GG gesehen schon für das Verhältnis mehrerer normativ wirkender Tarifverträge nicht in die richtige Wahl zur Auflösung des Konfliktes.[790] Für das Verhältnis mehrerer auf vertraglicher Basis geltender Tarifverträge bzw. das Verhältnis eines auf vertraglicher Basis geltenden zu einem normativ geltenden kommt er schon gar nicht in Betracht.[791] Eine Zeit lang sah man dies im Kreise der Richter des BAG wohl anders.[792] Mittlerweile ist das BAG aber von dieser verfehlten Rechtsprechung abgekehrt.[793]

Aufgrund der in der Einleitung zum zweiten Teil erwähnten Norm des § 310 Abs. 4 können allerdings auch tatsächliche Besonderheiten des Arbeitsrechts potentiell geeignet sein, Abweichungen von den allgemeinen AGB-rechtlichen Normen zu rechtfertigen.[794] Wenn also ein zwingendes Bedürfnis zur einheitlichen Behandlung aus tatsächlichen Gründen gegeben wäre, könnte dieses einem Wahlrecht entgegenstehen. Nicht zu bestreiten ist, dass die Tarifeinheit sowohl für die einzelnen Arbeitgeber bzw. die Arbeitgeberverbände als auch für die Gewerkschaften in der Regel vorteilhaft ist.[795] Allein diese Vorteile können aller-

---

BAG v. 4.12.2002 – 10 AZR 113/02, AP Nr. 28 zu § 4 TVG Tarifkonkurrenz; BAG v. 25.7.2001 – 10 AZR 599/00, AP Nr. 242 zu § 1 TVG Tarifverträge Bau = NZA 2002, 1406, 1407; BAG v. 26.1994 – 10 AZR 611/92, AP Nr. 22 zu § 4 TVG Tarifkonkurrenz = NZA 1994, 1038, 1040; BAG v. 20.3.1991 – 4 AZR 455/90, AP Nr. 20 zu § 4 TVG Tarifkonkurrenz = NZA 1991, 736, 738.

789 Jacobs, NZA 2008, 325.

790 ErfK/Franzen, § 4 TVG Rn. 71 f.; Greiner, NZA 2007, 1025 f.; Kempen/Zachert-Stein, § 4 Rn. 156 f.; Konzen, RdA 1978, 146 ff.; Löwisch/Rieble, § 4 Rn. 132 ff.; Thüsing/v.Medem, ZIP 2007, 510 ff.; Wiedemann/Wank, § 4 Rn. 287.

791 Vgl. dazu insbesondere Annuß, ZfA 2005, 405, 444; unter Verweis auf: Kraft, RdA 1992, 161, 167; ders. FS-Zöllner, S. 831, 843 f.; Wiedemann/Arnold, ZTR 1994, 443, 446 f..

792 BAG v. 23.3.2005 – 4 AZR 203/04, AP Nr. 29 zu § 4 Tarifkonkurrenz; BAG v. 26.1.1994 – 10 AZR 611/92, AP Nr. 22 zu § 4 Tarifkonkurrenz; BAG v. 22.9.1993 – 10 AZR 207/92, AP Nr. 21 zu § 4 Tarifkonkurrenz; BAG v. 20.3.1991 – 4 AZR 455/90, AP Nr. 20 zu § 4 TVG Tarifkonkurrenz.

793 BAG v. 7.7.2010 – 4 AZR 549/08, NZA 2010, 1068 ff.; BAG v. 7.7.2010 – 4 AZR 537/08, (juris); vgl. auch BAG v. 23.6.2010 – 10 AS 2/10, NZA 2010, 778; früher schon in diese Richtung: BAG v. 22.10.2008 – 4 AZR 784/07, AP Nr. 66 zu § 1 TVG Bezugnahme auf Tarifvertrag Rz. 34; BAG v. 29.8.2007 – 4 AZR 767/06, AP Nr. 61 zu § 1 TVG Bezugnahme auf Tarifvertrag unter ausdrücklicher Aufgabe von BAG v. 23.3.2005 – 4 AZR 203/04, AP Nr. 29 zu § 4 Tarifkonkurrenz; vgl. auch Annuß, ZfA 2005, 404, 444, 454 f.; ErfK/Franzen, § 3 TVG Rn. 41; Jacobs, NZA 2008, 325, 333.

794 Siehe oben: Teil 2. A.II.3.b.

795 Thüsing/v.Medem, ZIP 2007, 510, 512.

dings nicht die vertragsrechtliche Situation aus den Angeln heben, wenn nicht wirklich zwingende Bedürfnisse zur einheitlichen Behandlung bestehen. Solche zwingenden Bedürfnisse sind mittlerweile aber nicht einmal mehr für die Konkurrenz normativer Tarifverträge in Sicht.[796] Wie soll dann ein Prinzip der Tarifeinheit auch bei vertraglichen Vereinbarungen durchzuhalten sein? Auch der 4. Senat des BAG kann kaum von einem anderen Verständnis ausgehen.[797] Eine Abkehr von der Gleichstellungsrechtsprechung und die weitere angesprochene Rechtsprechung der im Zusammenhang mit der arbeitsvertraglichen Bezugnahme wäre ansonsten kaum möglich gewesen.[798] Wenn nach dem neuen Verständnis des BAG aber ohnehin mehrere Tarifverträge in einem Betrieb zur Anwendung kommen können, steht einem Wahlrecht in dieser Hinsicht nichts im Wege. Überdies hat bislang niemand nachgewiesen, dass durch eine Tarifpluralität im Zeitalter von EDV überhaupt ernsthafte praktische Schwierigkeiten – etwa signifikant höhere Verwaltungskosten – entstehen.[799]

Auch das Problem, dass bestimmte (Betriebs-) Normen nur einheitlich gegenüber allen Arbeitnehmern gelten können, ist „in den Griff zu bekommen", wenn man hinsichtlich dieser Normen auf die repräsentativeren abstellt.[800]

(b) Arbeitsrechtlicher Gleichbehandlungsgrundsatz

Auch mit dem allgemeinen arbeitsrechtlichen Gleichbehandlungsgrundsatz dürfte ein Wahlrecht vereinbar sein. Zwar könnte man einwenden, dass die einzelnen Arbeitnehmer je nach ihrer individuell getroffenen Wahl unterschiedlich behandelt würden, da auf die einen Arbeitnehmer der eine Tarifvertrag, auf die anderen Arbeitnehmer aber möglicherweise der andere Tarifvertrag angewendet würde. Diese Bedenken sind allerdings schon aus dem Grunde haltlos, weil es ja der Arbeitnehmer selbst ist, der die Wahl trifft. Er wird also nicht behandelt sondern er handelt selbst indem er seine Vertragsfreiheit ausübt. Dies ist kein Anwendungsfall des allgemeinen Gleichbehandlungsgrundsatzes. Denn der Gleichbehandlungsgrundsatz verbietet lediglich die willkürliche Schlechterstellung einzelner

---

796 Thüsing/v.Medem, ZIP 2007, 510, 512.

797 BAG v. 22.10.2008 – 4 AZR 784/07, AP Nr. 66 zu § 1 TVG Bezugnahme auf Tarifvertrag Rz. 34; BAG v. 29.8.2007 – 4 AZR 767/06, AP Nr. 61 zu § 1 TVG Bezugnahme auf Tarifvertrag unter ausdrücklicher Aufgabe von BAG v. 23.3.2005 – 4 AZR 203/04, AP Nr. 29 zu § 4 Tarifkonkurrenz; BAG v. 14.12.2005 – 4 AZR 536/04, AP Nr. 39 zu § 1 TVG Bezugnahme auf Tarifvertrag.

798 Vgl. zu dieser Gegenseitigen Abhängigkeit grundlegend auch schon: Thüsing, NZA 2003, 1184, 1186 f.; ebenso nunmehr Lindemann/Simon, BB 2006, 1852, 1854; Thüsing/v.Medem, ZIP 2007, 510, 511; ähnlich Bayreuther, NZA 2006, 642, 645.

799 Vgl. zu dieser Einschätzung auch Jacobs, NZA 2008, 325, 328.

800 Jacobs, NZA 2008, 325, 328.

Arbeitnehmer innerhalb einer Gruppe und eine sachfremde Gruppenbildung durch den Arbeitgeber.[801] Selbst im bloßen Normenvollzug differenzierender Tarifverträge liegt keine willkürliche Ungleichbehandlung im Sinne des arbeitsrechtlichen Gleichbehandlungsgrundsatzes.[802] Es bedarf eines gestaltenden Verhaltens des Arbeitgebers. Überdies genießt der Grundsatz der Vertragsfreiheit Vorrang, wenn und soweit Vertragsbedingungen mit dem einzelnen Arbeitnehmer frei ausgehandelt sind.[803] Zudem kann der einzelne Arbeitnehmer auf die Wahrung des Gleichbehandlungsgrundsatzes verzichten, etwa wenn der Arbeitnehmer eine ihm vom Arbeitgeber angetragene Vertragsänderung ablehnt, die alle übrigen vergleichbaren Arbeitnehmer annehmen.[804] Nichts anderes würde der einzelne also tun, wenn er einen anderen Tarifvertrag als die übrigen Mitarbeiter wählt.

(c) Arbeitnehmerschutz im Sinne des Günstigkeitsprinzips

Möglicherweise könnten die Gründe, die beim Günstigkeitsprinzip eine objektive Betrachtungsweise rechtfertigen auch bei der Anwendung der Unklarheitenregel gegen ein Wahlrecht, d.h. eine subjektive Interpretation, in Stellung gebracht werden.[805] Dies legt vor allem *Jacobs* nahe, wenn er den Vergleich zwischen Günstigkeitsprinzip und Günstigkeitsvergleich im Rahmen der Unklarheitenregel ins Spiel bringt.[806] Im Wesentlichen dürfte hier der Arbeitnehmerschutz zu nennen sein. Schon rein dogmatisch kann aber der Verweis auf das Günstigkeitsprinzip nicht überzeugen. Denn vorliegend wäre der Arbeitnehmer, zumindest wenn er nicht tarifgebunden ist, ohnehin nicht durch das Tarifrecht geschützt. Vielmehr hat er sich bewusst gegen den Schutz entschieden. Wollte man ein Wahlrecht mit

---

801 BAG v. 13.2.2002 – 5 AZR 713/00, AP Nr. 184 zu § 242 Gleichbehandlung; BAG v. 19.8.1992 – 5 AZR 513/91, AP Nr. 102 zu § 242 BGB Gleichbehandlung; ErfK/Preis, § 611 BGB Rn. 576.

802 BAG v. 15.4.2008 – 1 AZR 65/07, AP Nr. 133 zu § 87 BetrVG 1972 Lohngestaltung = NZA 2008, 888; BAG v. 26.4.2005 – 1 AZR 76/04, AP Nr. 12 zu § 87 BetrVG 1972; ErfK/Preis, § 611 BGB Rn 574.

803 BAG v. 13.2.2002 – 5 AZR 713/00, AP Nr. 184 zu § 242 Gleichbehandlung; BAG v. 19.8.1992 – 5 AZR 513/91, AP Nr. 102 zu § 242 BGB Gleichbehandlung; ErfK/Preis, § 611 BGB Rn. 576.

804 BAG v. 4.5.1962 – 1 AZR 250/61, AP Nr. 32 zu § 242 Gleichbehandlung; ErfK/Preis, § 611 BGB Rn. 577; HWK/Thüsing, § 611 BGB Rn. 188; a.A. allerdings: MünchKomm/Müller-Glöge, § 611 Rn. 1122.

805 Zu den Gründen im Einzelnen vgl.: BAG v. 20.4.1999 – 1 ABR 72/98, AP Nr. 89 zu Art. 9 GG = BAGE 91, 210, 231; Däubler/Deinert, TVG § 4 Rn. 678 ff.; ErfK/Franzen, § 4 TVG Rn. 40, 41; Junker, Rn. 528; Raab, ZfA 2004, 371, 379; Söllner/Waltermann, Rn. 609; Thüsing, GS-Heinze, S. 910, 902 f..

806 BeckOK/Jacobs, § 305 c Rn. 28.

den Gedanken des Günstigkeitsprinzips und dem Arbeitnehmerschutz verhindern, so wäre dies ein aufgedrängter Schutz, der nicht durch eine Mitgliedschaft in einer Gewerkschaft legitimiert wäre. Der Arbeitnehmer würde ohne Rechtfertigung in seiner Vertragsfreiheit beschränkt. Die Situation ist insofern schon nicht vergleichbar. Aber auch aus einem weiteren Grund kann der Verweis auf das Günstigkeitsprinzip nicht tragen: Denn bei einem unklaren Verweis auf Tarifverträge findet anders als beim Günstigkeitsprinzip egal welche Wahl der Arbeitnehmer trifft, in jedem Fall ein Tarifvertrag Anwendung, dem eine Richtigkeitsgewähr innewohnt. Denn durch das Wahlrecht für den einen oder den anderen Tarifvertrag werden die im Tarifvertrag verhandelten Kompromisse ja nicht „auseinandergerissen".

Selbst wenn man der generellen subjektiven Bestimmung des Günstigkeitsvergleichs aus Arbeitnehmerschutzgesichtspunkten einen Riegel vorschieben will, kann jedenfalls dann, wenn nicht objektiv feststellbar ist, was günstiger ist, nicht mehr mit dem Schutzgedanken operiert werden. Denn wovor will man den Arbeitnehmer schützen, wenn anhand objektiver Kriterien nicht einmal klar ist, welche Sichtweise positiver ist? Die Situation beim Günstigkeitsprinzip und bei § 305 c Abs. 2 ist damit nicht vergleichbar. Eine Ablehnung eines Wahlrechts lässt sich damit nicht rechtfertigen.

(d) Vereinbarkeit mit Art. 9 Abs. 3 GG – Verstoß gegen positive Koalitionsfreiheit?

Mehr beiläufig als näher darauf eingehend äußerte *Thüsing* an einer Stelle die Vermutung, dass eine Wahlrecht einen Verstoß gegen die positive Koalitionsfreiheit gemäß Art. 9 Abs. 3 GG begründen könne, da es dazu führen könne, dass organisierte Arbeitnehmer letztlich schlechter gestellt werden als nicht organisierte.[807] Bei genauerem hinsehen entpuppt sich aber auch diese Vermutung vor allem vor dem Hintergrund der neueren Rechtsprechung des BAG als nicht gerechtfertigt.[808] Eine Verletzung der positiven Koalitionsfreiheit würde voraussetzen, dass organisierte Arbeitnehmer in der Tat schlechter als nichtorganisierte Arbeitnehmer behandelt würden. Dies würde aber wiederum voraussetzen, dass eine Bezugnahmeklausel lediglich deklaratorisch wirkt. Denn nur in diesem Fall kann es zu einer Schlechterbehandlung der tariflich gebundenen Arbeitnehmer

807 Thüsing, AGB-Kontrolle, Rn. 214.

808 BAG v. 22.10.2008 – 4 AZR 784/07, AP Nr. 66 zu § 1 TVG Bezugnahme auf Tarifvertrag Rz. 34; BAG v. 29.8.2007 – 4 AZR 767/06, AP Nr. 61 zu § 1 TVG Bezugnahme auf Tarifvertrag unter ausdrücklicher Aufgabe von BAG v. 23.3.2005 – 4 AZR 203/04, AP Nr. 29 zu § 4 Tarifkonkurrenz; vgl. auch Annuß, ZfA 2005, 404, 444, 454 f.; ErfK/Franzen, § 3 TVG Rn. 41; Jacobs, NZA 2008, 325, 333.

kommen. Ist nämlich die Wirkung konstitutiv, so würden schon aufgrund des Arbeitsvertrags identische Regelungen für tarifgebundene und nicht tarifgebundene Arbeitnehmer gelten. Auch dem tarifgebundenen Arbeitnehmer stünde das Wahlrecht auf vertraglicher Basis zu. Das BAG hat allerdings mittlerweile schon mehrfach entschieden, dass selbst zwischen tarifgebundenen Vertragsparteien eine Bezugnahmeklausel in der Regel einen konstitutiven Charakter hat.[809] Dieser konstitutive Charakter lässt sich zum einen damit begründen, dass der Arbeitgeber ohnehin den Arbeitnehmer nicht nach seiner Zugehörigkeit fragen darf. Wie soll er dann aber nur eine deklaratorische Wirkung seiner Klausel vereinbaren wollen, wenn er gar nicht weiß, ob und wenn ja welche Tarifverträge überhaupt auf das einzelne Arbeitsverhältnis Anwendung finden? Zudem dient die Bezugnahmevereinbarung in der Praxis vor allem den Zweck, die Belegschaft gleich zu behandeln und die Arbeitsbedingungen zu vereinheitlichen. Dieser Zwecksetzung widerspreche es aber, der Klausel bei beiderseitiger Tarifgebundenheit nur deklaratorische Wirkung beizumessen.[810] Dann entfiele nämlich insbesondere bei einem Gewerkschaftsaustritt der Arbeitnehmer jegliche Grundlage für eine Anwendung des Tarifvertrags. Eine Beeinträchtigung der positiven Koalitionsfreiheit ist mithin kaum zu befürchten.

Bei Lichte betrachtet würde sich das Wahlrecht – wie gesagt – sogar eher positiv für die tarifgebundenen Arbeitnehmer auswirken. Denn, wie das BAG in der Entscheidung vom 29.8.2008 und vom 22.10.2008 ausdrücklich klargestellt hat:[811] Auch im Verhältnis zwischen einem normativ wirkenden Tarifvertrag und einem möglicherweise abweichenden, auf Basis einer Bezugnahmeklausel wirkenden Tarifvertrag gilt das Günstigkeitsprinzip. Würde der gewerkschaftlich organisierte Arbeitnehmer daher den gerade nicht normativ einschlägigen Tarifvertrag wählen, so würden ihm die günstigeren Regeln aus beiden Tarifverträgen zu stehen. In anderer Hinsicht mag dies vielleicht ein nicht gerade erwünschtes Ergebnis sein (dazu im folgenden Abschnitt), einem Verstoß gegen Art. 9 Abs. 3 GG steht es aber jedenfalls entgegen.

---

809 BAG v. 22.10.2008 – 4 AZR 784/07, AP Nr. 66 zu § 1 TVG Bezugnahme auf Tarifvertrag; BAG v. 29.8.2007 – 4 AZR 767/06, AP Nr. 61 zu § 1 TVG Bezugnahme auf Tarifvertrag; BAG v. 19.3.2003 – 4 AZR 331/02, AP NR. 33 zu § 1 TVG Bezugnahme auf Tarifvertrag; vgl. auch Heinlein, NJW 2008, 321, 322 f.; Schliemann, Sonderbeilage zu NZA Heft 16/2003, 3, 6; Thüsing/Lambrich, RdA 2002, 193, 202.

810 Willemsen, S. 71.

811 BAG v. 22.10.2008 – 4 AZR 784/07, AP Nr. 66 zu § 1 TVG Bezugnahme auf Tarifvertrag Rz. 34; BAG v. 29.8.2007 – 4 AZR 767/06, AP Nr. 61 zu § 1 TVG Bezugnahme auf Tarifvertrag unter ausdrücklicher Aufgabe von BAG v. 23.3.2005 – 4 AZR 203/04, AP Nr. 29 zu § 4 Tarifkonkurrenz.

(e) Argument des „Rosinenpickens" – Besserstellung der Gewerkschaftsmitglieder

Sowohl die Rechtsprechung des 6. Senats als auch das arbeitsrechtliche Schrifttum ist mitunter sichtlich darum bemüht, ein „Rosinenpicken" des Arbeitnehmers zu verhindern. Wie bereits oben erörtert führt die Unklarheitenregel selbst allerdings auch nicht zu einem solchen „Rosinenpicken", da der Arbeitnehmer schon nach dem Sinn und Zweck der Unklarheitenregel und nach den allgemeinen Vertragsrechtsgrundsätzen an seine einmal getroffene Wahl gebunden ist.[812] Dennoch kann dieses Argument in einem anderen Zusammenhang von Interesse sein, namentlich, wenn ein möglicherweise vertragsrechtlich in Bezug genommener Tarifvertrag mit einem normativ wirkenden in „Konkurrenz" steht.[813]

Beim Außenseiter ist dies noch relativ unproblematisch, da er sich nur für einen der möglichen in Bezug genommenen Tarifverträge entscheiden kann, wenn der Klausel nicht die Bedeutung entnommen werden kann, dass aus mehreren Tarifverträgen die jeweils günstigsten Bestimmungen Anwendung finden sollen, was regelmäßig der Fall sein dürfte. Selbst wenn man der Klausel eine solche Bedeutung beimessen könnte, wäre dies ein hinnehmbares Resultat. Denn der Arbeitgeber hat in diesem Fall einfach „schlampig" formuliert. Genau dem sollen die Unklarheitenregel und das Transparenzgebot entgegenwirken.

Akut wird die Problematik allerdings beim gewerkschaftlich organisierten Arbeitnehmer. Hier könnte es in der Tat zu der befürchteten Situation eines „Rosinenpickens" kommen, nämlich dann, wenn sowohl ein normativ wirkender Tarifvertrag als auch ein kraft arbeitsvertraglicher Bezugnahme anwendbarer Tarifvertrag für das gleiche Arbeitsverhältnis maßgeblich sind. Nach der hier bereits mehrfach zitierten neueren Rechtsprechung des BAG dürften auch in einem solchen Fall das Günstigkeitsprinzip und nicht die Grundsätze zur Auflösung einer Tarifkonkurrenz oder einer Tarifpluralität gelten.[814] Entsprechend wäre dem Arbeitnehmer also jeweils zu raten, gerade nicht den normativ wirkenden Tarifvertrag auszuwählen. Insofern kämen also die aus beiden Tarifverträgen jeweils günstigsten Regelungen zum Einsatz, es sei denn, man will den Erklärungen der

---

812 Siehe oben: Teil 1.D.III.1.a.cc.

813 Konkurrenz ist hier nicht im Sinne einer klassischen Tarifkonkurrenz zu verstehen.

814 BAG v. 29.8.2007 – 4 AZR 767/06, AP Nr. 61 zu § 1 TVG Bezugnahme auf Tarifvertrag unter ausdrücklicher Aufgabe von BAG v. 23.3.2005 – 4 AZR 203/04, AP Nr. 29 zu § 4 Tarifkonkurrenz; vgl. auch BAG v. 22.10.2008 – 4 AZR 784/07, AP Nr. 66 zu § 1 TVG Bezugnahme auf Tarifvertrag Rz. 34; einen guten Überblick über die Auswirkungen dieses Paradigmenwechsels liefert Bayreuther, Anmerkung zu BAG v. 18.4.2007 – 4 AZR 652/05, AP Nr. 53 zu § 1 TVG Bezugnahme auf Tarifvertrag; vgl. auch Annuß, ZfA 2005, 406, 444, 454 f.; ErfK/Franzen, § 3 TVG Rn. 41; Jacobs, NZA 2008, 325, 333.

Arbeitsvertragsparteien die Bedeutung zumessen, dass ein Tarifvertrag nur insgesamt in Bezug genommen wird, nicht aber nur Teile, sodass ein Vergleich von Sachgruppen nach dem Parteiwillen ausgeschlossen wäre.[815] Es spricht einiges für eine solche Sichtweise. Insbesondere kann wohl nicht davon ausgegangen werden, dass der Arbeitgeber sich auf eine anders lautende Vereinbarung eingelassen hätte.

Wenn man allerdings der Auffassung ist, dass sich nicht schon aus der Auslegung der Bezugnahmeklausel ergibt, dass nur ein Gesamtvergleich stattfinden soll, dann bedarf es weiteren Überlegungen. Fraglich an dieser Problematik ist dann mithin dreierlei:

1. Ist ein Rosinenpicken Resultat des Wahlrechts oder ist es lediglich ein Resultat der Anwendung der Unklarheitenregel oder ist es schlicht das Resultat des Zusammentreffens einer vertraglichen Abrede mit einem normativ wirkenden Tarifvertrag? (Mit anderen Worten: würde eine solche Situation auch bei einer Orientierung an objektiven Kriterien entstehen?)
2. Ist dieses Ergebnis hinzunehmen bzw. Vereinbar mit den Prinzipien des Tarifrechts und der Unklarheitenregel?
3. Wie ließe sich ein solches Ergebnis vermeiden?

(aa) „Rosinenpicken“ als Resultat des Wahlrechts?

Dogmatisch gesehen ist die Möglichkeit des „Rosinenpickens“ sicherlich nicht allein die Folge des Wahlrechts, sondern vielmehr die Folge des Günstigkeitsprinzips. Denn auch, wenn der Arbeitgeber in einem Arbeitsvertrag mit einem gewerkschaftlich organisierten Arbeitnehmer auf einen normativ nicht geltenden Tarifvertrag verweist, kommt es zu der hier beschriebenen Situation. Der gewerkschaftlich organisierte Arbeitnehmer kann sich sowohl auf die Bestimmungen des normativ geltenden Tarifvertrags, als auch auf die Bestimmungen des arbeitsvertraglich in Bezug genommenen Tarifvertrags berufen – jedenfalls nach der neueren Rechtsprechung des BAG.[816] Die einzige Konstellation, in der die Problematik auf dem Wahlrecht beruht, liegt dann vor, wenn anhand objektiver

815 In diesem Sinne Franzen, RdA 2008, 193, 197 unter Verweis auf Löwisch/Rieble, § 4 Rn. 265, ähnlich Lindemann/Simon, BB 2006, 1852, 1855; Auch andere gehen offenbar davon aus, dass Objekt des Vergleichs allein die Bezugnahmeklausel und nicht die einzelnen tariflichen Regeln wären, vgl. insbesondere Willemsen, S. 356 unter Verweis auf Giesen, NZA 2006, 625, 627; Röller/Wissmann, FS-Küttner, S. 465, 473; Sittard/Ulbrich, ZTR 2006, 458, 464; Thüsing, NZA 2006, 473;

816 BAG v. 22.10.2008 – 4 AZR 784/07, AP Nr. 66 zu § 1 TVG Bezugnahme auf Tarifvertrag Rz. 34; BAG v. 29.8.2007 – 4 AZR 767/06, AP Nr. 61 zu § 1 TVG Bezugnahme auf Tarifvertrag unter ausdrücklicher Aufgabe von BAG v. 23.3.2005 – 4 AZR 203/04, AP Nr. 29 zu § 4 Tarifkonkurrenz.

Kriterien der normativ geltende Tarifvertrag günstiger ist, der Arbeitnehmer aber dennoch den (objektiv) ungünstigeren, nicht normativ wirkenden Tarifvertrag wählt, um über die Anwendung des Günstigkeitsprinzips die jeweils günstigsten Teilregelungen zur Anwendung zu bringen.[817]

(bb) Vereinbarkeit des Ergebnisses mit den Wertungen des allgemeinen Vertragsrechts, der Unklarheitenregel und denjenigen des Tarifrechts

Ob dieses Ergebnis mit den Wertungen der Unklarheitenregel, den allgemeinen Wertungen des Vertragsrechts und denjenigen des Tarifrechts kompatibel ist, darüber lässt sich streiten. Einerseits könnte man vertreten, dass es in gewisser Weise rechtsmissbräuchlich ist, wenn der gewerkschaftlich organisierte Arbeitnehmer die ihm formell zustehende Rechtsposition ausnutzt. Man könnte hier sagen, dass sein Verhalten widersprüchlich ist, wenn er einerseits durch seinen Eintritt in eine Gewerkschaft dokumentiert, dass er die Anwendung der geltenden Tarifverträge wünscht, andererseits aber bei der Auslegung der vertraglichen Verweisklausel gerade nicht den normativ geltenden Tarifvertrag als in Bezug genommenen ansehen will. Andererseits ist aber genau dies die Idee des Günstigkeitsprinzips. Der Arbeitnehmer soll, soweit er selbst mit dem Arbeitgeber günstigere Vereinbarungen erzielen kann, auch in den Genuss dieser Vorteile gelangen. Insofern wäre das Verhalten nicht widersprüchlich sondern systemkonform. Sicherlich könnte man auch vortragen, dass die Unklarheitenregel damit durch die Hintertür zu einer Meistbegünstigung des Kunden bzw. jedes Arbeitnehmers führt. Allerdings ist auch dies nicht richtig so. Die Unklarheitenregel allein führt nicht zu dieser Meistbegünstigung. Das Günstigkeitsprinzip in Verbindung mit der vertraglichen Vereinbarung führt zu der Meistbegünstigung. Und diesem liegt eben auch das Meistbegünstigungsprinzip zu Grunde. Entscheidende Argumente, die gegen die Zubilligung des Wahlrechts sprechen, sind mithin nicht ersichtlich. Allerdings scheint an dieser Stelle die mögliche Gegenansicht auch sehr gut vertretbar. Was freilich an dieser Stelle auch zu beachten ist: Wenn gerade das Zusammenspiel aus Günstigkeitsprinzip und Unklarheitenregel zu einer derartigen „Rosinenpickerei“ führt, liegt der Schluss nahe, dass es sich um arbeitsrechtliche Besonderheiten handeln könnte.

---

817 Wenn man nicht vor dem Hintergrund dieser Konstellation ohnehin davon ausgeht, dass der nicht normativ wirkende Tarifvertrag aufgrund der Existenz des Günstigkeitsprinzips für den tarifgebundenen Arbeitnehmer in der Kombination immer zum jedenfalls günstigeren Ergebnis führt.

(cc) Vermeidbarkeit

Will man diese Art des „Rosinenpickens“ nicht hinnehmen, so stellt sich die Frage, ob sich ein solches trotz der Gewährung eines Wahlrechts vermeiden lässt. Nicht in Betracht kommen dürfte, den gewerkschaftlich organisierten Arbeitnehmern das Wahlrecht gänzlich abzuerkennen, während man es den Außenseitern zubilligte. Insofern wären sie schlechter gestellt als die Außenseiter. Dies wäre nicht mit Art. 9 Abs. 3 GG vereinbar.

Dennoch bestehen hier mehrere Lösungsmöglichkeiten: Einerseits könnte man in Anlehnung an *Franzen* und *Löwisch/Rieble* davon ausgehen, dass nach den Erklärungen der Arbeitsvertragsparteien ein Tarifvertrag nur insgesamt in Bezug genommen werden soll, nicht aber nur Teile, sodass ein Vergleich von Sachgruppen nach dem Parteiwillen ausgeschlossen wäre.[818] Man würde dann lediglich prüfen, ob die Bezugnahmeklausel insgesamt günstiger ist oder der Tarifvertrag. Dies dürfte hier wohl auch die sachgerechteste Lösung sein. Selbst wenn man dieses Ergebnis nicht schon vertragsrechtlich über eine entsprechende Auslegung begründen will, wäre dogmatisch gesehen jedenfalls der Weg über arbeitsrechtliche Besonderheiten eröffnet.

Alternativ könnte man aber auch das Wahlrecht der Gewerkschaftsmitglieder dahingehend beschränken, dass der normativ nicht einschlägige Tarifvertrag nur gewählt werden dürfte, wenn dieser auch tatsächlich anhand objektiver Kriterien günstiger wäre. Damit würde man zumindest den Vorwurf des widersprüchlichen Verhaltens entkräften. Allerdings würde damit von einem Wahlrecht nicht mehr allzu viel übrig bleiben.

Lehnt man dies alles generell ab, so muss aber zumindest beim nicht tarifgebundenen Arbeitgeber ein Wahlrecht zulässig sein, weil dort kein Konflikt mit dem Günstigkeitsprinzip entstehen kann.

(f) Fazit

Ein Wahlrecht ist auch bei unklaren Verweisungen auf Tarifverträge und Tarifwerke eine geeignete Möglichkeit, der Geltungsanordnung der Unklarheitenregel Folge zu leisten, jedenfalls wenn man auf Basis objektiver Kriterien keinen Günstigkeitsvergleich durchführen kann. Die Auswirkungen eines solchen Wahl-

818 In diesem Sinne Franzen, RdA 2008, 193, 197 unter Verweis auf Löwisch/Rieble, § 4 Rn. 265, ähnlich Lindemann/Simon, BB 2006, 1852, 1855; Auch andere gehen offenbar davon aus, dass Objekt des Vergleichs allein die Bezugnahmeklausel und nicht die einzelnen tariflichen Regeln wären, vgl. insbesondere Willemsen, S. 356 unter Verweis auf Giesen, NZA 2006, 625, 627; Röller/Wissmann, FS-Küttner, S. 465, 473; Sittard/Ulbrich, ZTR 2006, 458, 464; Thüsing, NZA 2006, 473;

rechts sind bei richtiger Anwendung nicht so gravierend, dass sie eine gänzliche Unanwendbarkeit der Unklarheitenregel rechtfertigen können. Genaug genommen spricht letztlich einzig das rein tatsächliche Bedürfnis des Arbeitgebers, seine Arbeitsbedingungen einheitlich zu gestalten, gegen die Annahme eines solchen Wahlrechts. Dies bleibt ihm aber auch bei Gewährung eines Wahlrechts erhalten. Er hat es ja selbst in der Hand, deutlich auszudrücken, welche Regelung auf das Arbeitsverhältnis anwendbar sein soll. Überdies dürfte die Anzahl der im Betrieb anzuwendenden Tarifwerke nicht allzu groß sein. Wenn auch das BAG durch die Aufgabe des Grundsatzes der Tarifeinheit zudem in Zukunft mehrere Tarifverträge in einem Betrieb zulassen will, spricht daher nichts dagegen, dem Arbeitnehmer ein Wahlrecht zuzubilligen.

gg) Ergebnis

Letztendlich kann man daher zu dieser Problematik festhalten, dass zumindest Teile der Rechtsprechung die Durchführbarkeit eines Günstigkeitsvergleichs im Rahmen des § 305 c Abs. 2 beim Globalverweis auf ganze Tarifwerke ablehnen. Nur wenn unklar ist, welcher von mehreren Tarifverträgen, die eine vergleichbare Regelungsmaterie enthalten, anzuwenden ist, hält die Rechtsprechung den Günstigkeitsvergleich für durchführbar. Ein objektiver Vergleichsmaßstab lässt sich beim Globalverweis auf ein komplexes Tarifwerk in der Tat schwerlich finden. Insofern bleibt einzig der Rückgriff auf eine Orientierung an subjektiven Erwägungen der konkret betroffenen Arbeitnehmer, wenn man die Geltungsanordnung der Unklarheitenregel respektiert. Einem solchen stehen allerdings keine gravierenden Bedenken entgegen.

b) Feststellbarkeit der Günstigkeit bei Zweifeln über die Tragweite der Bezugnahme in zeitlicher Hinsicht (statisch-dynamisch) – Problem der Vergleichbarkeit bei ungewisser zukünftiger Entwicklung

Nachdem die Vergleichbarkeit von Tarifverträgen bzw. die Vergleichbarkeit ganzer Tarifwerke nun ausführlich erörtert wurde, soll sich der Fokus auf die Frage richten, ob die Unklarheitenregel auch bei Zweifeln über die zeitliche Tragweite Anwendung finden kann. Natürlich liegt es auch hier nahe, entsprechend der vorangestellten Erörterung und entsprechend der Ergebnisse des ersten Teils auf die subjetktive Einschätzung des betroffenen Arbeitnehmers abzustellen und diesem ein Wahlrecht zuzubilligen. Da die Rechtsprechung sich bislang aber nicht an subjektiven Kriterien orientiert, soll zumindest zunächst untersucht werden, ob sich nicht wenigstens hier ein objektiver Vergleichsmaßstab finden lässt.

Im Verhältnis zur vorher abgehandelten Thematik verschärft sich die Problematik allerdings schon aus dem Grunde nochmals, da es das Wesen einer dynamischen Verweisklausel ist, dass sich mit der Zeit Veränderungen des in Bezug genommenen Objekts bzw. der in Bezug genommenen Objekte ergeben. Damit steht man vor der Aufgabe, eine Günstigkeitsbewertung über gegebenenfalls noch nicht absehbare, zukünftige tarifliche Entwicklungen abgeben zu müssen.

aa) Rechtsprechungsanalyse

(1) Urteile vor der Schuldrechtsreform

Schon aus der Zeit vor Erstreckung der AGB-Kontrolle auf das Arbeitsrecht finden sich Entscheidungen, die sich mit Unklarheiten über die Tragweite einer Bezugnahme in zeitlicher Hinsicht beschäftigen mussten und die mehr oder weniger deutlich die Unklarheitenregel zur Anwendung brachten.[819] In diesen Fällen ist das Bundesarbeitsgericht regelmäßig davon ausgegangen, dass auch ohne ausdrückliche Klarstellung im Wortlaut der Bezugnahmeklausel der Tarifvertrag nach dem Willen der Arbeitsvertragsparteien im Zweifel in seiner jeweiligen Fassung gelte, mithin eine dynamische Bezugnahme anzunehmen sei.[820] Wie man den angegebenen Urteilen entnehmen kann, beschränkte das BAG diese „Vermutung der Günstigkeit" aber keineswegs allein auf Entgelttarifverträge.[821] Es liegt nahe, dass das BAG damit einhergehend die Auffassung vertrat, dass eine dynamische Wirkung generell günstiger sei als eine statische. Mit letzter Sicherheit kann dies allerdings nicht gesagt werden, da das BAG diese Auslegungsregel selten explizit mit der Unklarheitenregel begründete. Vielmehr wurde vorgebracht, dass sich der Wille der Parteien, eine dynamische Wirkung zu vereinbaren aus der beabsichtigten Zukunftswirkung des Arbeitsverhältnisses ergebe.[822] Zudem wurde der Gleichstellungszweck angeführt.[823] Allerdings findet sich auch die Aussage, dass eine dynamische Verweisung auf allgemeine Grundsätze, die auch zukünftige Änderungen erfasst, sachgerechter sei und in der Regel den In-

---

819 BAG v. 20.3.1991 – 4 AZR 455/90, AP Nr. 20 zu § 4 TVG Tarifkonkurrenz; BAG v. 16.8.1988 – 3 AZR 61/87, AP Nr. 8 zu § 1 BetrAVG Beamtenversorgung.

820 BAG v. 20.3.1991 – 4 AZR 455/90, AP Nr. 20 zu § 4 TVG Tarifkonkurrenz; BAG v. 16.8.1988, – 3 AZR 61/87, AP Nr. 8 zu § 1 BetrAVG Beamtenversorgung.

821 Exemplarisch: BAG v. 20.3.1991 – 4 AZR 455/90, AP Nr. 20 zu § 4 TVG Tarifkonkurrenz: Verweis auf Manteltarifvertrag; BAG v. 16.8.1988 – 3 AZR 61/87, AP Nr. 8 zu § 1 BetrAVG Beamtenversorgung: Verweis auf die für Beamten geltenden Versorgungsgrundsätze.

822 BAG v. 20.3.1991 – 4 AZR 455/90, AP Nr. 20 zu § 4 TVG Tarifkonkurrenz, Rz. 20.

823 BAG v. 20.3.1991 – 4 AZR 455/90, AP Nr. 20 zu § 4 TVG Tarifkonkurrenz, Rz. 20.

teressen beider Parteien eher gerecht werde als die statische Verweisung auf einen im Zeitpunkt des Vertragsschlusses bestehenden Rechtszustand.[824]

(2) Neuere Rechtsprechung

Auch nach der Erstreckung der AGB-Kontrolle auf das Arbeitsrecht hielt man im Wesentlichen an dieser Sichtweise fest.[825] In dem bereits oben erwähnten Urteil vom 9.11.2005 ging es um die Frage, ob eine Formulierung bezüglich des Arbeitsentgeltes dynamisch oder statisch auszulegen war.[826] Die Formulierung lautete: „Der Arbeitnehmer erhält folgende Vergütung: Vergütungsgruppe/-Stufe KR II/3 = 2157,71 DM." Hierbei handelte es sich um eine Vergütungsgruppe des BAT. Einige Zeit nach Abschluss des Arbeitsvertrages wurde die Vergütung des BAT und damit in der betreffenden Vergütungsgruppe erhöht. An dieser Erhöhung wollte die Arbeitnehmerin natürlich partizipieren. Das BAG war in der Tat der Ansicht, dass die Arbeitnehmerin auch den erhöhten Lohn einfordern könne. Zwar sei die Klausel dem Wortlaut nach nicht hinreichend deutlich. Die Vereinbarung sei aber in Anwendung der Unklarheitenregel dahin auszulegen, dass sich der Vergütungsanspruch hinsichtlich der Grundvergütung, dem Ortszuschlag und allgemeiner Zulagen nach der jeweiligen Tarifvergütung der arbeitsvertraglich festgelegten Vergütungsgruppe richte. Die Auslegungsregel gelte gerade auch für den Fall, dass die Tragweite einer Verweisung auf Tarifnormen zweifelhaft sei.[827] Demnach sei im Regelfall eine zeitdynamische Verweisung anzunehmen, denn in der Regel werde die Vergütung in Entgelttarifverträgen für den Arbeitnehmer verbessert und nicht verschlechtert.[828] Formulierungen wie die, dass dies „im Zweifel gelte", werden allerdings in neuerer Zeit vermieden.[829] Auch das LAG Rheinland Pfalz hat sich dieser „Linie" in mehreren Entscheidungen angeschlossen.[830] Überdies dürfte auch dem Urteil des BAG vom 14.12.2005 die An-

---

824 BAG v. 16.8.1988 – 3 AZR 61/87, AP Nr. 8 zu § 1 BetrAVG Beamtenversorgung Rz. 20.

825 BAG v. 17.1.2006 – 9 AZR 41/05, AP Nr. 40 zu § 1 TVG Bezugnahme auf Tarifvertrag, Rz. 36 ; BAG v. 9.11.2005 – 5 AZR 128/05, AP Nr. 4 zu § 305 c BGB.

826 BAG v. 9.11.2005 – 5 AZR 128/05, AP Nr. 4 zu § 305 c BGB.

827 BAG v. 9.11.2005 – 5 AZR 128/05, AP Nr. 4 zu § 305 c BGB in Abgrenzung zu BAG v. 19.3.2003 – 4 AZR 331/02, AP Nr. 33 zu § 1 TVG Bezugnahme auf Tarifvertrag.

828 BAG v. 9.11.2005 – 5 AZR 128/05, AP Nr. 4 zu § 305 c BGB unter Verweis auf BAG v. 20.4.2005 – 4 AZR 292/04, AP Nr. 35 zu § 1 TVG Bezugnahme auf Tarifvertrag, Rz. 26.

829 Hierauf weist Reinecke hin, vgl. Reinecke, BB 2006, 2637, 2639; vgl. dazu etwa BAG v.17.1.2006 – 9 AZR 41/05, AP Nr. 40 zu § 1 TVG Bezugnahme auf Tarifvertrag, Rz. 37; BAG v. 19.6.2006 – 3 AZR 255/05, AP Nr. 49 zu § 1 BetrAVG Ablösung, Rz. 18.

830 LAG Rheinland-Pfalz v. 25.7.2007 – 8 Sa 181/07, (juris); LAG Rheinland-Pfalz v. 24.4.2007 – 9 Sa 959/06, (juris); LAG Rheinland-Pfalz v. 26.1.2007 – 3 Sa 640/06, (juris).

nahme zu Grunde liegen, dass eine dynamische Wirkung für den Kunden günstiger im Sinne der Rechtsfolgen des § 305 c Abs. 2 ist.[831]

(3) Urteil vom 24.9.2008 – 6 AZR 76/07

Mit seinem Urteil vom 24.9.2008 ist jedenfalls der 6. Senat von der Sichtweise abgerückt, dass eine dynamische Wirkung der Bezugnahmeklausel generell günstiger ist, als die statische.[832] Verhaltene Zustimmung erfährt zwar zunächst die Auffassung *Thüsings*, wonach man bezogen auf den Zeitpunkt des Vertragsschlusses in der Regel davon ausgehen könne, dass eine dynamische Bezugnahme für den Arbeitnehmer stets günstiger sei. Dem schließen sich aber Bedenken an: Für Entgelttarifverträge möge diese Vermutung stimmen, ob dies auch für die vertragliche Verweisung auf einen Manteltarifvertrag oder auf ein ganzes Tarifwerk angenommen werden könne, erscheine jedoch zweifelhaft.[833] Auf ausdrückliche Ablehnung seitens des 6. Senats stößt damit die Auffassung *Däublers*, nach der sich die Günstigkeit je nach Art des streitigen Anspruchs und des Zeitpunkts der Geltendmachung richte. Wie oben bereits geschildert stützte sich der 6. Senat im Wesentlichen auf prozessuale Erwägungen.[834] Wie ebenfalls an der betreffenden Stelle bereits widerlegt, können diese den Ausschluss der Anwendung der Unklarheitenregel allerdings nicht rechtfertigen.

(4) Fazit

Auch wenn sich die tariflichen Entwicklungen lange Zeit nach dem Einbahnstraßenprinzip vollzogen haben, geht die Rechtsprechung mittlerweile also offenbar nicht mehr davon aus, dass eine dynamische Wirkung in allen Fällen günstiger für den Arbeitnehmer ist, als eine statische. Allein die Vermutung, dass dem Arbeitsverhältnis als Dauerschuldverhältnis eine Zukunftsbezogenheit innewohne, kann die Günstigkeit einer zeitdynamischen Wirkung daher wohl nicht mehr rechtfertigen. Jedenfalls dann, wenn sich die Bezugnahmeklausel auf gesamte Regelungswerke bezieht, also eine Globalverweisung vorliegt, dürfte die Unklarheitenregel nach Ansicht des 6. Senats nicht anwendbar sein. Nur wenn auf einen

831 BAG v. 14.12.2005 – 4 AZR 536/04, AP Nr. 39 zu § 1 TVG Bezugnahme auf Tarifvertrag; hier lag allerdings die Annahme zugrunde, dass eine unbeschränkt dynamische Bezugnahmeklausel günstiger ist als eine auflösend bedingt dynamische Gleichstellungsabrede. Ohnehin betrachtet der 4. Senat die Dynamisierungsvermutung eher als Auslegungsregel, denn als Resultat der Anwendung der Unklarheitenregel.

832 BAG v. 24.9.2008 – 6 AZR 76/07, AP Nr. 11 zu § 305 c, Rz. 27.

833 BAG v. 24.9.2008 – 6 AZR 76/07, AP Nr. 11 zu § 305 c, Rz. 27.

834 Vgl. oben: Teil 2.B.II1.a.aa.(1).

Tarifvertrag verwiesen wird, der in der Regel im Laufe der Zeit mit einer Verbesserung der Leistungen verbunden ist, kann noch von der „herkömmlichen" Vermutung für die Günstigkeit ausgegangen werden. In gewisser Weise steht die Auffassung des 6. Senats damit im Widerspruch zu Aussagen des 4. Senats. Denn dieser scheint in seinem Urteil vom 14.12. davon ausgegangen zu sein, dass auch bei einer Globalverweisung die Dynamik vorteilhafter ist.[835] Ganz geklärt scheint diese Frage mithin nicht zu sein. Es bleibt abzuwarten, wie sich der 4. Senat bei Gelegenheit zu dieser Problematik äußern wird.

Nach heutigem Erkenntnisstand dürfte jedenfalls nach der Rechtsprechung des BAG für die Anwendbarkeit der Unklarheitenregel bei der Frage, ob eine Klausel dynamische oder statische Wirkung hat, danach zu differenzieren sein, ob es sich um einen Verweis auf ein gesamtes tarifliches Regelwerk handelt oder ob lediglich einzelne Tarifverträge erfasst sein sollen. Beim Verweis auf einzelne, in der Sache vergleichbare Tarifverträge ist dann anhand der geregelten Materie zu unterscheiden, ob im Laufe der Zeit Verbesserungen oder Verschlechterungen zu erwarten sind. Plastischstes Beispiel dürfte hier der Verweis auf einen Entgelttarifvertrag auf der einen Seite und der Verweis auf Tarifverträge zur betrieblichen Altersvorsorge auf der anderen Seite sein.

Problematisch bleibt allerdings die Frage, auf welchen Zeitpunkt bei der Günstigkeitsbetrachtung abzustellen ist. Denn selbst bei Entgelttarifverträgen ist es nicht undenkbar, dass entgegen der bisherigen Praxis Gehaltseinschnitte vereinbart werden, in einem wirtschaftlich günstigerem Umfeld erscheint es zudem gut möglich, dass sich wieder Verbesserungen bei der betrieblichen Altersvorsorge ergeben.

bb) Schrifttum

Im Schrifttum sind vor allen Dingen zwei Strömungen zu verzeichnen, die auch vom 6. Senat in seiner Entscheidung ausdrücklich angesprochen wurden:

Däubler zieht aus der Tatsache, dass sich tarifliche Bedingungen sowohl verbessern als auch verschlechtern können, den Schluss, dass aufgrund der Unklarheitenregel die früher von der Rechtsprechung angenommene „Dynamisierungs-

835 Zwar ging es auch in dieser Entscheidung um die Anwendbarkeit eines Entgelttarifvertrages. Wenn aber in der Entscheidung die Abkehr von der Gleichstellungsabrede, die das gesamte anwendbare Tarifwerk betrifft, unter anderem mit der Unklarheitenregel begründet wird, kann dies nur heißen, dass der 4. Senat generell davon ausging, dass eine Dynamik auch beim Verweis auf ganze Tarifwerke günstiger ist, wenn man den Richtern nicht unterstellen will, dass sie ein Rosinenpicken im Sinne Däublers zulassen wollten. Zu dieser Einschätzung gelangen im Übrigen auch Singer und Hake, Anmerkung zu BAG v. 24.9.2008 – 6 AZR 76/07, AP Nr. 11 zu § 305 c BGB Gliederungspunkt I 4.

vermutung" nunmehr durch eine „Günstigkeitsvermutung" zu ersetzen sei.[836] Was „günstiger" sei, müsse nach der jeweiligen prozessualen Situation entschieden werden, die sich auf der Zeitachse ändern könne. Denn warum müsse dasjenige, was 2005 günstiger war, auch noch 2010 als günstiger behandelt werden?[837] Eine weitergehende Begründung für diese Ansicht liefert er freilich nicht. Auch *Franzen* scheint der Auffassung zu sein, dass im Falle dynamischer Verweisungen in der Regel derjenige Tarifvertrag Anwendung finden müsse, der in der konkreten Prozeßsituation für den Arbeitnehmer am günstigsten sei.[838] Entsprechend äußern sich auch *Singer und Hake*.[839] Es gebe keinen Grund, eine gespaltene Auslegung je nach Art des geltend gemachten Anspruchs abzulehnen. Das einzige Argument vom BAG bestünde darin, dass die Anwendbarkeit eines Tarifvertrages zum Gegenstand einer Feststellungsklage gemacht werden könne und damit zwangsläufig abstrakt festgelegt werden müsse, ob ein Tarifvertrag auf das Arbeitsverhältnis Anwendung finden soll oder nicht. Das prozessuale Recht solle aber hier dem materiellen Recht folgen, nicht umgekehrt. Insgesamt solle die Unklarheitenregel des § 305 c Abs. 2 von den Gerichten konsequenter angewendet werden, um den Zweck der Bestimmung stärker zur Geltung zu verhelfen, den Verwender zu einer klaren und deutlichen Formulierung der von ihm verwendeten Formularverträge zu veranlassen. Auch *Greiner* scheint gewisse Sympathien für dies Sichtweise zu pflegen, wenn er im Zusammenhang mit einer Auseinandersetzung mit der Argumentation des 6. Senats zum Urteil vom 24.9.2008 bekennt, dass es keineswegs ausgeschlossen sei, einen in Bezug genommenen Tarifvertrag nur teilweise zur Anwendung zu bringen, soweit das einschlägige Arbeitsrecht und insbesondere § 305 c Abs. 2 dies erfordere.[840] Wenn dies dazu führe, dass der Inhalt des zwischen den Arbeitsvertragsparteien bestehenden Rechtsverhältnisses wandelbar und in Abhängigkeit von der jeweiligen Tarifentwicklung dynamischer werde, dann müsse man eben die Möglichkeit einer darauf bezogenen Feststellungsklage beschränken, soweit es an einem feststellungsfähigen Inhalt des Rechtsverhältnisses fehle. Der gegenteilige Schluss des 6. Senats beruhe auf der verfehlten Annahme einer Dominanz des Prozessrechts gegenüber dem materiellen Recht.

Thüsing hingegen wendet sich gegen ein derartiges Verständnis.[841] Die Auslegung der Bezugnahmeklausel könne sich nicht mit der weiteren Entwicklung des Tarifvertrags wandeln. Sie entscheide sich im Moment des Vertragsabschlusses.

836 Däubler/Dorndorf/Bonin/Deinert-Däubler, § 305 c Rn. 43.

837 Däubler, Beilage zu NZA Heft 3/2006, 133, 134 Fn. 18.

838 ErfK/Franzen, § 3 TVG Rn. 38.

839 Singer/Hake, Anmerkung zu BAG v. 24.9.2008 – 6 AZR 76/07, AP Nr. 11 zu § 305 c.

840 Greiner, NZA 2009, 877, 881.

841 Thüsing, AGB-Kontrolle, Rn. 198.

Im Ausgangspunkt stimmt er zudem der Rechtsprechung des 5. Senats zu, dass auch ohne ausdrückliche Klarstellung im Wortlaut der Bezugnahmeklausel ein Tarifvertrag nach dem Willen der Arbeitsvertragsparteien im Zweifel in seiner jeweiligen Fassung gelte und mithin eine dynamische Bezugnahme anzunehmen sei. Eine generelle Günstigkeitsvermutung für eine Dynamik lehnt aber auch er im Einklang mit der Rechtsprechung des 6. Senats ab: Sofern eine entsprechende Interpretation der Bezugnahmeklausel im Einzelfall zu einer materiellen Verschlechterung der Arbeitsbedingungen für den Arbeitnehmer führe, könne es § 305 c Abs. 2 gebieten, die Verweisung statisch zu verstehen. Hierfür sei jedoch erforderlich, dass es im Zeitpunkt des Abschlusses des Arbeitsvertrags für den Arbeitnehmer vorhersehbar günstiger sei, wenn nur eine statische Wirkung vereinbart sei.

Auch im sonstigen Schrifttum ist die Auffassung *Däublers* verbreitet auf Ablehnung gestoßen.[842] Welcher Tarifvertrag gerade in Bezug genommen sei, könne nicht nach Art des streitigen Anspruchs und des Zeitpunkts der Geltendmachung von Fall zu Fall unterschiedlich beantwortet werden.[843] Man würde so zu unterschiedlichen Auslegungsergebnissen hinsichtlich ein und derselben vertraglichen Bezugnahmeregelung gelangen.[844] Wie oben schon einmal erwähnt, wirft auch *Giesen* in diesem Zusammenhang die Frage auf, ob dem Arbeitnehmer ein Wahlrecht im Sinne *Däublers* zuzugestehen ist, sodass sich der Arbeitnehmer jeweils aussuchen könne, ob eine statische oder eine dynamische Wirkung für ihn günstiger sei.[845] Ein solches lehnt er aber mit dem Verweis auf die korrekte Anwendung der Unklarheitenregel ab, da nur die Auswahl einer der in Betracht kommenden Auslegungsvarianten Resultat der Anwendung der Unklarheitenregel sein könne. Ein Wahlrecht ergebe sich bei Verweisklauseln aber unter keinen Umständen. Auch andere verweisen darauf, dass lediglich abstrakt geprüft werde, ob eine dynamische oder eine statische Bezugnahme günstiger sei.[846] Bei dem einmal gefundenen Auslegungsergebnis habe es dann aber auch zu bleiben, was zwingend daran liege, dass bei der Auslegung einer Klausel zu ermitteln sei, was von den Parteien zum Zeitpunkt des Vertragsschlusses gewollt sei. Die Anwendung des § 305 c Abs. 2 führe mithin nicht zu einer kontinuierlichen Überprüfung, welcher Tarifvertrag für den Arbeitnehmer günstiger sei.

---

842 Bayreuther, NZA 2009, 935, 937; Clemenz, NZA 2007, 769, 772; Giesen, NZA 2006, 625, 627; Sittard/Ulbrich, ZTR 2006, 458, 464; nicht explizit auf Däubler Bezug nehmend aber immerhin kritisch zur Anwendung der Unklarheitenregel auch Klebeck, NZA 2006, 15, 17; kritisch auch Röller/Wissman, FS-Küttner, S. 465, 471.

843 Bayreuther, NZA 2009, 935, 937.

844 Bayreuther, NZA 2009, 935, 937.

845 Giesen, NZA 2006, 625, 627.

846 Sittard/Ulbrich, ZTR 2006, 458, 464; dem folgend: Willemsen, S. 356.

cc) Stellungnahme

Soweit diejenigen Vertreter, die eine „Dynamisierungsvermutung" durch eine „Günstigkeitsvermutung" ersetzen wollen, sich dagegen wenden, dass prozessrechtliche Erwägungen der Anwendung der Unklarheitenregel nicht entgegenstehen sollten, ist sicherlich Zustimmung angebracht. Darüber hinaus kann die Ansicht aber nicht überzeugen. Im Gegenteil scheint sie dogmatisch gesehen sogar nur äußerst schwer vertretbar. Dies ergibt sich ähnlich wie oben vor allem aus einer korrekten Anwendung der Unklarheitenregel selbst. Denn einerseits kann die Unklarheitenregel nur solche Ergebnisse produzieren, die auch als denkbare Auslegungsalternativen vor der Anwendung der Unklarheitenregel in Betracht kommen. Damit die Ansicht *Däublers* nicht von vornherein jegliche Basis entzogen wäre, müsste eine der denkbaren Auslegungsalternativen also dahingehend lauten, dass aus den jeweiligen Tarifverträgen die jeweils günstigsten Regeln gelten sollten, wobei die Bewertung im Laufe der Jahre immer wieder neu stattzufinden hat. Bei allem Verständnis für die Anliegen des Arbeitnehmers dürfte von einer solchen Sichtweise aber nicht mal der optimistischste Arbeitnehmer ausgehen. Weder vom Wortlaut, noch vom Sinn und Zweck der üblichen Bezugnahmeklauseln lässt sich eine solche Bedeutung herleiten. Andererseits ist, nachdem mittels der Unklarheitenregel die Auslegungszweifel beseitigt wurden, überhaupt kein Raum mehr für eine nochmalige Anwendung der Unklarheitenregel vorhanden, da je eben die Unklarheit beseitigt wurde. Insofern fehlt es an der wesentlichen Voraussetzung der Unklarheitenregel, nämlich der Unklarheit. Dass eine Anwendung der Unklarheitenregel im Sinne *Däublers* nicht sachgerecht wäre, ergibt sich überdies aus teleologischen Erwägungen: Würde man die Unklarheitenregel im Sinne *Däublers* anwenden, so würde man damit materiell gesehen jede Verschlechterung der Arbeitsbedingungen für die Zukunft verhindern. Die Unklarheitenregel würde damit gewissermaßen zu einer Schutznorm vor der ungewissen Zukunft „pervertiert". Eigentlich soll die Unklarheitenregel aber nur Zweifel bei der Auslegung beheben. Plastisch formuliert soll die Unklarheitenregel einen Schutz vor Unklarheiten der vertraglichen Vereinbarung gewährleisten, nicht aber einen Schutz vor ungewissen zukünftigen tariflichen Entwicklungen. Der Ansicht *Däublers* stünde zudem der Rechtsgedanken des „venire contra factum proprium" entgegen.[847] Denn es wäre höchst widersprüchlich, sich zunächst auf die eine Auslegungsvariante einer Klausel zu berufen und sodann bei nächster Gelegenheit die andere zu favorisieren.

Vor diesem Hintergrund kann also nur ein Ansatz überzeugen, der ein eindeutiges und unabänderliches Urteil über die Auslegung der Bezugnahmeklausel

847 Vgl. dazu schon oben: Teil I.D.III.1.b.cc.

trifft. Von den bislang im Schrifttum vertretenen Ansichten ist dies nur diejenige, die für das Günstigkeitsurteil auf den Zeitpunkt des Vertragsschlusses abstellt. Auch auf Basis der allgemeinen Vertragslehre kann dies, zumindest wenn man das Günstigkeitsurteil anhand objektiver Kriterien bestimmen will, die einzig dogmatisch begründbare Lösung sein.[848] Damit stellt sich aber wieder die Problematik, dass bei der Orientierung an objektiven Kriterien zwangsläufig ungewisse Prognosen für die Zukunft getroffen werden müssen. Mittlerweile dürfte es selbst schwierig sein, für Entgelttarifverträge eine verlässliche Prognose der Entwicklung für die nächsten zehn Jahre zu treffen.

Nach der Zwecksetzung der Unklarheitenregel erscheint es daher auch hier als sachgerechte Alternative, den einzelnen Arbeitnehmer selbst entscheiden zu lassen, welche Auslegungsvariante er als günstiger erachtet. Denn – wie gesagt – die Unklarheitenregel soll nicht vor einer ungewissen zukünftigen Entwicklung schützen, sondern lediglich Auslegungszweifel zu Lasten des Arbeitgebers und zu Gunsten des Arbeitnehmers beheben. Dasjenige Defizit, welches auf der vorformulierten Klausel beruhte, würde kompensiert. Beachtet man, dass der Arbeitnehmer an seine einmal getroffene Wahl gebunden ist, kann es auch nicht zu Problemen mit dem Verbot des widersprüchlichen Verhaltens oder etwa zu einem Rosinenpicken im Sinne der Ansicht *Däublers* kommen.

Hinsichtlich des maßgeblichen Zeitpunkts wäre man sogar nach der hier vertretenen Auffassung etwas flexibler. Denn die Wahlentscheidung müsste genau genommen erst erfolgen, wenn erstmalig ein Unterschied bei der Anwendung der Tarifverträge relevant wird. Geht es um Entgelttarifverträge, dürfte sich die Frage zwar relativ bald nach dem Vertragsschluss stellen, da klarzustellen ist, nach welchem Tarifvertrag sich die Bezahlung richten soll. Dennoch sind auch Konstellationen denkbar, in denen sich die Frage erst einige Zeit nach dem Vertragsschluss ergibt. Sicherzustellen ist in jedem Fall aber, dass der Arbeitnehmer nicht jahrelang unwidersprochen an einer dynamischen Entwicklung partizipiert und sich alsbald bei einer Verschlechterung der tariflichen Leistungen auf eine Unklarheit beruft. Denn ein solches Verhalten wäre nicht mit dem Verbot widersprüchlichen Verhaltens vereinbar. Insofern kann man übrigens auch die Argumentation des 6. Senats noch fruchtbar machen, wenn er darauf abstellt, dass die Parteien durch ihre jahrelange tatsächliche Handhabung dokumentiert hätten, dass sie übereinstimmend von einer bestimmten Sichtweise der Bezugnahmeklausel ausgegangen sind:[849] Hierin könnte auch einen Verstoß gegen das Verbot

848 Zur Maßgeblichkeit des Zeitpunkts für die Auslegung: Erman/Roloff, § 305 c Rn. 25. MünchKomm/Basedow, § 305 c Rn. 25; Staudinger/Schlosser, § 305 c Rn. 129; Wolf/Lindacher/Pfeiffer-Lindacher, § 305 c Rn. 116.

849 BAG v. 24.9.2008 – 6 AZR 76/06, AP Nr. 11 zu § 305 c BGB, Rz. 2.

des widersprüchlichen Verhaltens zu sehen sein. Alles in allem scheint jedenfalls auch bei der Entscheidung, ob eine dynamische oder eine statische Geltung günstiger ist, ein Wahlrecht eine sachgerechte Lösung zu sein. Wenn man ein Wahlrecht nicht zulassen will und die Günstigkeit allein nach objektiven Kriterien bestimmen will, kann nur der Auffassung *Thüsings* gefolgt werden.

c) Günstigkeitsurteil bei Zweifeln über die Tragweite der Bezugnahme in zeitlich-fachlicher Hinsicht ((klein dynamisch-groß dynamisch (Tarifwechselklausel))

Auch bei Zweifeln darüber, ob eine kleine dynamische oder eine große dynamische (Tarifwechsel-) Klausel vereinbart wurde, gestaltet sich die Feststellung des Günstigkeitsurteils anhand objektiver Kriterien ähnlich schwierig, denn wer kann schon sagen, ob der Tarifvertrag einer anderen Branche, in den der Betrieb möglicherweise in den nächsten 10 Jahren hineinwächst günstiger ist, oder ob ein dynamisches Festhalten an den bisherigen Tarifverträgen für den Arbeitnehmer vorteilhafter ist? Auch hier dürfte daher ein Wahlrecht die einzige Möglichkeit sein, eine Entscheidung darüber zu treffen.

d) Günstigkeitsurteil bei Zweifeln über die Tragweite in fachlicher oder zeitlicher Hinsicht – Sonderfall Gleichstellungsabrede

Ein besonderes Konfliktfeld bei Unklarheiten hinsichtlich der zeitlichen aber auch der fachlichen Tragweite bietet die Situation des Verbandsaustritts bzw. des Verbandswechsels oder des Betriebsübergangs. Hier kann zweifelhaft sein, ob die Bezugnahmeklausel als Gleichstellungsabrede, d.h. als auflösend bedingt dynamisch oder nicht auszulegen ist, bzw. auch in fachlicher Hinsicht dynamisch oder nicht. Das BAG hat diesbezüglich bislang nicht nur statische Klauseln als dynamische Klauseln[850] und kleine dynamische als große dynamische Bezugnahmeklauseln ausgelegt[851], sondern auch dynamische statisch werden lassen.[852] Wie schon mehrfach erwähnt, war es daneben vor allem die Entscheidung des 4. Senats vom 14.12.2005, durch die die Unklarheitenregel in den Fokus des arbeitsrechtswissenschaftlichen Schrifttums gerückt wurde.[853] Jedenfalls in dieser Konstellation dürfte die Rechtsprechung davon ausgegangen sein, dass eine dynamische Bindung in zeitlicher Hinsicht stets vorteilhafter für den Arbeitnehmer

850 BAG v. 20.2.1991 – 4 AZR 455/90, AP Nr. 20 zu § 4 TVG Tarifkonkurrenz.

851 BAG v. 4.9.1996 – 4 AZR 135/95, AP Nr. 5 zu § 1 TVG Bezugnahme auf Tarifvertrag = NZA 1997, 271, 272.

852 BAG v. 19.3.2003 – 4 AZR 331/02, AP Nr. 33 zu § 1 TVG Bezugnahme auf Tarifvertrag.

853 BAG v. 14.12.2005 – 4 AZR 536/04, AP Nr. 39 zu § 1 TVG Bezugnahme auf Tarifvertrag.

ist, als die aus einer Interpretation als Gleichstellungsabrede folgenden Konsequenzen.[854] Im Grunde kann hier mithin nichts anderes gelten als in den beiden vorangestellten Gliederungspunkten, da bei der Gleichstellungsabrede beide Konstellationen miteinander kombiniert werden.[855]

e) Günstigkeitsurteil bei Unklarheiten darüber, ob eine deklaratorische oder eine konstitutive Wirkung vereinbart wurde

Einfach ist die Günstigkeitsbetrachtung allerdings, wenn unklar ist, ob die Verweisklausel deklaratorisch oder konstitutiv wirken soll. Denn geht man auf Basis der neueren Rechtsprechung davon aus, dass im Verhältnis zwischen einem vertraglich in Bezug genommenen Tarifvertrag und einem normativ wirkenden das Günstigkeitsprinzip gilt, so wäre in jedem Fall eine konstitutive Wirkung für den Arbeitnehmer günstiger.[856]

f) Günstigkeitsurteil bei sonstigen Zweifeln hinsichtlich der sachlichen Reichweite (Global-, Teil- oder Einzelverweisung)

Relevant werden kann die Unklarheitenregel auch, wenn hinsichtlich des sachlichen Umfangs der Bezugnahme Zweifel bestehen, also bei der Frage, ob eine Global-, Teil- oder Einzelverweisung vorliegt.[857] Ist ein Bereich betroffen, in dem keine konkurrierenden gesetzlichen oder tarifvertraglichen Regelungen bestehen, so gestaltet sich der Günstigkeitsvergleich auch anhand objektiver Kriterien in der Regel einfach und eindeutig. Denn dann ist bei begünstigenden Materien stets eine möglichst umfassende Inbezugnahme anzunehmen, bei belastenden eine möglichst enge. Nur wenn konkurrierende Normen vorhanden sein sollten, sind diese mit in die Günstigkeitsbetrachtungen einzubeziehen. Je umfangreicher das „Vergleichsmaterial" desto schwieriger dürfte auch hier die abstrakte Bestimmung der Günstigkeit ausfallen. Auch hier dürfte im Zweifel ein Wahlrecht weiterhelfen.

---

854 Ansonsten hätte die Argumentation mit dem Rechtsgedanken der Unklarheitenregel keinen Sinn ergeben: BAG v. 14.12.2005 – 4 AZR 536/04, AP Nr. 39 zu § 1 TVG Bezugnahme auf Tarifvertrag, Rz. 18, 21.

855 Eine andere Frage ist, ob möglicherweise bestimmte Auslegungsalternativen nicht mit höherrangigem Recht vereinbar wären. Dies betrifft aber nicht die grundsätzliche Durchführbarkeit des Günstigkeitsvergleichs sondern eher die generelle Anwendbarkeit. Insofern soll hierauf erst bei der Einzelfallanalyse eingegangen werden, vgl. unten insbesondere: Teil 2.B.III.1.f.

856 Vgl. dazu schon oben: Teil 2. B.II.1.e.

857 BAG v. 17.11.1998 – 9 AZR 584/97, AP Nr. 10 zu § 1 TVG Bezugnahme auf Tarifvertrag, Rz. 40; BAG v. 16.10.1991 – 5 AZR 35/91; AP Nr. 1 zu § 19 BErzGG, Rz. 31 ff.; BeckOK/Jacobs, § 305 c Rn. 32; Thüsing, AGB-Kontrolle, Rn. 199.

Markantestes Beispiel aus der Rechtsprechung ist die Auslegung einer Bezugnahmeklausel, wonach sich der Jahresurlaub nach den Bestimmungen des einschlägigen Tarifvertrages richten sollte.[858] Nach Anschauung des BAG müsse der Arbeitnehmer dies regelmäßig als Verweisung auf den gesamten tariflichen Regelungskomplex Urlaub verstehen, diesbezügliche Unklarheiten müssten sich zu Lasten es Arbeitgebers auswirken.[859] Wenn dort ein erhöhtes Urlaubsentgelt geregelt sei, werde der Arbeitgeber daher auch zur Anwendung der diesbezüglichen tariflichen Regelungen verpflichtet.[860]

g) Günstigkeitsurteil bei Zweifeln darüber, ob überhaupt auf einen Tarifvertrag verwiesen wurde

Das BAG hat sich in einem Fall sogar einmal zu der Frage geäußert, ob eine vertragliche Bezugnahme auf einen Tarifvertrag günstiger sei oder eine möglicherweise konkurrierende betriebliche Regelung.[861] Man ist zu dem Ergebnis gekommen, dass die Geltung des Tarifvertrages vereinbart worden sei. Zumindest hilfsweise wurde dies auch mit der Unklarheitenregel begründet.[862] Aufgrund der leichteren Abänderbarkeit einer Betriebsvereinbarung sei im Zweifel davon auszugehen, dass eine Bezugnahme auf einen Tarifvertrag vorliege. Man sieht, auch hier ging man von der Durchführbarkeit des Günstigkeitsvergleichs aus.

2. Ergebnis

Zusammenfassend kann man daher festhalten:Mitunter gestaltet sich die Feststellung dessen, was für den einzelnen Arbeitnehmer günstiger ist, recht schwierig, wenn man sich allein an objektiven Kriterien orientieren will. Angesichts der aufgezeigten Alternative eines Wahlrechts besteht jedoch kein Grund, die Anwendbarkeit der Unklarheitenregel allein mit dem Verweis auf diese Schwierigkeiten zu verneinen. Auch ansonsten sind keine durchgreifenden Bedenken erkennbar, die einer Anwendung der Unklarheitenegel in dieser Hinsicht entgegenstehen.

---

858 BAG v. 17.11.1998 – 9 AZR 584/97, AP Nr. 10 zu § 1 TVG Bezugnahme auf Tarifvertrag.

859 BAG v. 17.11.1998 – 9 AZR 584/97, AP Nr. 10 zu § 1 TVG Bezugnahme auf Tarifvertrag, Rz. 40.

860 Wurde die Unklarheitenregel damals allerdings schon nur hilfsweise zur Begründung herangezogen, so ist dieser Verweis nach der neueren Rechtsprechung nicht einmal zweifelbehaftet, vgl. insoweit BAG v. 17.1.2006 – 9 AZR 41/05, AP Nr. 40 zu § 1 TVG Bezugnahme auf Tarifvertrag.

861 BAG v. 18.8.1998 – 1 AZR 589/97, NZA 1999, 659, 661, Rz. 35.

862 BAG v. 18.8.1998 – 1 AZR 589/97, NZA 1999, 659, 661, Rz. 35.

III. Mögliche Anwendungsfälle der Unklarheitenregel bei der Auslegung der Verweisklausel – Vorliegen von Auslegungszweifeln im Sinne von § 305 c Abs. 2?

Nachdem die generelle Anwendbarkeit der Unklarheitenregel auf Bezugnahmeklauseln damit bejaht ist, soll die Untersuchung sich nun der Analyse bestimmter Problemkonstellationen widmen. Insbesondere soll hier erörtert werden, ob und wann Zweifel bei der Auslegung von Bezugnahmeklauseln vorliegen bzw. inwieweit die Unklarheitenregel bestimmten Auslegungsergebnissen entgegensteht, oder ob eine bestimmte Auslegung hinreichend eindeutig ist, sodass eine Anwendung der Unklarheitenregel im Einzelfall entbehrlich ist. Aufgrund der Vielgestaltigkeit der denkbaren Lebenssachverhalte kann kaum auf sämtliche denkbaren Situationen eingegangen werden. Daher beschränkt sich die Erörterung auf die gängigsten in Rechtsprechung und Literatur diskutierten Problemekreise.

1. Zweifel über den Zweck der Bezugnahme – Stichwort „Gleichstellungabrede"

Wie in der Einleitung schon geschildert haben vor allem die Urteile des BAG zur Gleichstellungsabrede hohe Beachtung gefunden und der Diskussion bezüglich der Anwendung der Unklarheitenregel im Arbeitsrecht neuen Nährboden bereitet.

a) Ständige Rechtsprechung bis 2005

Bis Ende 2005 legte das Bundesarbeitsgericht, insbesondere der 4. Senat arbeitsvertragliche Bezugnahmeklauseln als Gleichstellungsabreden[863] aus, wenn der Arbeitgeber bei Abschluss des Arbeitsvertrages tarifgebunden war und nicht auf einen anderen Tarifvertrag verwies, als den, an den er tatsächlich gebunden war.[864] Zweck der dynamischen Bezugnahmeklauseln sei es allein, die fehlende

---

863 Die Gleichstellungsabrede bewirkte, dass die in Bezug genommenen Tarifverträge in der jeweils gültigen Fassung auf das Arbeitsverhältnis angewendet wurden, solange der Arbeitgeber an diese Tarifverträge gebunden war. In Fällen der Änderung oder Beendigung tariflicher Bindungen wurde dadurch ermöglicht, dass für die Außenseiter die gleichen Regelungen zur Anwendung kamen wie für die Gewerkschaftsmitglieder; vgl. dazu Thüsing, AGB-Kontrolle, Rn. 201.

864 BAG v. 1.12.2004 – 4 AZR 50/04, AP Nr. 34 zu § 1 TVG Bezugnahme auf Tarifvertrag; BAG v. 19.3.2003 – 4 AZR 331/02 – AP Nr. 33 zu § 1 TVG Bezugnahme auf Tarifvertrag; BAG v. 27.11.2002 – 4 AZR 540/01, AP Nr. 29 zu § 1 TVG Bezugnahme auf Tarifvertrag; BAG v. 26.9.2001 – 4 AZR 544/00 – AP Nr. 21 zu § 1 TVG Bezugnahme auf Tarifvertrag; BAG v. 30.8.2000 – 4 AZR 581/99 – AP Nr. 12 zu § 1 TVG Bezugnahme auf Tarifvertrag; ebenso andere Senate des BAG: BAG v. 24.11.2004 – 10 AZR 202/04, AP Nr. 70 zu § 242

Tarifbindung auf Arbeitnehmerseite mit dem Ziel zu ersetzen, die Arbeitsbedingungen für Gewerkschaftsmitglieder und Tarifaußenseiter im Unternehmen in gleicher Weise zu gestalten und somit alle Arbeitnehmer gleich zu behandeln. Was für tarifgebundener Arbeitnehmer normativ galt, sollte für Außenseiter aufgrund der individualrechtlichen Regelung ebenfalls gelten. Man könne nicht annehmen, dass mit der Bezugnahmeklausel, die auf die Gleichstellung abziele, eine dynamische Anwendbarkeit der Tarifverträge auf Dauer festgeschrieben werden solle, die über die normative Geltung für tarifgebunden Arbeitnehmer hinausgehe. Ebenso wenig könne davon ausgegangen werden, dass den tarifgebundenen Arbeitnehmern, deren Arbeitsvertrag aus den genannten Gründen regelmäßig ebenfalls eine Bezugnahmeklausel enthalte, arbeitsvertraglich im Sinne einer festgeschriebenen dynamischen Bezugnahme eine weitergehende Beteiligung an der Tarifentwicklung zugestanden werden solle, als diese ihnen tariflich zustehe. Da der Arbeitgeber bei Vertragsschluss gar nicht wissen konnte, welcher seiner Arbeitnehmer tarifgebundenen ist und welche nicht, müsse er aber in alle Arbeitsverträge eine entsprechende Bezugnahmeklausel aufnehmen.

Im Wortlaut bedurfte es keinerlei Manifestation dieses Gleichstellungszwecks. Man kam also nicht einmal zur Anwendung der Unklarheitenregel, da man das gefundene Auslegungsergebnis als eindeutig erachtete. Der 4. Senat lehnte die Anwendung der Unklarheitenregel sogar ausdrücklich ab.[865] Materiell gesehen hat sich damit der (vermeintlich) eindeutige Zweck gegen einen meist ebenso eindeutigen Wortlaut durchgesetzt.

b) Kritik in der Literatur

Neben einiger Zustimmung[866] ist diese Auslegungspraxis im Schrifttum verbreitet auf Ablehnung gestoßen.[867] Die Kritik bezog sich hierbei in erster Linie auf die Tatsache, dass die von der Rechtsprechung angewandte Auslegungsregel an einen Umstand anknüpfte, der in dem an sich eindeutigen Wortlaut der gewöhnli-

---

BGB Betriebliche Übung; BAG v. 21. 7.2004 – 4 AZR 589/03, ZTR 2005, 255 ff.; BAG v. 19.1.1999 – 1 AZR 606/98, AP Nr. 9 zu § 1 TVG Bezugnahme auf Tarifvertrag.

865 BAG v. 19.3.2003 – 4 AZR 331/02, AP Nr. 33 zu § 1 TVG Bezugnahme auf Tarifvertrag.

866 Gaul, ZfA 2003, 75, 91; Löwisch/Rieble, § 3 Rn. 232; Reichel, Die arbeitsvertragliche Bezugnahme auf den Tarifvertrag, S. 120 ff..

867 Annuß, BB 1999, 2558; ders., AuR 2002, 361 ff.; ders., ZfA 2005, 405, 421 ff; Bayreuther, DB 2002, 1008 ff.; Däubler, NZA 1996, 225 ff.; Däubler/Lorenz, TVG § 3 Rn. 246; Grimm, EWiR 2002, 563, 564; Hanau, NZA 2005, 489 ff.; Kempen/Zachert-Stein, § 3 Rn. 183 ff.; Lambrich, BB 2002, 1267 ff.; ders. FS-Ehmann, S. 169, 225; Stein AuR 2003, 361 ff.; Thüsing/Lambrich, RdA 2002, 193, 195 ff.; Thüsing, NZA 2005, 1280 ff.; ders, NZA 2003, 1184 ff..

chen dynamischen Bezugnahmeklauseln keinen Niederschlag gefunden hatte.[868] Vor allem von *Annuß*, *Däubler*, *Thüsing*, *Lambrich* und *Stein* wurde dies auch als ein Verstoß gegen die Wertungen der Unklarheitenregel angesehen.[869] Angesichts des eindeutigen Wortlauts sei es nicht vertretbar, dem Arbeitnehmer die Aufgabe zuzuweisen, sich gegenüber dem Arbeitgeber zu vergewissern, ob er die Klausel im Hinblick auf seine mögliche Tarifgebundenheit oder unabhängig davon vereinbaren wolle.[870] Überdies liege der Gleichstellungszweck keineswegs so nahe, wie von der Rechtsprechung stets angenommen. Es seinen durchaus auch andere Zwecke denkbar.[871] Insbesondere sei es gut möglich, dass man eine dynamische Verweisklausel wähle, weil man sich ständige Vertragsanpassungen bei Lohnerhöhungen ersparen will. Dies könne man aber auch unabhängig von einer eventuellen Verbandszugehörigkeit wollen. Die Gleichstellung sei nur eines der denkbaren Ziele. Das BAG verkenne mit dieser Auslegung den Unterschied zwischen einem Vertragszweck und einem Motiv.[872] Die §§ 116, 119 zeigten aber, dass bloße Motive für die Auslegung ohne Bedeutung seien, soweit sie nicht in die Erklärung selbst Eingang gefunden hätten. Bemängelt wurde schließlich auch, dass die Auslegungsregel nur bei tarifgebundenen Arbeitgebern angewendet wurde, nicht aber bei Arbeitgebern, die nicht in einem Verband organisiert waren.[873] Ein und dieselbe Klausel wurde daher je nach Zugehörigkeit des Arbeitgebers unterschiedlich ausgelegt. Diese Diskrepanz war in den Augen der Kritiker nicht hinzunehmen.

c) Urteil 14.12.2005 – 4 AZR 536/04

In seinem Urteil vom 15.12.2005 ist der 4. Senat von dieser Auslegungspraxis jedenfalls für Verträge, die seit dem 1.1.2002 abgeschlossen wurden, abgerückt.[874] Einerseits wurde angeführt, dass die für die Rechtfertigung der Auslegungsregel angenommenen Rahmenbedingungen teilweise weggefallen seien.[875]

---

868 Annuß, AuR 2002, 361, 362; Thüsing/Lambrich, RdA 2002, 193, 198 f..

869 Annuß, BB 1999, 2558, 2559 f.; Däubler, NZA 1996, 225, 228; Lambrich, BB 2002, 1267; Stein, AuR 2003, 361, 363; Thüsing, NZA 2003, 1184, 1185; Thüsing/Lambrich, RdA 2002, 193, 201; vgl. auch Gotthard, ZIP 2002, 277, 281; Lingemann, NZA 2002, 181, 186.

870 Annuß, ZfA 2005, 405, 423; Däubler, NZA 1996, 225, 228; Hanau, NZA 2005, 489, 490; Thüsing/Lambrich, RdA 2002, 193, 199.

871 Annuß, BB 1999, 2558, 2560; Thüsing/Lambrich, RdA 2002, 193, 200.

872 Thüsing/Lambrich, RdA 2002, 193, 200, vgl. dazu auch Annuß, ZfA 2005, 405, 423.

873 Annuß, ZfA 2005, 405, 421 ff.; Hanau, NZA 2005, 489; Lambrich, BB 2002, 1267, 1268 spricht diesbezüglich gar von einem Zirkelschluss.

874 BAG v. 14.12.2005 – 4 AZR 536/04, AP Nr. 39 zu § 1 TVG Bezugnahme auf Tarifvertrag.

875 BAG v. 14.12.2005 – 4 AZR 536/04, AP Nr. 39 zu § 1 TVG Bezugnahme auf Tarifvertrag, Rz. 20.

Insbesondere könne nicht mehr im Sinne einer typisierenden Betrachtung davon ausgegangen werden, dass den Arbeitgebern, die den Vertragsinhalt vorgeben, die mögliche Bedeutung einer dynamischen Bezugnahmeklausel bei zukünftigen Änderungen hinsichtlich der Tarifgebundenheit, sei es durch Austritt des vertragsschließenden Arbeitgebers selbst aus dem Arbeitgeberverband, sei es durch Übergang von Betrieb und Arbeitsverhältnissen auf einen nicht tarifgebunden Arbeitnehmer, nicht bewusst gewesen sei. Die seit Jahren geführte kontroverse Diskussion um die Auslegung der Bezugnahmeklauseln rechtfertige es zunehmend weniger, bei der Auslegung unabhängig vom Wortlaut und den dem Arbeitnehmer erkennbaren Umständen von typischen Interessen und Motiven des Arbeitgebers auszugehen. Immer wieder sei in der rechtswissenschaftlichen Diskussion vorgebracht worden, dass die Auslegungsschwierigkeiten zu einem erheblichen Maße auf die nachlässige Formulierung der Arbeitgeber zurückzuführen sei.

Andererseits wurde die Abkehr mit den Wertungen des Rechts der Allgemeinen Geschäftsbedingungen begründet.[876] Nicht nur die Unklarheitenregel des § 305 c Abs. 2, auch das Transparenzgebot des § 307 Abs. 1 S. 2 und das Verbot der geltungserhaltenden Reduktion in § 306 stritten als allgemeine Rechtsgrundsätze gegen eine wohlwollende Auslegung zu Gunsten des Klauselverwenders und damit auch dagegen, eine durch das Ende einer ursprünglich bestehenden Tarifgebundenheit auflösend bedingte Dynamik in Bezug genommener Tarifverträge, an die der Klauselverwender bei Vertragsschluss gedacht haben mag, als Vertragsinhalt auch dann zu erkennen, wenn sich hierfür weder im Vertragswortlaut noch in den den Vertragsschluss begleitenden Umständen ein Anhaltspunkt finde.

d) Vollzug der Rechtsprechungsänderung

Die im Urteil vom 14.12.2005 angekündigte Rechtsprechungsänderung wurde mittlerweile in mehreren Entscheidungen, vor allem aber in einem Urteil vom 18.4.2007 umgesetzt und bestätigt.[877] Anders als im Urteil vom 14.12.2005 stützte man die Entscheidung vom 18.4.2007 aber nicht auf die Unklarheitenregel, auch nicht hilfsweise.[878] Zur Begründung bediente man sich allein einer kon-

876 BAG v. 14.12.2005 – 4 AZR 536/04, AP Nr. 39 zu § 1 TVG Bezugnahme auf Tarifvertrag, Rz. 21.

877 BAG v. 18.4.2007 – 4 AZR 652/05, AP Nr. 53 zu § 1 TVG Bezugnahme auf Tarifvertrag; BAG v. 22.4.2009 – 4 ABR 14/08, NZA 2009, 1286ff.; BAG v. 22.10.2008 – 4 AZR 793/07, AP Nr. 67 zu § 1 TVG Bezugnahme auf Tarifvertrag; BAG v. 10.12.2008 – 4 AZR 881/07, AP Nr. 68 zu § 1 TVG Bezugnahme auf Tarifvertrag.

878 BAG v. 18.4.2007 – 4 AZR 652/05, AP Nr. 53 zu § 1 TVG Bezugnahme auf Tarifvertrag.

sequenten Auslegungsmethodik unter Beachtung des Vorrangs des Wortlauts. Eine individualvertragliche Klausel, die ihrem Wortlaut nach ohne Einschränkung auf einen bestimmten Tarifvertrag in seiner jeweiligen Fassung verweise, sei daher im Regelfall dahingehend auszulegen, dass dieser Tarifvertrag in seiner jeweiligen Fassung gelten solle und dass diese Geltung nicht von Faktoren abhänge, die nicht im Vertrag genannt oder sonst für beide Parteien ersichtlich zur Voraussetzung gemacht worden seien.[879] Insoweit hielt man dynamische Bezugnahmeklauseln für eindeutig. Im Grundsatz bedürfe es keiner weiteren Heranziehung von Auslegungsfaktoren. Nur wenn von den Parteien weitere Tatsachen vorgetragen würden, oder sonst ersichtlich seien, die Zweifel an der wortgetreuen Auslegung der Vertragsklausel begründen können, weil sie für beide Seiten erkennbar den Inhalt der jeweils abgegebenen Willenserklärungen in einer sich im Wortlaut nicht niederschlagenden Weise beeinflusst haben, bestünde Anlass die Wortlautauslegung infrage zu stellen.[880]

e) Reaktionen im Schrifttum

Angesichts der Ergebnisse, die mittels dieser Rechtsprechungsänderung produziert werden, eine Auslegung hin zu einer sog. „konstitutive Ewigkeitsklausel", ist es nicht weiter verwunderlich das der Sinneswandel des 4. Senates im rechtswissenschaftlichen Schrifttum vor allem unter den Praktikern ausgiebig kritisiert wurde.[881] Dementsprechend konzentrierte sich die Kritik auch mehr am Ergebnis als an der dogmatischen Begründung. Gegen dieses Ergebnis wurden sowohl verfassungsrechtliche als auch europarechtliche Bedenken, sowie Vertrauensschutzgesichtspunkte ins Feld geführt.[882] Teilweise wurde auch bemängelt, dass die Besonderheiten des Arbeitsrechts bei dieser Auslegung nicht hinreichend berück-

879 BAG v. 18.4.2007 – 4 AZR 652/05, AP Nr. 53 zu § 1 TVG Bezugnahme auf Tarifvertrag, Rz. 28 ff..

880 BAG v. 18.4.2007 – 4 AZR 652/05, AP Nr. 53 zu § 1 TVG Bezugnahme auf Tarifvertrag, Rz. 31.

881 Klebeck, NZA 2006, 15, 18 f.; Möller, NZA 2006, 579, 583; Schiefer, SAE 2008, 22, 23; Simon/Kock/Halbsguth, BB 2006, 2354, 2355; Spiegelberger, NZA 2007, 1086, 1088 f.; vgl. aber auch Giesen, NZA 2006, 625, 627.

882 Giesen, NZA 2006, 625, 627; Klebeck, NZA 2006, 15, 18 f.; Löwisch/Feldmann, Anmerkung EzA Nr. 32 zu § 3 TVG Bezugnahme auf Tarifvertrag; Meinel/Herms, DB 2006, 1429, 1431; Möller, NZA 2006, 579, 583; Nicolai/Krois, SAE 2007, 158, 161 f.; Olbertz, BB 2007, 2737, 2739; Schiefer, SAE 2008, 22, 23; Schwab, Bezugnahmen auf Tarifverträge, S. 223 ff.; Simon/Kock/Halbsguth, BB 2006, 2354, 2355; Spiegelberger, NZA 2007, 1086, 1088 f.; Zerres, NJW 2006, 3533.

sichtigt würden.[883] Bezeichnenderweise wurde aber kaum einmal die Auslegungsdogmatik selbst ernsthaft in Zweifel gezogen.[884] Auf Zustimmung ist der Wandel freilich im Kreise derer gestoßen sein, die sie schon immer gefordert hatten, wobei allerdings hinsichtlich des Urteils vom 14.12.2005 an der dogmatischen Begründung durchaus Zweifel geäußert wurden.[885]

f) Bewertung

Die Reaktionen des Schrifttums geben die Stichworte hier vor. Schon die Vorbehalte gegen das Ergebnis und damit auch gegen eine grundsätzlich denkbare Anwendung der Unklarheitenregel sind allerdings nicht begründet:

aa) Vereinbarkeit mit Art. 9 Abs. 3 GG („negative Koalitionsfreiheit")

In der Literatur wird zwar teilweise vertreten, der Arbeitgeber könne seine durch Art. 9 Abs. 3 GG garantierte negative Koalitionsfreiheit, d.h., das Recht einer Vereinigung fernzubleiben, faktisch nicht mehr ausüben, wenn man die bisher als Gleichstellungsabrede behandelten Bezugnahmeklauseln nunmehr als unbeschränkt und damit „ewig" dynamische einstuft.[886] Die Bedenken erweisen sich bei genauerem hinsehen allerdings als haltlos.[887] Ein Verstoß gegen die negative Koalitionsfreiheit des Arbeitgebers liegt nicht vor, da es sich um eine bloße Fernwirkung einer kollektivrechtlichen Regelung handelt.[888] Diese hat der Arbeitgeber aufgrund seiner privatautonomen Entscheidung selbst herbeigeführt. Weder wird der Arbeitgeber normativ gebunden, noch zwingt ihn eine Abkehr der Auslegung als Gleichstellungsabrede zum Beitritt zu einer Koalition. Denn auch durch einen Beitritt könnte er die ewige dynamische Wirkung nicht beseitigen, da diese auf individualvertraglicher Bezugnahme beruht und nach der neue-

---

883 Exemplarisch Giesen, NZA 2006, 625, 627; dem zustimmend Clemenz, NZA 2007, 769, 772; vgl. auch Klebeck, NZA 2006, 15, 18, a.A. Otto, Arbeitsvertragliche Bezugnahmeklauseln und Änderungen der Tarifgeltung, S. 122 ff..

884 Eine eingehende Auseinandersetzung findet sich beispielsweise bei Giesen, NZA 2006, 625, 626; auch er erkennt allerdings an, dass sich das Ergebnis der Rechtsprechung mittels der allgemeinen Auslegungsgrundsätze sowie der Unklarheitenregel hätte begründen lassen; vgl. auch Nicolai/Krois, SAE 2007, 158, 159 f..

885 exemplarisch: Bayreuther, DB 2007, 166 ff.; Stein, AuR 2006, 366 ff.; Thüsing, NZA 2006, 473 ff..

886 Meinel/Herms, DB 2006, 1429, 1431; Möller, NZA 2006, 579, 583; Nicolai/Krois, SAE 2007, 158, 161 f..

887 BAG v. 22.10.2008 – 4 AZR 793/07 – AP Nr. 67 zu § 1 TVG Bezugnahme auf Tarifvertrag, Rz. 19; BAG v. 18.4.2007 – 4 AZR 652/05, AP Nr. 53, Rz. 37; ausführlich hierzu: Willemsen, S. 172 ff..

888 Willemsen, S. 173 ff..

ren Rechtsprechung des BAG nicht mehr durch einen normativ wirkenden Tarifvertrag verdrängt wird.[889] Allein der Anreiz, Einfluss auf die Tarifpolitik nehmen zu können ist regelmäßig nicht von solchem Gewicht, dass ein Grundrechtseingriff vorliegt.[890] Faktisch mag zwar eine ähnliche, wenn nicht sogar stärkere Bindung an den arbeitsvertraglich in Bezug genommenen Tarifvertrag vorliegen, wie an einen normativ geltenden Tarifvertrag. Rechtlich gesehen ist dies allerdings unbeachtlich. Denn die negative Koalitionsfreiheit schützt den Arbeitgeber nur davor, normativ an Tarifverträge gebunden zu werden.[891]

bb) Europarechtliche Bezüge („Werhof“)

Auch in europarechtlicher Hinsicht ist die Zulässigkeit einer ewigen Bindung verbreitet in Frage gestellt worden.[892] Anlass hierfür war ein Urteil des EuGH aus dem Jahre 2006 (Werhof).[893] In der besagten Entscheidung ging es um die Frage, ob Art. 3 Abs. 1 der Betriebsübergangsrichtlinie 77/187/EWG einer Auslegung der dynamischen Verweisungsklausel als Gleichstellungsabrede entgegenstehe, die bisherige Rechtsprechung zur Gleichstellungsabrede also richtlinienkonform sei. Nach Ansicht des EuGH sei dies der Fall. Die interessantere Frage an dieser Entscheidung war aber, ob aus den Aussagen des EuGH im Umkehrschluss die Unzulässigkeit der Auslegung hin zu einer möglicherweise ewigen dynamischen Klausel abgeleitet werden konnte. Nach Ansicht des EuGH seien mit Rücksicht auf die negative Vereinigungsfreiheit des Erwerbers bei einer dynamischen Auslegung hingegen Zweifel angebracht. Im Wesentlichen stützte man sich darauf, dass eine Klausel, die auf einen Kollektivvertrag verweise, keine weitergehende Bedeutung entfalten könne als dieser Kollektivvertrag selbst.[894] Zudem ergebe sich aus der Richtlinie nicht, dass das Gemeinschaftsrecht den Erwerber durch andere Kollektivverträge als die zum Zeitpunkt des Übergangs geltenden binden wollte. Außerdem seien die Interessen des Erwerbers zu be-

---

889 Vgl. BAG v. 29.8.2007 – 4 AZR 767/06, AP Nr. 61 zu § 1 TVG Bezugnahme auf Tarifvertrag; im Ergebnis ebenso: Willemsen, S. 173.

890 Schubert, RdA 2001, 199, 207; Willemsen, S. 173.

891 BVerfG v. 14.6.1983 – 2 BvR 488/80, BVerfGE 64, 208; BVerfG v. 11.7.2006 – 1 BVL 4/00, NZA 2007, 42; BAG v. 18.4.2007 – 4 AZR 652/05, AP Nr. 53 zu § 1 Bezugnahme auf Tarifvertrag, Rz. 37.

892 Löwisch/Feldmann, Anmerkung EzA Nr. 32 zu § 3 TVG Bezugnahme auf Tarifvertrag; Meinel/Herms, DB 2006, 1429, 1430; Nicolai, DB 2006, 670, 671; Olbertz, BB 2007, 2737, 2739; Simon/Kock/Halbsguth, Anm. zu EuGH v. 9.3.2006 – Rs C-499/04, ZIP 2006, 723; 726; Simon/Weninger, BB 2007, 2127; Spiegelberger, NZA 2007, 1086, 1089; Schwab, Bezugnahmen auf Tarifverträge, S. 223 ff.; Zerres, NJW 2006, 3533.

893 EuGH v.9.3.2006 – Rs C-499/04, AP Nr. 2 zu Richtlinie 77/187/EWG.

894 EuGH v.9.3.2006 – Rs C-499/04, AP Nr. 2 zu Richtlinie 77/187/EWG, Rz. 28.

rücksichtigen, der in der Lage sein müsse, die für die Fortsetzung seiner Tätigkeit erforderlichen Anpassungen vorzunehmen. Die Vereinigungsfreiheit, die auch das Recht umfasse, einer Gewerkschaft nicht beizutreten, gehöre zu den Grundrechten, die nach ständiger Rechtsprechung des Gerichtshofes in der Gemeinschaftsrechtsordnung geschützt werde. Würde man von einer dynamischen Auslegung in der vorliegenden Sache ausgehen, so bedeutete dies, dass künftige Kollektivverträge für den Erwerber gelten würden, der dem Kollektivvertrag nicht angehört, und dass sein Grundrecht der negativen Vereinigungsfreiheit beeinträchtigt werden könnte. Eine statische Auslegung dieser Klausel erlaube dagegen, zu vermeiden, dass der Erwerber des Betriebes, der dem Kollektivvertrag nicht angehöre, durch die künftigen Entwicklungen dieses Vertrages gebunden werde. Sein Recht auf negative Vereinigungsfreiheit werde somit umfassend gewährleistet.

Mit der herrschenden Meinung[895] und der Ansicht des BAG[896] sind aber auch diese Bedenken zurückzuweisen. Denn die Bindung ist nicht „Frucht“ der Vereinigungsfreiheit, sondern der Vertragsfreiheit, deswegen kann die negative Vereinigungsfreiheit sie auch nicht infrage stellen.[897] Die negative Vereinigungsfreiheit kann die privatautonome Entscheidung zur Bindung nicht beseitigen. Es ist zwar anerkannt, dass sie auch freiwilligen Vereinbarungen Grenzen setzen kann. Dies ist aber nur dann so, wenn die Bindungen durch das Tarifrecht bewirkt werden und nicht, wenn es sich um davon unabhängige Rechtsquellen handelt.[898] Vor allem ist aber zu beachten, dass eine europarechtskonforme Auslegung privater Willenserklärungen nicht existiert.[899] Daher kann der EuGH die nationalen Gerichte hinsichtlich der besagten Auslegungsfrage ohnehin nicht binden.

Eine unmittelbare (horizontale) Drittwirkung der negativen Vereinigungsfreiheit kommt nicht in Betracht.[900]

---

895 Bayreuther, Anmerkung zu BAG v. 18.4.2007 – 4 AZR 652/05, AP Nr. 53 zu § 1 TVG Bezugnahme auf Tarifvertrag; Brecht-Heitzmann/Lewek, ZTR 2007, 127, 131; Buschmann, AuR 2006, 203, 204; Heinlein, NJW 2008, 321, 324; Houben, SAE 2007, 109, 113; Reichold, JZ 2006, 725, 727; Reinecke, BB 2006, 2637, 2641; Thüsing, NZA 2006, 473, 474.

896 BAG v. 22.10.2008 – 4 AZR 793/07; AP Nr. 67 zu § 1 TVG Bezugnahme auf Tarifvertrag, Rz. 17.

897 So die plastische Formulierung Thüsings, NZA 2006, 473, 474.

898 Thüsing, NZA 2006, 473, 474.

899 Thüsing, NZA 2006, 473, 475.

900 Ausführlich dazu: Thüsing, NZA 2006, 473, 475.

cc) Vertrauensschutz

Nur der Vollständigkeit halber soll hier die Problematik des Vertrauensschutzes kurz erwähnt werden, da diese an sich kein spezifisches Problem der Anwendung der Unklarheitenregel ist: Beanstandet wurde auch, dass Vertrauensschutzgesichtspunkte nicht hinreichend beachtet wurden, da die Rechtsprechung einen Vertrauensschutz nicht bis zum Zeitpunkt der Ankündigung der Rechtsprechungsänderung, sondern ab dem Inkrafttreten der Reform gewährte.[901] Andere erklärten sich mit dem Zeitpunkt einverstanden,[902] wieder andere waren sogar der Auffassung, dass ein Vertrauensschutz generell nicht angebracht sei.[903] Dogmatisch begründen lässt sich jede der genannten Ansichten. Wie der 4. Senat selbst erklärt ist es daher letztlich eine Abwägungsfrage, ob man die Interessen der betroffenen Arbeitgeber oder der Arbeitnehmer als gewichtiger ansieht.[904] Im Urteil vom 18.4. haben die Richter sich ausführlich mit der Frage auseinandergesetzt und sind zu dem Ergebnis gekommen, dass der Zeitpunkt trotz aller Einwände richtig gewählt war.[905] Im Zentrum der Überlegungen steht das Argument, dass durch die Erstreckung der AGB-Kontrolle auf das Arbeitsrecht nunmehr eine eindeutige Risikoverteilung zu Lasten des Verwenders vorformulierter Vertragsbedingungen auch im Arbeitsrecht vorgenommen werde.[906] Die damit verbundene Festlegung des Zeitpunktes eines relevanten Wertewandels sei zwar nicht für die nun vollzogene Rechtsprechungsänderung als solche entscheidend. Sie markiere aber die Zeitgrenze, die auch und gerade im Arbeitsrecht bei der Festlegung von Vertrauensschutz zu einer neuen Gewichtung der beiderseitigen berechtigten Interessen führen müsse. Der Gesetzgeber habe mit der Schuldrechtsnovelle unter anderem eine erneute nachhaltige Aufforderung an die Verwender von Formularverträgen erhoben, das von ihnen Gewollte auch in der entsprechenden verständlichen (§ 307 Abs. 1 S. 2) Form eindeutig zum Ausdruck zu bringen.[907] Ganz

---

901 Bayreuther, DB 2007, 166, 168; Giesen, NZA 2006, 625, 628 f.; Löwisch/Feldmann, Anmerkung zu EzA Nr. 32 zu § 3 TVG Bezugnahme auf Tarifvertrag; Meinel/Herms, BB 2006, 1429, 1431 f.; Simon/Kock/Halbsguth, BB 2006, 2354, 2355 f.; Weller, EWiR 2006, 389, 390; Zerres, NJW 2006, 3533.

902 Seel, MDR 2006, 491, 494; Sittard/Ulbrich, ZTR 2006, 458, 461.

903 Brecht-Heitzmann/Lewek, ZTR 2007, 127, 132 f.; Röller/Wissmann, FS-Küttner, S. 465, 475.

904 BAG v. 18.4.2007 – 4 AZR 652/05, AP Nr. 53 zu § 1 TVG Bezugnahme auf Tarifvertrag, Rz. 46.

905 BAG v. 18.4.2007 – 4 AZR 652/05, AP Nr. 53 zu § 1 TVG Bezugnahme auf Tarifvertrag, Rz. 46 ff..

906 BAG v. 18.4.2007 – 4 AZR 652/05, AP Nr. 53 zu § 1 TVG Bezugnahme auf Tarifvertrag, Rz. 58.

907 BAG v. 18.4.2007 – 4 AZR 652/05, AP Nr. 53 zu § 1 TVG Bezugnahme auf Tarifvertrag, Rz. 58.

stimmig ist diese Argumentation zwar nicht, da auch nach Inkrafttreten der Schuldrechtsreform noch gegenteilige, d.h. auch ein gegenteiliges Vertrauen begründende Urteile just des 4. Senats ohne Erwähnung des Sinneswandels in potentieller Kenntnis der Rechtslage ergangen sind, aber immerhin vertretbar und wohl auch nicht mehr zu ändern und damit zu akzeptieren sind, insbesondere auch vor dem Hintergrund, dass mittlerweile auch das BVerfG eine entsprechende Verfassungsbeschwerde mangels Erfolgsaussichten nicht zur Entscheidung angenommen hat.[908]

dd) Sonstige Besonderheiten des Arbeitsrechts

Insbesondere *Giesen* spricht mit Bezug auf die Unklarheitenregel zudem die Problematik an, dass es für den Arbeitgeber schwierig sein dürfte, die diversen möglichen Änderungen beim Anwendungsmodus von Tarifverträgen zu bedenken.[909] Hierzu verweist er auf die gesetzlichen und richterrechtlichen Regeln zum Verbandsaustritt, Verbandswechsel, Zuständigkeitswechsel und Betriebs(teil)übergang. Es sei schwierig, in Verweisklauseln zum Ausdruck zu bringen, was tatsächlich gewollt sei. Überdies sei die Rechtslage in diesem Bereich sehr komplex sei, sodass es ohne weiteres möglich sei, hierin Besonderheiten des Arbeitsrechts zu erblicken. Dies kann allerdings kaum überzeugen. Warum dies nicht zumutbar sein soll, ist nicht ersichtlich. Denn so zahlreich sind die verschiedenen, angeblich kaum vorhersehbaren Möglichkeiten der tariflichen Entwicklung im Betrieb nicht. Der Arbeitgeber kann statisch, klein-dynamisch oder groß-dynamisch verweisen. Zudem kann er eine Regelung für den Fall treffen, was geschehen soll, wenn er selbst aus dem Verband austritt, wenn er den Verband wechselt und wenn möglicherweise der Betrieb übergehen soll. Auch nach der Rechtsprechungsänderung kann er überdies eine Gleichstellung vereinbaren. Er muss es eben nur hinreichend deutlich tun. Problematischer könnte es bei unvorhergesehenen tarifrechtlichen Entwicklungen wie etwa der Aufgabe des Prinzips der Tarifeinheit sein. Dies steht aber gerade bei einem gewillkürten Tarifwechsel nicht zur Debatte. Daher rechtfertigt dies in keinem Fall, arbeitsrechtliche Besonderheiten generell zu Lasten der Klauseltransparenz zu bejahen. Vielmehr dürfte es eine Frage des Einzelfalles sein, was vereinbart wurde, d.h. wie eine Klausel von den beteiligten nach dem objektiven Empfängerhorizont im Moment des Vertragsschlusses verstanden werden konnte. Hier kann durchaus berücksichtigt werden, wenn etwas nicht für die eine oder andere Seite erkennbar war. Gleiches

908 Hierauf wird in der Entscheidung BAG v. 26.8.2009 – 4 AZR 285/08, Rz.56 ausdrücklich verwiesen: Nichtannahmebeschluss des BVerfG v. 26.3.2009 – 1 BvR 334/09, (juris).

909 Giesen, NZA 2006, 625, 627; dem zustimmend Clemenz, NZA 2007, 769, 772; vgl. auch Klebeck, NZA 2006, 15, 18.

gilt damit auch für die Anwendung der Unklarheitenregel. Für die Gleichstellungsabrede ist eine solche Besonderheit – wie gesagt – nicht erkennbar.

ee) Bewertung in dogmatischer Hinsicht

Nachdem anfänglich die Unklarheitenregel noch zur Begründung der Abkehr von der Rechtsprechung zur Gleichstellungsabrede herangezogen wurde, verzichtet man mittlerweile zumindest in den Entscheidungen zur Gleichstellungsabrede auf diesen Argumentationsstrang. Schon die Auslegung nach allgemeinen Grundsätzen führt nach Ansicht der Rechtsprechung also zu eindeutigen Ergebnissen. Erwägungen, die keinen Niederschlag im Wortlaut gefunden haben, werden auch nicht berücksichtigt. Besonderes Gewicht wird mittlerweile folglich dem Wortlaut zugemessen. Soweit der Wortlaut die für den Arbeitnehmer günstigere Sichtweise enthält, entspricht dies auch der im ersten Teil dieser Arbeit vertretenen Auffassung und verdient damit uneingeschränkte Zustimmung. Während die Entscheidung vom 14.12.2005 mithin zwar in der Tat ein wenig an einer sauberen dogmatischen Herleitung des Ergebnisses krankte, wurde dieses Defizit durch eine nunmehr konsequente Beachtung des Vorrangs des Wortlauts bei der Auslegung zumindest teilweise im Urteil vom 18.4.2007 behoben. Im Einklang mit der Argumentation des BAG muss man den Kritikern der Rechtsprechungsänderung hier entgegenhalten, dass die Klausel mit dem gewählten Wortlaut vom Arbeitgeber gestellt wurde, so dass er selbst die Risiken der Rechtsfolgen einer solchen Erklärung zu tragen hat.[910] Will der Arbeitgeber die unmittelbar aus dem Wortlaut folgenden Rechtswirkungen nicht tragen, muss und kann er selbst dafür sorgen, dass entsprechende Vorbehalte in einer für den Arbeitnehmer hinreichend erkennbaren Form zum Ausdruck kommen.[911] Zudem gibt es verschiedene rechtsgeschäftliche Möglichkeiten, sich von der unbedingt zeitdynamischen Bindung zu lösen, so etwa die Änderungsvereinbarung oder die Änderungskündigung.[912] Zu bedenken ist schließlich auch, dass diese teilweise für unzumutbar angesehene Wirkung für den Arbeitgeber bereits nach der bisherigen Auslegung zur Verweisungsklausel durch die Rechtsprechung in all denjenigen Fällen ein-

---

910 BAG v. 18.4.2007 – 4 AZR 652/05, AP Nr. 53 zu § 1 TVG Bezugnahme auf Tarifvertrag, Rz. 35.

911 BAG v. 18.4.2007 – 4 AZR 652/05, AP Nr. 53 zu § 1 TVG Bezugnahme auf Tarifvertrag, Rz. 35; unter Verweis auf Sittard/Ulbrich, ZTR 2006, 458, 460.

912 BAG v. 18.4.2007 – 4 AZR 652/05, AP Nr. 53 zu § 1 TVG Bezugnahme auf Tarifvertrag, Rz. 35; unter Verweis auf Giesen, NZA 2006, 625, 631 f.; Bayreuther, DB 2007, 166; Wisskirchen/Stühm, DB 2003, 2225.

getreten ist, in denen die Klausel von Arbeitgebern verwendet wurde, die nicht tarifgebunden waren.[913]

Durch die Urteilsbegründung allein anhand der allgemeinen Auslegungskriterien hat man es sich allerdings auch erspart, die Aussagen zum AGB-Recht und zur Unklarheitenregel zu präzisieren bzw. klarzustellen. Dies war hier nicht erforderlich, weil der Wortlaut offensichtlich schon die für den Kunden günstigere Auslegungsalternative war.

g) Ausblick – Konsequenzen – offene Fragen

Anknüpfend an diese Erkenntnisse ist allerdings fraglich, ob vor dem Hintergrund der Unklarheitenregel eine Rückkehr zur Gleichstellungsrechtsprechung geboten ist, wenn die Auslegung als Gleichstellungsabrede einmal für den Arbeitnehmer günstiger sein sollte, etwa weil die dynamisch in Bezug genommenen tariflichen Regelungen sich erheblich verschlechtern.[914] Insbesondere aus der Tatsache, dass die Rechtsprechung über viele Jahre hinweg die dem Wortlaut widersprechende Auslegung und den Gleichstellungszweck sogar als eindeutig angesehen hat, könnte man schließen, dass man zur Begünstigung des Arbeitnehmers in einer derartigen Konstellation auch wieder auf die Unklarheitenregel zurückgreifen wird.[915]

Dies würde allerdings den im ersten Teil dieser Arbeit entwickelten Vorgaben an die Bejahung von Zweifeln widersprechen. Denn nach dieser Systematik kann ein nicht im Wortlaut verankerter Sinn und Zweck die Anwendung der Unklarheitenregel nur dann rechtfertigen, wenn er eindeutig und damit hinreichend erkennbar ist. Hierfür ist aber erforderlich, dass es sich nicht nur um eine von mehreren denkbaren Auslegungsalternativen handelt, da in diesem Fall die vom Wortlaut ausgehende Vermutung nach dem maßgeblichen Auslegungshorizont nicht erschüttert werden kann und es daher auch nicht gerechtfertigt ist, zu Lasten des Verwenders vom Wortlaut abzuweichen. Insofern ist auch den berechtigten Interessen des Verwenders Rechnung zu tragen. In der Konstellation der Gleich-

---

913 BAG v. 18.4.2007 – 4 AZR 652/05, AP Nr. 53 zu § 1 TVG Bezugnahme auf Tarifvertrag, Rz. 35; unter Verweis auf BAG v. 1.12.2004 – 4 AZR 50/04, AP Nr. 34 zu § 1 TVG Bezugnahme auf Tarifvertrag.

914 Gemeint ist hier ausdrücklich nicht eine Bewertung der Günstigkeit nach den Vorstellungen Däublers. Wurde einmal die Entscheidung getroffen, so ist man innerhalb des bestehenden Vertragsverhältnisses auch an diese Entscheidung gebunden. Betroffen sein könnten allerdings Verträge, die in Zukunft geschlossen werden, wenn bereits absehbar ist, dass eine Auslegung als Gleichstellungsabrede günstiger ist. Das dürfte freilich sehr selten vorkommen.

915 In diesem Sinne wohl Jacobs, FS-Birk, S. 243, 249 und Willemsen, S. 141; explizit gegen die Anwendung der Unklarheitenregel in diesem Fall: Bayreuther, DB 2007, 166.

stellungsabrede dürfte der vermeintlich vorhandene Gleichstellungszweck nicht geeignet sein, überhaupt hinreichende Zweifel an der dem Wortlaut entsprechenden Auslegung zu wecken. Dies ergibt sich schon daraus, dass der vermeintliche Gleichstellungszweck nicht die einzig mögliche Deutungsalternative ist. Wie erwähnt, ist es ebenso denkbar und naheliegend, dass der Arbeitgeber lediglich den Inhalt der betreffenden Tarifverträge ohne Einschränkung in dynamischer Weise zum Inhalt des Arbeitsvertrages machen wollte.[916] Auch die Rechtsprechung erweckt nicht den Anschein, dass sie einer solchen Sichtweise ablehnend gegenübersteht, beruft sie sich doch in den Urteilen, in denen die angekündigte Rechtsprechungsänderung umgesetzt wurde, selbst nicht mehr auf die Unklarheitenregel.

Was überdies gegen eine Anwendung der Unklarheitenregel im Falle der Gleichstellungsabrede spricht, ist, dass es sich bei diesem vermeintlichen Gleichstellungszweck lediglich um ein Motiv handelt. Wie auch die Rechtsprechung mittlerweile anerkennt, können solche Motive keine Berücksichtigung bei der Auslegung finden, wenn sie sich nicht im Wortlaut niedergeschlagen haben.[917]

Insofern dürfte nach richtiger Ansicht künftig der Weg zu einer Gleichstellungsabrede ohne ausdrückliche Klarstellung im Wortlaut selbst dann verbaut sein, wenn die dynamische Entwicklung für den Arbeitnehmer ungünstiger ist. Wenn die Rechtsprechung keinen „Rückfall" hin zu ihrer „alten" Auslegunsdogmatik erleidet, dürfte es zumindest bei den „herkömmlichen" dynamischen Bezugnahmeklauseln ohne ausdrückliche sonstige Anhaltspunkte nunmehr bei der jetzt gefundenen Auslegung bleiben, auch wenn sich die Dynamik für den Arbeitnehmer ungünstig entwickelt.

Die bisher durch die Gleichstellungsabrede erzielten Ergebnisse können in der Regel auch nicht mittels einer ergänzenden Vertragsauslegung wiederhergestellt werden, da der Inhalt der Bezugnahmeklauseln insoweit eindeutig ist und es daher an einer Vertragslücke fehlt. Für den Verbandsautritt bedeutet dies, dass alle Arbeitnehmer unabhängig von ihrer Tarifbindung Anspruch auf zukünftige Tariferhöhungen haben, aber auch mit Verschlechterungen leben müssen. Gleiches gilt beim Verbandswechsel und beim Betriebsübergang.[918] Kleine dynamische Bezugnahmeklauseln können daher selbst beim Betriebsübergang mit Branchen-

916 Vgl. dazu auch schon Thüsing, AGB-Kontrolle, Rn. 203; Thüsing/Lambrich, RdA 2002, 193, 200.

917 BAG v. 18.4.2007 – 4 AZR 652/05, AP Nr. 53 zu § 1 TVG Bezugnahme auf Tarifvertrag.

918 Ausführlich zu den Folgen: Willemsen, S. 198 ff.; vor der Rechtsprechungsänderung schon Thüsing/Lambrich, RdA 2002, 193 202 ff.; vgl. exemplarisch aus der jüngeren Rechtsprechung: BAG v. 22.10.2008 – 4 AZR 784/07, AP Nr. 66 zu § 1 TVG Bezugnahme auf Tarifvertrag; BAG v. 29.8.2007 – 4 AZR 767/06, AP Nr. 61 zu § 1 TVG Bezugnahme auf Tarifvertrag.

wechsel nicht mehr als Tarifwechselklauseln ausgelegt werden.[919] Bei unzumutbaren Belastungen des Arbeitgebers kommt allerdings eine Vertragsanpassung nach der in § 313 normierten Lehre von der Störung der Geschäftsgrundlage in Betracht.[920]

h) Fazit

In dogmatischer Hinsicht überzeugt der neue Ansatz der Rechtsprechung, auch soweit man die Unklarheitenregel nicht anwendet. Das Ergebnis mag zwar für manche Arbeitgeber nicht unbedingt erfreulich sein, durchgreifende rechtliche Bedenken bestehen diesbezüglich aber nicht. Ohne besondere Hinweise beim Vertragsschluss oder in der Bezugnahmeklausel selbst kann in Zukunft daher weder eine einschränkende Auslegung einer kleinen dynamischen Bezugnahmeklausel angenommen werden, noch kann eine kleine dynamische Bezugnahmeklausel erweiternd dahingehend ausgelegt werden, dass auch ein Tarifwechsel erfasst ist. Nichtsdestotrotz bleibt es dem Arbeitgeber natürlich unbenommen, einen erstrebten Gleichstellungszweck hinreichend deutlich in seinen Verweisklauseln zum Ausdruck zu bringen. Wie die Entscheidung des EuGH in Sachen Werhof zeigt, ist gegen diese Praxis auch europarechtlich nichts einzuwenden.

2. Verweis auf Tarifverträge, die Differenzierungsklauseln enthalten

Ein relativ neuer möglicher Anwendungsfall der Unklarheitenregel bei der Auslegung von Bezugnahmeklauseln wurde kürzlich von *Bauer* und *Arnold*, sowie *Greiner* und *Suhre* ins Spiel gebracht.[921] Anlass hierzu war die jüngste Rechtsprechung des BAG zur Zulässigkeit von Differenzierungsklauseln.[922] Gegenstand der Entscheidung war eine einfache Differenzierungsklausel. In dem entsprechenden Tarifvertrag hatten die Tarifpartner mit Blick auf erhebliche wirtschaftliche Probleme der tarifschließenden Unternehmen den Verzicht auf eine tarifliche Jahressonderzahlung vereinbart. Als Gegenleistung für dieses Entgegenkommen wurde zugleich festgeschrieben, dass ver.di-Mitglieder in jedem Geschäftsjahr eine Ausgleichszahlung erhalten. Dieser Ausgleichszahlung wurde nun im konkreten Verfahren auch von einer nicht tarifgebundenen Arbeitnehmerin verlangt. In ihrem Arbeitsvertrag wurde auf den anzuwendenden Tarifvertrag in seiner jeweils gültigen Fassung verwiesen. Nach Auffassung des BAG vermochte diese einfache dynamische Bezugnahmeklausel den geltend gemachten

---

919 BAG v. 29.8.2007 – 4 AZR 767/06, AP Nr. 61 zu § 1 TVG Bezugnahme auf Tarifvertrag.
920 Vgl. dazu: Thüsing, AGB-Kontrolle, Rn. 205.
921 Bauer/Arnold, NZA 2009, 1169, 1171; Greiner/Suhre, NJW 2010, 131, 132 f..
922 BAG v. 18.3.2009 – 4 AZR 64/08, AP Nr. 41 zu § 3 TVG.

Anspruch nicht zu begründen. Sie bewirke lediglich die Anwendbarkeit des Tarifvertrags, ersetze jedoch nicht die in der Klausel statuierte konstitutive Anspruchsvoraussetzung der ver.di-Mitgliedschaft. Gleichsam sei es zulässig, in einer qualifizierten Bezugnahmeklausel die Gleichbehandlung mit Gewerkschaftsmitgliedern anzuordnen, oder die Mitgliedschaft zu fingieren, was aber in der zu Grunde liegenden Konstellation nicht der Fall gewesen sei.

Die angesprochenen Vertreter des Schrifttums sind der Ansicht, dass nach dem modernen Verständnis des 4. Senats zur Auslegung arbeitsvertraglicher Bezugnahmeklauseln im vorliegenden Falle die Unklarheitenregel zur Anwendung kommen müsse.[923] Könne der Arbeitsvertrag dem Arbeitnehmer durch ausdrückliche Vertragsgestaltung auch Anspruch auf die Exklusivleistung geben, dann wäre es nur konsequent, bei der Auslegung einer uneindeutigen und etwaiger Differenzierungsklauseln nicht explizit berücksichtigenden Bezugnahme im Zweifel zu Lasten des Arbeitgebers als Klauselverwender zu entscheiden. Dem Arbeitgeber wäre dann bei Anwendung von § 305 c Abs. 2 ein Anspruch auf die Exklusivleistung einzuräumen.

Das von der Rechtsprechung gefundene Ergebnis widerspräche auch den allgemeinen Auslegungsgrundsätzen.[924] Finde der Arbeitnehmer in seinem Arbeitsvertrag einen Verweis auf einen bestimmten Tarifvertrag, so könne er davon ausgehen, dass er – im Guten wie im Schlechten – ebenso behandelt werde, wie die normativ an diesem Tarifvertrag gebundenen Arbeitnehmer. Dass Vergünstigungen bei entsprechender Ausgestaltung des Tarifvertrags Gewerkschaftsmitgliedern vorbehalten würden, werde seinem rechtsgeschäftlichen Willen bei der Vereinbarung einer Bezugnahmeklausel nicht gerecht. Entsprechend der bisherigen pauschalen Ablehnung von Differenzierungsklauseln durch die höchstrichterliche Rechtsprechung habe eine Bezugnahmeklausel über die letzten Jahrzehnte hinweg stets auf eine Gleichstellung abgezielt und nicht bloß, wie der 4 Senat meine, auf eine inhaltlich weitgehend unbestimmte Gestaltungsdelegation an die Tarifvertragsparteien.

Diese Auffassung erweist sich nach den bisherigen Ausführungen dieser Arbeit als nicht zutreffend. Im Gegenteil fordert gerade die wortlautorientierte Auslegung des 4. Senates dieses Ergebnis. Denn ohne ausdrücklichen Hinweis im Wortlaut, kann eine kleine dynamische Bezugnahmeklausel mittlerweile gerade nicht mehr als Gleichstellungsabrede ausgelegt werden. Dies wäre aber Voraussetzung dafür, dass auch die nicht tarifgebundenen Arbeitnehmer auf Basis einer entsprechenden Differenzierungsklausel zugesprochene Ansprüche geltend ma-

---

923 Bauer/Arnold, NZA 2009, 1169, 1171; Greiner/Suhre, NJW 2010, 131, 132 f..

924 Bauer/Arnold, NZA 2009, 1169, 1171; Greiner/Suhre, NJW 2010, 131, 132 f.; unter Verweis auf Hanau, FS-Hromadka, S. 115, 126.

chen können. Wenn man sich klarmacht, was rechtstechnisch in diesem Falle geschieht, liegt das Ergebnis auf der Hand: Die Bezugnahme bewirkt, dass die tarifvertraglichen Bestimmungen in den Arbeitsvertrag inkorporiert werden. Die Voraussetzungen dieser Bestimmungen werden durch die Bezugnahmeklausel aber nicht verändert. Damit enthält der Arbeitsvertrag der Außenseiter (freilich auch derjenige der Gewerkschaftsmitglieder) die Regelung, dass Mitglieder von ver.di eine Ausgleichszahlung erhalten, nicht aber die Außenseiter.

Zudem haben die Vertreter dieser Auffassung übersehen, dass die Rechtsprechung dieses Ergebnis der Auslegung mittlerweile gar nicht mehr mit der Unklarheitenregel selbst begründet.[925] Die Gleichstellung mag ein Motiv für die Vereinbarung der Bezugnahmeklausel sein, der einzig denkbare Sinn ist sie aber nicht. Wie gerade erörtert, besteht der Zweck vielmehr darin, den Inhalt des Tarifvertrages zum Inhalt des Einzelarbeitsvertrages zu machen. Dass auch solche Ansprüche, die nach dem Inhalt des Tarifvertrages nur den Gewerkschaftsmitgliedern zugute kommen sollen, auf Basis der Bezugnahmeklausel gewährt werden sollen, ist aber nicht eindeutig erkennbar. Nach der im Einklang mit der Rechtsprechung stehenden, hier vertretenen Auffassung wäre eine Anwendung der Unklarheitenregel im vorliegenden Falle aber nur dann geboten, wenn ein solcher Zweck entgegen dem Wortlaut zumindest hinreichend eindeutig und für den Arbeitnehmer ohne größere Zweifel erkennbar ist.

3. Anwendbarkeit eines Firmentarifvertrages bei kleinem dynamischen Verweis auf Branchentarifverträge – Sonderproblem Sanierungstarifvertrag

Ein weiteres Feld, bei dem die stärkere Betonung des Wortlauts mit Blick auf die Unklarheitenregel zu Problemen führen kann, ist seit der Rechtsprechungsänderung auf dem Gebiet der Sanierungstarifverträge entstanden. Denn auch wenn mittels einer kleinen dynamischen Bezugnahmeklausel lediglich auf einen bestimmten Branchentarifvertrag bzw. bestimmte Branchentarifverträge verwiesen wurde, kann dies unter Umständen zu unerwünschten Ergebnissen führen. Nimmt man den Wortlaut auch hier ernst, so kann man nicht unbedingt davon ausgehen, dass ein entsprechender Haustarifvertrag vom Verweis erfasst ist, bzw. zumindest in Anwendung der Unklarheitenregel ausscheiden muss, da Sanierungstarifverträge für gewöhnlich Verschlechterungen für den Arbeitnehmer mit sich bringen. Lediglich wenn man die Auslegungsalternative entsprechend des Wortlauts als zweifelsfrei ausgeschlossen ansehen würde, könnte man zur Anwendung der Sanierungstarifverträge kommen. Dementsprechend wurde nach Bekanntwerden der Entscheidung des 4. Senats vom 14.12.2005 bereits die Befürchtung geäußert,

925 Vgl. oben: Teil 2.B.III.1.

dass dies das Ende vieler Sanierungstarifverträge sei.[926] Jedenfalls hinsichtlich statischer Verweise hat sich diese Befürchtung mittlerweile zu Recht auch bestätigt. Das BAG kommt hier nicht zu einer korrigierenden Auslegung sondern belässt es bei der Geltung der statisch in Bezug genommenen Regelungen.[927]

a) Analyse der bisherigen Rechtsprechung

Auch im Hinblick auf kleine dynamische Bezugnahmeklauseln hatte sich die höchstrichterliche Rechtsprechung mittlerweile mehrfach mit Problemen bei der Anwendbarkeit von Sanierungstarifverträgen auseinanderzusetzen:

aa) Urteil vom 23.3.2005 – 4 AZR 203/04

Ein in diesem Zusammenhang häufig zitiertes Urteil des 4. Senates stammt noch aus der Zeit vor der Rechtsprechungsänderung.[928] Hier kam man trotz eines kleinen dynamischen Verweises auf die „jeweils gültigen Tarifverträge für den Groß- und Außenhandel des Landes Hessen" zur Anwendung eines später abgeschlossenen Sanierungstarifvertrages. Allerdings fußt diese Entscheidung noch auf einem grundlegend anderen Verständnis zur Auflösung des Konkurrenzverhältnisses zweier Tarifverträge, wenn einer der Verträge aufgrund einer arbeitsvertraglichen Bezugnahmeklausel und der andere auf einer normativen Geltungsanordnung beruht. Die Richter waren der Ansicht, dass eine Tarifkonkurrenz vorliege. Diese sollte nach Spezialitätsprinzip aufgelöst werden. Insofern hatte man keine Probleme mit dem möglicherweise unklaren Verweis. Zu Recht wurde diese Entscheidung aus dogmatischen Gründen kritisiert.[929] Mittlerweile hatte auch das BAG ein Einsehen diesbezüglich und hat sich ausdrücklich von der damaligen Entscheidung distanziert.[930] Insoweit sei diese Entscheidung nur der Vollständigkeit halber dargestellt.

---

926 Clemenz, NZA 2007, 769, 773; Klebeck, NZA 2006, 15, 18; Rieble/Klebeck, BB 2006, 885, 890; Röller/Wissmann, FS-Küttner, S. 465, 474; zumindest skeptisch auch Reinecke, BB 2006,

927 BAG v. 19.9.2007 – 4 AZR 710/06, AP Nr. 54 zu § 133 BGB, hier war allerdings auf singuläre Normenwerke mit konkreter Bezeichnung und Datumsangabe verwiesen, ohne die „jeweilige Fassung" zu erwähnen.

928 BAG v. 23.03.2005 – 4 AZR 203/04, AP Nr. 29 zu § 4 TVG Tarifkonkurrenz.

929 Exemplarisch: Thüsing, NZA 2005, 1280 ff..

930 BAG v. 29.8.2007 – 4 AZR 767/06, AP Nr. 61 zu § 1 TVG Bezugnahme auf Tarifvertrag.

bb) Entscheidung vom 14.12.2005 – 10 AZR 296/05

Nach Ansicht des 10. Senats erfasse eine arbeitsvertragliche Klausel, die einen unter anderem vom Arbeitgeber als Tarifvertragspartei abgeschlossenen Manteltarifvertrag in Bezug nimmt auch dann einen vom Arbeitgeber mit derselben Gewerkschaft abgeschlossenen Sanierungstarifvertrag, wenn die Parteien die Verweisungsklausel ausdrücklich als Gleichstellung nicht tarifgebundener Arbeitnehmer mit tarifgebundenen Arbeitnehmern verstanden hätten und während ihres Arbeitsverhältnisses auch andere Tarifverträge als den im Arbeitsvertrag ausdrücklich genannten Manteltarifvertrag angewandt hätten.[931] Umfasse die arbeitsvertragliche Bezugnahmeklausel somit zwei Tarifverträge, so sei durch Auslegung des Arbeitsvertrags festzustellen, welcher der beiden Tarifverträge Anwendung finde. In der Regel sei dies der dem Betrieb räumlich, betrieblich, fachlich und persönlich am nächsten stehende Tarifvertrag. In dem der Entscheidung zu Grunde liegenden Sachverhalt war im Rahmen einer kleinen dynamischen Bezugnahmeklausel allein auf den Bundesmanteltarifvertrag der Arbeiterwohlfahrt verwiesen. Der Wortlaut der Klausel lautete:

> „Im Übrigen finden die Bestimmungen des für die Arbeiterwohlfahrt geltenden Bundesmanteltarifvertrages für die Arbeitnehmer der Arbeiterwohlfahrt (BMT-AW) in seiner jeweils gültigen Fassung Anwendung."

Wie das BAG ausdrücklich klarstellte, gibt der Wortlaut selbst nicht her, dass auch der Restrukturierungstarifvertrag in Bezug genommen wurde. Entgegen der vom 4. Senat am selben Tag eingeläuteten stärkeren Orientierung am Wortlaut der Klausel ließ man hier also teleologische Erwägungen zu, die sich im Ergebnis überdies als ungünstiger für den Arbeitnehmer erwiesen. Nach Ansicht des 10. Senats bestanden nicht einmal Zweifel hinsichtlich dieser Auslegung. Allerdings konnte man sich hier im wesentlichen darauf stützten, dass die Beteiligten die Verweisklausel übereinstimmend als Gleichstellungsabrede verstanden hatten und dementsprechend seit jeher auch andere Tarifverträge, als den ausdrücklich bezeichneten angewendet hatten. Letztlich lag also kein Widerspruch zur Entscheidung des 4. Senats vom selben Tag vor. In der Regel dürfte es heutzutage allerdings schwerer fallen, nachzuweisen, dass die Parteien eine Klausel übereinstimmend in einem bestimmten Sinne verstanden haben. Mithilfe dieser Gleichstellungsabrede ließ sich überdies aber auch der zweite Leitsatz des Urteils begründen, wonach im Regelfall der speziellere Tarifvertrag in Bezug genommen sei. Denn dies folgt ja gerade aus dem Gleichstellungsgedanken: Das, was für den tarifgebundenen Arbeitnehmer gilt, soll auf vertraglicher Ebene auch für den Außenseiter erreicht werden. Beachtenswert ist, dass die Vertragsparteien, die die

---

931 BAG v. 14.12.2005 – 10 AZR 296/05, AP Nr. 39 zu § 1 TVG Bezugnahme auf Tarifvertrag.

entsprechenden Tarifverträge abgeschlossen hatten, identisch waren. Sowohl am entsprechenden Branchentarifvertrag, als auch am Sanierungstarifvertrag war der Arbeitgeber als Vertragspartei unmittelbar beteiligt.

cc) Entscheidung vom 23.1.2007 – 4 AZR 602/06

Auch der 4. Senat hat diese Sichtweise für vor dem 1.1.2002 abgeschlossene Arbeitsverträge bestätigt.[932] Der Wortlaut der zu Grunde liegenden Verweisung war indes ein wenig weiter, als derjenige in der vorangestellten Entscheidung des 10. Senats. Die betreffende Klausel lautete:

> „Alle übrigen Rechte und Pflichten richten sich nach den Tarifverträgen für Angestellte der Bayerischen Metall- und Elektroindustrie und unseren Betriebsvereinbarungen in der jeweils gültigen Fassung.“

Jedenfalls zur Begründung der (in der zu Grunde liegenden Fallkonstellation ursprünglichen) Anwendbarkeit des Haustarifvertrages vermied man es allerdings, allzu sehr auf das Gleichstellungsinteresse abzustellen.[933] Vielmehr zog man auch hier daneben wieder anderweitige Anhaltspunkte heran, insbesondere die Tatsache, dass in der Verweisklausel auch auf Betriebsvereinbarungen verwiesen war: Mit der Verweisung auf die Tarifverträge der einschlägigen Branchen wolle der Arbeitgeber regelmäßig die sachlich und betrieblich geltenden Tarifverträge dieser Branche in Bezug nehmen und eine eventuell fehlende normative Gebundenheit des Arbeitnehmers an dieser einschlägigen Tarifverträge ersetzen. Dass dazu auch ein vom Arbeitgeber zur vorübergehenden Abänderung von Flächentarifverträgen abgeschlossener Haustarifvertrag gehöre, komme als entsprechendes Regelungsziel einer so allgemein gefassten Verweisungsklausel dadurch hinreichend zum Ausdruck, dass gleichzeitig auf die Geltung der Betriebsvereinbarungen des Arbeitgebers verwiesen werde. Zumindest zur Herleitung des Vorrangs des Haustarifvertrags gegenüber den einschlägigen Verbandstarifverträgen kam man allerdings nicht ohne den Verweis auf den Gedanken der Gleichstellung aus.[934] In dieser Entscheidung waren die Vertragsparteien auf Arbeitgeberseite unterschiedlich, da es sich hier um einen Haustarifvertrag handelte, den der Arbeitgeber selbst mit der Gewerkschaft abgeschlossen hat.

---

932 BAG v. 23.1.2007 – 4 AZR 602/06, AP Nr. 63 zu § 1 TVG Bezugnahme auf Tarifvertrag.

933 BAG v. 23.1.2007 – 4 AZR 602/06, AP Nr. 63 zu § 1 TVG Bezugnahme auf Tarifvertrag, Rz. 24.

934 BAG v. 23.1.2007 – 4 AZR 602/06, AP Nr. 63 zu § 1 TVG Bezugnahme auf Tarifvertrag, Rz. 29.

dd) Entscheidung vom 24.9.2008 – 6 AZR 76/07

In diesem Zusammenhang gehört auch die oben bereits erwähnte Entscheidung vom 24.9.2008. Der Entscheidung lag folgender Sachverhalt zu Grunde:

Anfang der 70er-Jahre wurde zwischen einem Arbeitnehmer, in diesem Falle dem Kläger, und der Rechtsvorgängerin (Deutsche Bundespost) der Beklagten, ein Arbeitsverhältnis geschlossen. Der Formulararbeitsvertrag enthielt folgende Verweisungsklausel:

> „Die Bestimmungen des Tarifvertrages für die Arbeiter der Deutschen Bundespost gelten in ihrer jeweiligen Fassung als unmittelbar zwischen den Vertragsparteien vereinbart."

Der Arbeitnehmer wurde in Lohngruppe 2 der Anlage zum Tarifvertrag für die Arbeiter der Deutschen Bundespost (TV-Arb) eingruppiert. Bei Vertragsschluss existierte bereits der Rationalisierungsschutztarifvertrag Nummer 306 (TV 306), der nicht zum Tarifwerk des Tarifvertrages für die Arbeiter der Deutschen Bundespost gehörte. Der Arbeitnehmer war damals Mitglied der Gewerkschaft, welche die Tarifverträge mit der Arbeitgeberseite abgeschlossen hatte. Diese Mitgliedschaft endete am 31.10.1996. Zuletzt erhielt der Arbeitnehmer eine Vergütung auf Basis des seit 2001 geltenden Entgeltrahmentarifvertrages (ERTV), der die bisherigen tariflichen Regelungen des Tarifvertrages für die Arbeitnehmer der Deutschen Bundespost zur Vergütung ersetzte. Auf Basis des Rationalisierungstarifvertrages Nr. 33 (TV-Ratio Nr. 33) wurde der Arbeitnehmer in der Folgezeit zunächst in ein anderes Ressort versetzt und sodann auf Basis des Tarifvertrages Rationalisierungsschutz und Beschäftigungssicherung (TV-Ratio) in eine Vermittlungs- und Qualifizierungseinheit (jetzt Vivento). Auf die gegen die letzte Versetzung gerichtete Klage des Arbeitnehmers wurde die Beklagte im Jahre 2004 dazu verurteilt, den Arbeitnehmer zu den Bedingungen des zwischen den Parteien bestehenden Arbeitsvertrages vom 11.7.1973 in der zuletzt geänderten Fassung des Änderungsvertrages vom 12.12.1991 gemäß des Entgeltrahmentarifvertrages Telekom zu beschäftigen. Die Versetzung selbst war allerdings rechtmäßig. Ebenfalls im Jahre 2004 wollte die Beklagte die Bezüge für die Mitarbeiter der Vivento absenken, was auf Basis des § 6 des Tarifvertrages Rationalisierungsschutz und Beschäftigungssicherung (TV-Ratio) vom 29.6.2002 geschehen sollte. Der Kläger war der Auffassung, dass er aufgrund seines Verweises im Arbeitsvertrag auf den TV-Arb einen vertraglichen Anspruch auf eine Vergütung nach dem ERTV habe.

Die Bezugnahmeklauseln im Arbeitsvertrag der Parteien erfasse den TV-Ratio nicht, weil lediglich die Geltung des TV-Arb vereinbart worden sei.

Der 6. Senat war anderer Ansicht. Nach der Überzeugung der Richter erfasste die Bezugnahmeklausel auch den TV-Ratio. Im Zeitpunkt des Vertragsschlusses

Anfang der 70er-Jahre sei die Rechtsvorgängerin der Beklagten ein öffentliches, dem Bund gehörendes Unternehmen gewesen.[935] Jeder Arbeitnehmer, der zu dieser Zeit dort eingestellt worden sei, habe die berechtigte Erwartung gehegt, dass die Rechtsvorgängerin der Beklagten alle für sie geltenden Tarifverträge unabhängig von seiner etwaigen Tarifbindung auf den Arbeitnehmer anwenden würde, sofern sie vom persönlichen Geltungsbereich her für ihn einschlägig gewesen seien.[936] Deswegen sei die vorliegende Bezugnahmeklauseln ungeachtet des Umstandes, dass der bereits bestehende Rationalisierungsschutztarifvertrag Nr. 306 nicht Teil des Tarifwerks des TV-Arb und auch nicht ausdrücklich in Bezug genommen gewesen sei, aus der Sicht der typischerweise an Arbeitsverträgen dieser Art beteiligten Verkehrskreise so zu verstehen, dass sie alle für Arbeiter einschlägigen Tarifverträge in ihrer jeweiligen Fassung in den Vertrag einbeziehen sollte.

Ergänzend stützt der Senat dieses Auslegungsergebnis auch damit, dass nach seiner Ansicht die Parteien die Bezugnahmeklausel jedenfalls in diesem Sinne verstanden hätten.[937] Dies zeige sich vor allem daran, dass der Kläger auf Grundlage des TV Ratio Nr. 33 bereits einmal versetzt wurde. Dieser Tarifvertrag habe aber ebenso wenig wie seine Vorgängerregelung, der Tarifvertrag 306, zum Tarifwerk des TV-Arb gehört. Auch sei der Kläger im Zeitpunkt der Versetzung im Jahr 1998 nach seinem Austritt aus der Deutschen Postgewerkschaft nicht mehr tarifgebunden gewesen. Gleichwohl habe er gegen die Anwendung dieses Tarifvertrags auf ihn keine Einwände erhoben. Damit hätten die beiden Parteien der Bezugnahmeklausel übereinstimmend den Inhalt beigemessen, dass auf das Arbeitsverhältnis alle für den Kläger einschlägigen bei der Beklagten geltenden Tarifverträge, einschließlich der Rationalisierungsschutztarifverträge Anwendung finden sollten. Diese übereinstimmende Vorstellung ginge wie eine Individualvereinbarung im Ergebnis auch einer abweichenden objektiven Auslegung vor, auch wenn sich diese zu Gunsten des Verwenders auswirke, vgl. § 305 b.[938] Die Geltung der Rationalisierungsschutztarifverträge dürfe sich darüber hinaus auch aus dem Gesichtspunkt einer betrieblichen Übung ergeben.[939] Denn die Beklagte bzw. die Rechtsvorgängerin der Beklagten selbst habe offenbar unabhängig davon, ob im Arbeitsvertrag lediglich auf den TV Arb oder auch auf die sonstigen für Arbeiter geltenden Tarifverträge der Deutschen Bundespost Bezug

935 BAG v. 24.9.2008 – 6 AZR 76/07, AP Nr. 11 zu § 305 c.

936 BAG v. 24.9.2008 – 6 AZR 76/07, AP Nr. 11 zu § 305 c, Rz 24, unter Verweis auf BAG v. 3.4.2007 – 9 AZR 283/06 –, AP Nr. 21 zu § 2 BAT SR 2 l,Rn. 53.

937 BAG v. 24.9.2008 – 6 AZR 76/07, AP Nr. 11 zu § 305 c, Rz. 25.

938 BAG v. 24.9.2008 – 6 AZR 76/07, AP Nr. 11 zu § 305 c, Rz. 25 unter Verweis auf BGH v. 9.3.1995 – III ZR 55/94, NJW 1995, 1494, 1496.

939 BAG v. 24.9.2008 – 6 AZR 76/07, AP Nr. 11 zu § 305 c, Rz. 26.

genommen war, unterschiedslos alle für Arbeiter einschlägigen Tarifverträge auf diese zur Anwendung gebracht.

Auch hier setzte man sich also über den eindeutigen Wortlaut einer Bezugnahmeklausel hinweg. Wenn man auch den Begriff der Gleichstellungsabrede vermied, so begründete man in erster Linie doch materiell mit ebenjenen Erwägungen die Auslegung gegen den Wortlaut. Aufschlussreich ist auch, dass hier die tatsächliche Handhabung bzw. die unwidersprochene Anwendung verschiedener anderer Tarifverträge, auf die auch nicht vom Wortlaut verwiesen war, ein hinreichendes Indiz dafür gesehen wurde, dass die Vertragsparteien übereinstimmend angenommen hätten, sämtliche bei der Bundespost anwendbaren Tarifverträge seien in Bezug genommen. Aufgrund der zwischenzeitlichen Privatisierung der Deutschen Bundespost lag hinsichtlich der Kontinuität der Vertragsparteien der Tarifverträge hier allerdings eine Sondersituation vor.

ee) Entscheidung vom 22.4.2009 – 4 AZR 100/08

Eine weitere Entscheidung, die in diesem Zusammenhang Aufmerksamkeit verdient, stammt aus dem Jahr 2009.[940] Der Verweis lautete:

> „1. Für die allgemeinen Arbeitsbedingungen gilt der Bundesmanteltarifvertrag vom 23.3.1980 für die Sägeindustrie und verwandte Betriebe und den späteren Änderungen und Ergänzungen.
> 2. Die Entlohnung richtet sich nach dem Lohntarifvertrag für die Holzbearbeitung (Sägeindustrie und verwandte Betriebe sowie Holzhandlungen) im Land Nordrhein-Westfalen (oder der einzelnen Bundesländer) in der jeweils geltenden Fassung und den Betriebsvereinbarungen.
> 13. Die für den Betrieb räumlich und fachlich zuständigen Tarifverträge gelten ohne Rücksicht auf die Tarifgebundenheit für alle Arbeitnehmer, die unter den persönlichen Geltungsbereich des Tarifvertrages fallen."

Die Richter waren hier der Ansicht, dass auch ein Sanierungstarifvertrag erfasst werde.[941] Diesen hatte der Insolvenzverwalter mit der Gewerkschaft, die auch die Branchentarifverträge abgeschlossen hatte, vereinbart. Der Arbeitgeber war früher Mitglied im entsprechenden Arbeitgeberverband. Es handele sich zwar nicht um eine Tarifwechselklausel in dem Sinne, dass die jeweils für den Arbeitgeber einschlägigen Tarifverträge branchenunabhängig Anwendung finden sollten. Innerhalb des Geltungsbereichs der Verbandstarifverträge für die Sägeindustrie und verwandte Betriebe sollte jedoch ein eventueller Wechsel der Tarifgebundenheit des Arbeitgebers von den individuellen Arbeitsbedingungen nachvollzogen wer-

940 BAG v. 22.4.2009 – 4 AZR 100/08, NZA 2010, 41 ff..
941 BAG v. 22.4.2009 – 4 AZR 100/08, NZA 2010, 41, 44, Rz. 42 ff.

den. Dies umfasse auch die teilweise Verdrängung der Tarifnormen des Manteltarifvertrags durch die im Sanierungstarifvertrag vereinbarten Regelungen. Dies ergebe sich aufgrund der Gesamtbetrachtung der Verweisklausel, insbesondere aber aus der Formulierung unter Ziffer 13. Diese Faktoren seien deshalb als von der Senatsrechtsprechung geforderte zusätzliche Kriterien für die Annahme einer „begrenzten" Tarifwechselklausel anzusehen.[942] Damit hat der 4. Senat offenbar eine neue Differenzierungsebene innerhalb der bislang üblichen Systematik der Bezugnahmeklauseln etabliert, nämlich eine sogenannte begrenzte Tarifwechselklausel. Erforderlich ist daher wohl nicht ganz soviel, wie für eine Tarifwechselklausel aber immerhin etwas Ähnliches. Insbesondere letztere Aussage spricht dafür, dass zumindest der 4. Senat die strengen Anforderungen der Tarifwechselklausel auch für die hier interessierende Konstellation verlangt.

ff) Instanzgerichtliche Rechtsprechung

Aus der Instanzgerichtlichen Rechtsprechung ist vor allem die Entscheidung des LAG Köln zu nennen.[943] Im Arbeitsvertrag war vereinbart:

> „Kündigungsfrist für das Beschäftigungsverhältnis, Urlaub sowie alle weiteren arbeitsrechtlichen Bedingungen sind im Rahmentarifvertrag für Beschäftigte im KFZ-Gewerbe geregelt."

Selbst auf Basis dieses Verweises kam man zur Anwendbarkeit eines Sanierungstarifvertrages. Dieser war als firmenbezogener Verbandstarifvertrag zwischen dem Arbeitgeber, der Gewerkschaft und dem Arbeitgeberverband abgeschlossen worden. Man begründete dies in erster Linie damit, dass die Klausel als dynamischer Verweis auf die jeweilige Regelung im Rahmen- oder Manteltarif bezüglich des Urlaubes zu verstehen sei.[944] Davon sei auch ein Sanierungstarifvertrag erfasst. Erst hilfsweise stützte man sich auf die Gleichstellungsabrede, was wohl der einfachere Weg gewesen wäre, da es sich um einen Altfall handelte.

gg) Fazit

Angesichts dieser exemplarischen Entscheidungen kann man festhalten, dass man zwar in der Vergangenheit auch nach der Rechtsprechungsänderung häufiger zur Anwendbarkeit von Sanierungstarifverträgen gegen den Wortlaut ohne Anwendung der Unklarheitenregel kam.[945] Dies war aber jeweils den besonderen Ver-

---

942 BAG v. 22.4.2009 – 4 AZR 100/08, NZA 2010, 41, 44, Rz. 44.

943 LAG Köln v. 14.1.2008 – 14 Sa 606/07, NZA-RR 2008, 529 f..

944 LAG Köln v. 14.1.2008 – 14 Sa 606/07, NZA-RR 2008, 529, 530 f., Rz. 31.

945 BAG v. 23.1.2007 – 4 AZR 602/06, AP NR. 63 zu § 1 TVG Bezugnahme auf Tarifvertrag; BAG v. 14.12.2005 – 10 AZR 296/05, AP Nr. 39 zu § 1 TVG Bezugnahme auf Tarifvertrag;

hältnissen der konkreten Fallsituationen geschuldet. Soweit Altfälle betroffen waren, konnte man sich regelmäßig noch auf den Gleichstellungszweck berufen. In den neueren Fällen gab es deutliche Anhaltspunkte im Wortlaut, die für eine Bezugnahme auch der Haustarifverträge sprachen. Insbesondere scheint die Rechtsprechung den Typus einer „begrenzten" Tarifwechselklausel als hinreichend deutlich zu erachten. Wenn weitergehende Anhaltspunkte im Wortlaut fehlten, konnte man sich jedenfalls aufgrund der tatsächlichen Handhabung der Vertragsparteien darauf berufen, dass diese den Verweis übereinstimmend in diesem Sinne verstanden hätten. Dies passt insoweit zu der hier vertretenen Ansicht, als der Arbeitnehmer sich schon wegen des Gedankens des „venire contra factum proprium" nicht in Widerspruch zu seinem bisherigen Verhalten setzen darf. Genau dies wäre aber der Fall, wenn die Vertragsparteien einerseits jahrelang sämtliche für den Betrieb einschlägigen Tarifverträge auch zu Gunsten des Arbeitnehmers angewendet hätten und dieser sich bei der ersten Verschlechterung auf eine entgegengesetzte Bedeutung der Bezugnahmeklausel berufen wollte. Es fehlt bislang allerdings immer noch an einer abschließenden höchstrichterlichen Stellungnahme für den Fall, dass eben keine über den Wortlaut hinausgehenden Anhaltspunkte dafür bestehen, dass auch ein Haustarifvertrag von einem Verweis auf bestimmte Branchentarifverträge erfasst ist und ob es daher etwa reicht, wenn der Sanierungstarifvertrag von der gleichen Gewerkschaft wie der entsprechende Branchentarifvertrag abgeschlossen wurde, auch wenn die Entscheidung vom 22.4.2009 sicherlich einen deutlichen Hinweis darauf enthält, dass eine begrenzte Tarifwechselklausel erforderlich ist. Es dürfte also mehr, als eine kleine dynamische Bezugnahmeklausel, aber auch weniger, als eine große dynamische Bezugnahmeklausel erforderlich sein.

b) Schrifttum

Im rechtswissenschaftlichen Schrifttum sind die Stimmen in dieser Frage bislang geteilt. Einige Autoren regen an, danach zu differenzieren, ob der Firmentarifvertrag von derselben Gewerkschaft abgeschlossen wurde, wie der Verbandstarifvertrag.[946] Ein Firmentarifvertrag sei in diesem Fall nicht annähernd so weit entfernt von dem vom Wortlaut in Bezug genommenen Regelungswerk, wie ein

---

im Ergebnis ebenso: BAG v. 23.3.2005 – 4 AZR 203/04, AP Nr. 29 zu § 4 TVG Tarifkonkurrenz; vgl. dazu auch die Kritik an der dogmatisch verfehlten Begründung bei Thüsing, NZA 2005, 1280 ff..

946 Thüsing, NZA 2006, 473; ders. AGB-Kontrolle, Rn. 207; Bayreuther, Anmerkung zu BAG v. 18.4.2007 – 4 AZR 652/05, AP Nr. 53 zu § 1 TVG Bezugnahme auf Tarifvertrag; Däubler/Dorndorf/Bonin/Deinert-Däubler, § 305 c Rn. 47 a; Reinecke, BB 2006, 2637, 2642; Sittard/Ulbrich, ZTR 2006, 458, 462.

branchenfremder Verbandstarifvertrag.[947] Dies könnte es rechtfertigen, die strengen Transparenzanforderungen des BAG an Tarifwechselklauseln nicht auf die in Rede stehende Konstellation zu übertragen. Insoweit wird auch darauf verwiesen, dass der Arbeitnehmer durch sein Einverständnis mit der Bezugnahmeklausel „sein Schicksal in die Hände der vertragsschließenden Gewerkschaft gelegt habe".[948] Mit Blick auf die Unklarheitenregel hat *Thüsing* allerdings die Frage aufgeworfen, ob eine Auslegung entsprechend dem Wortlaut der Klausel immer als eine Möglichkeit zu Gunsten des Arbeitnehmers zuzulassen sei.[949] Er selbst verneint dies. Dies entspricht insoweit auch den Ergebnissen des ersten Teils dieser Arbeit. Allerdings sind die Hürden recht hoch, wenn ein eindeutiger Wortlaut beiseite gelassen werden soll. *Reinecke* sieht neben der Möglichkeit, eine eindeutige Auslegung gegen den Wortlaut anzunehmen auch das Institut der ergänzenden Vertragsauslegung als Lösung an.[950]

Andere sind der Auffassung, dass der Verweis auf Branchentarifverträge stets auch unzweideutig zum Ausdruck bringe, dass auch Modifikationen durch einen Firmentarifvertrag erfasst sein sollen.[951] Begründet wird dies damit, dass es dem Unternehmen bei der Bezugnahme auf einen Verbandstarif ersichtlich darum ginge, auf die für das Unternehmen maßgebliche Fassung zu verweisen.[952]

Wieder andere argumentieren auch nach der Rechtsprechungsänderung noch mit dem Gleichstellungszweck, der allerdings im Wege einer ergänzenden Vertragsauslegung zum Zuge kommen soll.[953] Der Firmentarifvertrag stelle mit dem Verbandstarifvertrag ein „Sinnganzes" dar, das wegen des Gleichstellungszwecks der Bezugnahme bei nicht tarifgebundenen wie tarifgebundenen zur Anwendung gelangen solle.

Einen relativ neuen Ansatz hat *Willemsen* diesbezüglich kürzlich präsentiert.[954] Sie will danach unterscheiden, ob es sich um einen Haustarifvertrag, der allein zwischen dem Arbeitgeber und der Gewerkschaft vereinbart wurde, handelt oder um einen firmenbezogenen Verbandstarifvertrag. Angesichts der Rechtsprechungsänderung lehnt sie eine Auslegung, die sich über den Wortlaut der Klausel

947 Bayreuther, Anmerkung zu BAG v. 18.4.2007 – 4 AZR 652/05, AP Nr. 53 zu § 1 TVG Bezugnahme auf Tarifvertrag.

948 So die plastische Formulierung bei Sittard/Ulbrich, ZTR 2006, 458, 462; dem zustimmend auch Bayreuther, Anmerkung zu BAG v. 18.4.2007 – 4 AZR 652/05, AP Nr. 53 zu § 1 TVG Bezugnahme auf Tarifvertrag.

949 Thüsing, NZA 2006, 473.

950 Reinecke, BB 2006, 2637, 2642.

951 Simon/Kock/Halbsguth, EWS 2006, 400, 401; zur alten Rechtsprechung Gaul, ZfA 2003, 75, 97; Hanau, NZA 2005, 489, 492; Löwisch/Rieble, § 3 Rn. 309 f.

952 Hanau, NZA 2005, 489, 492.

953 Wiedemann/Oetker, § 3 Rn. 319.

954 Willemsen, S. 360 ff..

hinwegsetzt, ab. Sei der Sanierungstarifvertrag daher als reiner Firmentarifvertrag vereinbart, komme eine Geltung auf arbeitsvertraglicher Basis nur in Betracht, wenn die Bezugnahme vom Wortlaut her eindeutig auch auf diesen verweise bzw. anderweitige besondere Umstände vorlägen, die eine solche Auslegung rechtfertigten. Darüber hinaus ist *Willemsen* der Ansicht, dass allein die Identität der tarifschließenden Gewerkschaften nicht ausreichen könne, um entgegen der Rechtsprechung des BAG pauschal auch Sanierungstarifverträge als von Verweisungen erfasst anzusehen.[955]

Denn auf der Gegenseite fehle es gerade an dieser Identität, wenn allein der Arbeitgeber den Firmentarifvertrag abschließt. Beim firmenbezogenen Verbandstarifvertrag könne man aufgrund seiner nahen Verwandtschaft zum bereits bestehenden Verbandstarifvertrag allerdings davon ausgehen, dass die Verweisungsklausel ihn ebenfalls umfasse.[956]

c) Stellungnahme

Ein grundsätzliches Bedürfnis dazu, Sanierungstarifverträge auch mit „individualrechtlicher Wirkung“ abschließen zu können, kann sicherlich nicht verneint werden. Unter rechtspolitischen Erwägungen ist daher sicherlich jede Bestrebung zu begrüßen, Wege aufzuzeigen, wie man auch nach der Rechtsprechungsänderung Sanierungstarifverträgen zur Anwendbarkeit verhelfen kann. Wenn man mit der Rechtsprechung auch die tatsächliche Handhabung der Bezugnahmeklausel für die Auslegung heranzieht, dürfte sich in vielen Fällen ergeben, dass oft über die in der Bezugnahmeklausel genannten Tarifverträge hinaus sämtliche im Betrieb normativ geltenden Tarifverträge angewendet wurden und dies dann auch in Zukunft insbesondere in Bezug auf Sanierungstarifverträge zu geschehen hat. Ob sich dies wie nach der hier vertretenen Auffassung aus dem Verbot widersprüchlichen Verhaltens ergibt, oder ob dies lediglich ein Indiz für die Auslegung ist, kann dahinstehen. Ein Stück weit ist dem Bedürfnis der Praxis daher aber schon entgegengekommen. Allerdings führen diese Überlegungen dann nicht weiter, wenn zwar auf Branchentarifverträge verwiesen war, im Unternehmen aber auch nur diese Tarifverträge zur Anwendung kamen.

Wenn man in einem solchen Fall nach der vertragsschließenden Gewerkschaft differenzieren will, so hat dies sicherlich einiges für sich. Ob dies aber der richtige Anhaltspunkt ist, den Wortlaut entgegen der Unklarheitenregel zu übergehen, darf bezweifelt werden. Denn jedenfalls so eindeutig, wie es nach der hier vertretenen Auffassung erforderlich wäre, tritt der Sinn und Zweck, auch einen

955 Willemsen, S. 362.

956 Willemsen, S. 362; unter Verweis auf Simon/Kock/Halbsguth, EWS 2006, 400, 401.

Haustarifvertrag zur Anwendung zu bringen, wohl auch dann nicht hervor, wenn die Gewerkschaft, die auch die Branchentarifverträge abgeschlossen hat, am Firmentarifvertrag mitwirkt. Denn ob man wirklich davon ausgehen kann, dass die Diskrepanz zwischen einem Firmentarifvertrag und einem Verbandstarifvertrag geringer ist als diejenige zwischen zwei Verbandstarifverträgen unterschiedlicher Branchen ist wohl nicht immer gesagt. Das ergibt sich zum einen schon daraus, dass unterschiedliche Vertragspartner in beiden Fällen agieren. Zum anderen ergibt es sich daraus, dass es gerade das Wesen des Sanierungstarifvertrags ist, bestimmte Einschnitte zu vereinbaren. Ein Firmentarifvertrag kann daher wesentlich ungünstiger als die einschlägigen Verbandstarifverträge sein. Verbandstarifverträge hingegen können jedenfalls in vergleichbaren Branchen oder gar nur anderen räumlichen Geltungsbereichen doch recht ähnlich sein. Insofern kann eine Gleichstellung mit einem Tarifwechsel gerechtfertigt sein. Es kann daher nicht ohne weiteres unterstellt werden, dass sich der Arbeitnehmer bei einem ausdrücklichen Verweis auf die einschlägigen Branchentarifverträge auch mit der Geltung der Firmentarifverträge einverstanden erklärt hätte. Zwingend ist das Argument der Vergleichbarkeit also nicht.

Aber auch dem zweiten Gedanken, der diese Ansicht tragen könnte, kann nicht uneingeschränkt zugestimmt werden. Denn wie *Willemsen* schon zutreffend anmerkte, kann man durchaus daran zweifeln, dass ein Anknüpfen allein an die Identität der vertragsschließenden Gewerkschaft sachgerecht ist.[957] Man könnte zwar wie *Sittard/Ulbrich* formulieren, dass man mit der Bezugnahme sein Schicksal in die Hände der Gewerkschaft legt.[958] Ebenso gut kann man aber auch sagen, dass man mit der (kleinen dynamischen) Bezugnahme sein Schicksal allein in die Hände derjenigen Verbände legt, die in der betreffenden Branche zuständig sind und gerade nicht in die Hände des einzelnen Arbeitgebers als Tarifvertragspartei, weil unter Umständen durch Firmentarifverträge Einschnitte drohen könnten. Wenn man sein Schicksal allein in die Hände der Gewerkschaft legen wollte, könnte man dieser auch einfach beitreten. Der Sinn und Zweck steht damit keineswegs so eindeutig fest, wie von dieser Ansicht vertreten. Vielmehr ist auch denkbar, dass gerade nicht auch auf die einschlägigen Firmentarifverträge verwiesen wurde.

Auch der dogmatische Weg über eine ergänzende Vertragsauslegung ist verbaut. Hier ist gerade nicht das Risiko betroffen, dass man bestimmte Entwicklungen nicht voraussehen konnte bzw. bestimmte Regelungen schlicht vergessen wurden. Sanierungstarifverträge sind seit langem üblich. Alles in allem kann dem ersten Ansatz daher nicht gefolgt werden.

957 Willemsen, S. 362.
958 Sittard/Ulbrich, ZTR 2006, 458, 462.

Auch diejenigen Auffassungen, die mit dem Gleichstellungszweck argumentieren, bzw. einen eindeutig erkennbaren dahingehenden Zweck annehmen wollen, dass die im Betrieb maßgeblichen Tarifnormen zur Anwendung gebracht werden sollen, sind im Hinblick auf das neue Verständnis des 4. Senats abzulehnen. Derartige Zwecksetzungen mögen zwar durchaus nahe liegen. Dennoch kann auch hier nicht ausgeschlossen werden, dass man es mit dem Wortlaut ernst meinte, denn wie bereits geschildert macht auch eine solche Sichtweise durchaus Sinn.

Ist dem Wortlaut nach allein auf die einschlägigen Branchentarifverträge verwiesen und lässt sich, wie gesehen, aus sonstigen Erwägungen der Zweck und damit der Inhalt der Bezugnahme nicht hinreichend eindeutig feststellen, muss es daher nach der hier vertretenen Ansicht ohne Anwendung der Unklarheitenregel beim insoweit eindeutigen Wortlaut verbleiben. Die Bestrebungen in der Literatur sind wieder nichts anderes als der Wunsch zur Rückkehr zur interpretatio bene volentiae. Angesichts des eindeutigen Wortlauts würde auch ein eindeutig feststellbarer Zweck kaum weiterhelfen, vielmehr käme es dann allenfalls zur Anwendung der Unklarheitenregel. Das Ergebnis wäre identisch. Daher ist ein entsprechender Haustarifvertrag auf vertraglicher Ebene dann nicht anwendbar, wenn es an deutlichen Hinweisen im Wortlaut fehlt und auch die sonstigen von der Rechtsprechung berücksichtigten Anhaltspunkte nicht vorliegen. Es bedarf mithin zumindest einer begrenzten Tarifwechselklausel. Dies mag für den Arbeitgeber mitunter eine missliche Situation darstellen. Dennoch muss er sich vorwerfen lassen, dass er sich bei der Abfassung seiner Bezugnahmeklauseln hätte klarer ausdrücken müssen. In Konsequenz der Unanwendbarkeit der Unklarheitenregel in diesem Fall, kann sich der Arbeitnehmer bei identischer Klausel freilich auch nicht auf einen für ihn möglicherweise später einmal günstigeren Firmentarifvertrag berufen. Gleiches gilt aber nach der hier vertretenen Auffassung auch dann, wenn man durch die Anwendung der Unklarheitenregel zur Unanwendbarkeit des Haustarifvertrages gekommen ist, da spätere Änderungen – jedenfalls innerhalb desselben Vertragsverhältnisses – unbeachtlich sind.

Fraglich bleibt damit lediglich, ob im Sinne *Willemsen* danach unterschieden werden kann, ob es um die Einbeziehung eines Haustarifvertrages geht oder ob ein firmenbezogener Verbandstarifvertrag vorliegt. Mit dem Wortlaut einer kleinen dynamischen Bezugnahmeklausel in der auf die jeweils geltenden Verbandstarifverträge verwiesen würde, wäre eine solche Deutung sehr viel eher vereinbar, da es sich insofern ja in der Tat um einen Branchentarifvertrag handelt. Hinzu kommt, dass in diesem Fall auch die vertragsschließenden Parteien identisch sind. Damit würde den Arbeitsvertragsparteien auch kein Tarifwerk aufgenötigt, welches nicht von den ursprünglich im Arbeitsvertrag bezeichneten Tarifvertragsparteien stammt. Insofern spricht nichts gegen die Zulässigkeit eines Sanierungstarifvertrages in Form eines firmenbezogenen Verbandstarifvertrages.

d) Fazit

Der Weg für den Sanierungstarifvertrag ist damit nicht grundsätzlich verbaut. Von einem kleinen dynamischen Verweis auf Branchentarifverträge sind Firmentarifverträge in der Regel aber nicht erfasst. Dem insoweit klaren Wortlaut ist hier ohne Anwendung der Unklarheitenregel der Vorrang zu gewähren. Nur wenn sich im Wortlaut hinreichend deutliche Anhaltspunkte für eine begrenzte Tarifwechselklausel im Sinne der Rechtsprechung des 4. Senats finden, ist auch ein Firmentarifvertrag erfasst. Darüber hinaus können sich aber auch durch die tatsächliche Handhabung im Rahmen der bisherigen Vertragsdurchführung hinreichende Indizien für die Vereinbarung einer begrenzten Tarifwechselklausel ergeben. Für die Zukunft sollte daher in der Bezugnahmeklausel hinreichend deutlich gemacht werden, ob auch Firmentarifverträge umfasst sein sollen.

4. Anwendbarkeit von Branchentarifverträgen beim kleinen dynamischen Verweis auf Firmentarifverträge

Auch in der gewissermaßen umgekehrten Situation stellt sich die Frage, ob Branchentarifverträge anwendbar sind, wenn lediglich auf bestimmte Firmentarifverträge verwiesen wurde und diese später durch Verbandstarifverträge ersetzt werden. Das BAG nahm auch hier früher eine korrigierende Auslegung vor.[959] Dies gelte jedenfalls, wenn auch der Verbandstarifvertrag von derselben Gewerkschaft abgeschlossen worden sei. Angesichts der Ausführungen zur vorherigen Problematik verbietet sich eine solche Verfahrensweise auch hier. Der Verweis dürfte auch hier in der Regel hinreichend klar sein. Entgegen der Ansicht *Däublers*[960] dürfte sich daher die Anwendung der Unklarheitenregel auch in dieser Fallkonstellation erübrigen.

---

959 BAG v. 4.9.1996 – 4 AZR 135/95, AP Nr. 5 zu § 1 TVG Bezugnahme auf Tarifvertrag = NZA 1997, 271 ff.

960 Däubler/Dorndorf/Bonin/Deinert-Däubler, § 305 c Rn. 45.

5. Wechsel von BAT zu TVöD

a) Erweiterte kleine dynamische Bezugnahmeklausel – „Tarifsukzessionsklausel"

Zu einiger Rechtsunsicherheit hat auch die Ersetzung des BAT durch das Tarifregime des TVöD insbesondere bei nicht tarifgebundenen Arbeitgebern gesorgt. Angestoßen wurde die Diskussion durch einen Beitrag von *Hümmerich* und *Mäßen*, die die Befürchtung geäußert hatten, dass die „herkömmlichen" Bezugnahmeklauseln nicht ohne weiteres dazu geeignet sein könnten, den Wechsel nachzuvollziehen.[961] In einem Beitrag aus dem Jahre 2005 vertraten beide die Auffassung, dass eine Tarifwechselklausel erforderlich sei, um den TVöD individualvertraglich zur Anwendung bringen zu können.[962] Für die Mehrzahl der Fälle erwies sich diese Befürchtung jedoch zu Recht als nicht begründet. Denn die meisten Arbeitsverträge dürften die seit langem vom Arbeitgeberkreis der BAT-Kommision empfohlene Fassung der Verweisklauseln verwendet haben, nach deren Wortlaut auch „die den BAT *ersetzenden* Tarifverträge" für das einzelne Arbeitsverhältnis gelten sollen.[963] Schon aus dem Wortlaut ergab sich damit, dass auch auf den TVöD verwiesen wurde, da dieser den BAT ersetzt. Insoweit war der Wortlaut eindeutig, ein entgegenstehender Sinn und Zweck ließ sich zudem nicht ausmachen, für die Anwendung der Unklarheitenregel bestand und besteht also weder ein Bedarf noch ein Raum. Auch das BAG hat sich dieser Ansicht mittlerweile ausdrücklich angeschlossen.[964] Entgegen der Befürchtungen *Hümmerichs* und *Mäßens* handele es sich nicht um einen Tarifwechsel im Sinne der Rechtsprechung des BAG, sondern lediglich um eine sog. „Tarifsukzession".[965] Eine solche werde von der Verweisung nachvollzogen, wenn nach dem Wortlaut der Bezugnahmeklausel auch diejenigen Tarifverträge erfasst sein sollte, die den BAT ersetzen. Einer Tarifwechselklausel bedürfe es hierzu nicht. Damit schloss man sich der Meinung *Fiebergs*[966] an, der diese Begrifflichkeit in die Diskussion eingebracht hatte. Auch im Schrifttum wird diese Ansicht von den meisten geteilt.[967]

---

961 Hümmerich/Mäßen, NZA 2005, 961 ff.

962 Hümmerich/Mäßen, NZA 2005, 961, 965.

963 Vgl. hierzu Fieberg, NZA 2005, 1226, 1227; ebenso: BAG v. 10.6.2009 – 4 AZR 194/08, (juris), Rz. 30.

964 BAG v. 22.4.2009 – 4 ABR 14/08 – NZA 2009, 1286, 1289, Rz. 25.

965 BAG v. 22.4.2009 – 4 ABR 14/08 – NZA 2009, 1286, 1289, Rz. 28.

966 Fieberg, NZA 2005, 1226, 1227 f..

967 Bayreuther, NZA 2009, 935; BeckOK TVöD/Winter, TVÜ-VKA, § 1 Rn. 40; Fieberg, NZA 2005, 1226, 1227 f.; Greiner, NZA 2009, 877, 878 f.; Möller/Welkoborsky, NZA 2006, 1382,

b) Einfache kleine dynamische Bezugnahmeklausel

aa) Bestandsaufnahme

Nach wie vor bestehen aber Unsicherheiten, ob die Unklarheitenregel eine individualvertragliche Geltung des TVöD verhindert, wenn die empfohlene Formulierung der Bezugnahmeklauseln nicht verwendet wurde, etwa wenn lediglich auf die den BAT „ergänzenden oder ändernden Tarifverträge" verwiesen wurde, oder gar nur der BAT in Bezug genommen wurde. Stellt man hier maßgeblich auf den Wortlaut ab, so ist fraglich, ob der TVöD ein den BAT „ergänzender oder ändernder" Tarifvertrag ist. Das ist zu verneinen.[968] Wie oben schon festgestellt, handelt es sich vielmehr um einen den BAT ersetzenden Tarifvertrag. Die Regelungen des TVöD sind abweichend vom bisherigen Regelwerk und treten nicht lediglich an die Seite des BAT, insofern kann man nicht von einer Ergänzung sprechen.[969] Voraussetzung für eine Änderung wäre, dass der ursprüngliche Tarifvertrag fortgeschrieben wird, wie etwa bei den bisherigen „Änderungstarifverträgen zum BAT". Auch dies ist hier nicht der Fall. Der TVöD soll an die Stelle des BAT treten. Es handelt sich nicht um eine bloße Fortschreibung des bislang geltenden Regelwerks, sondern es findet ein Wechsel zu einem anderen System stand.[970] Dies äußert sich vor allem darin, dass neue Tarifgruppen geschaffen werden, dass das Leistungsprinzip eingeführt und dass die Arbeitszeit flexibler gestaltet werden soll. Auch der Verweis auf die jeweils geltende Fassung des BAT kann nach dem Wortlaut keine andere Sichtweise rechtfertigen.[971] Der TVöD ist schlichtweg keine Fassung des BAT. Die Formulierung ist damit ein Musterfall einer kleinen dynamischen Bezugnahmeklausel. Insoweit ist die am Wortlaut orientierte Auslegung eindeutig.

(1) Meinungsspektrum im Schrifttum

In Konsequenz der wortlautorientierten neueren Rechtsprechung des BAG sehen einige Vertreter im Schrifttum die entsprechenden Klauseln als nicht geeignet an,

---

1384 f.; Thüsing, AGB-Kontrolle, Rn. 209 ff.; Werthebach, NZA 2005, 1224, 1226; a.A. Steinau-Steinrück, NJW-Spezial 2005, 561.

968 Greiner, NZA 2009, 877, 878 f.; Thüsing, AGB-Kontrolle, Rn. 210 ff. a.A. soweit ersichtlich einzig das LAG Schleswig-Holstein v. 12.11.2008 – 6 Sa 228/08, (juris), Rz. 44: Der allgemeine Sprachgebrauch lege es nahe, unter Änderung auch eine Ersetzung zu verstehen. Die Änderung verändere die Regelung. Nichts anderes geschehe bei der Ersetzung. Der Unterschied liege im Umfang der Veränderung. Die Ersetzung sei die weitestgehende Änderung.

969 Thüsing, AGB-Kontrolle, Rn. 210.

970 Thüsing, AGB-Kontrolle, Rn. 210.

971 Thüsing, AGB-Kontrolle, Rn. 211.

den Tarifwechsel vom BAT zum TVöD nachzuvollziehen.[972] Für eine abweichende Auslegung, die es rechtfertige, anzunehmen, dass die Parteien übereinstimmend etwas anderes meinten, als sie sagten, fänden sich regelmäßig keine Anhaltspunkte.[973] Auch eine ergänzende Vertragsauslegung sei in einem solchen Fall abzulehnen.[974]

Dennoch wollen nicht wenige Autoren schon diese Klausel ausreichen lassen.[975] Sie berufen sich auch bei dieser Fragestellung vor allem darauf, dass die Ersetzung des BAT durch den TVöD keinen Tarifwechsel im Sinne der Rechtsprechung des BAG sondern lediglich eine Tarifsukzession bzw. eine Ablösung oder einen sog. unechten Tarifwechsel[976] darstelle. Insbesondere komme es nicht darauf an, ob auch die Anwendung der ersetzenden Tarifverträge vereinbart worden sei.[977] Jüngst hat sich vor allem *Greiner* für diese Sichtweise ausgesprochen.[978] Er beruft sich dabei auf ein Urteil des BAG vom. 10.6.2009.[979] Diesem Urteil entnimmt er, dass auch der 4. Senat des BAG diese Ansicht vertreten dürfte. Nur aufgrund der Besonderheiten der verwendeten, sehr eingeschränkten Bezugnahme sei im konkreten Fall die volle individualvertragliche Nachvollziehung des Wechsels gescheitert.[980] Grundsätzlich erkennt zwar auch *Greiner* an, dass der Wortlaut eine entsprechende Auslegung nicht hergibt. Der Sinn und Zweck rechtfertige aber ein Abweichen auch gegen die Unklarheitenregel. Im Falle der Tarifsukzession beruhe der vermeintliche Tarifwechsel im Gegensatz zu den Konstellationen des Tarifwechsels gerade nicht auf einer einseitigen Disposition des Arbeitgebers sondern auf einem einvernehmlichen Zusammenwirken der Tarifparteien. Dabei unterscheide sich auch hinsichtlich der Auslegung von Bezugnahmeklauseln die Interessenlage gravierend von derjenigen bei echten Tarifwechseln. Dem Wechsel des Bezugnahmeobjektes liege hier keine einseitige – regelmäßig von klaren wirtschaftlichen Interessen getragenen – Gestaltungsentscheidung des Arbeitgebers zu Grunde, sondern vielmehr eine einverständliche Neubetätigung der Tarifautonomie mit Richtigkeitsgewähr. Beide Parteien des ursprünglich in Bezug genommenen Tarifvertrags wirkten an der Tarifsukzession mit. Bereits mit der ursprünglichen Bezugnahmeklausel hätten die Arbeitsver-

972 Hümmerich/Mäßen, NZA 2005, 961, 965; Steinau-Steinrück, NJW-Spezial 2005, 561, 562; Thüsing, AGB-Kontrolle, Rn. 212

973 Thüsing, AGB-Kontrolle, Rn. 212.

974 Thüsing, AGB-Kontrolle, Rn. 216.

975 Bayreuther, NZA 2009, 935; Fieberg, NZA 2005, 1226, 1228; Greiner, NZA 2009, 877, 879; Werthebach, NZA 2005, 1224, 1226; wohl auch Möller/Welkoborsky, NZA 2006, 1382 ff.

976 Zur Begrifflichkeit: Greiner, NZA 2009, 877.

977 Bayreuther, NZA 2009, 935, Fn. 2.

978 Greiner, NZA 2009, 877 ff..

979 BAG v. 10.6.2009 – 4 AZR 194/08, (juris).

980 Greiner, NZA 2009, 877.

tragsparteien sich gewissermaßen der zukünftigen Regelungskompetenz der Tarifparteien anvertraut. Die mit der Tarifsukzession verbundene Änderung der Tarifinhalte wirkten nicht anders auf den Arbeitsvertragsinhalt ein als eine inhaltliche Änderung des ursprünglichen Tarifwerks. Mit der Vereinbarung einer zeitlichen Dynamik hätte man auch die Möglichkeit einer künftigen Verschlechterung der Arbeitsbedingungen grundsätzlich akzeptiert. Dass diese Verschlechterung im Falle der Tarifsukzession mit einer Umbenennung oder auch Struktur- und Geltungsbereichsänderung des Tarifvertrages einhergehe, sollte rechtlich keinen Unterschied machen. Denn dass der Tarifvertrag nicht nur einen neuen Inhalt, sondern auch eine neue Bezeichnung erhalten habe, ändere an der Interessenlage der Arbeitsvertragsparteien nichts. Würde die Bezugnahmeklausel die Tarifsukzession nicht nachvollziehen, so könnte sie künftig nur noch wie ein statischer Verweis auf die letzte Fassung des ausdrücklich benannten Tarifwerkes wirken. Der Arbeitnehmer würde also jedenfalls aufgrund der Bezugnahmeklausel an der künftigen, regelmäßig für ihn günstigen Entwicklung des nachfolgenden Tarifwerks nicht mehr partizipieren. Dieses Auslegungsergebnis wäre mit dem Zweck der zeitdynamischen Bezugnahme nicht mehr vereinbar. Das Anliegen, die von den Arbeitsvertragsparteien gewollte dynamische Wirkung der Bezugnahme trotz Tarifsukzession aufrechtzuerhalten, rechtfertige somit die Überschreitung der Wortlautgrenze. Dogmatisch ließe sich diese Überschreitung der Wortlautgrenze am ehesten durch eine ergänzende Vertragsauslegung begründen. Mit der Tarifsukzession sei auf normativer Ebene eine grundlegende Änderung eingetreten, die von den Arbeitsvertragsparteien bei der Formulierung der Bezugnahmeklausel nicht bedacht worden sei. Würde man in dieser Situation streng am Klauselwortlaut festhalten, ergäbe sich die dargestellte, regelmäßig aus Perspektive beider Vertragsparteien nicht interessengerechte Situation. Damit bestünde eine planwidrige Regelungslücke im Vertrag.

(2) Rechtsprechung

In dem von *Greiner* angesprochenen Urteil vom 10.6.2009 ging es um die Auslegung einer Bezugnahmeklausel, die hinsichtlich der Höhe der Vergütung lediglich dynamisch auf den jeweiligen Tarifvertrag zum BAT verwies.[981] Es fehlte die Formulierung, dass auch die den BAT ersetzten Tarifverträge einbezogen sein sollten. In der Sache kam man zu dem Ergebnis, dass der Wortlaut diesbezüglich eindeutig sei.[982] Dennoch beschäftigte man sich ausgiebig mit der In-

981 BAG v. 10.6.2009 – 4 AZR 194/08, (juris).

982 BAG v. 10.6.2009 – 4 AZR 194/08, (juris), Rz. 38.

teressenlage und vor allem der systematischen Stellung der Klausel.[983] Letztlich sprach aber auch diese nach Ansicht der Richter gegen eine Erstreckung auf den TVöD. Die Parteien hätten im vorliegenden Fall nicht die pauschale Geltung der Vergütungsordnung vereinbart, sondern eine in ihrem Betrieb im einzelnen ausdifferenzierte Regelung lediglich mit dem Verweis auf den BAT ergänzt. Die in den allgemeinen Vertragsbedingungen des Arbeitgebers zusammengestellte Kombination eigenständiger Regelungen mit der Bezugnahme auf verschiedene Teile mehrerer externer Regelwerke schließe es aus, die Bezugnahmeklausel dahingehend auszulegen, dass dann, wenn eines dieser in Bezug genommenen externen Regelwerke in seinem allgemeinen Regelungsbereich durch eine strukturell gänzlich andere Gesamtregelung -sukzessive- ersetzt werde, auch der in Bezug genommenen Teil trotz grundsätzlich unverändertem normativen Fortbestand des externen Regelwerkes abgelöst werden solle.[984] Dass die ursprünglich dynamische Verweisklausel in Zukunft faktisch wohl nur noch statisch wirken werde, weil die Tarifvertragsparteien nach Abschluss des TV-L zukünftig keine weiteren Vergütungstarifverträge zum BAT mehr abschließen würden, ändere hieran nichts. Damit realisiere sich lediglich ein Risiko, dass grundsätzlich jeder dynamischen Verweisung auf Werke, deren Zustandekommen außerhalb des Einflussbereichs der Vertragsparteien liege, immanent sei. Für eine ergänzende Vertragsauslegung war nach Ansicht der Richter kein Raum.[985] Mangels zweier denkbarer Auslegungsmöglichkeiten könne auch die Unklarheitenregel nicht zu Gunsten der Arbeitnehmerin in Stellung gebracht werden.[986]

Mittlerweile liegen zwei weitere Urteile des BAG vor, in denen man davon ausgeht, dass der Wechsel zum TVöD in der Tat auch mit einer kleinen dynamischen Bezugnahmeklausel vollzogen werden kann.[987] Dogmatisch wählt man den Weg über die ergänzende Vertragsauslegung.[988] Insoweit ist die Argumentation weitestgehend identisch mit der *Greiners*.

Die Instanzgerichtliche Rechtsprechung ist uneinheitlich. Exemplarisch seien hier die Urteile des LAG Niedersachsen, des LAG Baden Württemberg, des LAG Schleswig-Holstein und des Hessischen LAG genannt.[989] Das LAG Niedersach-

983 BAG v. 10.6.2009 – 4 AZR 194/08, (juris), Rz. 39 ff..

984 BAG v. 10.6.2009 – 4 AZR 194/08, (juris), Rz. 43.

985 BAG v. 10.6.2009 – 4 AZR 194/08, (juris), Rz. 48.

986 BAG v. 10.6.2009 – 4 AZR 194/08, (juris), Rz. 49.

987 BAG v. 19.5.2010 – 4 AZR 796/08, ZTR 2010, 481 ff.; BAG v. 16.12.2009 – 5 AZR 888/08, NZA 2010, 401 ff..

988 BAG v. 19.5.2010 – 4 AZR 796/08, ZTR 2010, 481 ff.; BAG v. 16.12.2009 – 5 AZR 888/08, NZA 2010, 401 ff..

989 LAG Niedersachsen v. 23.11.2009 – 6 Sa 802/09, (juris); LAG Baden-Württemberg v. 20.11.2009 – 11 Sa 88/08, (juris); LAG Schleswig-Holstein v. 12.11.2008 – 6 Sa 228/08, (juris); LAG Schleswig-Holstein v. 5.6.2008 – 3 Sa 94/08, EzTöD 100 Nr. 12 zu § 2 TVöD-AT

sen und das LAG Baden Württemberg urteilte im Sinne *Greiners*. Das LAG Baden-Württemberg stützte sich in Anlehnung an das LAG Rheinland-Pfalz zumindest hilfsweise auf die Unklarheitenregel und kam damit ebenfalls zur Anwendung des TVöD:[990] Die dynamische Bezugnahme auf den BAT erstrecke sich jedenfalls in Anwendung des § 305 c Abs. 2 auch auf den TVöD. Durch die Überleitungstarifverträge werde dabei gewährleistet, dass für bislang unter dem BAT beschäftigte Arbeitnehmer ein Bestandsschutz hinsichtlich ihrer bisherigen Vergütung sichergestellt sei.

Das Hessische LAG lehnte die Konstruktion über die Tarifsukzession ab, wenn es an einem zusätzlichen Verweis auf die den BAT ersetzenden Tarifverträge fehlte.[991] Auch die Zukunftsgerichtetheit des Arbeitsverhältnisses rechtfertige eine solche Sichtweise nicht.[992] Dies folge aus der Interessenlage der Parteien. Zwar bedürfe der Arbeitsvertrag als Dauerschuldverhältnis der ständigen Anpassung, die bei Vertragsschluss von den Arbeitsvertragsparteien nicht vorweggenommen werden könne. Allerdings dürfe nicht außer Acht gelassen werden, dass sich die Arbeitsvertragsparteien damit der Herrschaft über die Ausfüllung des vertraglich gesetzten Rahmens begeben würden. Eine derart weitgehende Öffnung des Arbeitsvertrages unter Aufgabe der eigenen Einflussmöglichkeiten auf die zukünftige Vertragsgestaltung könne nicht unterstellt werden. Bereits die fehlende Tarifbindung der Vertragsparteien verdeutliche, dass es nicht ihrem Willen entspreche, jeder Tarifentwicklung ohne nähere Prüfung uneingeschränkt Raum zu geben. Eine ergänzende Vertragsauslegung komme zudem mangels ausfüllungsbedürftiger Vertragslücke nicht in Betracht.[993]

bb) Stellungnahme

Wie nahezu einhellig anerkannt wird, ist der Wortlaut einer entsprechendenkleinen dynamischen Verweisklausel eindeutig.[994] Will man den TVöD dennoch auf Basis der einfachen dynamischen Bezugnahmeklausel zur Anwendung bringen, kann man sich mithin nur auf einen entgegenstehenden Sinn und Zweck der Klausel berufen, der jedenfalls im Wortlaut der Klausel keinen Eingang gefunden hat. Vor dem Hintergrund der in letzter Zeit stärkeren Orientierung am Wortlaut

---

Bezugnahmeklausel; LAG Rheinland-Pfalz v. 22.8.2008 – 9 Sa 198/08, ZTR 2008, 686; a.A. Hessisches LAG v. 30.5.2008 – 3 Sa 1208/07, (juris).

990 LAG Baden-Württemberg v. 20.11.2009 – 11 Sa 88/08, (juris) Rz. 45; unter Verweis auf LAG Rheinland-Pfalz v. 22.8.2008 – 9 Sa 198/08, ZTR 2008, 686.

991 Hessisches LAG v. 30.5.2008 – 3 Sa 1208/07, (juris).

992 Hessisches LAG v. 30.5.2008 – 3 Sa 1208/07, (juris), Rz. 28.

993 Hessisches LAG v. 30.5.2008 – 3 Sa 1208/07, (juris), Rz. 36.

994 Vgl. oben: Teil 2.B.III.5.aa.

von Verweisklauseln ist diese Verfahrensweise wenig überzeugend und wenig Erfolg versprechend. Nach der hier vertretenen Auffassung müsste der Sinn und Zweck der Verweisklausel auch für den Arbeitnehmer eindeutig erkennbar sein, um zumindest die Anwendung der Unklarheitenregel zu rechtfertigen. Um „unabhängig von der Unklarheitenregel“ gegen den Wortlaut erfolgreich zu sein, müsste der Sinn und Zweck gar derart offenkundig auf der Hand liegen, dass nahezu jedermann von einer entsprechenden Bedeutung des Inhalts der Klausel ausgehen muss. Derart offenkundig dürfte die Sachlage hier wohl jedenfalls nicht sein. Nach der im ersten Teil entwickelten Systematik läge hier wohl nicht einmal ein Anwendungsfall der Unklarheitenregel vor, da der mit der Klausel verfolgte Sinn und Zweck jedenfalls im Hinblick auf die Möglichkeit, auch eine Tarifsukzession nachzuvollziehen, nicht eindeutig ist. Sicherlich kann man zwar vortragen, dass die Vertragsparteien durch einen dynamischen Verweis auf das Regelwerk des BAT in erster Linie die Anpassung der jeweiligen Gehälter sicherstellen wollten. Dies ist aber nicht der einzig denkbare mit der Bezugnahme verfolgte Zweck. Insbesondere die Tatsache, dass die Vertragsparteien in der hier in Rede stehenden Konstellation gerade nicht die seit langem empfohlenen Formulierungen benutzten, die auch einen Verweis auf die den BAT ersetzenden Tarifverträge enthielten, sondern es lediglich bei dem Verweis auf das Tarifwerk des BAT beließen, kann darauf hindeuten, dass sie sich gerade nicht jeglicher Modifikation der anwendbaren Tarifwerke von vornherein unterwerfen wollten.[995] Vor allem wenn ein Verweis auf die ändernden oder ergänzenden Tarifverträge fehlt, kann daher nicht ausgeschlossen werden, dass in der Tat allein die Anpassung der Gehälter den Tarifvertragsparteien überlassen werden sollte. Auch wenn die Sichtweise *Greiners* vielleicht näher liegen mag, den klaren Vorzug verdient sie damit nicht.

Auch wenn es sich beim Wechsel von BAT zum TVöD lediglich um eine Tarifsukzession handelt, so hat diese doch erhebliche Änderungen für die Arbeitsbedingungen, insbesondere für die Entlohnung mit sich gebracht. Exemplarisch sei hier nur die Einführung des Leistungsprinzips erwähnt. Entgegen dem Wortlaut kann jedenfalls nicht ohne Zweifel von vornherein unterstellt werden, dass sich die Arbeitsvertragsparteien derart weitreichenden Veränderungen unterwerfen wollten. Dem könnte man zwar entgegenhalten, dass dies eben der Preis einer Bezugnahme auf Tarifwerke ist, auf deren Gestaltung man selbst mangels einer Verbandsmitgliedschaft keinen Einfluss hat. Diese Argumentation ist wenn man das Ergebnis betrachtet vielleicht richtig, sie trifft aber nicht den Kern, da es hier um die Feststellung dessen geht, was vereinbart wurde, und nicht um die Feststellung dessen, was zumutbar ist.

---

995 In diesem Sinne auch Thüsing, AGB-Kontrolle, Rn. 221.

Entgegen der Ansicht *Greiners* ergibt sich auch nicht zwingend etwas anderes aus der angeführten Entscheidung des BAG. Es lässt im Gegenteil auch durchaus Raum für eine andere Deutung, wenn es diese nicht sogar näher legt. Denn zunächst muss man einmal feststellen, dass das BAG im Ergebnis hier die Auffassung vertreten hat, dass die Auslegung eindeutig ist, aber nicht etwa eindeutig im Sinne *Greiners*, sondern eindeutig in dem Sinne, dass der Verweis in der konkreten Entscheidung nicht geeignet ist, die Tarifsukzession nachzuvollziehen. Zumindest sollte eine solche Sichtweise daher als eine denkbare Auslegungsalternative in Betracht kommen. Dies würde dann aber allenfalls zur Anwendung der Unklarheitenregel führen.

Auch der dogmatische Ansatz, eine Lösung für diese Problematik über das Institut der ergänzenden Vertragsauslegung zu suchen, stellt sich hier als nicht gangbar dar: Aufgrund des eindeutigen Auslegungsergebnisses fehlt es an einer Vertragslücke. Aber selbst wenn man vertreten will, dass der Zweck, auch eine Tarifsukzession nachzuvollziehen, eindeutig erkennbar sei, kann eine ergänzende Vertragsauslegung nicht stattfinden. Denn insofern wäre die Unklarheitenregel vorrangig zu beachten. Denn wie nicht zuletzt die Bemühungen der verschiedenen Autoren zeigen, streitet man sich gerade darüber, ob die betreffende Verweisklausel auch eine Tarifsukzession erfasst oder nicht. Es ist also eine mögliche Deutungsalternative. Daher ist zumindest in dieser Fallkonstellation nicht ausgeschlossen, dass lediglich eine sprachliche Unklarheit vorliegt und nicht etwa eine ausfüllungsbedürftige Lücke. Daher ist der Unklarheitenregel der Vorrang einzuräumen.

cc) Fazit

Nach der zu bevorzugenden, streng am Wortlaut orientierten Auslegung wäre der TVöD auf Basis der einfachen kleinen dynamischen Bezugnahmeklausel nicht anwendbar. Selbst wenn man den Zweck letztendlich als eindeutig erkennbar einstufen will, wäre nach der hier vertretenen Auffassung allenfalls eine Anwendung der Unklarheitenregel gerechtfertigt. Wie einige der instanzgerichtlichen Entscheidungen zeigen, kann sich dann durchaus ergeben, dass eine Bezugnahme auf den TVöD günstiger für den Arbeitnehmer wäre.[996] Zwar hat der TVöD im Vergleich zum BAT viele Verschlechterungen gebracht.[997] Angesichts einer gleichzeitig vereinbarten Bestandsschutzbestimmung wirken sich diese allerdings erst im Laufe der Jahre aus. Im Gegenzug bedeutet ein Verbleiben im BAT, dass man

996 LAG Baden-Württemberg v. 20.11.2009 – 11 Sa 88/08, (juris) Rz. 45; unter Verweis auf LAG Rheinland-Pfalz v. 22.8.2008 – 9 Sa 198/08, ZTR 2008, 686.

997 Däubler/Dorndorf/Bonin/Deinert-Däubler, § 305 c Rn. 45 a.

nicht mehr mit Erhöhungen des Entgelts rechnen kann. Angesichts der Schwierigkeiten bei der Feststellung scheint es aber auch hier sachgerechter, dem einzelnen Arbeitnehmer in diesem Fall ein Wahlrecht zuzubilligen.

6. Verweis auf Tarifpluralität

Wenn der 4. Senat mittlerweile berechtigterweise vom Grundsatz der Tarifeinheit abgerückt ist, so könnte dies für den Praktiker freilich einiges an Problemen mit sich bringen wenn man die Unklarheitenregel auch beim Verweis auf ganze Tarifwerke als anwendbar erachtet und hier vor allem, wenn mittels einer großen dynamischen Bezugnahmeklausel auf die jeweils im Betrieb geltenden Tarifverträge verwiesen wird: Mit der Geltung eines zusätzlichen Tarifvertrages im Betrieb des Arbeitgebers kann auf einmal eine ursprünglich als eindeutig erachtete Bezugnahmeklausel für einiges an Unsicherheit sorgen, da mitunter unklar ist, welcher der verschiedenen potentiell in Bezug genommenen Tarifverträge anwendbar sein soll. Gleiches trifft auch auf kleine dynamische Bezugnahmeklauseln zu, beispielsweise wenn in den Arbeitsverträgen der Deutschen Bahn für Lokführer auf die jeweils gültigen Tarifverträge für Lokführer Bezug genommen wird. Aufgrund des nicht hinreichend klaren Wortlauts, ist auch in diesen Konstellationen an die Anwendung der Unklarheitenregel zu denken.

a) Rechtsprechungsüberblick

Viele der bisherigen Entscheidungen des BAG zu einer derartigen Problematik basierten durchweg auf der Gleichstellungsrechtsprechung in Kombination mit dem Prinzip der Tarifeinheit.[998] Daher konnte das BAG regelmäßig dazu kommen, den spezielleren Tarifvertrag zur Anwendung zu bringen. Insoweit ist dies nicht mehr ohne weiteres auf die hier interessierende Situation übertragbar.

Ein bereits existierendes Beispiel aus der Praxis für Tarifpluralitäten, die die Vertragsparteien nicht vorausgesehen haben dürften, stellt allerdings die Situation in Krankenhäusern dar. Hier finden sich gleich drei große Tarifwerke, die die Arbeitsverhältnisse von Klinikärzten erfassen. Dies sind die von der Ärztegewerkschaft Marburger Bund abgeschlossenen Tarifverträge. Vertragspartner sind sowohl die Vereinigung kommunaler Arbeitgeber, die Tarifgemeinschaft deutscher Länder sowie weitere verschiedene Einzelarbeitgeber. Mit diesen Ta-

---

998 BAG v. 23.1.2007 – 4 AZR 602/06, AP NR. 63 zu § 1 TVG Bezugnahme auf Tarifvertrag; BAG v. 14.12.2005 – 10 AZR 296/05, AP Nr. 39 zu § 1 TVG Bezugnahme auf Tarifvertrag; im Ergebnis ebenso: BAG v. 23.3.2005 – 4 AZR 203/04, AP Nr. 29 zu § 4 TVG Tarifkonkurrenz; vgl. dazu auch die Kritik an der dogmatisch verfehlten Begründung bei Thüsing, NZA 2005, 1280 ff..

rifverträgen konkurriert in städtischen Kliniken der zwischen ver.di bzw. der DBB/Tarifunion und der Vereinigung kommunaler Arbeitgeber für den ärztlichen Bereich abgeschlossenen TVöD/K. Ist der Rechtsträger ein Bundesland, kommt es zur Kollision zwischen zwischen dem erstgenannten Tarifvertrag und dem TvL (abgeschlossen zwischen der Tarifgemeinschaft deutscher Länder und ver.di bzw. DBB/Tarifunion). Die Rechtsprechung hatte sich zumindest bislang meist mit der Konkurrenz zwischen den vom Marburger Bund abgeschlossenen Verträgen und dem TVöD/K. Man kann nicht davon ausgehen, dass allein der TVöD/K als ersetzender Tarifvertrag gesehen wird, da sich regelmäßig beide in Betracht kommenden Tarifverträge tarifrechtlich als gleichwertig erweisen.[999] In den wenigsten Fällen dürfte sich aber aus dem Wortlaut der entsprechenden Klauseln ergeben, welcher der Tarifverträge gemeint ist.

aa) Rechtsprechung des BAG

Mittlerweile hat sich auch das BAG zu dieser Problematik geäußert.[1000] In mehreren Entscheidungen vom 9.6.2010 wird die Anwendung der Unklarheitenregel beim Verweis auf Tarifnormen zunächst generell mit den oben schon ausführlich erörterten Begründungen abgelehnt.[1001] Darüber hinaus wird aber danach differenziert, ob die Unklarheit bei Vertragsschluss schon vorlag oder nicht. Wenn bei Vertragsschluss eine Tarifpluralität nicht vorgelegen habe, sei die Regelung im maßgeblichen Zeitpunkt nicht unklar. Damit fehle es schon an einer Tatbestandsvoraussetzung der Unklarheitenregel. Damit sei dann Raum für eine ergänzende Vertragsauslegung. Welcher Tarifvertrag auf Basis der ergänzenden Vertragsauslegung in Bezug genommen sei, richte sich dann danach, was redliche Vertragsparteien vereinbart hätten. Nach Auffassung des BAG hätten die Parteien redlicherweise dasjenige ersetzende Tarifwerk gewählt, das überhaupt eine Vergütungsgruppe enthält, die die im Arbeitsvertrag benannte „Vergütungsgruppe I des BAT" ersetzt oder ihr am nächsten kommt.[1002]

bb) Überblick zur bisher ergangenen instanzgerichtlichen Rechtsprechung

Die Lösungswege in der instanzgerichtlichen Rechtsprechung unterscheiden sich mitunter schon im Ansatz, wobei vor allem umstritten ist, ob eine ergänzende

999 Bayreuther, NZA 2009, 935.

1000 BAG v. 9.6.2010 – 5 AZR 637/09, (juris); BAG v. 9.6.2010 – 5 AZR 384/09, (juris); BAG v. 9.6.2010 – 5 AZR 696/09, (juris).

1001 BAG v. 9.6.2010 – 5 AZR 637/09, (juris);BAG v. 9.6.2010 – 5 AZR 384/09, (juris); BAG v. 9.6.2010 – 5 AZR 696/09, (juris).

1002 BAG v. 9.6.2010 – 5 AZR 637/09, (juris).

Vertragsauslegung als Lösung des Problems in Betracht kommt.[1003] Das Hessische LAG und das LAG Düsseldorf lehnten eine ergänzende Vertragsauslegung in den jeweils zu Grunde liegenden Konstellationen ab.[1004] Zum einen begründete man diese Sichtweise damit, dass keine Lücke bestehe.[1005] Zum anderen verwies man darauf, dass ein hypothetischer Parteiwille nicht feststellbar sei, da grundsätzlich beide Tarifverträge, auf die möglicherweise verwiesen sei, gleichberechtigt nebeneinander stünden und nicht ausgemacht werden könne, welcher von den Parteien ausgewählt worden wäre.[1006] Die Konsequenzen dieser Sichtweise wurden ebenfalls nicht einheitlich beurteilt. Während das LAG Düsseldorf es bei der Geltung des BAT beließ,[1007] kam das Hessische LAG in seiner jüngsten Entscheidung in Anwendung der Unklarheitenregel zur Maßgeblichkeit des Tarifvertrages, der mit dem Marburger Bund vereinbart worden war.[1008] Auch das LAG Rheinland Pfalz „bediente" sich kürzlich der Unklarheitenregel um zur Geltung der Tarifverträge des Marburger Bundes zu kommen.[1009]

Die Mehrheit der Landesarbeitsgerichte hält hingegen eine ergänzende Vertragsauslegung für zulässig.[1010] Die auf Basis dieser Sichtweise erzielten Ergebnisse sind freilich kaum weniger uneinheitlich als die der Gegenansicht. Mal kam man zur Anwendung der Tarifverträge, die mit dem Marburger Bund abgeschlossen wurden,[1011] mal kam man zur Anwendung des TVöD.[1012] Begründet wurde der Vorrang des einen oder anderen Tarifvertrages mit teils sehr unterschiedlichen Erwägungen. Das LAG Niedersachsen stützte sich in einem seiner Urteile im wesentlichen auf den Gleichstellungsgedanken und auf einen Repräsenta-

1003 Vgl. etwa die Überblicke bei Bayreuther, NZA 2009, 935 f.; Boemke, jurisPR-ArbR 1/2010 Anm. 2.

1004 Hessisches LAG v. 22.5.2009 – 3 Sa 812/08, (juris); LAG Düsseldorf v. 13.8.2009 – 13 Sa 1673/08, (juris); Hessisches LAG v. 15.8.2008 – 3 Sa 1798/07, ZTR 2009, 29 ff..

1005 Hessisches LAG v. 22.5.2009 – 3 Sa 812/08, (juris), Rz. 39; Hessisches LAG v. 15.8.2008 – 3 Sa 1798/07, ZTR 2009, 29, 31.

1006 Hessisches LAG v. 22.5.2009 – 3 Sa 812/08, (juris), Rz. 39; LAG Düsseldorf v. 13.8.2009 – 13 Sa 1673/08,(juris); Hessisches LAG v. 15.8.2008 – 3 Sa 1798/07, ZTR 2009, 29, 31.

1007 LAG Düsseldorf v. 13.8.2009 – 13 Sa 1673/08, (juris), Rz. 61 ff..

1008 Hessisches LAG v. 22.5.2009 – 3 Sa 812/08, (juris).

1009 LAG Rheinland-Pfalz v. 30.10.2009 – 9 Sa 119/09, (juris) Rz. 43.

1010 LAG Niedersachsen v. 30.6.2009 – 13 Sa 1277/08 E, (juris); LAG Hamm v. 17.2.2009 – 12 Sa 529/08, (juris); LAG München v. 22.1.2009 – 4 Sa 925/08, (juris); LAG Schleswig-Holstein v. 20.1.2009 – 5 Sa 101/08, ZTR 2009, 269 ff.; LAG Niedersachsen v. 12.12.2008 – 16 Sa 901/08 E, (juris).

1011 LAG München v. 22.1.2009 – 4 Sa 925/08, (juris); LAG Schleswig-Holstein v. 20.1.2009 – 5 Sa 101/08, ZTR 2009, 269 ff.; LAG Niedersachsen v. 12.12.2008 – 16 Sa 901/08 E, (juris).

1012 LAG Niedersachsen v. 30.6.2009 – 13 Sa 1277/08 E, (juris); LAG Hamm v. 17.2.2009 – 12 Sa 529/08, (juris).

tionsgedanken, das heißt, es unterstellte, dass auf den im Betrieb am repräsentativsten Tarifvertrag Bezug genommen werden sollte.[1013] Im konkreten Fall war dies der Tarifvertrag mit dem Marburger Bund. Das LAG München stützte seine Entscheidung auf die Erwägung, dass der speziellere und sachnäherer Tarifvertrag angewendet werden sollte.[1014] Auch auf diese Weise gelangte man zur Anwendung des Tarifvertrags der Ärzte, der mit dem Marburger Bund abgeschlossen wurde. Das LAG Schleswig-Holstein differenzierte danach, ob der Arbeitnehmer tarifgebunden ist und wenn dies der Fall war, ging man davon aus, dass auf denjenigen Tarifvertrag Bezug genommen wurde, an denen der Arbeitnehmer normativ gebunden ist.[1015] In einer weiteren Entscheidung stützte sich das LAG Niedersachsen hingegen auf die Erwägung, dass der zeitlich frühere Tarifvertrag in Bezug genommen sei.[1016] Da zunächst der TVöD und erst später die Tarifverträge des Marburger Bundes vereinbart wurden, gelte hier der TVöD. Ähnlich sieht dies auch das LAG Hamm.[1017]

cc) Zwischenfazit

An diesem kurzen Überblick wird bereits deutlich, wie unterschiedlich die Auffassungen in der Rechtsprechung zu dem betreffenden Problemkreis sind. Eine einheitliche Richtung lässt sich nicht ausmachen. Hinzu kommt, dass nicht wenige Entscheidungen auch in dieser Frage noch von der bisherigen Sichtweise des BAG zum Prinzip der Tarifeinheit beeinflusst worden sein dürften. Dies hatte zur Folge, dass man sich zumindest auf vertraglicher Basis als Auslegungsregel auch hier auf das Spezialitätsprinzip stützen konnte.

b) Lösungsansätze im Schrifttum

Speziell zur Problematik in Krankenhäusern hat sich vor allem *Bayreuther* geäußert.[1018] Er will zur Lösung nach dem Zeitpunkt des Vertragsschlusses differenzieren.[1019] Sei die Verweisungsabrede noch vor dem 31.12.2001 getroffen worden, lasse sie sich nach der Rechtsprechung des BAG in aller Regel als Gleichstellungsabrede auslegen. Sie führe daher die Anwendung desjenigen Tarifwerks herbei, das auch ansonsten im Betrieb gelte. Sei die Klausel hingegen nach dem

1013 LAG Niedersachsen v. 12.12.2008 – 16 Sa 901/08 E, (juris).
1014 LAG München v. 22.1.2009 – 4 Sa 925/08, (juris).
1015 LAG Schleswig Holstein v. 20.1.2009 – 5 Sa 101/08, ZTR 2009, 269 ff.;
1016 LAG Niedersachsen v. 30.6.2009 – 13 Sa 1277/08 E, (juris).
1017 LAG Hamm v. 17.2.2009 – 12 Sa 529/08, (juris).
1018 Bayreuther, NZA 2009, 935 ff.
1019 Bayreuther, NZA 2009, 935, 936.

1.1.2002, aber vor Inkrafttreten des Tarifvertrags des Marburger Bundes in den Vertrag eingeführt worden, lasse sich eine solche Klauseln nicht mehr als Gleichstellungsabrede auslegen. Es sei dann aber davon auszugehen, dass die Parteien die Klausel wohl so verstanden hätten, dass im Arbeitsverhältnis der Tarifvertrag gelten solle, der tarifrechtlich auf die überwiegende Mehrheit der Arbeitnehmer im Betrieb Anwendung finde, zumindest aber der, der von seinem Regelungsinhalt die Arbeitsverhältnisse von Ärzten am besten erfasse. Sehe man dies anders, etwa weil man unterstellt, dass die Vertragsparteien zum Zeitpunkt des Vertragsschlusses davon ausgegangen seien, dass im fraglichen Krankenhaus stets nur ein Tarifvertrag gelten würde, könnte die betreffende Bezugnahmeklausel weder den Einbezug des TVöD noch den des Tarifvertrags des Marburger Bundes bewirken. Daher enthalte der Arbeitsvertrag eine Regelungslücke. Diese sei mithilfe der ergänzenden Vertragsauslegung zu schließen. Eine Anwendung der Unklarheitenregel lehnt *Bayreuther* grundsätzlich mit dem Verweis auf das Urteil des BAG vom 24.9.2008 ab.[1020] Im Ergebnis kommt er über die ergänzende Vertragsauslegung letztlich doch zur Anwendung des „ansonsten" im Betrieb anwendbaren Tarifvertrages, d.h. des spezielleren.

Im allgemeinen Schrifttum will man teilweise das bisherige Ergebnis der Rechtsprechung zum Grundsatz der Tarifeinheit (Geltung des spezielleren Tarifvertrages) mithilfe einer vertragsrechtlichen Argumentation aufrechterhalten.[1021] Lasse die arbeitsvertragliche Verweisung erkennen, dass die einschlägigen Tarifverträge gelten sollen, so sei der Tarifvertrag in Bezug genommen, der nach den Grundsätzen der Tarifkonkurrenz einschlägig sei. Ein Anwendungsfall der Unklarheitenregel dürfte nach dieser Auffassung also in der Regel nicht vorliegen. Materiell gesehen funktioniert man das früher als Kollisionsregel angesehene Spezialitätsprinzip damit um zu einer Auslegungsregel.[1022]

Andere differenzieren zunächst zwischen einer großen und einer kleinen dynamischen Verweisung.[1023] Mittels kleiner dynamischer Bezugnahmeklauseln (erst recht mittels statischer) werde in der Regel auf konkret bezeichnete Tarifverträge verwiesen, so dass eine Auslegung gegen den Wortlaut dieser Bezeichnung selten möglich sein sollte. Bei großen dynamischen Verweisungen sei danach zu differenzieren, ob der Arbeitgeber an mehrere Tarifverträge gebunden sei, die von derselben Gewerkschaft abgeschlossen wurden, oder ob dies Tarif-

1020 Bayreuther, NZA 3009, 935, 936.

1021 So insbesondere Däubler/Zwanziger, TVG § 4 Rn. 950; im Ergebnis zustimmend auch Bissels/Jordan, NZA 2010, 71, 74; Thüsing, NZA 2005, 1280, 1282; ders. AGB-Kontrolle, Rn. 205.

1022 Zu diesem Gedanken vgl. insbesondere Thüsing, NZA 2005, 1280, 1282; ähnlich auch Bayreuther, NZA 2009, 935, 937 f..

1023 ErfK/Franzen, § 4 TVG Rn. 73.

verträge seien, die von verschiedenen Gewerkschaften abgeschlossen wurden. Im ersten Fall bestimme sich die Auflösung der Problematik nach den Regeln der Tarifkonkurrenz, im zweiten Fall sei die Unklarheitenregel anzuwenden mit der Folge, dass der für den Arbeitnehmer im konkreten Fall günstigste Tarifvertrag gelte. Der Arbeitgeber müsse dann die von ihm verwendeten Bezugnahmeklauseln klar gestalten. Außerdem sei dem Arbeitgeber zuzumuten, die Bindung an Tarifwerke, die von verschiedenen Gewerkschaften abgeschlossen wurden, möglichst zu vermeiden, beispielsweise den Arbeitgeberverband zu verlassen, der einen Tarifvertrag mit einer DGB-Gewerkschaft geschlossen hat, wenn der Arbeitgeber selbst einen Tarifvertrag mit einer christlichen Gewerkschaft unterhält.

Jacobs schließlich spricht sich bei einer großen dynamischen Verweisung zunächst für eine ergänzende Vertragsauslegung aus.[1024] Für eine Lücke in den bereits bestehenden Verträgen spreche, dass nach der bisherigen Rechtsprechung eine Tarifpluralität nicht möglich gewesen sei und damit außerhalb des Vorstellungsvermögens der Vertragspartner gelegen habe.[1025] Die diesbezüglich bestehende Lücke sei dadurch zu schließen, dass auf den für den Betrieb repräsentativsten Tarifvertrag verwiesen sei, also auf denjenigen, der kraft Tarifbindung für die relative Mehrheit der im Betrieb tätigen Arbeitnehmer gelte.[1026] Wenn man nach Ausschöpfung der anerkannten Auslegungsmethoden nicht zu einer Lücke komme, scheide die ergänzende Vertragsauslegung aus. In diesen Fällen greife § 305 c Abs. 2 ein. Anzuwenden sei dann der für den Arbeitnehmer insgesamt günstigere Tarifvertrag. Auch bei Gewerkschaftsmitgliedern sei grundsätzlich nach dem gleichen Muster zu verfahren. Für bestehende kleine dynamische Bezugnahmeklauseln gestalte sich die Sachlage identisch. Auch diesbezüglich käme je nach Einzelfall eine ergänzende Vertragsauslegung oder die Anwendung der Unklarheitenregel in Betracht. Wenn allerdings der Tarifvertrag konkret bezeichnet sei, etwa wie in der Formulierung „die mit der GDL abgeschlossenen jeweils gültigen Tarifverträge für Lokführer" bleibe es bei der Wortlautauslegung.

c) Stellungnahme

Legt man die betreffenden Verweisklauseln auch hier zunächst streng nach dem Wortlaut aus, so kommt man zu dem Ergebnis, dass dieser in der Regel nicht eindeutig sein dürfte. Denn im Wortlaut selbst fehlt es regelmäßig an einer Klarstellung, welcher von mehreren einschlägigen Tarifverträgen anwendbar sein

---

1024 Jacobs, NZA 2008, 325, 332, 333; ähnlich im Ergebnis auch Klingebiel, S.188.

1025 Jacobs, NZA 2008, 325, 332, 333 unter Verweis auf ErfK/Franzen, § 4 TVG Rn. 73; Lindemann/Simon, BB 2006, 1856.

1026 Jacobs, NZA 2008, 325, 332, 333.

soll. Insofern ergibt sich ein erstes Indiz für die Anwendbarkeit der Unklarheitenregel. Damit kommt es darauf an, ob aus der systematischen Stellung oder dem Sinn und Zweck der Bezugnahme eindeutig hergeleitet werden kann, welcher der in Betracht kommenden Tarifverträge gelten soll. Schon das breite Meinungsspektrum in der instanzgerichtlichen Rechtsprechung ist ein Indiz dagegen, dass dies mit hinreichender Eindeutigkeit gelingt, um die Unanwendbarkeit der Unklarheitenregel zu rechtfertigen. Folge wäre, dass der für den Arbeitnehmer günstigere Tarifvertrag anwendbar wäre.

Bevor man die Anwendungsvoraussetzungen der Unklarheitenregel in diesem Fall aber vorschnell bejaht, ist mit Blick auf den Sinn und Zweck der Unklarheitenregel und der ergänzenden Vertragsauslegung zwischen beiden Instituten abzugrenzen. Wie im ersten Teil dieser Arbeit erörtert, muss sich dies an der Frage orientieren, ob eine vertragliche Lücke, oder eine sprachliche Ungenauigkeit vorliegt. Materiell gesehen ist also abzuwägen, ob der Verwender das Risiko der Mehrdeutigkeit tragen soll, oder ob eine Situation eingetreten ist, die es rechtfertigt, beide Parteien das Risiko der ergänzenden Vertragsauslegung tragen zu lassen.

In der konkreten Situation in Krankenhäusern spricht doch einiges dafür, dass die Parteien bei Vertragsschluss nicht bedacht haben und vor allem nicht bedenken konnten, dass in einem Betrieb jemals mehrere Tarifverträge zur Anwendung gelangen könnten und sich insofern schlicht das „Vergessensrisiko“ bzw. das Risiko einer nachträglichen Änderung der tatsächlichen Verhältnisse realisiert hat, was grundsätzlich zu Lasten beider Vertragsparteien geht, soweit keine anderweitige Regelung im Vertrag vorhanden ist.Die Parteien konnten zum Zeitpunkt des Vertragsschlusses einerseits nicht wissen, dass der Grundsatz der Tarifeinheit vom BAG eventuell einmal aufgegeben würde und andereseits auch nicht ahnen, dass einmal konkurrierende Tarifverträge mit dem Marburger Bund abgeschlossen würden, die möglicherweise nicht im Wege der Spezialität verdrängt werden. Daher steht auch nicht im Zweifel, ob die Parteien für die betreffende Situation überhaupt eine Regelung getroffen haben – sie haben es ersichtlich nicht. Bei Lichte betrachtet ist sogar der Wortlaut in diesem Sinne eindeutig, da überhaupt keine Regelung für diesen Zweifelsfall enthalten ist. Genau hier liegt auch der wesentliche Unterschied zur Problematik etwa des Verbandsaustritts bei der Gleichstellungsabrede: Denn dort hat der Arbeitgeber ja eine Regelung getroffen. Der Tarifvertrag sollte dynamisch anwendbar sein. Er hat schlicht versäumt, sprachlich hinreichend deutlich zu machen, dass dies unter dem Vorbehalt seines Austritts aus dem Verband stehen sollte. Ein weiterer Unterschied ist, dass sich in diesen Fällen schon nach dem Wortlaut eine eindeutige Regelung ergab, auf die der Arbeitnehmer vertrauen durfte. Im Gegensatz zur Situation bei der Gleichstellungsrechtsprechung ist es daher hier gerechtfertigt, von einer vertraglichen

Lücke auszugehen, was konkret bedeutet, dass eine ergänzende Vertragsauslegung zulässig ist. Insofern ist *Bayreuther* in der konkreten Situation im Ergebnis zuzustimmen. Dogmatisch gesehen ist die Unklarheitenregel allerdings nicht unanwendbar, weil es sich um einen Globalverweis auf ein Tarifwerk handelt, sondern weil ein Eingreifen vom Sinn und Zweck des § 305 c Abs. 2 nicht geboten ist.

Daran schließt sich aber nun die Frage an, ob sich überhaupt ein hypothetischer Parteiwille feststellen lässt, welcher Tarifvertrag in einem solchen Fall anwendbar sein soll. Bekanntlich haben mehrere Landesarbeitsgerichte dies in der konkreten Situation der Krankenhäuser abgelehnt und damit letztlich die ergänzende Vertragsauslegung doch nicht zum Zuge kommen lassen.[1027] Dem ist aber nicht zuzustimmen.[1028] Stellt man auf die Erwartungshaltungen der Beteiligten im Moment des Vertragsschlusses ab und liegt dieser vor der Ankündigung der Rechtsprechungsänderung zum Grundsatz der Tarifeinheit, so dürfte diese ersichtlich davon geprägt gewesen sein, dass im Betrieb nur ein Tarifvertrag anwendbar sein kann, auch wenn es möglicherweise mehrere andere potenziell einschlägige Tarifvertrage gab. Der hypothetische Parteiwille ergibt sich in diesem Fall daraus, welche Art der Bezugnahmeklausel gewählt wurde. Handelt es sich um eine kleine dynamische Bezugnahmeklausel, so kommt hinreichend deutlich zum Ausdruck, dass nur diejenigen Tarifverträge, die zwischen den damals am Tarivertragsschluss beteiligten Parteien abgeschlossen werden, in Bezug genommen werden sollten. Handelt es sich um eine sog. Tarifsukzessionsklausel, so gilt in Anlehnung an das zu diesem Thema oben gesagte Entprechendes: Auch hier ist ein hypothetischer Parteiwille dahingehend festzustellen, dass nur diejenigen Tarifverträge, die den BAT ersetzen, von der Verweisung erfasst sein sollen. Ersetzt werden kann ein Tarifvertrag aber nur, wenn die Parteien des ursprünglichen Vertrages am Abschluss des ersetzenden Vertrages mitwirken. Die ergänzende Vertragsauslegung würde hier also zur Anwendung des TVöD führen. In den meisten Fällen dürfte dies auch im Einklang mit dem vom BAG[1029] herangezogenen Kriterium stehen, wenn man danach fragt, welche Regelung der ur-

1027 Hessisches LAG v. 22.5.2009 – 3 Sa 812/08, (juris), Rz. 39; LAG Düsseldorf v. 13.8.2009 – 13 Sa 1673/08, (juris); Hessisches LAG v. 15.8.2008 – 3 Sa 1798/07, ZTR 2009, 29, 31.

1028 Viele der Überlegungen der Landesarbeitsgerichte führen daher hier kaum weiter. Soweit man danach differenzieren will, ob der Arbeitnehmer tarifgebunden ist oder nicht und in welcher Gewerkschaft der Arbeitnehmer Mitglied ist, ergibt sich dies schon aus der neueren Rechtsprechung des BAG zur Gleichstellungsabrede (in diesem Sinne auch Bayreuther, NZA 2009, 935, 936). Die Auslegung der Bezugnahmeklausel kann nicht von der Gewerkschaftszugehörigkeit des Arbeitnehmers bestimmt werden, da der Arbeitgeber diese nicht kennt. Auch das Repräsentationskriterium erscheint unpassend, insbesondere wenn es um die Tarifverträge der Ärzte geht.

1029 BAG v. 9.6.2010 – 5 AZR 637/09, (iuris).

sprünglichen am ähnlichsten ist, wobei die hier vertretene Ansicht aus Gründen der Rechtssicherheit sicherlich leichter Handzuhaben sein dürfte. Ist hingegen eine große dynamische Bezugnahmeklausel Grundlage des Verweises, so dürften die Parteien zumindest hinsichtlich der Problematik der Tarifkonkurrenz bzw. Tarifpluralität davon ausgegangen sein, dass eine solche nach dem Grundsatz der Tarifeinheit aufzulösen ist.

d) Allgemeiner Lösungsansatz – Eigene Auffassung

Auch unabhängig von dieser konkreten Situation in Krankenhäusern wird man richtigerweise in der Tat in mehrfacher Hinsicht differenzieren müssen:

Vor allem bei kleinen dynamischen Bezugnahmeklauseln sind verschiedene Regelungssituationen denkbar. Gleiches gilt aber auch für große dynamische Bezugnahmeklauseln. Unproblematisch dürften hingegen statische Bezugnahmeklauseln sein, da ohnehin lediglich auf einen bestimmten Tarifvertrag verwiesen wird.

aa) Kleine dynamische Bezugnahmeklausel

Wurde auf konkrete Tarifverträge Bezug genommen, so dürfte auch bei kleinen dynamischen Bezugnahmeklauseln die Auslegung in der Regel eindeutig sein.[1030]

Werden im Betrieb mehrere Tarifverträge angewendet und liegt lediglich ein pauschaler Verweis – beispielsweise auf die Tarifverträge der Lokführer – vor, bietet sich eine Unterscheidung danach an, ob den Arbeitsvertragsparteien bei Vertragsschluss die Tatsache bekannt war, bzw. hätte sein müssen, dass möglicherweise mehrere Tarifverträge im Betrieb des Arbeitgebers angewendet wurden oder nicht. Denn einzig der Moment des Vertragsschlusses ist maßgeblich dafür, was die Parteien vereinbart haben.[1031]

Handelt es sich um kleine dynamische Bezugnahmeklauseln, die vereinbart wurden, bevor bekannt wurde, dass im Betrieb des Arbeitgebers möglicherweise mehrere Tarifverträge in Zukunft anwendbar sein können, dann spricht – wie im konkreten Beispiel der Tarifsituation in Krankenhäusern – einiges dafür, eine ergänzende Vertragsauslegung zuzulassen, da hier in der Regel sicher feststeht, dass gerade für den Fall einer Tarifpluralität keine Regelung vorgenommen worden ist. Der hypothetische Parteiwille dürfte hier regelmäßig dahingehend zu bestimmen sein, dass auf die Tarifverträge verwiesen wird, die zwischen den Par-

---

1030 Vgl. dazu auch: ErfK/Franzen, § 4 TVG Rn. 73.

1031 BGH v. 14.2.2007 – IV ZR 150/05, VersR 2007, 784; BGH v. 10. 7. 1998 – V ZR 360/96, NJW 1998, 3268; BGH v. 67.1988 – VIII ZR 256/87, NJW 1988, 2878; Palandt/ Ellenberger, § 133 Rn. 6b.

teien vereinbart wurden, die auch die zum Zeitpunkt des Vertragsschlusses geltenden vereinbart hatten. Denn durch die Verwendung lediglich einer kleinen dynamischen Bezugnahmeklausel wird hinreichend deutlich, dass in sachlicher bzw. fachlicher Hinsicht gerade keine Dynamik gewollt war. Man wollte sich nur dem Regelungsregime der damals am Vertragsschluss beteiligten Parteien unterwerfen. Man wollte gerade nicht in die Hände anderer Tarifvertragsparteien begeben.

Mit Blick auf das Transparenzgebot überzeugt dieses Ergebnis auch wertungsmäßig. Die möglicherweise erst später durch den neu hinzutretenden Tarifvertrag unklar gewordene Formulierung war nämlich ursprünglich klar. In sprachlicher Hinsicht hat der Verwender, d.h. der Arbeitgeber also alles Erforderliche getan, um für eine hinreichende Transparenz zu sorgen. Zudem war auch der Sinn und Zweck jedenfalls zum damaligen Zeitpunkt ganz eindeutig feststellbar. Dem Klauselverwender ist also nicht vorzuwerfen, dass er sich missverständlich ausgedrückt hat, sondern, dass erst die tatsächliche Entwicklung die verwendete Klausel gewissermaßen überholt hat. Dies rechtfertigt es, die Unklarheitenregel nicht anzuwenden.

Aus dem eben Gesagten folgt gleichzeitig aber, dass in Zukunft bei Verweisklauseln, die in Kenntnis einer möglichen Tarifpluralität verwendet werden, die Unklarheitenregel zur Anwendung gebracht werden muss, da diesbezüglich einerseits ein Formulierungsdefizit regelmäßig vorliegt und andererseits eben nicht mehr sichergestellt werden kann, dass nicht doch eine Regelung in die eine oder andere Richtung getroffen werden sollte, diese aber nur sprachlich nicht gelungen ist. Jedenfalls seit der Divergenzanfrage des 4. Senats hinsichtlich der Aufgabe des Grundsatzes der Tarifeinheit muss bei künftigen Arbeitsverträgen immer damit gerechnet werden, dass Spartengewerkschaften einen zusätzlichen Tarifvertrag im Betrieb des Arbeitgebers erstreiken. Wenn der Arbeitgeber in diesen Fällen in seinen Bezugnahmeklauseln keine Hinweise liefert, welcher Tarifvertrag gelten soll, also etwa der repräsentativere oder der speziellere, dann muss er auch eine Anwendung der Unklarheitenregel gegen sich dulden.

bb) Große dynamische Bezugnahmeklausel

Auch bei großen dynamischen Bezugnahmeklauseln ist nach dem Zeitpunkt des Vertragsschlusses zu differenzieren. Hier wäre es dem Arbeitgeber zwar wohl am ehesten zumutbar, wenn die Unklarheitenregel angewendet würde, da er durch die Verwendung einer großen dynamischen Bezugnahmeklausel ja hinreichend deutlich gemacht hat, dass er auch zukünftige Änderungen der Tariflandschaft in seinem Betrieb in Kauf nimmt. Eine solche Sichtweise würde aber ebenfalls nicht dem Sinn und Zweck der Unklarheitenregel gerecht. Denn auch hier würde durch die Anwendung der Unklarheitenregel in erster Linie ein Schutz vor künftigen Entwicklungen gewährt.

Konnten die Vertragsparteien bei Vertragschluss aber nicht wissen, dass es im Betrieb des Arbeitgebers zu einer Tarifpluralität kommen könnte, weil eine entsprechende Änderung der Rechtsprechung nicht absehbar war, dann kann man ihnen unter Transparenzaspekten auch hier nicht vorwerfen, dass sie eine entsprechende Regelung deutlicher hätten fassen müssen. Im Gegenteil konnten die Parteien auch hier gar keine entsprechende Regelung in den Vertrag aufnehmen. Jedenfalls kann dem Arbeitgeber unter dem Aspekt der Unklarheitenregel nichts vorgeworfen werden. Betroffen wäre nämlich auch hier das Vollständigkeitsrisiko, welches der Verwender aber nicht zu tragen hat, bzw. nur zu tragen hat, wenn zweifelhaft ist, ob eine Lücke bzw. eine Regelung hinsichtlich einer bestimmten regelungsbedürftigen Frage besteht oder nicht. Hier steht auch nicht in Zweifel, dass eine diesbezügliche Regel getroffen wurde. Mithin bleibt nach den Erkenntnissen des ersten Teils Raum für eine ergänzende Vertragsauslegung. Der hypothetische Parteiwille ist bei der großen dynamischen Bezugnahmeklasuel regelmäßig darauf gerichtet, dem jeweils einschlägigen Tarifvertrag zur Anwendung zu bringen. Dementsprechend kann man davon ausgehen, dass vertragsrechtlich nachvollzogen werden sollte, was tarifrechtlich galt.

Für die Zukunft muss auch hier allerdings stets damit gerechnet werden, dass es im Betrieb zu einer Tarifpluralität kommt. Insofern kann einerseits bei der Auslegung nicht mehr sicher davon ausgegangen werden, dass die Parteien keine Regelung getroffen haben, welcher konkrete Tarifvertrag einschlägig sein soll, wenn der Wortlaut allein die jeweils geltenden Tarifverträge in Bezug nimmt. Vom Sinn und Zweck dürfte ohne nähere Anhaltspunkte nicht klar sein, ob beispielsweise der speziellere, der repräsentativere oder der dem urspürunglichen Tarifvertrag ähnlichere anwendbar sein soll. In diesem Fall ist dem Arbeitgeber ein Versäumnis vorzuwerfen. In Kenntnis der Problematik hätte er den Verweis transparenter gestalten müssen. Da insoweit sowohl der Wortlaut, als auch der Sinn und Zweck mehrdeutig wären, sind die verbleibenden Zweifel mit der Unklarheitegel zu beheben.

7. Anwendbarkeit der Unklarheitenregel beim Verweis auf einen Tarifvertrag, der später wegfällt

Auch unabhängig von der oben angesprochenen Sondersituation des öffentlichen Dienstes kann es zu Schwierigkeiten bei der Auslegung kommen, wenn der in Bezug genommene Tarifvertrag nicht mehr fortgeführt wird oder durch einen neuen Tarifvertrag ersetzt wird. Beispielhaft hierfür wäre, wenn ein kleiner Verband in einem größeren aufgeht oder ein Firmentarifvertrag beendet wird. Entsprechend der diesbezüglichen Diskussion[1032] kann aber hier auch nichts anderes gelten. Wenn sich aus dem Wortlaut der Bezugnahmeklausel nicht eindeutig ergibt, dass auch derjenige Tarifvertrag, der den ursprünglichen ersetzen soll, in Bezug genommen werden sollte, ist eine Auslegung gegen den Wortlaut unzulässig. Dies gilt insbesondere, wenn es sich um kleine dynamische Bezugnahmeklauseln handelt, die dem Wortlaut nach nicht auch auf Tarifverträge verweisen, die die ursprünglich in Bezug genommen Tarifverträge ersetzen sollen. Auch eine ergänzende Vertragsauslegung kommt hier regelmäßig nicht in Betracht, da es an einer Lücke fehlen dürfte. Es kann nämlich nicht ausgeschlossen werden, dass der Arbeitgeber durch die Verwendung der entsprechenden Klausel gerade sicherstellen wollte, dass nur das explizit in Bezug genommene Tarifwerk in Zukunft Geltung beanspruchen sollte und bei Änderungen, die eine Ersetzung des Tarifwerks zur Folge haben, neu verhandelt werden sollte.

Etwas anderes gilt nach Ansicht des BAG allerdings, wenn in einem solchen Fall im Arbeitsvertrag auf die „für das Unternehmen einschlägigen Tarifverträge" verwiesen wird, im Unternehmen aber kein normativ geltender Tarifvertrag existiert.[1033] In diesem Fall sei Raum für eine ergänzende Vertragsauslegung. Für die ergänzende Vertragsauslegung sei darauf abzustellen, welcher Tarifvertrag nach § 4 Abs. 1 S. 1 TVG bei kongruenter Tarifgebundenheit für das Arbeitsverhältnis normativ gelten würde. Dem ist zumindest in der konkreten Fallkonstellation im Ergebnis zuzustimmen. In der in Rede stehenden Entscheidung ergab sich dies aber schon aus dem Wortlaut der Verweisnorm, da auf die jeweils einschlägigen Tarifverträge verwiesen war. Es bestand aber nur ein Tarifwerk, das fachlich und räumlich einschlägig war. Überdies hatte der Arbeitgeber diesen Tarifvertrag mehrere Jahre hinweg unwidersprochen angewendet. Insofern ergab sich die Anwendbarkeit auch aus der tatsächlichen Handhabung. Einer ergänzenden Vertragsauslegung bedurfte es mithin nicht. Sind mehrere Tarifverträge potenziell einschlägig, gilt das oben Gesagte zum Verweis auf eine Tarifpluralität.

8. Bedeutung der Unklarheitenregel bei Bezugnahmen kraft betrieblicher Übung

Die Anwendbarkeit von Tarifverträgen kann sich auch aus einer betrieblichen Übung ergeben.[1034] Das Schriftformerfordernis des § 1 Abs. 2 TVG steht dem nicht entgegen. Die Vorschrift bezieht sich ausschließlich auf nach § 4 Abs. 1

1032 Vgl. oben: Teil 2.B.III.5.b.

1033 BAG v. 13.11.2002 – 4 AZR 393/01, AP Nr. 27 zu § 1 TVG Bezugnahme auf Tarifvertrag.

1034 BAG v. 17.4.2002 – 5 AZR 89/01, AP Nr. 6 zu § 2 NAchwG; BAG v. 19.1.1999 – 1 AZR 606/98, AP Nr. 9 zu § 1 TVG Bezugnahme auf Tarifvertrag; Däubler/Dorndorf/Bonin/Deinert-Däubler, § 305 c Rn. 43; Hanau/Kania, FS-Schaub, S. 239, 258 ff.; Jacobs/Krause/Oetker, § 6 Rn. 153; Thüsing/Lambrich, NZA 2002, 1361, 1367.

TVG unmittelbar wirkende Tarifverträge und bezweckt allein, dass sich die Normunterworfenen, die an der Entstehung des Tarifvertrages nicht unmittelbar beteiligt sind, Gewissheit über die für sie geltenden Lohn- und Arbeitsbedingungen verschaffen können.[1035] Auch § 2 Abs. 1 S. 2 Nr. 10 NachwG kann nicht gegen eine Zulässigkeit in Stellung gebracht werden, da dieser zwar ein zwingendes aber kein konstitutives Formerfordernis enthält.[1036] Schließlich hat auch die Erstreckung der AGB-Kontrolle auf das Arbeitsrecht hier keine Änderungen mit sich gebracht, nach § 310 Abs. 4 S. 2 sind die Vorschriften des § 305 Abs. 2 und 3 nicht anwendbar.[1037] Da es nach den Merkmalen des AGB-Begriffs nicht auf die Form ankommt, kann auch eine betriebliche Übung als AGB-Bestimmung eingeordnet werden.[1038] Dementsprechend ist auch die Unklarheitenregel bei der Feststellung der inhaltlichen Reichweite einer auf betrieblicher Übung basierenden Bezugnahmeklausel heranzuziehen. Die Gefahr, dass eine solche Handhabung zu Zweifeln führt, besteht natürlich hier in besonderem Maße. Dem Grunde nach gilt nichts anderes, als auch sonst bei der Auslegung von Bezugnahmeklauseln. Das Verhalten des Arbeitgebers ist ohne Berücksichtigung etwaiger, nicht zum Ausdruck gekommener Motive zu bewerten. Auch hier kann daher nicht mehr ohne weiteres davon ausgegangen werden, dass der Arbeitgeber mit der Gewährung der tariflichen Rechte eine Gleichstellung bezweckte. Wenn der Arbeitgeber sowohl den Gewerkschaftsmitgliedern als auch den Außenseitern über Jahre hinweg den dynamisch angepassten Lohn hat zukommen lassen, bedeutet dies daher nicht, dass der auf Basis dieser Übung bisher gezahlte Lohn beim Verbandsaustritt nur noch statisch zu gewähren ist. Gleiches gilt, wenn der Arbeitgeber nicht tarifgebunden ist. Wenn der tarifgebundene Arbeitgeber allerdings über den Wortlaut einer im Vertrag ausdrücklich vereinbarten Bezugnahmeklausel auch sämtliche sonstigen für das Arbeitsverhältnis einschlägigen Tarifverträge über die Jahre hinweg anwendet, kann dies zumindest nach der Rechtsprechung des 6. Senates als hinreichendes Indiz für die Anwendbarkeit auch sonstiger für das Arbeitsverhältnis potenziell einschlägiger Tarifverträge zu deuten sein.[1039] Diesbezüglich erscheint allerdings eine größere Zurückhaltung ange-

---

1035 Thüsing/Lambrich, NZA 2002, 1361, 1367.

1036 BAG v. 21.8.1997 – 5 AZR 713/96, AP Nr. 1 zu § 4 BBiG; ErfK/Preis, § 2 NachwG Rn. 1; Thüsing/Lambrich, NZA 2002, 1361, 1367.

1037 Gotthard, Rn. 223 ff.; ders. ZIP 2002, 277, 279 f.; Thüsing/Lambrich, NZA 2002, 1361, 1367.

1038 BAG 27.8.2008 – 5 AZR 820/07, AP Nr. 36 zu § 307 BGB, Rz. 20; Däubler/Dorndorf/ Bonin/Deinert-Dorndorf/Deinert, § 305 Rn. 31; ErfK/Preis, §§ 305-310 BGB Rn. 25; HWK/Gotthard, § 305 BGB Rn. 7; Maties, DB 2005, 2689, 2692; Ricken, DB 2006, 1374; Ulrici, BB 2005, 1902, 1904.

1039 BAG v. 24.9.2008 – 6 AZR 76/07, AP Nr. 11 zu § 305 c BGB, Rz. 26.

bracht, als sie von den Richtern in der zitierten Entscheidung an den Tag gelegt wurde.[1040] Zu beachten ist nämlich, dass dem Arbeitgeber unter Transparenzgesichtspunkten mitunter ein erheblicher Vorwurf zu machen ist, wenn er bestimmte Tarifregelungen stillschweigend anwendet. Dies rechtfertigt es, die Unklarheitenregel großzügiger als beim schriftlichen Verweis anzuwenden. Für den Arbeitnehmer ist regelmäßig nicht ersichtlich, welche genauen Zwecke der Arbeitgeber mit der Anwendung bestimmter Tarifverträge verfolgt. Berücksichtigt man allerdings – wie hier vorgeschlagen – das Verbot des widersprüchlichen Verhaltens, so dürften die durch die großzügigere Handhabung der Unklarheitenregel produzierten Ergebnisse für den Arbeitgeber tolerabel sein. Hat der Arbeitgeber nämlich über eine etwaige Bezugnahmeklausel im Arbeitsvertrag hinaus sämtliche Tarifverträge, die für seinen Betrieb einschlägig waren, angewendet, so kann sich der Arbeitnehmer nicht darauf berufen, dass einzelne einschlägige verschlechternde Tarifverträge, wie etwa ein Sanierungstarifvertrag, auf sein Arbeitsverhältnis keine Anwendung finden könnten. Feststehen muss dann allerdings freilich, dass sämtliche einschlägigen Tarifverträge auch auf das Arbeitsverhältnis in der Vergangenheit angewendet wurden. Ist dies nicht klar, muss es wiederum zur Anwendung der Unklarheitenregel kommen.

In diesen Kontext gehört auch eine Entscheidung des BAG aus dem Jahre 1999, in der es um die Anwendbarkeit tarifvertraglicher Ausschlussfristen ging.[1041] Hier war man der Ansicht, dass man aus der Anwendung wesentlicher Tarifbedingungen, insbesondere aus der Gewährung des Tariflohns, darauf schließen könne, dass das Arbeitsverhältnis insgesamt den einschlägigen Tarifverträgen unterliegen soll, es sei denn, besondere Umstände des Einzelfalls sprächen gegen einen solchen Schluss, beispielsweise die tatsächliche Nichtgewährung bestimmter tariflicher Leistungen an Unorganisierte.[1042] Da es sich um einen tarifgebundenen Arbeitgeber handelte wurde diese Entscheidung mit dem Gleichstellungszweck begründet. Diese Begründung ist mittlerweile nicht mehr tragfähig. Eine solche pauschalierende Betrachtung ist daher heute nicht mehr zulässig. In Zukunft wird man im Gegenteil genauer differenzieren müssen: Allein aus der Gewährung des Tariflohnes kann man jedenfalls nicht entgegen der Unklarheitenregel auch die Anwendbarkeit des gesamten einschlägigen Tarifwerkes herleiten. Insbesondere wenn lediglich der Gehaltstarifvertrag angewendete wurde, kann man daraus nicht mit der hinreichenden Sicherheit darauf schließen, dass auch etwaige Ausschlussfristen, die in anderen Tarifverträgen, beispielsweise in

---

1040 Singer/Hake, Anmerkung zu BAG v. 24.9.2008 – 6 AZR 390/07, AP Nr. 11 zu § 305 c.

1041 BAG v. 19.1.1999 – 1 AZR 606/98, AP Nr. 9 zu § 1 TVG Bezugnahme auf Tarifvertrag.

1042 BAG v. 19.1.1999 – 1 AZR 606/98, AP Nr. 9 zu § 1 TVG Bezugnahme auf Tarifvertrag, Rz. 53.

einem Manteltarifvertrag normiert sind, ebenfalls in Bezug genommen werden sollten. Im Prinzip müssen hier diejenigen Grundsätze gelten, die das BAG in seiner damaligen Entscheidung für den nicht tarifgebundenen Arbeitgeber formuliert hat:[1043] Die Reichweite der Verweisung auf Tarifverträge ist anhand der Umstände des Einzelfalls zu ermitteln. Dabei spricht es für eine umfassende Bezugnahme, wenn sich bei der Durchführung des Arbeitsverhältnisses die wesentlichen Arbeitsbedingungen (Entgelt, Arbeitszeit, Urlaub) nach den tariflichen Regelungen richten, ohne dass hinsichtlich anderer Arbeitsbedingungen zum Nachteil des Arbeitnehmers von den tariflichen Regelungen abgewichen würde.

In der Literatur will man teilweise sogar soweit gehen, dass Ausschlussfristen nur dann einbezogen sein sollen, wenn sie unmittelbar in der einbezogenen Regelung enthalten sind.[1044] Wenn sie erkennbar nicht zu dem einbezogenen Normenkomplex gehörten, verbiete die Unklarheitenregel deren Berücksichtigung. Der zweiten Aussage ist uneingeschränkt zuzustimmen, hinsichtlich der ersten Aussage sind allerdings Bedenken angebracht. Ob eine Ausschlussfrist zu beachten ist, erschließt sich dem Arbeitnehmer nämlich ohnehin nur durch einen Blick in den einbezogenen Tarifvertrag.[1045] Da tarifliche Ausschlussklauseln in der Praxis derart gebräuchlich sind, ist es dem Arbeitnehmer auch zuzumuten, zu prüfen, ob für den ihm kraft der Bezugnahmeklausel zustehenden Anspruch eine in den allgemeinen Vorschriften desselben Tarifvertrags enthaltene Ausschlussklausel zu beachten ist. Zumindest, wenn es sich um Regelungen handelt, die im allgemeinen Teil eines Tarifvertrages stehen, kann mit hinreichender Sicherheit gesagt werden, dass diese auch für die Anwendung der besonderen Einzelregelungen Wirkung entfalten sollen. Insofern gehören sie aber auch zu dem einbezogenen Normenkomplex, sie stehen nur an einer anderen Stelle des Schriftstücks. Dies dient in der Regel aber gerade der Übersichtlichkeit und kann dem Arbeitgeber als Transparenzverstoß daher kaum vorgeworfen werden. Eine Grenze ist freilich zu ziehen, wenn die Ausschlussfrist in einem anderen Tarifvertrag steht, da nicht ohne weiteres davon ausgegangen werden kann, dass auch dieser Tarifvertrag in Bezug genommen wurde.

1043 BAG v. 19.1.1999 – 1 AZR 606/98, AP Nr. 9 zu § 1 TVG Bezugnahme auf Tarifvertrag, Rz. 54.

1044 Etzel, Beilage zu NZA Heft 1/1987, S. 19, 26; Preis, Arbeitsvertrag, II V 40 Rz. 24.

1045 Thüsing/Lambrich, NZA 2002, 1361, 1367.

9. Zweifel über die Reichweite in zeitlicher Hinsicht – statische oder dynamische Geltung?

Bei einem Verweis auf einen Tarifvertrag ohne Nennung eines konkreten Datums ist die Rechtsprechung bislang stets davon ausgegangen, dass eine dynamische Wirkung beabsichtigt sei.[1046] Man kann sogar sagen, dass sich diese Sichtweise zu einer eigenständigen Auslegungsregel verselbständigt hat.[1047] Der Wortlaut gibt eine solche Auslegung allerdings nicht immer unbedingt her. Entsprechende Klauseln lauteten oft: „Im Übrigen gelten die Bestimmungen des Tarifvertrages für Angestellte der Branche X im Bundesland Y".[1048] Verwiesen war damit genau genommen nur auf den Tarifvertrag und nicht die Tarifverträge, die diesen möglicherweise ersetzen oder ähnliches. Auch der Verweis auf die für Beamte geltenden Grundsätze sei im Zweifel als Verweisung auf die jeweils für Beamte geltenden Rechtsvorschriften zu verstehen.[1049] Es wird allerdings häufig nicht sonderlich sauber danach getrennt, ob die Auslegung nun eindeutig ist oder nicht. Anders allerdings der 5. Senat in seiner Entscheidung vom 9.11.2005. Konkret als nicht eindeutig befunden wurde die Formulierung: „Der Arbeitnehmer erhält folgende Vergütung: Vergütungsgruppe/-Stufe KR II/3 = 2157. 71 DM."[1050] Die Vereinbarung sei aber in Anwendung der Unklarheitenregel dahin auszulegen, dass sich der Vergütungsanspruch hinsichtlich der Grundvergütung, dem Ortszuschlag und allgemeiner Zulagen nach der jeweiligen Tarifvergütung der arbeitsvertraglich festgelegten Vergütungsgruppe richte. Die Auslegungsregel gelte gerade auch für den Fall, dass die Tragweite einer Verweisung auf Tarifnormen zweifelhaft sei.

Zu den vom BAG vorgenommenen Auslegungen gelangt man mithin also nur, wenn man einen weitergehenden Zweck der Klauseln annahm. Dieser Zweck

---

1046 BAG v. 18.6.2008 – 7 AZR 116/07, NZA 2008, 1302, 1304; BAG v. 11.10.2006 – 4 AZR 486/05, AP Nr. 24 zu § 1 TVG Rückwirkung; BAG v. 17.1.2006 – 9 AZR 41/05, AP Nr. 40 zu § 1 Bezugnahme auf Tarifvertrag, Rz. 30, 37 unter Verweis auf BAG v. 20.3.1991 – 4 AZR 455/90, BAGE 67, 330; BAG v. 9.11.2005 – 5 AZR 128/05, AP Nr. 4 zu § 305 c BGB; BAG v. 27.2.2002 – 9 AZR 562/00, BAGE 100, 339; BAG v. 26.9.2001 – 4 AZR 544/00, NZA 2002, 634, 635.

1047 Dies äußert sich mittlerweile auch in der Wortwahl der Richter. Man liest mittlerweile nämlich mitunter lediglich, dass in der Regel eine Dynamik vereinbart sei, nicht aber, dass im Zweifel eine Dynamik gewollt sei, exemplarisch: BAG v. 11.10.2006 – 4 AZR 486/05, AP Nr. 24 zu § 1 TVG Rückwirkung; im Gegensatz dazu noch: BAG v.13.11.2002 – 4 AZR 351/01, AP Nr. 24 zu § 1 TVG Bezugnahme auf Tarifvertrag.

1048 BAG v. 20.3.1991 – 4 AZR 455/90, AP Nr. 20 zu § 4 TVG TArifkonkurrenz.

1049 BAG v. 16.8.1988 – 3 AZR 61/87, AP Nr. 8 zu § 1 BetrAVG.

1050 BAG v. 9.11.2005 – 5 AZR 128/05, AP Nr. 4 zu § 305 c BGB in Abgrenzung zu BAG v. 19.3.2003 – 4 AZR 331/02, AP Nr. 33 zu § 1 TVG Bezugnahme auf Tarifvertrag.

wurde zumindest früher darin gesehen, dass das Arbeitsverhältnis zukunftsbezogen sei.[1051] Vor dem Hintergrund der im allgemeinen Teil herausgearbeiteten Grundsätze zur Anwendung der Unklarheitenregel ist eine solche Vorgehensweise aber nur so lange zulässig, wie sich aus dem Sinn und Zweck der Verweisung tatsächlich eine günstigere Rechtsfolge für den Arbeitnehmer ergibt und er hinreichend deutlich erkennbar ist.[1052] Diese Auslegung(sregel) muss aber dann ihr Ende finden, wenn nicht mehr davon ausgegangen werden kann, dass eine dynamische Verweisung in allen Fällen günstiger für den Arbeitnehmer ist, bzw. wenn der Arbeitnehmer hinreichend deutlich macht, dass er eine statische Bezugnahme als günstiger ansieht. Auf Altverträge hätte diese Änderung freilich keinen Einfluss. Will man die Günstigkeit allein anhand objektiver Kriterien bestimmen ergibt sich dies schon aus der Tatsache, dass allein der Zeitpunkt des Vertragsschlusses maßgeblich für die Bewertung der Günstigkeit ist. Will man dem Arbeitnehmer ein Wahlrecht zugestehen, ergibt sich dies regelmäßig daraus, dass der Arbeitnehmer an seine ursprüngliche Entscheidung gebunden ist. Hat er also jahrelang an einer positiven dynamischen Entwicklung teilgenommen, kann er sich jetzt nicht auf die Unklarheitenregel und eine statische Wirkung berufen.

Ist auf einen konkreten Tarifvertrag mit Datumsangabe verwiesen, so bleibt es bei einer statischen Geltung.[1053] In derartigen Fallkonstellationen wird der Wortlaut als eindeutig erachtet, auch wenn man hilfsweise die Unklarheitenregel erwähnt.[1054] Diese Erwähnung allerdings kann ein wenig „gefährlich" sein. Denn daraus könnte man den Schluss ziehen, dass das BAG die Grenze der am Wortlaut orientierten Auslegung schon dann erreicht sieht, wenn andere Auslegungsergebnisse theoretisch denkbar sind und sich zu Gunsten des Arbeitnehmers auswirken würden. Dies darf nach den Ergebnissen des ersten Teils aber nicht ohne weiteres geschehen. Wenn nämlich der Arbeitgeber alles seinerseits Erforderliche getan hat, um die Transparenz der Regelung herzustellen, d.h. einen absolut eindeutigen Wortlaut gewählt hat, ist er diesbezüglich schutzwürdig. Nur ein anhand der sonstigen Auslegungsmethoden eindeutig erkennbarer Sinn und Zweck kann eine Anwendung der Unklarheitenregel gegen den eindeutigen Wortlaut rechtfertigen. So liegt es bei einer Bezugnahme unter ausdrücklicher Bezifferung des Datums eines Tarifvertrages aber keinesfalls. Im Gegenteil liegt hier auch vom Sinn und Zweck her die Sichtweise näher, dass eine statische Bezugnahme ge-

---

1051 BAG v. 16.8.1988 – 3 AZR 61/87, AP Nr. 8 zu § 1 BetrAVG.

1052 Vgl. oben: Teil 1.D.II.2.b.cc.(2).(g). Der Wortlaut lässt hier sowohl eine statische als auch eine dynamische Deutung zu. Vom Sinn und Zweck liegt es näher, dass eine Dynamik vereinbart ist. Ganz eindeutig ist dies aber nicht. Daher bedarf es der Anwendung der Unklarheitenregel.

1053 BAG v. 19.9.2007 – 4 AZR 710/06, AP Nr. 54 zu § 133 BGB Rz. 21 f..

1054 BAG v. 19.9.2007 – 4 AZR 710/06, AP Nr. 54 zu § 133 BGB Rz. 22.

wünscht ist, vor allem wenn man sich vor Augen hält, dass eben nicht mehr in jedem Fall eine dynamische Bezugnahme günstiger ist.

10. Ergebnis

Ergibt sich aus dem Wortlaut einer Bezugnahmeklausel in Zukunft nicht, dass der Arbeitgeber mit der Verwendung der Bezugnahmeklausel die Gleichstellung der Außenseiter mit den tarifgebundenen Arbeitnehmern unabhängig von seiner Tarifbindung gleichstellen wollte, so kann der Zweck bei der Auslegung nicht berücksichtigt werden. Dies ergibt sich ohne Anwendung der Unklarheitenregel. Dies hat zur Folge, dass auch wenn sich eine Auslegung als Gleichstellungsabrede in Zukunft einmal als günstiger erweisen sollte, eine solche nicht stattfinden kann.

Dieser Sinneswandel in der Rechtsprechung hat über den konkret entschiedenen Sachverhalt und vor allem auch über die Situation des Tarifwechsels eine erhebliche Bedeutung für sämtliche Konstellationen, in denen bislang die vertragliche Situation lediglich das widerspiegeln sollte, was tarifrechtlich galt:

- Ist auf einen Tarifvertrag verwiesen, der eine einfache Differenzierungsklausel enthält, so lässt sich nach der neuen Sichtweise, unabhängig von der Unklarheitenregel, nicht begründen, dass auch der Außenseiter die in der Differenzierungsklausel nur den Gewerkschaftsmitgliedern gewährten Vorteile für sich beanspruchen kann.
- Liegt ein kleiner dynamischer Verweis auf Branchentarifverträge vor, so kann ein einschlägiger Tarifvertrag nicht angewendet werden, es sei denn es handelt sich um einen firmenbezogenen Verbandstarifvertrag. Auch dies ergibt sich nicht aus der Anwendung der Unklarheitenregel, sondern vielmehr aus dem hinreichend deutlichen Wortlaut.
- Gleiches gilt für die Anwendbarkeit eines Branchentarifvertrags, wenn mittels einer kleinen dynamischen Klausel lediglich auf einen Firmentarifvertrag verwiesen wurde.
- Im Sonderfall des Wechsels vom BAT zum TVöD kann die Tarifsukzession ohne weiteres nachvollzogen werden, wenn in der Verweisklausel auch auf die den BAT „ersetzenden“ Tarifverträge verwiesen wird. In der entsprechenden Formulierung ist nach Ansicht des BAG eine sog. Tarifsukzessionsklausel zu sehen. Für diese gelten nicht die strengen Anforderungen an eine Tarifwechselklausel.
- Wenn es allerdings im Wortlaut an einem Verweis auf die „ersetzenden“ Tarifverträge fehlt, ist der TVöD nicht ohne weiteres anwendbar. Jedenfalls die Unklarheitenregel stünde einer anderen Ansicht hier im Wege, es sei denn

man steht auf dem Standpunkt, dass der TVöD nach objektiven Kriterien für den Arbeitnehmer günstiger sei, oder man gewährt diesem ein Wahlrecht.

- Kommt es im Zuge der Aufgabe des Grundsatzes der Tarifeinheit zu Unklarheiten über die Frage, welcher der nunmehr gleichermaßen im Betrieb des Arbeitgebers anwendbaren Tarifverträge in den konkreten Arbeitsverträgen in Bezug genommen wurde, so ist zu differenzieren: Arbeitsverträge die vor der Aufgabe dieses Grundsatzes geschlossen wurden, enthalten diesbezüglich eine Lücke, da ohne Zweifel davon ausgegangen werden kann, dass diese Situation nicht berücksichtigt wurde und eine Regelung für diese Situation folglich nicht im Arbeitsvertrag enthalten ist. Zudem kann dem Verwender kein Vorwurf gemacht werden, dass er sich nicht klar ausgedrückt hat, da diese Situation nicht absehbar war. Daher ist auch die Unklarheitenregel nicht anwendbar. Insoweit ist die ergänzende Vertragsauslegung in der Regel zulässig. Für zukünftige Verträge kann nicht mehr eindeutig gesagt werden, dass es an einer Regelung im Vertrag fehlt. Zudem ist dem Verwender vorzuwerfen, dass er sich hätte klarer fassen müssen. Hier ist die Unklarheitenregel daher zur Behebung etwaiger Zweifel berufen.
- Diese Grundzüge sind entsprechend auf die Situation anzuwenden, wenn mittels einer Verweisklausel auf die „jeweils im Betrieb der einschlägigen Tarifverträge" verwiesen wurde und normativ gar keine Tarifverträge angewendet wurden.
- Besonders anfällig für Unklarheiten dürften in Zukunft Verweisungen sein, die auf einer stillschweigenden betrieblichen Übung beruhen. Der in diesen Fällen regelmäßig vorliegende erhebliche Transparenzverstoß rechtfertigt es, die Unklarheitenregel strikt anzuwenden.
- Die bislang nahezu zu einer Auslegungsregel verfestigte Rechtsprechungspraxis des BAG zur Auslegung von Bezugnahmeklauseln, die ohne Angabe eines konkreten Datums auf bestimmte Gehaltstarifverträge verweisen, lässt vor dem Hintergrund der stärkeren Betonung des Wortlauts nur durch die Anwendung der Unklarheitenregel begründen. Das bedeutet, dass die Regel: „im Zweifel Dynamik" nicht mehr gilt. Sollte es nämlich in Zukunft zu Verschlechterungen kommen, würde die Unklarheitenregel eine statische Geltung verlangen. Zu beachten ist allerdings, dass dies nur für Neuverträge gelten würde. Hat der Arbeitnehmer jahrelang an der dynamischen Entwicklung partizipiert, kann er sich nach dem Rechtsgedanken des „venire contra factum proprium" nicht auf eine später eintretende Verschlechterung berufen.
- Bemerkenswert ist überdies auch, dass die Richter des BAG über die bisher eingebürgerte Systematik der Bezugnahmeklauseln wohl nunmehr um den Typus der Tarifsukzessionsklausel und um den Typus der beschränkten Tarifwechselklausel ergänzen wollen.

IV. Unklarheiten im Bezugsobjekt

1. Allgemeiner Problemaufriss – Anwendbarkeit der Unklarheitenregel

Unklare Bestimmungen können auch in dem in Bezug genommenen Objekt selbst vorkommen. Handelt es sich hierbei um einen Tarifvertrag, ist fraglich, ob die Unklarheitenregel zur Beseitigung etwaiger Zweifel herangezogen werden kann.[1055] Auf den ersten Blick müsste man diese Frage bejahen, da die tarifvertraglichen Normen mittels der Bezugnahmeklausel in den Vertrag „inkorporiert" werden und damit als individualrechtliche Vertragsklauseln behandelt werden.[1056] Allerdings besteht zumindest, wenn es sich um einen normativ wirkenden Tarifvertrag handelt, die Gefahr, dass es zu einer Diskrepanz der Auslegungsgrundsätze innerhalb ein und der selben Vertragsbeziehung kommt, wenn ein Tarifvertrag sowohl auf vertragsrechtlicher Ebene aufgrund einer Bezugnahmeklausel, als auch aufgrund beidseitiger Tarifbindung gilt. Denn Tarifverträge, d.h. der normative Teil werden nach der herrschenden Meinung zumindest grundsätzlich nach den Methoden zur Auslegung von Gesetzen behandelt.[1057] Anders als bei der Unklarheitenregel werden Zweifel daher nicht kategorisch gegen den Verwender ausgelegt. Vielmehr ist nach einer angemessenen Lösung zu suchen. Die Rechtsprechung formuliert dementsprechend folgendermaßen: „Im Zweifel gebührt derjenigen Auslegung der Vorrang, die zu einer vernünftigen, sachgerechten, zweckorientierten und praktisch brauchbaren Regelung führt."[1058] Konsequenz dieser unterschiedlichen Maßstäbe wäre zudem, dass ein und dieselbe Klausel für einen tarifgebundenen Arbeitnehmer (soweit er keine Bezugnahmeklausel in seinem Vertrag hat) und einen Außenseiter unterschiedlich auszulegen wäre.

An einer ausdrücklichen gesetzlichen Regelung fehlt es. In § 310 Abs. 4 S. 3 werden allerdings Tarifverträge (ebenso wie auch Betriebs- und Dienstvereinbarungen) den Rechtsvorschriften des § 307 Abs. 3 gleichgestellt. Umstritten ist

---

1055 Parallel dazu ist ebenso problematisch, ob eine Inhaltskontrolle bzw. eine Transparenzkontrolle stattfinden kann. Einen guten Überblick über den Meinungsstand diesbezüglich findet sich bei Joppich, S. 257 f..

1056 Däubler/Dorndorf/Bonin/Deinert-Däubler, § 305 c Rn. 26.

1057 Grundlegend BAG v. 2.6.1961 – 1 AZR 573/59, AP Nr. 68 zu Art. 3 GG; BAG v. 30.9.1971 – 5 AZR 123/71, AP Nr. 121 zu § 1 TVG Auslegung; BAG v. 14.11.2007 – 4 AZR 861/06, NZA-RR 2008, 362, 265; BAG v. 30.1.2002 – 10 AZR 441/01, ZTR 2002, 389, BeckOK/Waas/Giesen, § 1 TVG Rn. 48; ErfK/Franzen, § 1 TVG Rn. 92 f..

1058 BAG v. 6.7.2006 – 2 AZR 587/05, AP Nr. 201 zu § 1 TVG Tarifverträge: Metallindustrie; BAG v. 29.8.2001 – 4 AZR 337/00, AP Nr. 174 zu § 1 TVG Auslegung.

hier schon, was daraus für die Zulässigkeit der Inhaltskontrolle[1059] und der Transparenzkontrolle[1060] folgt. Die Rechtsprechung hat mittlerweile entschieden, dass jedenfalls beim Globalverweis eines tarifgebundenen Arbeitgebers auf den einschlägigen Tarifvertrag weder eine Inhaltskontrolle, noch eine Transparenzkontrolle statthaft ist.[1061] Was daraus für die Anwendbarkeit der Unklarheitenregel folgt, ist bislang allerdings noch nicht hinreichend geklärt.

a) Meinungsbild

aa) Geltung der Auslegungsdogmatik für Tarifverträge – Unanwendbarkeit der Unklarheitenregel

Zu dieser speziellen Thematik hat sich die Rechtsprechung bislang nicht explizit geäußert. Allerdings kann man wohl davon ausgehen, dass man einer Anwendbarkeit der Unklarheitenregel bei der Auslegung eines auf vertraglicher Basis in Bezug genommenen Tarifvertrages eher skeptisch gegenübersteht. Denn bislang zog man hierzu zumindest unter verbreiteter Zustimmung des rechtswissenschaftlichen Schrifttums die allgemeinen Grundsätze zur Auslegung von Tarifverträgen heran.[1062] Dementsprechend wäre es inkonsequent, wenn man vor diesem Hintergrund die Unklarheitenregel zur Anwendung bringen wollte. Vom Ergebnis her würde diese Auffassung zudem „auf einer Linie" mit der herrschenden Meinung zur Auslegung deklaratorischer Klauseln in Allgemeinen Geschäftsbedingungen liegen, soweit diese nur das geltende Recht wiedergeben oder gar lediglich auf das geltende Recht verweisen.[1063] Diejenigen Argumente, die in diesem Zusammenhang gegen die Anwendbarkeit der Unklarheitenregel vorgebracht werden, könnte man zumindest dem Grunde nach auch hier anbringen, da nach § 310 Abs. 4 S. 3 Tarifverträge und Betriebs- und Dienstvereinbarungen den Rechtsvorschriften des § 307 Abs. 3 insoweit gleichgestellt werden.

In diese Richtung deutet auch die bereits erwähnte die Entscheidung des BAG, in der es um die Zulässigkeit der Transparenzkontrolle (§ 307 Abs. 1 S. 2) eines

---

1059 Vgl. hierzu den Überblick bei Thüsing, ABG-Kontrolle, Rn. 187 ff.; vgl auch Annuß, ZfA 2005, 405, 434 ff.; Joppich, S. 257 ff..

1060 Vgl. hierzu insbesondere Joppich, S. 258 ff..

1061 BAG v. 28.6.2007 – 6 AZR 750/06, AP Nr. 27 zu § 307 BGB.

1062 BAG v. 6.12.1990 – 6 AZR 268/89, AP Nr. 2 zu § 1 TVG Bezugnahme auf Tarifvertrag; BAG v. 31.3.1966 – 5 AZR 516/65, AP Nr. 54 zu § 611 BGB Gratifikation; BAG v. 12.8.1959 – 2 AZR 75/59, AP Nr. 1 zu § 305 BGB; Bratz, Arbeitsrechtliche Besonderheiten bei der Kontrolle Allgemeiner Geschäftsbedingungen, S. 211; ErfK/Franzen, § 3 TVG Rn. 33; Etzel, Beilage zu NZA Heft 1/1987, 19, 28; Jacobs/Krause/Oetker, § 6 Rn. 198.; Reichel, Bezugnahme, S. 23 f.; Willemsen, S. 132.

1063 Siehe oben: Teil 1.D.I.3.f.aa.

mittels Globalverweises arbeitsvertraglich in Bezug genommenen, einschlägigen Tarifvertrages ging.[1064] Das BAG war hier der Auffassung, dass jedenfalls wenn der Arbeitgeber tarifgebunden sei und er auf den einschlägigen Tarifvertrag verweise, unabhängig von der Gewerkschaftszugehörigkeit des einzelnen Arbeitnehmers eine Transparenzkontrolle nach § 307 Abs. 1 S. 2 nicht stattfinde. Begründet wurde dies mit dem Wortlaut des § 307 Abs. 1 und vor allem dem Sinn und Zweck des § 310 Abs. 4 S. 1, der eine Tarifzensur verhindern wolle:[1065]

Schon der Wortlaut des § 307 Abs. 1 spreche gegen eine Transparenzkontrolle derartiger Bestimmungen. Gegenstand der Inhaltskontrolle seien Allgemeine Geschäftsbedingungen, d.h. vom Verwender vorformulierte Vertragsbedingungen. Solche seien grundsätzlich von arbeitsvertraglich in Bezug genommenen Tarifnormen zu unterscheiden, die von den Tarifvertragsparteien vereinbart worden seien.[1066] Ausdrücklich offen gelassen wurde zwar, ob deshalb generell eine Transparenzkontrolle des Tarifvertrags ausgeschlossen sei, wenn der Tarifvertrag kraft arbeitsvertraglicher Bezugnahme gelte, ohne dass eine beiderseitige Tarifbindung der Arbeitsvertragsparteien bestünde.

Zudem berge eine Durchführung der Transparenzkontrolle die Gefahr einer unzulässigen mittelbaren Tarifzensur. § 307 Abs. 3 S. 2 gebiete jedenfalls dann keine Transparenzkontrolle, wenn der Arbeitgeber tarifgebunden sei und im Arbeitsvertrag auf denjenigen Tarifvertrag Bezug genommen werde, der für den Arbeitgeber kraft seiner Tarifbindung gelte. In diesem Fall würde der Tarifvertrag in Arbeitsverhältnissen tarifgebundener Arbeitnehmer des Betriebes gemäß § 310 Abs. 4 S. 1 keiner Kontrolle nach den §§ 305 bis 310 und damit auch keiner Transparenzkontrolle unterliegen, bei nicht tarifgebundenen Arbeitnehmern wäre dagegen zu prüfen, ob die Tarifbestimmung klar und verständlich sei. Dies hätte zur Folge, dass einzelne Vorschriften des selben Tarifvertrags bei dem selben tarifgebundenen Arbeitgeber, je nachdem, ob der Arbeitnehmer Mitglied der tarifschließenden Gewerkschaft sei oder nicht, zur Anwendung kommen oder wegen fehlender Transparenz unwirksam seien. Dies sei mit dem Sinn und Zweck des § 310 Abs. 4 S. 1 nicht vereinbar. Der Gesetzgeber unterstelle, dass Tarifbestimmungen angesichts der gegenläufigen Interessen von Arbeitnehmer und Arbeitgeber einen insgesamt angemessenen Ausgleich herstellten. Den Gerichten sei deshalb die Prüfung entzogen, ob eine Tarifregelung insgesamt zweckmäßig, billig und im Einzelfall die „gerechteste“ Lösung sei. Es verbleibe lediglich die Überprüfung ob die Regelung mit zwingendem Recht vereinbar sei.

1064 BAG v. 28.6.2007 – 6 AZR 750/06, AP Nr. 27 zu § 307 BGB.

1065 BAG v. 28.6.2007 – 6 AZR 750/06, AP Nr. 27 zu § 307 BGB, Rz. 25.

1066 BAG v. 28.6.2007 – 6 AZR 750/06, AP Nr. 27 zu § 307 BGB, Rz. 25 unter Verweis auf Joost, FS-Ulmer, S. 1199, 1205.

Deshalb seien jedenfalls die bei einem tarifgebundenen Arbeitgeber einschlägigen Tarifverträge jeglicher Inhaltskontrolle nach den §§ 305 ff. und auch einer Transparenzkontrolle entzogen, gleichviel ob der Tarifvertrag kraft beidseitige Tarifbindung oder kraft arbeitsvertraglicher Bezugnahme gelte.

Etwas anderes ergebe sich auch nicht aus der Gesetzesbegründung, auch wenn es in der Gegenäußerungen der Bundesregierung zur Stellungnahme des Bundesrates heiße, dass Arbeitsverträge, die Bezug auf einen Tarifvertrag nähmen, ohne dass eine beiderseitige Tarifbindung bestehe, oder die mit Kollektivverträgen über einstimmten und lediglich deren gesamten Inhalte wiedergeben würden, am Transparenzgebot zu messen seien und damit der Transparenzkontrolle zu unterziehen seien.[1067]

Zu klären bleibt freilich, inwieweit diese Argumentation auf die Situation der Auslegung und der Anwendung der Unklarheitenregel übertragbar ist.[1068] Einerseits ist die Unklarheitenregel selbst bekanntlich keine Norm der Inhaltskontrolle, sodass die Überlegung vordergründig nicht direkt zutrifft, andererseits ist aber auch nicht von der Hand zu weisen, dass auch mit den Mitteln der Auslegung ein erheblicher Einfluss auf den zwischen den Tarifparteien ausgehandelten Interessenausgleich ausgeübt werden kann. Über die Frage der Übertragbarkeit hinaus ist zudem generell in Frage zu stellen, ob das Urteil selbst in Begründung und Ergebnis überzeugen kann, insbesondere was die entgegenstehende Gesetzesbegründung angeht. Denn im Schrifttum gibt es eine starke Meinung, die auch in solchen Fällen nicht auf eine Transparenzkontrolle verzichten will und dem Urteil daher nicht zustimmen dürfte.[1069]

1067 BAG v. 28.6.2007 – 6 AZR 750/06, AP Nr. 27 zu § 307 BGB, Rz. 24 unter Verweis auf BT-Drucks. 14/6857, S. 54.

1068 Diese Frage wirft auch Deinert auf, allerdings ohne eine abschließende Antwort zu präsentieren, vgl.Deinert, Anm. zu BAG v. 28.6.2007 – 6 AZR 750/06, AP Nr. 27 zu § 307 BGB: „Gleichermaßen könnte man hier das Argument bemühen, dass die Tarifnorm keinen anderen Inhalt haben soll, je nachdem, ob es sich um ein Arbeitsverhältnis mit einem organisierten oder mit einem nicht organisierten Arbeitnehmer handelt. Auf der anderen Seite könnte man erwägen, dass der Arbeitgeber, wenn er Tarifverträge schon als AGB heranzieht, sich nicht auch deren unklare Bestimmungen mit richterlicher Hilfe soll sichern können, ohne seinerseits für Klarheit zu sorgen."

1069 BeckOK/Jacobs, § 307 Rn. 28; ErfK/Preis, § 310 BGB Rn. 15; Joppich, S. 258 ff.; Lakies, AGB-Kontrolle im Arbeitsrecht, Rn. 166; Preis, FS-Wiedemann, S. 425, 447; Ulmer/Brandner/Hensen-Ulmer, § 310 Rn. 150; Witt, NZA 2004, 135, 138, im Ergebnis auch Konzen, FS-Hadding, S. 145, 147.

bb) Geltung der AGB-Rechtlichen Auslegungsdogmatik – Anwendbarkeit der Unklarheitenregel

Unabhängig davon spricht man sich im Schrifttum ansonsten durchaus auch für die Anwendbarkeit der Unklarheitenregel aus.[1070] Die Gleichstellung mit Rechtsnormen in § 310 Abs. 4 S. 3 habe systematisch und funktional gesehen nur den Sinn, die Inhaltskontrolle kollektiver Regelwerke zu beschränken.[1071] Die Anwendung von § 305 c Abs. 2 sei gerechtfertigt, weil der Arbeitgeber die Formulierungsverantwortung übernehme, da die tarifliche Regelung normativ gerade nicht gelte.[1072] Bisweilen wird zwar eingeräumt, dass durch die Anwendung der Unklarheitregel in der Tat unterschiedliche Auslegungsergebnisse beim organisierten und nicht organisierten Arbeitnehmer entstehen könnten und damit dem Gleichstellungsinteresse zuwiderlaufen könnten.[1073] Dieser Nachteil sei aber hinzunehmen. Er resultiere aus der Entscheidung des Gesetzgebers, in § 310 Abs. 4 S. 3 für Bezugnahmeklauseln keine Bereichsausnahme anzuordnen wie sie für Tarifverträge gemäß § 310 Abs. 4 S. 1 gelte.[1074] Auch die Transparenzkontrolle gelte nicht für Tarifverträge, aber für Bezugnahmen. So liege es auch bei § 305 c Abs. 2.

cc) Differenzierende Ansicht

Dem Grunde nach, spricht sich auch *Däubler* für die Anwendung der Unklarheitenregel aus.[1075] Auch der durch die Bezugnahmeklausel in den Arbeitsvertrag inkorporierte Tarifvertrag unterliege der Unklarheitenregel, da es keinen Unterschied machen könne, ob der Arbeitgeber dessen Text in den Vertrag hineinkopiere oder ob er lediglich auf ihn verweise. Auch er ist der Ansicht, dass der Arbeitgeber in beiden Fällen die Verantwortung für die konkrete Formulierung übernehme.[1076] Nur wenn die Bezugnahmeklausel im konkreten Fall als Gleich-

---

1070 Diehn, NZA 2004, 129, 134; Gotthard, Rn. 262; Günther, AGB-Kontrolle von Arbeitsverträgen, S. 116; Witt, NZA 2004, 135, 138; wohl auch Ernst, NZA 2007, 1405, 1407; Preis, Der Arbeitsvertrag II V 40 Rn. 32; im Ergebnis auch Thüsing/Lambrich, NZA 2002, 1361, 1362 f..

1071 Diehn, NZA 2004, 129, 134.

1072 Diehn, NZA 2004, 129, 134; Gotthard, Rn. 262

1073 Diehn, NZA 2004, 129, 134.

1074 Diehn, NZA 2004, 129, 134.

1075 Däubler/Dorndorf/Bonin/Deinert-Däubler, § 305 c Rn. 26.

1076 Däubler/Dorndorf/Bonin/Deinert-Däubler, § 305 c Rn. 26, unter Verweis auf Gotthard, Rn. 262.

stellungsabrede zu verstehen sei, gelte etwas anderes.[1077] Begründet wird diese Differenzierung allerdings nicht näher.

b) Stellungnahme

Wie in der Einleitung zu dieser Problematik bereits angedeutet, kann man für die Anwendbarkeit der Unklarheitenregel bei zweifelbehafteten Regelungen im in Bezug genommenen Objekt vor allen Dingen ins Feld führen, dass es sich rechtstechnisch bei der Auslegung hier nicht um die Auslegung des Tarifvertrages selbst, sondern um die Auslegung einer vertraglichen Bestimmung handelt, da der Tarifvertrag durch die Bezugnahmeklausel zu einer vertraglichen Bestimmung wird bzw. in den Vertrag inkorporiert wird.[1078] Dies korrespondiert insoweit auch mit der mittlerweile von der Rechtsprechung übernommenen Ansicht, dass Bezugnahmeklauseln in der Regel keinen deklaratorischen, sondern einen konstitutiven Charakter haben.[1079] Mit der Bezugnahmeklausel werden die vertraglichen Bedingungen unabhängig von der Tarifbindung eigenständig gestaltet. Dies wird vor allen Dingen auch daran deutlich, dass die Rechtsprechung Tarifkonkurrenzen, die unter Umständen auf diese Weise entstehen könnten, nicht mehr mit dem Prinzip der Tarifeinheit auflöst, sondern das Günstigkeitsprinzip anwendet.[1080] Insofern hinkt zumindest teilweise auch ein Vergleich mit der Rechtslage bei deklaratorischen Klauseln, die das Gesetz lediglich wiederholen. Denn dort lässt sich die Unanwendbarkeit nicht zuletzt gerade mit dem deklaratorischen Charakter rechtfertigen. Da das einschlägige Gesetzesrecht auch ohne einen ausdrücklichen Verweis in der konkreten Vertragsbeziehung gelten würde, kann man nicht sagen, dass es vom Verwender gestellt wurde.[1081] Misst man der Bezugnahmeklausel einen konstitutiven Charakter zu, tritt rechtstechnisch gesehen damit eine eigene vertragliche Regelung mit identischem Inhalt auch neben

1077 Däubler/Dorndorf/Bonin/Deinert-Däubler, § 305 c Rn. 26.

1078 BAG v. 24.11.2004 – 10 AZR 202/04, AP Nr. 70 zu § 242 BGB Betriebliche Übung = NZA 2005, 349, 351; BAG v. 20.3.1991 – 4 AZR 455/90, AP Nr. 20 zu § 4 TVG Tarifkonkurrenz; Annuß, ZfA 2005, 405, 409; Däubler/Dorndorf/Bonin/Deinert-Däubler, § 305 c Rn. 40; ErfK/Franzen, § 3 TVG Rn. 32; Giesen, NZA 2006, 625; Hanau/Kania, FS-Schaub, S. 239, 241; Thüsing/Lambrich, RdA 2002, 193, 194; Wiedemann/Oetker, § 3 Rn. 230, 241; a.A. v.Hoyningen-Huene, RdA 1974, 138, 140 ff..

1079 BAG v. 29.8.2007 – 4 AZR 767/06, AP Nr. 61 zu § 1 TVG Bezugnahme auf Tarifvertrag; BAG v. 19.3.2003 – 4 AZR 331/02, AP NR. 33 zu § 1 TVG Bezugnahme auf Tarifvertrag; vgl. auch Heinlein, NJW 2008, 321, 322 f.; Schliemann, Sonderbeilage zu NZA Heft 16/2003, 3, 6; Thüsing/Lambrich, RdA 2002, 193, 202.

1080 Exemplarisch: BAG v. 29.8.2007 – 4 AZR 767/06, AP Nr. 61 zu § 1 TVG Bezugnahme auf Tarifvertrag.

1081 Vgl. oben: Teil 1.D.I.3.f.aa.

einen normativ wirkenden Tarifvertrag. Da eine Bezugnahmeklausel in der Regel auf Initiative des Arbeitgebers in den Arbeitsvertrag aufgenommen wird, kann man anders als bei deklaratorischen Klauseln daher sagen, dass die Vertragsbedingungen sehr wohl vom Arbeitgeber gestellt werden.

Wie im Rahmen der Erörterung der Anwendbarkeit der Unklarheitsregel bei deklaratorischen Klauseln oben schon einmal angesprochen, trägt auch allein der Verantwortungsgedanke eine Argumentation gegen die Anwendbarkeit der Unklarheitenregel hier nicht, da es nicht darauf ankommt, wer die Vertragsbedingungen entworfen hat, sondern wer sie verwendet.[1082]

Hinzu kommt, dass es anders als bei der Inhaltskontrolle an einer ausdrücklichen Regelung fehlt, die § 305 c Abs. 2 für unanwendbar erklärt bzw. die eine Anwendung derjenigen Auslegungsmethoden verlangt, die für das in Bezug genommene Objekt gelten. Im Gegenteil könnte man in der Tat damit argumentieren, dass § 307 Abs. 3 S. 2 eine Transparenzkontrolle einzelvertraglich in Bezug genommener Tarifwerke erlaubt und daraus schließen, dass auch die Unklarheitenregel als weitere Sanktion unklarer Bestimmungen anwendbar ist. Jedenfalls was die Zulässigkeit der Transparenzkontrolle angeht, würde dies auch durch die Entstehungsgeschichte gestützt. Denn in der Stellungnahme der Bundesregierung zu den Ausführungen des Bundesrates wird ausdrücklich erwähnt, dass individualvertraglich in Bezug genommene Tarifverträge, die nicht normativ gelten, zwar keiner Inhaltskontrolle zu unterziehen seien, aber sehr wohl einer Transparenzkontrolle unterlägen.[1083] Wenn aber eine Transparenzkontrolle stattfindet, spricht vieles dafür, auch die Unklarheitenregel als eine weitere Vorschrift, die zweifelbehaftete Vertragsbedingungen sanktionieren soll, anzuwenden.

Gegen die Anwendung sprechen damit einzig die Erwägungen des BAG in der erwähnten Entscheidung zur Zulässigkeit der Transparenzkontrolle. Dogmatisch gesehen sind diese aber kaum haltbar. Soweit man mit dem Wortlaut des § 307 Abs. 1 argumentiert, ist die Annahme, dass arbeitsvertraglich in Bezug genommene Vertragsbedingungen, die von den Tarifvertragsparteien vereinbart wurden, von vorformulierten Vertragsbedingungen, die vom Verwender formuliert wor-

---

1082 Vgl. oben: Teil 1.D.I.3.f.aa.

1083 BT-Drucks. 14/6857, S. 54: „In Satz 3 der vorgeschlagenen Neufassung von § 310 Abs. 4 BGB-RE wird klargestellt, dass Tarifverträge, Betriebs- und Dienstvereinbarungen Rechtsvorschriften im Sinne von § 307 Abs. 3 BGB-RE gleichstehen. Daraus folgt, dass auch Arbeitsverträge, die Bezug auf einen Tarifvertrag nehmen, ohne dass eine beiderseitige Tarifbindung besteht oder die mit Kollektivverträgen übereinstimmen und lediglich deren gesamten Inhalt wiedergeben, ebenfalls nicht der Inhaltskontrolle unterliegen, sondern nur am Transparenzgebot zu messen sind."

den wurden, zu unterscheiden seien, schlichtweg falsch, denn es kommt nicht darauf an, wer die Bedingungen verfasst, sondern wer sie stellt.[1084]

Auch soweit man sich darauf beruft, das nur eine identische Auslegung der normativ wirkenden Arbeitsbedingungen und der individualvertraglich vereinbarten Arbeitsbedingungen mit dem Sinn und Zweck des § 310 Abs. 4 S. 3 vereinbar sei, entbehrte dies einer nachvollziehbaren dogmatischen Grundlage. Denn es gibt keinen übergeordneten Grundsatz einer einheitlichen Tarifgeltung, auch wenn der Arbeitgeber sich darum bemüht, dies vertraglich so zu regeln.[1085]

Alles in allem bleibt daher allein der Rekurs auf arbeitsrechtliche Besonderheiten. Hier könnte man wohl in der Tat vertreten, dass die Entscheidung des Gesetzgebers, eine mittelbare Tarifzensur verhindern zu wollen, zumindest hinsichtlich etwaiger Unklarheiten weitestgehend leer liefe, wenn man auch den durch einen Globalverweis in Bezug genommenen Tarifvertrag in Zweifelsfällen mittels der Unklarheitenregel auslegen will. Dogmatisch gesehen würde man hier zwar nicht den normativ wirkenden Tarifvertrag selbst mithilfe von § 305 c Abs. 2 auslegen. Materiell gesehen liefe es aber darauf hinaus, da zumindest bei tarifgebundenen Arbeitgebern nahezu jeder Arbeitsvertrag eine Bezugnahmeklausel auf den einschlägigen Tarifvertrag enthalten dürfte. Allein diese Überlegung ist aber nicht geeignet, die zuerst genannten Erwägungen zu widerlegen. Vor allem der insoweit übertragbaren Gesetzesbegründung zu § 307 Abs. 3 bzw. § 307 Abs. 1 S. 2 muss hier ein höheres Gewicht zugemessen werden. Ohnehin dürfte aber auch fraglich sein, ob dem Verbot der mittelbaren Tarifzensur nicht schon dadurch hinreichend Genüge getan ist, wenn man eine Inhaltskontrolle nicht durchführt. Eine Inhaltskontrolle würde nämlich zumindest im Regelfall ungleich intensiverer in die von den Tarifvertragsparteien ausgehandelten Kompromisse eingreifen, als eine Auslegung gegen den Verwender oder eine Transparenzkontrolle. Daher ist die Entscheidung des Gesetzgebers zu akzeptieren, dass eine Transparenzkontrolle und damit auch eine Auslegung gegen den Verwender bei arbeitsvertraglich vereinbarten Tarifverträgen stattfinden sollen. Die Unklarheitenregel ist damit auch bei Unklarheiten im in Bezug genommenen Objekt anwendbar. Eine Ausnahme ist allerdings beim tarifgebundenen Arbeitgeber zu machen, wenn es sich um (Betriebs-) Normen des § 3 Abs. 2 TVG handelt, die nur einheitlich für die gesamte Belegschaft gelten können.

1084 Deinert, Anm. zu BAG v. 28.6.2007 – 6 AZR 750/06, AP Nr. 27 zu § 307 BGB unter Verweis auf BGH v. 16.11.1990 – V ZR 217/89, NJW 1991, 843 f..

1085 Joppich, S. 260.

2. Sonderfall: Unklare Weiterverweisung im Bezugnahmeobjekt

Gewisse Schwierigkeiten bereitete bisweilen auch der Umgang mit im Bezugnahmeobjekt statuierten Weiterverweisungen. In seiner Entscheidung vom 2.3.1988 hatte sich das BAG mit der Frage auseinanderzusetzen, ob mittels der in einem Arbeitsvertrag enthaltenen Verweisung auf den einschlägigen Manteltarifvertrag auch der Lohn- und Gehaltstarifvertrag in Bezug genommen ist, wenn der Manteltarifvertrag auf selbigen verweist.[1086] Das BAG verneinte dies damals in Abweichung von der Vorinstanz[1087] und gestand dem Arbeitnehmer den im Lohn- und Gehaltstarifvertrag enthaltenen Anspruch auf einen Nachtarbeitszuschlag nicht zu, da die Weiterverweisung nicht konstitutiv sei.[1088] Diese Rechtsprechung ist nach der hier vertretenen Auffassung nicht mehr haltbar. Bereits die konsequente Anwendung der allgemeinen Auslegungsgrundsätze ergibt, dass bei Abwesenheit gegenteiliger Anhaltspunkte auch das Objekt der Weiterverweisung zum Gegenstand des Arbeitsvertrages wird.[1089] Soweit der Arbeitgeber Weiterverweisungen dieser Art unterbinden möchte, liegt es gemäß damit bei ihm, sein Anliegen in der Klausel unmissverständlich zum Ausdruck zu bringen.[1090] Wertet man die Tatsache, dass BAG und Vorinstanz unterschiedlich entschieden haben als Indiz für eine Unklarheit der Klausel, lässt sich dieses Ergebnis zudem auf § 305 c Abs. 2 stützen.[1091]

3. Fazit

Auch bei Unklarheiten im in Bezug genommenen Objekt ist § 305 c Abs. 2 damit uneingeschränkt anwendbar, sofern es sich um den Verweis auf einen Tarifvertrag handelt.

1086 BAG v. 2. 3. 1988 – 4 AZR 595/87, AP Nr. 11 zu § 1 TVG Form; dem folgend auch das LAG Nürnberg v. 22.5.2001 – 6 Sa 562/00, ZTR 2001, 463.

1087 LAG Köln v. 22.7.1987 – 5 Sa 270/87, (iuris).

1088 BAG v. 2. 3. 1988 – 4 AZR 595/87, AP Nr. 11 zu § 1 TVG Form.

1089 Preis, Arbeitsvertrag, II V 40, Rn. 32;Annuß, ZfA 2005, 405, 439.

1090 Preis, Arbeitsvertrag, II V 40, Rn. 32;Thüsing/Lambrich, NZA 2002, 1361, 1366 f.; Annuß, ZfA 2005, 405, 439.

1091 So auch Thüsing/Lambrich, NZA 2002, 1361, 1366 f..

V. Die Unklarheitenregel beim Verweis auf sonstige Regelwerke

1. Betriebsvereinbarung

Mit weniger Problemen verbunden ist in der Regel der Verweis auf Betriebsvereinbarungen. Relevant kann hier in erster Linie werden, ob die entsprechenden Abreden Inhalt des Arbeitsvertrages geworden sind und ob sich eine spätere Änderung dieser Arbeitsbedingungen ohne Beteiligung des Arbeitnehmers auf sein Arbeitsverhältnis auswirkt. Zu beachten ist hierbei, dass der Verweis auf Betriebsvereinbarungen in der Regel deklaratorischen Charakter hat.[1092] Entsprechend der oben bereits geführten Diskussion im Rahmen der Bezugnahme auf Tarifverträge folgt daraus, dass zweifelbehaftete Formulierungen innerhalb der Betriebsvereinbarung selbst anders als beim Verweis auf Tarifverträge nicht mithilfe der unter Unklarheitenregel zu beheben sind. Nur in seltenen Fällen kann man wohl davon ausgehen, dass eine zusätzliche Rechtsgrundlage geschaffen werden sollte.

Rieble und *Schul* haben in Reaktion auf die Ankündigung der Rechtsprechungsänderung des 4. Senats vom 14.12.2005 zwar einmal die Vermutung – oder je nachdem wie man es sehen will auch die Befürchtung – geäußert, dass nun auch der deklaratorische Charakter arbeitsvertraglicher Bezugnahmen auf Betriebsvereinbarungen im Hinblick auf die Unklarheitenregel auf den Prüfstand zu stellen ist.[1093] Dem ist aber indes nicht so. Anders als beim Verweis auf Tarifverträge dürfte hier jedem verständigen Arbeitgeber und Arbeitnehmer klar sein, dass die entsprechenden Betriebsvereinbarungen ohnehin im Betrieb gelten. Der Zweck der Formulierung ist korrespondierend mit dem Wortlaut also hinreichend klar. Insofern erübrigt sich auch die weitere Befürchtung der beiden, dass die Unklarheitenregel möglicherweise unwirksame Betriebsvereinbarungen arbeitsvertraglich zur Geltung bringen könnte, wenn im Verweis nicht explizit auf die Wirksamkeit der Betriebsvereinbarungen abgestellt wird.[1094] Überdies dürfte der juristisch nicht vorgebildete, durchschnittliche Arbeitnehmer nach der allgemeinen Lebenserfahrung davon ausgehen, dass etwas unwirksames, was für ihn nach dem allgemeinen Sprachgebrauch also gar nicht in der Welt ist, auch nicht in Bezug genommen werden kann und durch die Hintertür wirksam werden kann.

Im Einzelfall kann ein Verweis allerdings als Öffnungsklausel in dem Sinne zu verstehen sein, dass die Betriebsparteien durch Änderung ihrer Betriebsvereinba-

---

1092 Däubler/Dorndorf/Bonin/Deinert-Däubler, § 305 c Rn. 48; Thüsing, AGB-Kontrolle, Rn.

1093 Rieble/Schul, RdA 2006, 339, 344, die dies freilich im Ergebnis verneinen.

1094 Rieble/Schul, RdA 2006, 339, 347, auch dies lehnen sie allerdings im Ergebnis selbst ab.

rungen in arbeitsvertragliche Rechte eingreifen dürfen.[1095] Eine solche Abmachung ist rechtlich durchaus zulässig.[1096] Mit Blick auf die Unklarheitenregel muss die beabsichtigte Wirkung aber klar im Wortlaut der Klausel zum Ausdruck gebracht werden.[1097] Legt man das neue Verständnis der Rechtsprechung zur Auslegung arbeitsvertraglicher Bezugnahmeklauseln zu Grunde, so muss man feststellen, dass die Rechtsprechung in der Vergangenheit mitunter ein wenig zu großzügig bei der Annahme derartiger Klauseln war. Hinnehmbar dürfte zwar noch die Formulierung, dass die Arbeitsbedingungen „den gesetzlichen Bestimmungen sowie Betriebsvereinbarungen unterliegen“[1098] sollten, gewesen sein. Durch die Verwendung des Begriffes „unterliegen“ wurde hinreichend deutlich, dass Betriebsvereinbarungen Vorrang vor den individualvertraglichen Bedingungen beanspruchen sollten. Anders wäre aber heute zu entscheiden, wenn es lediglich heißt, dass die „innerbetrieblichen Bestimmungen gelten“[1099]. Bei einer derartigen Formulierung wird der konstitutive Charakter dem Wortlaut nach nicht hinreichend deutlich. Insofern käme es zur Anwendung der Unklarheitenregel, wenn man nicht sogar eher davon ausgehen muss, dass der Wortlaut eindeutig für einen deklaratorischen Charakter spricht.

Auch wenn eine Leistung durch eine Gesamtzusage versprochen worden war, sollte eine Verschlechterung durch Betriebsvereinbarung schon dann möglich sein, wenn der Arbeitgeber erklärt hat, dass die Regelung „mit dem zuständigen Betriebsrat abgestimmt“ sei oder „im Einvernehmen mit ihm beschlossen“ worden sei.[1100] Bei entsprechenden Begleitumständen sollte sogar eine stillschweigende Öffnung in Betracht kommen.[1101] Auch diese Rechtsprechung dürfte überholt sein.[1102] Aus den vorangestellten Formulierungen ergibt sich keineswegs zweifelsfrei, dass die im Wege der Gesamtzusage versprochenen Rechte allein durch eine Betriebsvereinbarung aufgehoben werden können sollten. Zutreffend weist *Däubler* darauf hin, dass die Erwähnung des Betriebsrates auch lediglich erfolgt sein kann, um die besonderen Verdienste bei der Entscheidungsfindung

---

1095 Däubler/Dorndorf/Bonin/Deinert-Däubler, § 305 c Rn. 48; Thüsing, AGB-Kontrolle, Rn. 224.

1096 BAG v. 20.11.1987 – 2 AZR 284/86, AP Nr. 2 zu § 620 BGB Altergrenze.

1097 Däubler/Dorndorf/Bonin/Deinert-Däubler, § 305 c Rn. 48; Däubler, RdA 2004, 304, 306; Franzen, Beilage zu NZA Heft 3/2006, 107, 114; Rieble/Schul, RdA 2006, 339, 340; Thüsing, AGB-Kontrolle, Rn. 224; v.Hoyningen-Huene/Thüsing, Arbeitsverträge, Rn. 101.

1098 BAG v. 20.11.1987 – 2 AZR 284/86, AP Nr. 2 zu § 620 BGB Altergrenze.

1099 BAG v. 24.8.2004 – 1 AZR 419/03, AP Nr. 77 zu § 2 KSchG 1969.

1100 BAG v. 10.12.2002 – 3 AZR 671/01, AP Nr. 252 zu § 611 BGB Gratifikation; BAG v. 10.12.2002 – 3 AZR 92/02, AP Nr. 249 zu § 611 BGB Gratifikation; BAG v. 3.11.1987 – 8 AZR 316/81, AP Nr. 25 zu § 77 BetrVG 1972.

1101 BAG v. 20.11.1987 – 2 AZR 284/86, AP Nr. 2 zu § 620 BGB Altergrenze, Rz. 57.

1102 Ebenso: Däubler/Dorndorf/Bonin/Deinert-Däubler, § 305 c Rn. 56.

hervorzuheben.[1103] Dies ist zwar nur ein Motiv, es kann aber darauf hindeuten, dass es nicht Zweck der Formulierung war, einen konstitutiven Vorbehalt zu Gunsten der Betriebspartner vorzunehmen. Geltung beansprucht damit lediglich die letzte erwähnte Aussage der Rechtsprechung, wonach je nach den entsprechenden Begleitumständen auch eine stillschweigende Öffnung in Betracht kommt. Hier gilt das gleiche wie oben zur Zulässigkeit einer betrieblichen Übung Gesagte. Die Anforderungen dürften allerdings auch hierfür sehr hoch sein.

2. Allgemeine Arbeitsbedingungen

Keine spezifischen Probleme bestehen beim Verweis auf allgemeine Arbeitsbedingungen. Da auch diese selbst der AGB-Kontrolle unterliegen, wenn sie nicht in einem Tarifvertrag geregelt sind, stellt sich nicht die Frage, ob die Unklarheitenregel unter Umständen unanwendbar sein könnte beim Verweis auf die Bedingungen. In der Regel dürfte der Verweis allerdings ohnehin konstitutiv sein.

VI. Fazit und Gesamtbewertung

Entgegen der Auffassung des 6. Senats ist die Unklarheitenregel dem Grunde nach uneingeschränkt anwendbar auf arbeitsvertragliche Bezugnahmeklauseln. Hierbei kommt es im Zweifel nicht darauf an, ob die Tarifverträge oder die Tarifwerke miteinander vergleichbar sind oder nicht oder ob sich bestimmen lässt, ob eine dynamische oder eine statische Wirkung günstiger ist: Dem Arbeitnehmer ist in einem solchen Fall ein einmalig auszuübendes Wahlrecht zuzubilligen. An die getroffene Wahl ist der Arbeitnehmer allerdings auch bei zukünftigen Änderungen des in Bezug genommenen Objektes gebunden. Haben die Arbeitsvertragsparteien über mehrere Jahre hinweg eine bestimmte Sichtweise einer Klausel ihrer Vertragsdurchführung zu Grunde gelegt, so sind beide an diese Deutung der Klausel gebunden. Auch bei Unklarheiten im in Bezug genommenen Objekt ist die Unklarheitenregel uneingeschränkt anwendbar, selbst wenn beide Vertragspartner tarifgebunden sind.

Sollten sich im Kreise der Arbeitgeber nun die Nackenhaare ob dieser Ansicht sträuben, so sei allerdings Entwarnung gegeben: Orientiert man sich an der hier im ersten Teil entwickelten Systematik zur Ausräumung von Zweifeln, d.h. insbesondere am Vorrang des Wortlauts, verbleibt ein eher geringer Anwendungsbereich für die Unklarheitenregel. Auch die Möglichkeit, dass sich auf Basis ei-

---

1103 Däubler/Dorndorf/Bonin/Deinert-Däubler, § 305 c Rn. 56.

ner betrieblichen Übung ein anderes Bild ergibt, sowie die konsequente Beachtung des Verbots des widersprüchlichen Verhaltens nehmen der Unklarheitenregel einiges an Schärfe. Auch im Arbeitsrecht bzw. hier insbesondere bei der Auslegung arbeitsvertraglicher Bezugnahmeklauseln steht die Unklarheitenregel daher sachgerechten Ergebnissen nicht im Wege. Die im ersten Teil ausgearbeitete Auslegungsdogmatik hat sich damit auch hier bewährt. Sie führt zu klaren und angemessenen Ergebnissen und ist aufgrund ihrer klaren Strukturierung vorhersehbarer als die bisherige Praxis. Auf dieser Linie dürfte sich im Großen und Ganzen auch die Rechtsprechung des BAG bewegen:

Die Rechtsprechungsänderung des 4. Senates und die damit verbundene stärkere Betonung des Wortlauts bei der Auslegung arbeitsvertraglicher Bezugnahmeklauseln hat zwar für zahlreiche Einzelprobleme bei der Auslegung arbeitsvertraglicher Bezugnahmeklauseln eine enorme Bedeutung. Dies beruht allerdings weniger darauf, dass nunmehr die Unklarheitenregel in sämtlichen Fällen, in denen die Klausel früher als Gleichstellungsabrede ausgelegt werden konnte, heute zu einer Auslegung zu Lasten des Verwenders verpflichtet, als vielmehr auf der konsequenten Bevorzugung des Wortlauts bei der Feststellung des maßgeblichen Bedeutungsgehalts einer Klausel. Insoweit deckt sich die neue Sichtweise des BAG mit der hier im ersten Teil der Arbeit entwickelten Systematik.

Jedenfalls mittelbar kann aber der Unklarheitenregel insofern ein bedeutender Einfluss attestiert werden, als man in Zukunft dazu gezwungen ist, arbeitsvertragliche Bezugnahmen deutlicher als bisher zu formulieren, wenn man sicher gehen will, dass auch das tatsächlich Gewollte zur Anwendung kommt. Dies gilt insbesondere im Hinblick auf die nun potenziell entstehende Situation des Verweises auf eine Tarifpluralität bzw. Tarifkonkurrenz. Altfälle kann man hier zwar noch mittels einer ergänzenden Vertragsauslegung beheben. In Neufällen muss es aber zur Anwendung der Unklarheitenregel kommen, wenn sich nicht aus dem Wortlaut der Klausel ergibt, welcher von mehreren in Betracht kommenden Tarifverträge anwendbar sein soll. Bei der Formulierung ist in Zukunft also höchste Sorgfalt walten zu lassen. Die erhebliche Bedeutung der Unklarheitenregel ergibt sich daher also weniger aus der Anzahl der Fälle, auf die sie bislang Anwendung gefunden hat, als vielmehr durch ihre generalpräventive Funktion, als sie den Verwender dazu anhält, seine Vertragsbedingungen klar und deutlich abzufassen. Entgegen mancher Befürchtung steht die Unklarheitenregel einer Vereinheitlichung der Arbeitsbedingungen im Betrieb des Arbeitgebers aber nicht entgegen.

VII. „Unklarheitenregelfeste" Formulierungsvorschläge

Der stärkeren Betonung des Wortlauts ist durch eine entsprechend sorgfältigere Formulierung der Bezugnahmeklauseln Rechnung zu tragen. Schon vor dem Vertragsschluss muss sich der Arbeitgeber daher reiflich überlegen, welche Tarifwerke und welche verschiedenen Situationen er mit seiner Bezugnahme erfassen möchte und welche nicht. Aufgrund der mittlerweile recht zahlreich vorhandenen Rechtsprechung dürften die meisten Unsicherheiten jedenfalls dem Grunde nach bereinigt sein, so dass von einem relativ gesicherten Kenntnisstand ausgegangen werden kann. Vor dem Hintergrund dessen erscheinen folgende Formulierungen für Bezugnahmeklauseln empfehlenswert:[1104]

1. Statische Bezugnahmeklausel

„Auf das Arbeitsverhältnis ist der Tarifvertrag XY in der am ... gültigen Fassung anzuwenden."

2. Kleine dynamische Bezugnahmeklausel (Beschränkt auf Änderungen und Ergänzungen – ausgeschlossen ist eine umfangreiche Umgestaltung in Form der Ersetzung)

„Das Arbeitsverhältnis bestimmt sich nach dem Tarifvertrag XY und den diesen ergänzenden und ändernden Tarifverträgen."

3. Kleine dynamische Bezugnahmeklausel (in Form der Tarifsukzessionsklausel)

„Das Arbeitsverhältnis bestimmt sich nach dem Tarifvertrag XY und den diesen ergänzenden, ändernden und ersetzenden Tarifverträgen."

4. Große dynamische Bezugnahmeklausel (Tarifwechselklausel)

„Das Arbeitsverhältnis bestimmt sich nach den im Betrieb oder Betriebsteil geltenden Tarifverträgen in ihrer jeweiligen Fassung. Das sind nach Kenntnis des Arbeitgebers die Tarifverträge XY."[1105]

1104 Mittlerweile sind finden sich im Schrifttum zahlreiche Vorschläge, vgl. etwa: ErfK/Franzen, § 3 TVG Rn. 44; Giesen, NZA 2006, 625, 629; Hunold, NZA-RR 2006, 113, 116 f.; Jacobs, FS-Birk, S. 243, 261 ff.; Klebeck, NZA 2006, 15, 19 ff.; Preis, Arbeitsvertrag, II V 40 Rn. 8 ff.; Preis/Greiner, NZA 2007, 1073, 1079; Thüsing, AGB-Kontrolle, Rn. 181 ff.; Willemsen, S. 426 ff..

1105 So der Vorschlag Giesens, NZA 2006, 625, 629.

5. Gleichstellungsabrede

„Auf das Arbeitsverhältnis findet unabhängig von der Gewerkschaftszugehörigkeit des Arbeitnehmers der jeweils für den Arbeitgeber kraft eigenen Abschlusses oder kraft Mitgliedschaft im Arbeitgeberverband gültige Tarifvertrag in seiner jeweils geltenden Fassung Anwendung. Dies ist im Zeitpunkt des Vertragsschlusses XY.[1106] *Hierdurch soll sichergestellt werden, dass für alle Arbeitnehmer unabhängig von ihrer tariflichen Bindung derjenige Tarifvertrag gilt, der aufgrund der Tarifbindung des Arbeitgebers anwendbar ist."*

„Zur Sicherheit" bietet es sich darüber hinaus an, die Konsequenzen eines eventuellen Verbandsaustritts oder Betriebs(teil)übergangs explizit im Vertrag beispielsweise nach folgendem Muster zu regeln:

„Tritt der Arbeitgeber aus dem Arbeitgeberverband aus, so finden die Bestimmungen des Tarifvertrags in der Folgezeit in ihrer zum Austrittszeitpunkt geltenden Fassung Anwendung. Der Arbeitnehmer hat keinen Anspruch auf Weitergabe zukünftiger Tarifänderungen."[1107]

„Wird der Betrieb oder Betriebsteilen, in denen der Arbeitnehmer seine Arbeitsleistung erbringt, an eine andere Gesellschaft übertragen und geht infolgedessen das Arbeitsverhältnis gemäß § 613 a BGB auf diese Gesellschaft über, finden in der Folgezeit die Arbeitsbedingungen desjenigen Tarifvertrags Anwendung, an den diese Gesellschaft kraft eigenen Abschlusses oder kraft Verbandsmitgliedschaft gebunden ist oder nach seinem Geltungsbereich der Verbandsmitgliedschaft gebunden wäre."[1108]

6. Wichtige Einzelbausteine

Folgender Baustein sollte mit Blick auf die Rechtsprechungsänerung zum Prinzip der Tarifeinheit in jedem Fall zusätzlich verwendet werden:

„Kommen nach diesen Bestimmungen unterschiedliche Tarifverträge in Betracht, auf die verwiesen sein könnte, so findet derjenige Tarifvertrag auf das Arbeitsverhältnis Anwendung, an den der Arbeitnehmer normativ gebunden ist.

1106 So der Vorschlag Thüsings, AGB-Kontrolle, Rn. 181.
1107 So der Vorschlag Thüsings, AGB-Kontrolle, Rn. 183.
1108 Vgl. Thüsing, AGB-Kontrolle, Rn. 183.

Ist der Arbeitnehmer nicht tarifgebunden, gilt der für das konkrete Arbeitsverhältnis speziellere[1109] *Tarifvertrag.*"[1110]

Ebenso empfiehlt es sich, unabhängig von der sonstigen Ausgestaltung der Dynamik jedenfalls die Anwendbarkeit eines Sanierungstarifvertrages sicherzustellen, um den Anforderungen an eine begrenzte Tarifwechselklausel gerecht zu werden. Bei einer großen dynamischen Bezugnahmeklausel ergibt sich dies zwar ohnehin, bei der kleinen und statischen aber eben nicht. Die Formulierung sollte allerdings nicht zu weit sein, da ansonsten möglicherweise unerwünschte, erstreikte Haustarifverträge erfasst würden. Dies könnte beispielsweise mit folgendem Baustein geschehen:

„Sollte der Arbeitgeber zu Sanierungszwecken einen Haustarifvertrag abschließen, so ist dieser für das Arbeitsverhältnis maßgeblich."

Ebenso empfiehlt es sich, klarzustellen, ob die Tarifverträge auch angewendet werden sollen, wenn im Betrieb möglicherweise gar kein Tarifvertrag normativ anwendbar ist:

„Die genannten Tarifverträge sollen in ihrer jeweiligen Fassung auch dann angewandt werden, wenn im Betrieb keine Tarifverträge gelten."[1111]

Zu empfehlen ist auch eine Regelung für den Fall, dass möglicherweise Weiterverweisungen im in der in Bezug genommenen Regelung enthalten sind und diese nach dem Willen des Arbeitgebers nicht zum Zuge kommen sollen:

„Etwaige Weiterverweisungen in den in Bezug genommenen Tarifverträgen sollen keine weitergehenden Rechte des Arbeitnehmers begründen."

1109 Alternativ: im Betrieb repräsentativere/ derjenige, an den die größere Anzahl der Arbeitnehmer im Betrieb normativ gebunden ist, der zuletzt abgeschlossene/jüngere; für Eignung eines solchen Verweises auch: Jacobs, Tarifeinheit und Tarifkonkurrenz, S. 259. Eine Möglichkeit bestünde auch darin, auf den für den Arbeitnehmer/Arbeitgeber günstigsten Tarifvertrag abzustellen, vgl. v.Westphalen/Thüsing, Vertragsrecht und AGB-Klauselwerke, Arbeitsverträge, Rn. 182.

1110 Ähnlich Giesen, NZA 2006, 625, 630.

1111 Giesen, NZA 2006, 625, 630.

7. Verweis auf Betriebsvereinbarungen

Angesichts der Geltungsanordnung des § 77 Abs. 4 S.1 BetrVG ist ein Verweis auf die geltenden Betriebsvereinbarungen entbehrlich. Will man bestimmte gewährte Leistungen unter den Vorbehalt der Änderung durch die Betriebsparteien stellen, so sollte dies allerdings ausdrücklich klargestellt werden:

„Die gewährten Leistungen stehen unter dem Vorbehalt der Änderung durch Betriebsvereinbarung.“

Dies kann auch durch einen allgemeinen Hinweis im Arbeitsvertrag abgesichert werden:

„Soweit eine Regelung durch eine Betriebsvereinbarung in der betreffenden Angelegenheit nach dem BetrVG zulässig ist, stehen die Vertragsbedingungen unter dem Vorbehalt der Änderung durch Betriebsvereinbarungen.“

Zusammenfassung der Ergebnisse in Thesen

1. Der Anwendungsbereich des § 305 c Abs. 2 knüpft in sachlicher Hinsicht an den AGB-Begriff an. Selbst wenn keine Allgemeinen Geschäftsbedingungen vorliegen, kann die Unklarheitenregel anwendbar sein, wenn die Vertragsbedingungen vom „überlegenen" Vertragspartner gestellt wurden. Damit ist eine umfassende Anwendbarkeit der Unklarheitenregel sichergestellt. Dies gilt auch für behördlich genehmigte oder von Interessenverbänden empfohlene AGB.

2. In personeller Hinsicht kommt es darauf an, ob die Allgemeinen Geschäftsbedingungen durch einen Verwender gestellt wurden. Bei Zweifeln darüber, wer überhaupt Vertragspartner und damit Verwender ist, kann § 305 c Abs. 2 daher keine Anwendung finden. Auch wenn die Einbeziehung der Vertragsbedingungen auf die Initiative beider Vertragsparteien gleichermaßen zurückzuführen ist, kann die Regel nicht zum Zuge kommen. Gleiches gilt, wenn sich Allgemeine Geschäftsbedingungen verschiedener Vertragspartner jeweils widersprechen.

3. Uneingeschränkt anwendbar ist die Unklarheitenregel auch im Verbandsprozess. Dies gilt selbst dann, wenn es an einem konkreten Verwender fehlt. Es reicht aus, wenn die in Rede stehenden Vertragsbedingungen empfohlen werden.

4. Zur Beseitigung von Zweifeln innerhalb von Klauseln, die lediglich den einschlägigen Gesetzestext wörtlich wiedergeben, ist die Unklarheitenregel nicht berufen. Anderes gilt allerdings, wenn der Verwender versucht, den Inhalt der Normen mit eigenen Worten wiederzugeben und wenn er auf eine nicht einschlägige Regelung verweist.

5. Spätestens seit der Integration des AGB-Rechts ins allgemeine Schuldrecht ist ein Umdenken hinsichtlich der bisher von der Rechtsprechung angewendeten Auslegungsgrundsätze geboten. Dies äußert sich im Einzelnen wie folgt:

a) Grundsätzlich richtet sich die Auslegung Allgemeiner Geschäftsbedingungen nach den allgemeinen Vorschriften der §§ 133, 157. Der Grundsatz der zwingend einheitlich objektiven Auslegung lässt sich nicht rechtfertigen.
b) Bei der Frage danach, wann Zweifel vorliegen, ist dem Grunde nach von der allgemein akzeptierten Formel auszugehen. Zweifel sind demnach zu bejahen, wenn nach der Ausschöpfung aller in Betracht kommenden Auslegungsmethoden ein nicht behebbarer Zweifel bleibt und keine der vorrangigen Auslegungsmethoden bzw. der Auslegungsergebnisse einen „klaren Vorzug" verdient. Diese Formel bedarf allerdings der Ausfüllung hinsichtlich der Fragen, welche Auslegungsmethoden in Betracht kommen und wie sich gegebenenfalls ein Rangverhältnis gestaltet.
c) Diesbezüglich verlangt die Unklarheitenregel, vor allem aber auch das Transparenzgebot, dass zu Lasten des Kunden nur solche Auslegungsmethoden und Ergebnisse herangezogen werden können, die ohne weiteres für den Kunden erkennbar sind. Dies ist bei der Entstehungsgeschichte eines AGB-Klauselwerks in der Regel zu verneinen. Dennoch kommt es für die Anerkennung sämtlicher Auslegungsmethoden stets auf die Umstände des Einzelfalles an.
d) Aus dem Zusammenspiel der allgemeinen Auslegungsmethoden, dem Sinn und Zweck der Unklarheitenregel sowie dem Transparenzgebot folgt auch, dass der Wortlaut bei der Frage danach, ob Auslegungszweifel vorliegen, vorrangig zu beachten ist. In der Regel entscheidet daher der Wortlaut über die Anwendbarkeit der Unklarheitenregel. Ist er klar, so kommt es für gewöhnlich nicht zur Anwendung der Unklarheitenregel, ist er unklar, so greift § 305 c Abs. 2 in den meisten Fällen ein. Nach der oben erörterten Systematik kann sich aus den anderen Auslegungsmethoden aber anderes ergeben, wenn sie hinreichend offensichtlich sind und wenn dem Verwender gleichzeitig unter Transparenzgesichtspunkten kein Vorwurf gemacht werden kann.
e) Methodisch gesehen bietet sich zur Feststellung von Zweifeln bzw. dessen, was der Verwendungsgegner erkennen konnte, folgendes Vorgehen an:

- In einem ersten Schritt ist zu überprüfen, ob der Wortlaut der betreffenden Klausel in der konkreten Regelungssituation eindeutig ist oder nicht. (*Ist er es nicht, ergibt sich ein erstes Indiz für die Anwendbarkeit der Unklarheitenregel.)*
- Im zweiten Schritt ist danach zu fragen, welchen möglichen Inhalt die Klausel auf Basis der sonstigen Auslegungsmittel haben könnte, d.h. ob

das Auslegungsergebnis auf dieser Basis eindeutig ist oder nicht. (*Ist er es nicht, sind die sonstigen Auslegungsmittel einerseits nicht geeignet Zweifel an einem eindeutigen Wortlaut zu begründen, ebenso aber auch nicht geeignet, Zweifel an einem mehrdeutigen Wortlaut auszuräumen.*)

- 3. Im dritten Schritt sind die Ergebnisse gegenüberzustellen. Hier ist zu fragen, inwieweit sich eine der Sichtweisen gegen die andere aufgrund dessen, dass der Kunde sie unschwer erkennen muss, durchsetzen kann. Zudem ist zu berücksichtigen, dass eine Abweichung vom Wortlaut zu Lasten des Kunden nur unter strengeren Voraussetzungen anzunehmen ist. (*Sprachlich gesehen könnte man folgendermaßen differenzieren: Zu Lasten des Kunden kann ein Wortlaut nur überwunden werden, wenn die Bedeutung der Klausel so offentsichtlich ist, dass sie jedermann klar sein muss, zu Gunsten des Kunden kann der Wortlaut hingegen überwunden werden, wenn die Bedeutung hinreichend eindeutig erkennbar ist, so dass sie nach objektiven Kriterien geeignet ist, beim Kunden Zweifel hervorzurufen.*)
- Im vierten Schritt ist das gefundene Ergebnis anhand der Wertungen des Transparenzgebotes zu überprüfen, d.h. konkret ist danach zu fragen, ob der Verwender seinen Verpflichtungen nach dem Transparenzgebot nachgekommen ist und es damit nicht gerechtfertigt ist, die Rechtsfolgen der Unklarheitenregel gegen ihn anzuwenden. (*Dies dürfte in nur sehr wenigen Fällen einmal möglich sein.*)

f) Sonstige ungeschriebene Auslegungsregeln sind nur zulässig, soweit sie sich zu Gunsten des Verwendungsgegners auswirken. Ein Bedarf zur Etablierung derartiger Auslegungsregeln ist neben der Unklarheitenregel allerdings kaum auszumachen. Dies gilt insbesondere für die bisher in diesem Zusammenhang diskutierten Regeln der individualvertragskonformen Auslegung, des Restriktionsprinzips und der geltungserhaltenden Reduktion bei zu vermutender Redlichkeit des Verwenders.

g) Eine ergänzende Vertragsauslegung ist hingegen grundsätzlich zulässig bei Allgemeinen Geschäftsbedingungen. Insbesondere folgt aus der Unklarheitenregel nicht, dass der Verwender auch das Risiko etwaiger Vertragslücken trägt. Allerdings ist nach dem Schutzzweck der Unklarheitenregel danach zu differenzieren, ob es sich um sprachliche Unklarheiten handelt oder nicht. Nur da wo die Unklarheit sich darauf bezieht, ob eine Lücke besteht oder nicht, hat die Unklarheitenregel Vorrang, d.h. wenn bei einer Lesart die Lücke geschlossen ist und bei einer anderen nicht, gilt die für den Kunden günstigere Lesart unabhängig von der ergänzenden Vertragsauslegung.

h) Besteht eine vertragliche Lücke, ist aber zweifelhaft, welche Regelung die Parteien getroffen hätten, kann nicht auf die Unklarheitenregel zurückgegriffen werden.

i) Diese Auslegungsdogmatik gilt sowohl für den Geschäftsverkehr zwischen Unternehmern, als auch im Verbraucherprozess, auch wenn es sich um sog. Einmalbedingungen handelt. Nichts anderes gilt auch im Verbandsprozess.

6. Auch was die Rechtsfolgen angeht, ist teilweise ein Umdenken geboten:

a) Im Individualprozess ist bei der Feststellung dessen, was zu Lasten des Verwenders gehen soll, auf die konkret individuelle Situation des konkreten Vertragsverhältnisses abzustellen, d.h. sämtliche Umstände des Einzelfalles sind zu berücksichtigen. Dies ergibt sich daraus, dass die Unklarheitenregel in erster Linie einen umfassenden Schutz des Kunden bezweckt und weniger als reine Sanktionsnorm gegenüber dem Verwender anzusehen ist. Diesem Zweck wird man aber nur gerecht, wenn auf die einzelne Situation abgestellt wird. Dies gilt sowohl für den Verbrauchervertrag, als auch für den „normalen" Geschäftsverkehr ohne Beteiligung eines Verbrauchers.

b) Die besseren Gründe sprechen dafür, aufgrund der Geltungsanordnung der Unklarheitenregel zudem auf die subjektive Sicht des konkreten Vertragspartners abzustellen. Folge dessen ist, dass dem Verwendungsgegner ein Wahlrecht zuzubilligen ist. Selbst wenn man in diesem Punkt eine andere Auffassung vertreten will, erfordert die Unklarheitenregel aber zumindest dann, wenn sich anhand objektiver Kriterien nicht feststellen lässt, was für den konkreten Kunden günstiger ist, dass es auf die subjektive Sicht des Betroffenen ankommt. Soweit dieses Wahlrecht zugebilligt wird, ist zu beachten, dass der Kunde an seine einmal ausgeübte Wahl gebunden ist. Dies ergibt sich sowohl aus dem Sinn und Zweck der Unklarheitenregel, als auch aus dem Verbot des widersprüchlichen Verhaltens, sog. „venire contra factum proprium".

c) Bei der Ermittlung der kundengünstigsten Auslegungsalternative ist zudem stets das Ergebnis einer hypothetischen Inhaltskontrolle zu beachten. Methodisch gesehen führt dies dazu, dass die betreffende Klausel zunächst im kundenungünstigsten Sinne einer Inhaltskontrolle zu unterziehen ist und erst, wenn sich die Klausel als kontrollfest erweist, die kundengünstigste Sichtweise als maßgeblich erachtet wird. Mit einzubeziehen ist auch die Überlegung, dass ein Wegfall der Klausel mitunter ungünstiger sein könnte, als das dispositive Recht.

d) Mangels einer konkreten Vertragsbeziehung kann bei der Anwendung der Unklarheitenregel im Verbandsverfahren schon aus logischen Gründen nur auf eine abstrakt generelle, d.h. typisierende Günstigkeitsbeurteilung zurückgegriffen werden. Hinsichtlich der Vorgehensweise ist auch diesbezüglich das Ergebnis einer hypothetischen Inhaltskontrolle zu beachten.

e) Keine mögliche Rechtsfolge der Anwendung der Unklarheitenregel ist die Unwirksamkeit einer Klausel. Diese kann sich nur als Resultat einer kundenfeindlichen Auslegung in Verbindung mit den Inhaltskontrollvorschriften der §§ 307 ff. ergeben.

7. Im Verhältnis zu anderen Vorschriften des AGB-Rechts besteht eine nennenswerte Schnittmenge allein mit § 307 Abs. 1 S. 2. Das Konkurrenzverhältnis ist dahingehend aufzulösen, dass die Unklarheitenregel in ihrem Anwendungsbereich im Individualprozess Vorrang vor der Transparenzkontrolle beansprucht, im Verbandsprozess sind beide Vorschriften hingegen kumulativ anwendbar.

8. Auch bei der Auslegung arbeitsvertraglicher Bezugnahmeklauseln findet die Unklarheitenregel uneingeschränkt Anwendung. Lässt sich anhand objektiver Kriterien nicht feststellen, welche Lesart für den Arbeitnehmer günstiger ist, so ist dem Arbeitnehmer ein einmaliges Wahlrecht zuzugestehen.

9. Weder der Anwendung der Unklarheitenregel, noch speziell diesem Wahlrecht stehen durchgreifenden Bedenken entgegen, insbesondere keine arbeitsrechtlichen Besonderheiten.

10. Ergibt sich aus dem Wortlaut einer Bezugnahmeklausel in Zukunft nicht, dass der Arbeitgeber mit der Verwendung der Bezugnahmeklausel die Gleichstellung der Außenseiter mit den tarifgebundenen Arbeitnehmern unabhängig von seiner Tarifbindung sicherstellen wollte, so kann der Zweck bei der Auslegung nicht berücksichtigt werden. Dies ergibt sich ohne Anwendung der Unklarheitenregel. Dies hat zur Folge, dass auch wenn sich eine Auslegung als Gleichstellungsabrede in Zukunft einmal als günstiger erweisen sollte, eine solche nicht stattfinden kann.

11. Dieser Sinneswandel in der Rechtsprechung hat über den konkret entschiedenen Sachverhalt und vor allem auch über die Situation des Tarifwechsels hinaus eine erhebliche Bedeutung für sämtliche Konstellationen, in denen

bislang die vertragliche Situation lediglich das widerspiegeln sollte, was tarifrechtlich galt:

a) Ist auf einen Tarifvertrag verwiesen, der eine einfache Differenzierungsklausel enthält, so lässt sich nach der neuen Sichtweise, unabhängig von der Unklarheitenregel, nicht begründen, dass auch der Außenseiter die in der Differenzierungsklausel nur den Gewerkschaftsmitgliedern gewährten Vorteile für sich beanspruchen kann.
b) Liegt ein kleiner dynamischer Verweis auf Branchentarifverträge vor, so kann ein einschlägiger Tarifvertrag nicht angewendet werden, es sei denn es handelt sich um einen firmenbezogenen Verbandstarifvertrag. Auch dies ergibt sich nicht aus der Anwendung der Unklarheitenregel, sondern vielmehr aus dem hinreichend deutlichen Wortlaut.
c) Gleiches gilt für die Anwendbarkeit eines Branchentarifvertrags, wenn mittels einer kleinen dynamischen Klausel lediglich auf einen Firmentarifvertrag verwiesen wurde.
d) Im Sonderfall des Wechsels vom BAT zum TVöD kann die Tarifsukzession ohne weiteres nachvollzogen werden, wenn in der Verweisklausel auch auf die den BAT „ersetzenden" Tarifverträge verwiesen wird. In der entsprechenden Formulierung ist nach Ansicht des BAG eine sog. Tarifsukzessionsklausel zu sehen. Für diese gelten nicht die strengen Anforderungen an eine Tarifwechselklausel.
e) Wenn es allerdings im Wortlaut an einem Verweis auf die „ersetzenden" Tarifverträge fehlt, ist der TVöD nach hiesiger Ansicht nicht ohne weiteres anwendbar. Jedenfalls die Unklarheitenregel stünde einer anderen Ansicht hier im Wege, es sei denn man steht auf dem Standpunkt, dass der TVöD nach objektiven Kriterien für den Arbeitnehmer günstiger sei, oder man gewährt diesem ein Wahlrecht.
f) Kommt es im Zuge der Aufgabe des Grundsatzes der Tarifeinheit zu Unklarheiten über die Frage, welcher der nunmehr gleichermaßen im Betrieb des Arbeitgebers anwendbaren Tarifverträge in den konkreten Arbeitsverträgen in Bezug genommen wurde, so ist zu differenzieren: Arbeitsverträge die vor der Aufgabe dieses Grundsatzes geschlossen wurden, enthalten diesbezüglich eine Lücke, da ohne Zweifel davon ausgegangen werden kann, dass diese Situation nicht berücksichtigt wurde und eine Regelung für diese Situation folglich nicht im Arbeitsvertrag enthalten ist. Zudem kann dem Verwender kein Vorwurf gemacht werden, dass er sich nicht klar ausgedrückt hat, da diese Situation nicht absehbar war. Daher ist auch die Unklarheitenregel nicht anwendbar. Insoweit ist die ergänzende Vertragsauslegung in der Regel zulässig. Für zukünftige Verträge kann

allerdings nicht mehr eindeutig gesagt werden, dass es an einer Regelung im Vertrag fehlt. Zudem ist dem Verwender vorzuwerfen, dass er sich hätte klarer fassen müssen. Hier ist die Unklarheitenregel daher zur Behebung etwaiger Zweifel berufen.

g) Diese Grundzüge sind entsprechend auf die Situation anzuwenden, wenn mittels einer Verweisklausel auf die „jeweils im Betrieb der einschlägigen Tarifverträge“ verwiesen wurde und normativ gar keine Tarifverträge angewendet wurden.

h) Besonders anfällig für Unklarheiten dürften in Zukunft Verweisungen sein, die auf einer stillschweigenden betrieblichen Übung beruhen. Der in diesen Fällen regelmäßig vorliegende erhebliche Transparenzverstoß rechtfertigt es, die Unklarheitenregel strikt anzuwenden.

i) Die bislang nahezu zu einer Auslegungsregel verfestigte Rechtsprechungspraxis des BAG zur Auslegung von Bezugnahmeklauseln, die ohne Angabe eines konkreten Datums auf bestimmte Gehaltstarifverträge verweisen, lässt vor dem Hintergrund der stärkeren Betonung des Wortlauts nur durch die Anwendung der Unklarheitenregel begründen. Das bedeutet, dass die Regel: „im Zweifel Dynamik“ so nicht mehr gilt. Sollte es nämlich in Zukunft zu Verschlechterungen kommen, würde die Unklarheitenregel eine statische Geltung verlangen. Zu beachten ist allerdings, dass dies nur für Neuverträge gelten würde. Hat der Arbeitnehmer jahrelang an der dynamischen Entwicklung partizipiert, kann er sich nach dem Rechtsgedanken des „venire contra factum proprium“ nicht auf eine später eintretende Verschlechterung berufen.

12. Auch bei Unklarheiten im in Bezug genommenen Objekt ist § 305 c Abs. 2 uneingeschränkt anwendbar, sofern es sich um den Verweis auf einen Tarifvertrag handelt.

13. Handelt es sich allerdings bei dem in Bezug genommenen Objekt um eine Betriebsvereinbarung, die ohnehin zwischen den Betriebsparteien normativ gilt, scheidet die Anwendung der Unklarheitenregel aufgrund des deklaratorischen Charakters der Verweisung aus.

14. Will der Arbeitgeber in Zukunft bestimmte Leistungen unter dem Vorbehalt eines Widerrufs durch Betriebsvereinbarungen stellen, muss er dies hinreichend deutlich im Wortlaut zum Ausdruck bringen. Einige der bisher in der Rechtsprechung als hinreichend deutlich gebilligten Formulierungen erfüllen diese Anforderungen nicht mehr.

15. Insgesamt gesehen bestätigt sich zwar nicht die Befürchtung, dass die Unklarheitenregel in der Praxis zur dominierenden Norm des AGB-Rechts geworden ist. Gemeinsam mit dem auch hinter der Unklarheitenregel stehenden Transparenzgebot verlangt sie aber, dass der Arbeitgeber seine arbeitsvertraglichen Einheitsregelungen transparent – vielleicht transparenter als zum Teil bisher – gestaltet. Im Sinne der Rechtsicherheit und der Rechtsklarheit ist dies für alle Beteiligten entgegen mancher Befürchtungen aber durchaus zu begrüßen.

Literaturverzeichnis

Adomeit, Klaus: Das Günstigkeitsprinzip – neu verstanden, in NJW 1984, S. 26-27

Annuß, Georg: „Die einzelvertragliche Bezugnahme auf Tarifverträge“, in BB 1999, S. 2558 -2562

– „Das BAG und die „kleine dynamische Bezugnahme“ auf Tarifverträge“, in AuR 2002, S. 361-364

– AGB-Kontrolle im Arbeitsrecht: Wo geht die Reise hin?, in BB 2002, S. 458-463

– Tarifbindung durch arbeitsvertragliche Bezugnahme?, in ZfA 2005, S. 405-457

– Grundstrukturen der AGB-Kontrolle von Arbeitsverträgen, in BB 2006, S. 1333-1339

Dauner-Lieb, Barbara / Heidel, Thomas / Lepa, Manfred (Hrsg.): Anwaltkommentar, Schuldrecht (Band 2) (zit.: AnwK/Bearbeiter)

Artz, Markus: Schuldrechtsmodernisierung 2001/2002 – Integration der Nebengesetze in das BGB, in JuS 2002, S. 528-535

Bamberger, Heinz Georg / Roth, Herbert: Beck´scher Online-Kommentar BGB, Stand 1.2.2010 (zit.: Bamberger/Roth-Bearbeiter)

Bartolus a Saxoferrato: In primam Digesti veteris partem Commentaria, Turin 1574

Bartsch, Michael: Der Begriff des „Stellens“ Allgemeiner Geschäftsbedingungen, in NJW 1986 S. 28-31

Basedow, Jürgen: Transparenz als Prinzip des (Versicherungs)- Vertragsrechts, in VersR 1999, S. 1045-1088

– Kollektiver Rechtsschutz und individuelle Rechte, in AcP 182 (1982), S. 335-371

Bauer, Jobst-Hubertus / Arnold, Christian: Differenzierungsklauseln – Entscheidung des Großen Senats auf der Kippe?, in NZA 2009, S. 1169-1174

Bauer, Jobst-Hubertus / Haussmann, Katrin: Schöne Bescherung: Abschied von der Gleichstellungsabrede!, in DB 2005, S. 2815-2816

Bauer, Jobst Hubertus / Kock, Martin: Arbeitsrechtliche Auswirkungen des neuen Verbraucherschutzrechts, in DB 2002, S. 42-46

Bauschke, Hans Joachim: Zur Problematik tariflicher Bezugnahmeklauseln, in ZTR 1993, S. 416-418

Bayreuther, Frank: Dynamische Verweisung auf einschlägige Tarifverträge in Vertragstexten des tarifgebundenen Arbeitgebers: typischerweise Gleichstellungsabrede – Auslegungsgrundsätze, in DB 2002, S. 1008-1010

– Anmerkung zu BAG v. 18.4.2007 – 4 AZR 652/05, in AP Nr. 53 zu § 1 TVG Bezugnahme auf Tarifvertrag

– „Hinauskündigung" von Bezugnahmeklauseln im Arbeitsvertrag, in DB 2007, S. 166-168

– Das Verbot der geltungserhaltenden Reduktion im Arbeitsrecht, in NZA 2004, S. 953-956

– Der Arbeitskampf des Marburger Bundes – Ein Lehrstück zur Tarifeinheit im Betrieb, in NZA 2006, S. 642-646

– Bezugnahmeklausel und Tarifpluralität am Beispiel der Tarifmehrheit in Kliniken und Krankenhäusern, in NZA 2009, S. 935- 938

Belke, Ralf, O.: Die Prüfung Allgemeiner Geschäftsbedingungen in der Klausur, in JA 1988, S. 475-485

Belling, Detlev W.: Das Günstigkeitsprinzip im Arbeitsrecht, Münster, Diss. 1984

Bepler, Klaus / Böhle, Thomas / Meerkamp, Achim / Stöhr, Frank: Beck'scher Online Kommentar TVöD, Stand 1.12.2009 (zit.: BeckOK TvöD/Bearbeiter)

Berger, Klaus Peter: Die Einbeziehung von AGB in B2C-Verträge, in ZGS 2004, S. 329-336

Bernreuther, Friedrich: Zum Maßstab der Auslegung von AGB und dem Transparenzgebot, in BB 1993, S. 1823-1827

Bieback, Karl-Jürgen: Tarifrechtliche Probleme des Verbandswechsels von Arbeitgebern, in DB 1989, S. 477-482

Birnbaum, Christian: Was sind die „im Arbeitsrecht geltenden Besonderheiten"?, in NZA 2003, S. 944-950

Bissels, Alexander / Jordan, Christopher: Gilt „der jeweils anwendbare Tarifvertrag in der jeweils gültigen Fassung" noch?, in NZA 2010, S. 71-75

Boemke, Burkhard: Anmerkung zu LAG Düsseldorf v. 13.8.2009 – 13 Sa 1673, in jurisPR-ArbR 1/2010 Anm. 2.

Brandner, Hans Erich: Die Umstände des einzelnen Falles bei der Auslegung und Beurteilung von Allgemeinen Geschäftsbedingungen, in AcP 162, (1963) S. 237 -264

Bratz, Marko: Arbeitsrechtliche Besonderheiten bei der Kontrolle Allgemeiner Geschäftsbedingungen, Jena, Diss. 2005 (zit.: Bratz)

Brecht-Heitzmann, Holger / Lewek, Christian: Von der Gleichstellungs- zur Ungleichstellungsabrede? Entscheidungsbesprechung zu BAG 4 AZR 536/04 in ZTR 2007, S. 127, 131

Brehm, Wolfgang: Allgemeiner Teil des BGB, 6. Auflage, Stuttgart, 2007, (zit.: Brehm AT)

Brors, Christiane: „Neue“ Probleme bei arbeitsvertraglichen Vertragsstrafeklauseln? in DB 2004, S. 1778-1781

Brox, Hans / Walker, Wolf-Dietrich: Allgemeines Schuldrecht, 30. Auflage, München, 2007 (zit.: Brox/Walker)

Bruchner, Helmut: Zinsberechnungsmethode bei Annuitätendarlehen im Lichte der BGH-Urteile vom 24 November 1988 in WM 1988, S. 1873-1878

Buchner, Herbert: Der Unterlassungsanspruch der Gewerkschaft – Stabilisierung oder Ende des Verbandstarifvertrages? In NZA 1999, S. 897-902

Bunte, Hermann-Josef: Das Urteil des BGH zur Gestaltung von Automobilvertragshändlerverträgen in NJW 1985, S. 600-602

Bürger, Felix: Das Kollisionsverhältnis von Fachtarifvertrag und Branchentarifvertrag, Berlin, Diss. 2005 (zit.: Bürger)

Buschmann, Rudolf: Betriebsübergang – Verweisungsklausel in AuR 2006, S. 202-206

Canaris, Claus-Wilhelm: Gesamtunwirksamkeit und Teilgültigkeit rechtsgeschäftlicher Regelungen, in Festschrift für Ernst Steindorff, Berlin, 1990, S. 519-573 (zit.: Canaris, FS-Steindorff)

Clemenz, Susanne: Arbeitsvertragliche Bezugnahme auf Tarifverträge – ein Paradigmenwechsel mit offenen Fragen in NZA 2007, S. 769-773

Däubler, Wolfgang: Aktuelle Fragen der AGB-Kontrolle im Arbeitsrecht, in Beilage zu NZA Heft 3/2006, S. 133-138

Däubler, Wolfgang: Tarifausstieg – Erscheinungsformen und Rechtsfolgen in NZA 1996, S. 225-233

– Die Auswirkungen der Schuldrechtsmodernisierung auf das Arbeitsrecht in NZA 2001, S. 1329-1337

– Tarifvertragsgesetz mit Arbeitnehmer-Entsendegesetz, 2. Auflage, Baden-Baden, 2006 (zit.: Däubler/Bearbeiter, TVG)

Däubler, Wolfgang / Dorndorf, Eberhard / Bonin, Birger / Deinert, Olaf: AGB-Kontrolle im Arbeitsrecht, 2. Auflage, München, 2008, (zit.: Däubler/Dorndorf/Bonin/Deinert-Bearbeiter)

Deinert, Olaf: Anmerkung zu BAG v. 28.6.2007 – 6 AZR 750/06, in AP Nr. 27 zu § 307 BGB

Denzinger, Michael: Die Auswirkungen des AGB-Gesetzes auf die Verdingungsordnung für Bauleistungen unter Berücksichtigung des § 5 AGB-Gesetz in BB 1981, S. 1123-1126

Diehn, Thomas: AGB-Kontrolle von arbeitsrechtlichen Verweisungsklauseln in NZA 2004, S. 129-135

Dieterich, Thomas / Müller-Glöge, Rudi / Preis, Ulrich / Schmidt, Ingrid: Erfurter Kommentar zum Arbeitsrecht, 10. Auflage, München, 2010 (zit.: ErfK/Bearbeiter)

– Erfurter Kommentar zum Arbeitsrecht, 6. Auflage, München, 2006 (zit.: ErfK/Bearbeiter, (6. Auflage))

Dietlein, Max Josef / Rebmann, Eberhard: AGB-aktuell – Erläuterungen zum Gesetz zur Regelung der Allgemeinen Geschäftsbedingungen, Köln, 1976 (zit.: Dietlein/Rebmann)

Dorndorf, Eberhard: Besonderheiten des Arbeitsrechtes nach § 310 Abs. 4 BGB, in 50 Jahre Bundesarbeitsgericht, S. 19-31 (Zit.: Dorndorf, FS 50 Jahre BAG)

Dreher, Meinrad: Die Auslegung von Rechtsbegriffen in Allgemeinen Geschäftsbedingungen, in AcP 189, 1989, S. 342-385

Dylla-Krebs, Corinna: Schranken der Inhaltskontrolle Allgemeiner Geschäftsbedingungen, Baden-Baden, 1990(zit.: Dylla-Krebs)

Ebert, Oliver: TVöD ab dem 01.10.2005 für alle? – Neue Aspekte durch angekündigte Rechtsprechungsänderung? in ArbRB 2006, S. 82-84

Erman, Walter (Hrsg.): Handkommentar BGB, Band 1, 12. Auflage, Münster, Köln, 2008 (zit.: Erman/Bearbeiter)

– Handkommentar BGB, Band 1 und Band 2, 10. Auflage, Münster, Köln 2000 (zit.: Erman/Bearbeiter, (10. Auflage))

– Handkommentar BGB, Band 2 , 8. Auflage, Münster, Köln, 1989 (zit.: Erman/Bearbeiter (8. Auflage))

Ernst, Gundula: Tarifverträge und ihre Transparenzkontrolle bei arbeitsvertraglichen dynamischen Globalverweisungen in NZA 2007, S. 1405-1407

Etzel, Gerhard: Tarifordnung und Arbeitsvertrag, in Beilage zu NZA Heft 1/1987, S. 19-31

Fastrich, Lorenz: Richterliche Inhaltskontrolle im Privatrecht, München, 1992 (zit.: Fastrich, Inhaltskontrolle)

Falkenhausen, Kurt von: Zur Auslegung des AGB-Gesetzes, in BB 1977, S. 1124-1128

Fehl, Norbert: Umgangssprache oder „Fachausdrücke“ in AGB, dargestellt am Beispiel des § 11 Nr 10 b AGBG in BB 1983, S. 223-225

– Zur Systematik des Rechts der Allgemeinen Geschäftsbedingungen – die Auswirkungen des AGB-Gesetzes auf den Hypothekarkredit nach dem Hyp BG. – Heidelberg, 1979 (zit.: Fehl, Systematik des AGB-Rechts)

Fenn, Herbert: Formulararbeitsverträge, gesamteinheitliche Arbeits-bedingungen und das AGBG, in Festschrift für Alfred Söllner zum 70. Geburtstag S. 333-365 (zit.: Fenn, FS-Söllner)

Feudner, Bernd W.: Arbeitsvertragliche Bezugnahme auf einen Tarifvertrag in RdA 2008, S. 301-304

Fieberg, Christian: TvöD – ohne Tarifwechselklausel ade – oder doch nicht? In NZA 2005, S. 1226-1228;

Fikentscher, Wolfgang / Heinemann, Andreas: Schuldrecht, 10. Auflage, Berlin 2006 (zit.: Fikentscher/Heinemann)

Franzen, Martin: Das Ende der Tarifeinheit und die Folgen in RdA 2008, S. 193-205

Frey, Kaspar: Wie ändert sich das AGB-Gesetz? In ZIP 1993, S. 572-580

Gamillscheg, Franz: Kollektives Arbeitsrecht, Band 1, München, 1997 (zit.: Gamillscheg, Kollektives ArbeitsR)

Gaul, Björn: Bezugnahmeklauseln – zwischen Inhaltskontrolle und Nachweisgesetz in ZfA 2003, S. 75-101

Gaul, Björn / Naumann, Eva: Gestaltungsrisiken bei der arbeitsvertraglichen Bezugnahme auf Tarifverträge, in DB 2007, S. 2594-2598

Gaul, Dieter: Erstreckungsinhalt und Umfang einer tariflichen Bezugnahmeklausel auf den BAT in ZTR 1991, S. 188-197

Giesen, Richard: Bezugnahmeklauseln – Auslegung, Formulierung und Änderung in NZA 2006, S. 625-632

Gotthard, Michael: Arbeitsrecht nach der Schuldrechtsreform, München, 2003 (zit.: Gotthard, Rn. 20)

– Der Arbeitsvertrag auf dem AGB-rechtlichen Prüfstand in ZIP 2002, S. 277-289

Gottschalk, Eckart: Das Transparenzgebot und Allgemeine Geschäftsbedingungen, in AcP 206 (2006), S. 555-597

Götz, Heinrich: Rechtsfolgen des teilweisen Verstoßes einer Klausel gegen das AGB-Gesetz in NJW 1978, S. 2223-2227

Greiner, Stefan: Der Arbeitskampf der GDL in NZA 2007, S. 1023-1028

– Der „unechte Tarifwechsel“ – Zu den Wirkungen kleiner dynamischer Bezugnahmeklauseln bei Tarifwechsel, Tarifsukzession und Tarifrestrukturierung in NZA 2009, S. 877-883

Greiner, Stefan / Suhre, Nadja: Tarifvertragliche Exklusivleistungen für Gewerkschaftsmitglieder nach der Rechtsprechungsänderung des BAG, in NJW 2010, 131-134

Grimm, Detlef: Zur dynamischen Bankettverweisung im Fall des Betriebsübergangs, in EWiR 2002, S. 563-564

Großmann-Doerth, Hans: Selbstgeschaffenes Recht der Wirtschaft und staatliches Recht, 1933, – Neudruck in Blaurock/Goldschmidt/Hollerbach, Das selbstgeschaffene Recht der Wirtschaft

Gsell, Beate: Zur Unklarheitenregel des BGB § 305 c Abs. 2, in EWiR 2004, S. 101-102.

Günther, Jens: AGB-Kontrolle von Arbeitsverträgen, Diss. Göttingen, 2007 (zit.: Günther)

Habersack, Mathias: Richtigkeitsgewähr notariell beurkundeten Verträge, in AcP 189 (1989), S. 403 -424

Hanau, Peter: Die Rechtsprechung des BAG zur arbeitsvertraglichen Bezugnahme auf Tarifverträge, in: NZA 2005, Seite 489-494

– Anm. zu BAG v. 7.3.2001 – GS 1/00, AP Nr. 4 zu § 288 BGB

– Ungleichstellungsklauseln, in Festschrift für Wolfgang Hromadka, München, 2008, S. 115-130 (zit.: Hanau, FS-Hromadka)

– Die Rechtsprechung zu den arbeitsrechtlichen Besonderheiten im Sinne des § 310 Abs. 4 BGB, in Festschrift für Horst Konzen, Tübingen, 2006, S. 249-266 (zit.: Hanau, FS-Konzen)

– Ankündigung einer Änderung der Rechtsprechung zur Auslegung einer einzelvertraglichen Bezugnahme auf Tarifverträge – Anm. zu BAG v. 15.12.2005 - 4 AZR 536/04, in Hanau, RdA 2007, 180 ff.;

Hanau, Peter / Kania, Thomas: Bezugnahme auf Tarifverträge durch Arbeitsvertrag und betriebliche Übung, in Festschrift für Günter Schaub, München, 1998, S. 239-262 (zit.: Hanau/Kania, FS-Schaub)

Hansen, Udo: Das sog. Transparenzgebot im System des AGB-Gesetzes, in WM 1990, S. 1521-1528

Hau, Wolfgang: Die Schadensersatzhaftung des Mieters und ihre vertragliche Erweiterung, in NZM 2006, S. 561-568

Heinlein, Ingrid: Statik statt Dynamik beim Betriebsübergang?, in NJW 1008, S. 321-326

Heinrichs, Helmut: Die Entwicklung des Rechts der Allgemeinen Geschäftsbedingungen im Jahre 1996, in NJW 1997, S. 1407-1420

– Das Transparenzgebot und die EG-Richtlinie über missbräuchliche Klauseln in Verbraucherverträgen, in Festschrift für Reinhold Trinkner, Heidelberg, 1995, S. 157-177 (zit.: Heinrichs, FS-Trinkner)

– Das Gesetz zur Änderung des AGB-Gesetzes – Umsetzung der EG-Richtlinie über missbräuchliche Klauseln in Verbraucherverträgen durch den Bundesgesetzgeber, in NJW 1996, S. 2190-2197

Heinrichs, Helmut / Loewe, Walter / Ulmer, Peter: Zehn Jahre AGB-Gesetz, Köln, 1987, (zit.: Heinrichs/Loewe/Ulmer-Bearbeiter, 10 Jahre AGB-Gesetz)

Heinze, Meinhard: Tarifautonomie und so genanntes Günstigkeitsprinzip, in NZA 1991, S. 329-336

– Bezugnahmeklausel: Individualvertrag versus Betriebsvereinbarung, in NZA 2001, Sonderheft, S. 73-79

Heise, Dietmar: Günstigkeitskeitsprinzip und betriebliche Bündnisse für Arbeit, in 50 Jahre Bundesarbeitsgericht, München, 2004, (zit.: Heise, FS-BAG)

Hellner, Thorwald: Quo vadis AGB-Recht?, in Festschrift für Ernst Steindorff, Berlin, 1990, S. 573-587, (zit.: Hellner, FS-Steindorff)

Helm, Johann Georg: Zur Inhaltskontrolle von Allgemeinen Geschäftsbedingungen bei Verwendung gegenüber Kaufleuten, in BB 1977, S. 1109-1112

Henssler, Martin: Arbeitsrecht und Reform, in RdA 2002, S. 129-140

Henssler, Marin / Heiden, Ralph: Wirkung kleiner dynamischer Bezugnahmeklauseln bei Verbandsaustritt des Arbeitgebers -Besprechung des Urteils BAG vom 19.3.2003 - 4 AZR 331/02, in: RdA 2004, S. 241-245

Henssler, Martin / Westphalen, Friedrich, von.: Die Praxis der Schuldrechtsreform, 2. Auflage, Köln 2002 (zit.: Henssler/v.Westphalen- Bearbeiter, Die Praxis der Schuldrechtsreform)

Henssler, Martin / Willemsen, Heinz Josef / Kalb, Heinz-Jürgen: Arbeitsrecht Kommentar, 3. Auflage, Köln 2008 (zit.: HWK/Bearbeiter)

Hofmann, Ronald: Die Kontrolle von Arbeitsverträgen nach der Schuldrechtsreform. Auswirkungen der Schuldrechtsmodernisierung auf die gerichtliche Überprüfung arbeitsvertraglicher Vereinbarungen, Aachen, 2005

Hönn, Günter: Zu den „Besonderheiten" des Arbeitsrechts, in ZfA 2003, 325-359

Honsell, Thomas: Zweifel bei der Auslegung Allgemeiner Geschäftsbedingungen gehen zu Lasten des Verwenders, in JA 1985, S. 260-264

Höpfner, Clemens: Vertrauensschutz bei Änderung der Rechtsprechung zur arbeitsvertraglichen Bezugnahmeklauseln, in NZA 2008, S. 91-95

Horn, Norbert: Die Neufassung 1984 der AGB der Banken, in WM 1984, S. 449-465

Houben, Christian-Armand: Wie dynamisch sind dynamische Verweisungsklauseln? – Neues aus Luxemburg und Erfurt-, in SAE 2007, S. 109-114

Hoyningen-Huene, Gerrick von: Die Bezugnahme auf den Tarifvertrag – ein Fall der Tarifbindung, in RdA 1974, S. 138-152

Hromadka, Wolfgang: Schuldrechtsmodernisierung und Kontrolle im Arbeitsrecht, in NJW 2002, S. 2523-2530

Hromadka Wolfgang / Maschmann, Frank / Wallner, Franz: Der Tarifwechsel. Tarifvertrag und Arbeitsvertrag bei Änderung von Verbandsmitgliedschaft, Betriebszweck und Betriebsinhaber, München, 1996 (zit.: Hromadka/Maschmann/Wallner)

Hümmerich, Klaus: Gestaltung von Arbeitsverträgen, 1. Auflage 2006, Baden-Baden (zit.: Hümmerich)

Hümmerich, Klaus / Mäßen, Christian: TVöD – ohne Tarifwechselklausel ade!, in NZA 2005, S. 961-966

Hunold, Wolf: Kontrolle arbeitsrechtlicher Absprachen nach der Reform, in NZA-RR 2006, S. 113-123

Jacobs, Matthias: Die arbeitsvertragliche Bezugnahme auf Tarifverträge bei Betriebsübergang, in Festschrift für Rolf Birk, Tübingen, 2008, S. 243-264 (zit.: Jacobs, FS-Birk)
– Tarifpluralität statt Tarifeinheit – Aufgeschoben ist nicht aufgehoben!, in NZA 2008, S. 325-333
– Tarifeinheit und Tarifkonkurrenz, Berlin, 1999, zugl. Diss. Universität Mainz 1998
Jacobs, Matthias / Krause, Rüdiger / Oetker, Hartmut: Tarifvertragsrecht, München, 2007 (zit.: Jacobs/Krause/Oetker)
Jaeger, Wolfgang: „Stellen" und „Aushandeln" vorformulierte Vertragsbedingungen, in NJW 1979, S. 1569-1575
Jauernig, Othmar: Bürgerliches Gesetzbuch – Kommentar, 13. Auflage, München, 2009 (zit.: Jauernig/Bearbeiter)
Joost, Detlev: Allgemeine Geschäftsbedingungen und Arbeitsvertrag, in Festschrift für Peter Ulmer, Berlin 2003, S. 1199-1210 (zit.: Joost, FS-Ulmer)
– Vertragsstrafen im Arbeitsrecht – zur Inhaltskontrolle von Formularverträgen im Arbeitsrecht, in ZIP 2004, S. 1981-1986
Joppich, Tim Gero: Die Kodifikation des Transparenzgebotes in § 307 BGB, Diss. Bonn, 2008 (zit.: Joppich)
Junker, Abbo: Grundkurs Arbeitsrecht, 8. Auflage, München, 2009 (zit.: Junker)
Kania, Thomas: Die arbeitsvertragliche Bezugnahme auf Tarifverträge bei Veränderung der tariflichen Strukturen im Betrieb, in Sonderbeilage zu NZA Heft 3/2000, S. 45-50
Kapnopoulou, Ellissavet N.: Das Recht der missbräuchlichen Klauseln in der Europäischen Union, Diss. Tübingen, 1997
Käppler, Renate: Tarifvertragliche Regelungsmacht, in NZA 1991, S. 745-754
Kappus, Andreas: Inhaltskontrolle gesetzesrezitierender Klauseln in NJW 2003, S. 322-324
Kempen, Otto Ernst / Zachert, Ulrich: Tarifvertragsgesetz – Kommentar, 4. Auflage, Frankfurt am Main, 2006 (zit.: Kempen/Zachert-Bearbeiter)
Kirchhof, Ferdinand: Private Rechtssetzung, Berlin, 1987 (zit.: Kirchhof)
Klaas, Christoph: Zur EG-Richtlinie über missbräuchliche Klauseln in Verbraucherverträgen: „Stellen" von AGB, insbesondere Inhaltskontrolle notarieller Verbraucherverträge?, in Festschrift für Hans Erich Brandner, Köln, 1996, S. 247-259 (zit.: Klaas, FS-Brandner)
Klebeck, Ulf: Unklarheiten bei arbeitsvertraglicher Bezugnahmeklausel – zur angekündigten Anwendbarkeit des § 305 c Abs. 2 BGB auf arbeitsvertragliche Bezugnahmeklauseln, in NZA 2006, S. 15-21
Kleinertz, Rolf: Die Unklarheitenregel bei der Auslegung von Allgemeinen Geschäftsbedingungen und Gesetzen, Diss. Köln, 1967

Klingebiel, Philipp Carl: Arbeitsvertragliche Bezugnahmeklauseln bei Aufgabe der Tarifeinheit im Betrieb, Diss. Bielefeld, 2009 (zit.: Klingebiel)

Knütel, Rolf: Zur duplex interpretatio von Allgemeinen Geschäftsbedingungen, in JR 1981 S. 221-225

Koch, Robert: Auswirkungen der Schuldrechtsreform auf die Gestaltung Allgemeiner Geschäftsbedingungen, in WM 2002, S. 2173-2183

Koch, Eckart / Stübing, Jürgen: AGB-Gesetz-Kommentar zum Gesetz zur Regelung des Rechts der Allgemeinen Geschäftsbedingungen, München, 1977 (zit.: Koch/Stübing)

Köndgen, Johannes: Grund und Grenzen des Transparenzgebotes im AGB-Recht – Bemerkungen zum „Hypothekenzins" und zum „Wertstellungs-Urteil" des BGH, in NJW 1989, S. 943-952

Konzen, Horst: Die AGB-Kontrolle im Arbeitsvertragsrecht, in Festschrift für Walther Hadding, Berlin, 2004, S. 145-167 (zit.: Konzen, FS-Hadding)

– Die Tarifeinheit im Betrieb, in RdA 1978, S. 146-155

Kort, Michael: Auslegungsregel zur Gleichstellungsabrede – Ankündigung einer Rechtsprechungsänderung, Anmerkung zu AP Nr. 39 zu § 1 TVG Bezugnahme auf Tarifvertrag

Kohte, Wolfhart / Micklitz, Hans-W. / Rott, Peter / Tonner, Klaus / Willingmann, Armin: Das neue Schuldrecht, Kompaktkommentar, Kriftel 2003 (zit.: Kohte/ Micklitz/Rott/Tonner/Willingmann-Bearbeiter)

Kraft, Alfons: Einzelvertragliche Bezugnahme auf Tarifverträge, Tarifpluralität und das Prinzip der Tarifeinheit, in Festschrift für Wolfgang Zöllner, Köln, 1998, S. 831-847 (zit.: Kraft, FS-Zöllner)

– Tarifkonkurrenz, Tarifpluralität und das Prinzip der Tarifeinheit, in RdA 1992, S. 161-169

Krampe, Christoph: Die Unklarheitenregel – Bürgerliches und römisches Recht, Berlin, 1983 (zit. Krampe)

Krauss, Stefan: Der bunte Korb der Günstigkeit in NZA 1996, S, 294-296

Kreienbaum, Birgit: Transparenz und AGB-Gesetz, Berlin, 1998 (zit.: Kreienbaum, Transparenz und AGB-Gesetz)

Krenz, Heiko Peter: Günstigkeitsprinzip und Vorrangprinzip beim Betriebsübergang in PersR 2009, S. 155-158

Kümpel, Siegfried: Die AGB und ihre Bedeutung für die Kreditsicherheiten – unter Berücksichtigung des AGB-Gesetzes – in WM 1978, S. 970-977

Lakies, Thomas: AGB-Kontrolle im Arbeitsrecht, Heidelberg 2006 (zit.: Lakies, AGB-Kontrolle im Arbeitsrecht)

– AGB-Kontrolle im Arbeitsrecht, in AR-Blattei SD 35 (zit.: Lakies, AR-Blattei SD 35)

Lambrich, Thomas: Betriebs- und Tarifautonomie, Berlin 1999 (zit: Lambrich, Tarif- und Betriebsautonomie)
Lambrich, Thomas: Individualvertragliche Bezugnahmeklausel auf Tarifvertrag bei Verbandsaustritt des Arbeitgebers, in BB 2002, 1264-1269
– Weitergeltung und Ablösung von Tarifverträgen nach Betriebsübergang, in Festschrift für Horst Ehmann, Berlin 2005, S. 169-235 (zit.: Lambrich, in FS-Ehmann)
Lambsdorff, Hans Georg: Auslegung und Bestimmbarkeit von Lieferantenvorausabtretungen, in ZIP 1981, S. 243-249
Lange, Oliver: Auslegung, Unklarheitenregel und Transparenzklausel, in ZGS 2004, S. 208-213
Larenz, Karl / Canaris, Claus-Wilhelm: Methodenlehre der Rechtswissenschaft, 4. Auflage, Berlin, 2009 (zit.: Larenz/Canaris)
Larenz, Karl / Wolf, Manfred: Allgemeiner Teil des Bürgerlichen Rechts, 9. Auflage, 2004 München (zit.: Larenz/Wolf, AT § 28 Rn. 16)
Laskawy, Dirk Helge: Zur Gleichstellungsabrede, in EWiR 2006, S. 507-508
Leenen, Detlef: Abschluß, Zustandekommen und Wirksamkeit des Vertrages – zugleich ein Beitrag zur Lehre vom Dissens –, in AcP 188, S. 381-418
Leonardy Helmut: Das AGB-Gesetz – kodifizierte Rechtsprechung oder verbesserter Verbraucherschutz?, in DRiZ 1976, S. 108-112
Lindacher, Walter F.: Reduktion und Kassation übermäßiger AGB-Klauseln?, in BB 1983, S. 154-160
– Revisionsrichterliche Überprüfung der Auslegung Allgemeiner Geschäftsbedingungen, in Festschrift für Norbert Horn, Berlin, 2006, S. 83-94 (zit: Lindacher, FS-Horn)
Lindemann, Viola: Flexible Gestaltung von Arbeitsbedingungen nach der Schuldrechtsreform, Köln 2003 (zit.: Lindemann)
Lindemann , Achim / Simon, Oliver: Tarifpluralität – Abschied vom Grundsatz der Tarifeinheit?, in BB 2006, S. 1852-1857
Lingemann, Stefan: Allgemeine Geschäftsbedingungen und Arbeitsvertrag, in NZA 2002, S. 181-192
Locher, Horst: Das Recht der Allgemeinen Geschäftsbedingungen, München 1980 (zit.: Locher)
Locher, Horst: Die AGB-gesetzliche Kontrolle zusätzlicher Leistungen, in Festschrift für Hermann Korbion, Düsseldorf, 1986, S. 283- 294 (zit.: Locher, FS-Korbion)
Löwe, Walter / Westphalen, Friedrich v. / Trinkner, Reinhold: Kommentar zum Gesetz zur Regelung des Rechts der Allgemeinen Geschäftsbedingungen, 2. Auflage, Heidelberg, 1983 (zit.: Löwe/v.Westphalen/Trinkner-Bearbeiter)

Löwisch, Manfred / Feldmann, Cornelia: Auslegungsregel zur Gleichstellungsabrede, Anmerkung zu BAG v. 14.12.2005 – 4 AZR 536/04, in EzA Nr. 32 zu § 3 TVG Bezugnahme auf Tarifvertrag

Löwisch, Manfred / Rieble, Volker: Tarifvertragsgesetz Kommentar, 2. Auflage, München 2004 (zit.: Löwisch/Rieble)

Marschner, Andreas: Auslegungsregel zur Gleichstellungsabrede – Ankündigung einer Rechtsprechungsänderung, Anmerkung in EzBAT § 1 BAT Betriebsübergang Nr. 7

Maties, Martin: Freiwilligkeits- und Widerrufsvorbehalte in Arbeitsverträgen und bei der betrieblichen Übung, in DB 2005, S. 2689-2695

Meinel, Gernod / Herms, Sascha: Änderung der BAG-Rechtsprechung zu Bezugnahmeklauseln in Arbeitsverträgen, in DB 2006, S. 1429-1433

Meyer-Cording, Ulrich: „Vernünftige Auslegung" von AGB?, in NJW 1981, S. 2338-2339

Michalski, Lutz: Die Berücksichtigung von vertragsabschlußbegleitenden Umständen nach § 24a Nr. 3 AGB-Gesetz, in DB 1999, S. 677-680

Moll, Wilhelm: Fortgeltung von Tarifverträgen bei Betriebsübergang, in RdA 2007, S. 48-53

Möller, Reinhard: Gleichstellungsrechtsprechung „Der Anfang vom Ende?", in NZA 2006, S. 579-583

Möller, Berenice / Welkoborsky, Horst: Bezugnahmeklauseln unter Berücksichtigung des Wechsels vom BAT zum TVöD, in NZA 2006, S. 1382-1386

Morgenroth, Sascha / Leder, Tobias: Die Besonderheiten des Arbeitsrechts im allgemeinen Zivilrecht, in NJW 2004, S. 2797-2799

Mroch, Karl Egbert: Zum Kampf gegen die unlauteren Geschäftsbedingungen, Heidelberg 1960 (zit.: Mroch)

Mugdan, Benno: Die gesammten Materialien zum Bürgerlichen Gesetzbuch für das Deutsche Reich, Berlin 2005, Nachdruck der Ausgabe Berlin 1899 (zit.: Mugdan)

Müller-Bonanni, Thomas / Seeger, Silke: Geänderte Rechtsprechung zu Bezugnahmeklauseln – Tarifdynamik ohne Ende?, in ArbRB 2006, S. 249-251

Nicklisch, Fritz / Weick, Günter: VOB Verdingungsordnung für Bauleistungen Teil B, 3. Auflage, München 2001 (zit.: Nicklisch/Weick)

Nicolai, Andrea: EuGH bestätigt statische Weitergeltung von Tarifnormen nach Betriebsübergang, in DB 2006, S. 670-673

Nicolai, Andrea / Krois, Christopher: Zur Auslegung (vielleicht) unklarer Bezugnahmeklauseln, in SAE 2007, S. 158-162

Niebling, Jürgen: Die Schranken der Inhaltskontrolle nach § 8 AGB-Gesetz, in BB 1984, S. 1713-1718

Niedenführ, Werner: Informationsgebote des AGB-Gesetzes, Frankfurt/M. 1986 (zit.: Niedenführ)

Oetker, Hartmut: Dynamische Verweisungen in Allgemeinen Geschäftsbedingungen als Rechtsproblem, in JZ 2002, S. 337-342

Ohlendorf, Bernd / Salomon, Erwin: Die Aufrechterhaltung unwirksamer Formulararbeitsbedingungen – das Verhältnis des Verbots geltungserhaltender Reduktion zur ergänzenden Vertragsauslegung im Arbeitsrecht, in RdA 2006, S. 281-288

Olbertz, Klaus: Gleichstellungsabrede – Gestaltungsmöglichkeiten und – notwendigkeiten für die betriebliche Praxis, in BB 2007, S. 2737-2742

Olshausen, Eberhard von: Besprechung von Peter Ulmer, Hans Erich Brandner, Horst Dieter Hensen, Harry Schmidt, Kommentar zum Gesetz zur Regelung des Rechts der Allgemeinen Geschäftsbedingungen, 5. Auflage, 1987, in: ZHR 151 (1987), S. 636-639

Otto, Jan Christoph: Arbeitsvertragliche Bezugnahmeklauseln und Änderungen der Tarifgeltung, Baden-Baden 2006 (zit.: Otto, Bezugnahmeklauseln)

Paefgen, Thomas Christian: Forum – Bildschirmtext – Herausforderung zum Wandel der allgemeinen Rechtsgeschäftslehre?, in JuS 1988, S. 592-598

Palandt, Otto: Bürgerliches Gesetzbuch, 69. Auflage, München 2010 (zit.: Palandt/Bearbeiter)

– Bürgerliches Gesetzbuch, (64. Auflage), München 2005 (zit.: Palandt/Bearbeiter (64. Auflage))

– Bürgerliches Gesetzbuch, (60. Auflage), München 2001 (zit.: Palandt/Bearbeiter (60. Auflage))

Pawlowski, Hans-Martin: Bemerkungen zur Auslegung des AGB-Gesetzes, in BB 1978, S.161-164

Pflug, Hans-Joachim: Kontrakt und Status im Recht der Allgemeinen Geschäftsbedingungen, München 1986 (zit.: Pflug)

Picker, Eduard: Tarifautonomie – Betriebsautonomie – Privatautonomie, in NZA 2002, S. 761-770

Präve, Peter: Versicherungsbedingungen und AGB-Gesetz, München 1998 (zit.: Präve)

Preis, Ulrich: Der Arbeitsvertrag, 3. Auflage, Köln 2009 (zit.: Preis, Arbeitsvertrag)

– Arbeitsvertragliche Verweisungen auf Tarifverträge, in Festschrift für Wiedemann, München 2002, S. 425, 448 (zit.: Preis, FS-Wiedemann)

– Grundfragen der Vertragsgestaltung im Arbeitsrecht, Neuwied u.a. 1993 (zit.: Preis, Grundfragen der Vertragsgestaltung im Arbeitsrecht)

– Widerrufsvorbehalte auf dem höchstrichterlichen Prüfstand, in NZA 2004, S. 1014-1019

– Arbeitsrecht, Verbraucherschutz und Inhaltskontrolle, in Sonderbeilage zu NZA Heft 16/2003, S. 19-33

Preis, Ulrich / Greiner, Stefan: Vertragsgestaltung bei Bezugnahmeklauseln nach der Rechtsprechungsänderung des BAG, in NZA 2007, S. 1073-1079

Preis, Ulrich / Roloff, Sebastian: Die neueste Entwicklung der Vertragsinhaltskontrolle im Arbeitsrecht – Zwischenbilanz und Ausblick –, in ZfA 2007, 43-86

Raab, Thomas: Betriebliche Bündnisse für Arbeit – Königsweg aus der Beschäftigungskrise?, in ZfA 2004, S. 371-403

Raiser, Ludwig: Das Recht der Allgemeinen Geschäftsbedingungen, Bad Homburg vor der Höhe, 1961 (zit.: Raiser, AGB)

Rebmann, Kurt / Säcker, Franz Jürgen: Münchener Kommentar zum Bürgerlichen Gesetzbuch – Band 1 – §§ 1-240, AGBG, 3. Auflage, München 1993 (zit.: MünchKomm/Bearbeiter, (3. Auflage))

Rebmann Kurt / Säcker, Franz Jürgen / Rixecker, Roland: Münchener Kommentar zum Bürgerlichen Gesetzbuch – Band 1 – 1. Halbband, Allgemeiner Teil, 5. Auflage, München 2006 (zit.: MünchKomm/Bearbeiter)

– Münchener Kommentar zum Bürgerlichen Gesetzbuch – Band 2 – Schuldrecht, Allgemeiner Teil, 5. Auflage, München 2006 (zit.:MünchKomm/Bearbeiter)

Reichel, Michael E.: Die arbeitsvertragliche Bezugnahme auf den Tarifvertrag, Köln 2001 (zit.: Reichel)

Reichold, Hermann: Zur Fortgeltung von Tarifverträgen gemäß der Betriebsübergangsrichtlinie 77/187EWG, in JZ 2006, S. 725-727

Reinecke, Gerhard: Arbeitnehmerunfreundlichste oder arbeitnehmerfeindlichste Auslegung Allgemeiner Arbeitsbedingungen?, in ArbuR 2003, S. 414-416

– Vertragliche Bezugnahme auf Tarifverträge in der neueren Rechtsprechung des Bundesarbeitsgerichts, in BB 2006, S. 2637-2645

– Flexibilisierung von Arbeitsentgelt und Arbeitsbedingungen nach dem Schuldrechtsmodernisierungsgesetz, in NZA 2005, S. 953-961

Richardi, Reinhard: Leistungsstörungen und Haftung im Arbeitsverhältnis, in Sonderbeilage zu NZA Heft 16/2003, S. 14, 19

Ricken, Oliver: Betriebliche Übung und Vertragskontrolle im Arbeitsrecht, in DB 2006, S. 1372, 1376

Rieble, Volker: Arbeitsmarkt und Wettbewerb, Berlin, Heidelberg, New York 1996 (zit.: Rieble, Arbeitsmarkt und Wettbewerb)

Rieble, Volker / Klebeck, Ulf: Tarifwechsel ins Handwerk, in BB 2006, S. 885-891

Rieble, Volker / Klumpp, Steffen: Widerrufsrecht des Arbeitnehmer-Verbrauchers?, in ZIP 2002, S. 2153-2161

Rieble, Volker / Schul, Asusa: Arbeitsvertragliche Bezugnahme auf Betriebsvereinbarungen, in RdA 2006, S. 339-349

Robert, Lars: Vereinbarkeit betrieblicher Bündnisse für Arbeit mit dem Günstigkeitsprinzip, Berlin 2003 (zit.: Robert)

Röller, Jürgen / Wißmann, Tim: Tarifbindung und arbeitsvertragliche Bezugnahme, in Festschrift für Wolfdieter Küttner, München 2006, S. 465-477 (zit.: Röller/Wissmann, FS-Küttner)

Rolfs, Christian / Giesen, Richard / Kreikebohm, Ralf / Udsching, Peter: Beck-scher Online-Kommentar Arbeitsrecht, Stand 1.12.2009 (zit.: BeckOK/ Bearbeiter)

Roth, Herbert: Die Inhaltskontrolle nichtausgehandelter Individualverträge im Privatrechtssystem, in BB 1987, S. 977-984

Roth, Herbert: Allgemeine Geschäftsbedingungen und Individualvereinbarungen, in BB 1992, Beilage, Nr. 4, S. 1-16

– Funktion und Anwendungsbereich der Unklarheitenregel des § 5 AGBG in WM 1991, S. 2085-2089

Rottnauer, Achim E.: Zur Zulässigkeit einer Gaspreiserhöhung, in EWiR 2008, S. 673-674

Rüßmann, Helmut: Die „ergänzende Auslegung“ Allgemeiner Geschäftsbedingungen, in BB 1987, S. 843-848

Sambuc, Thomas: Unklarheitenregel und enge Auslegung von AGB, in NJW 1981, S. 313-316

Savigny, Friedrich Carl von: Das Obligationenrecht als Theil des heutigen Römischen Rechts, Bd. II, Berlin, 1853 (zit.: Savigny)

Schäfer, Hans B. / Ott, Claus: Lehrbuch der Ökonomischen Analyse des Zivilrechts, 4. Auflage, Berlin 2005 (zit.: Schäfer/Ott)

Schaub, Günter: Die arbeitsvertragliche Bezugnahme von Tarifverträgen, in ZTR 2000, S. 259-262

Schiefer, Bernd: Änderungen der Rechtsprechung zur Gleichstellungsabrede und die Folgen für die Praxis, in SAE 2008, S. 22-27

Schlechtriem, Peter: Die sogenannte Unklarheitenregel des § 5 AGBG in Festschrift für Helmut Heinrichs, München 1998, S. 503-510 (zit.: Schlechtriem, FS-Heinrichs)

Schliemann, Harald: Arbeitsvertragliche Verweisung auf Tarifverträge, in Sonderbeilage zu NZA Heft 16/2003, S. 3-14

Schlosser Peter: Entwicklungstendenzen im Recht der Allgemeinen Geschäftsbedingungen, in ZIP 1985, S. 449-462

Schlüter, Wilfried: Die Grenzen der Tarifmacht bei der Regelung der Wochenarbeitszeit, in Festschrift für Walter Stree und Johannes Wessels, Heidelberg 1993, S. 1061-1084 (zit.: Schlüter, FS-Stree-Wessels)

Schmidt, Eike: Grundlagen und Grundzüge der Inzidentkontrolle allgemeiner Geschäftsbedingungen nach dem AGB-Gesetz in JuS 1987, S. 929-936

Schmidt-Salzer, Joachim: Allgemeine Geschäftsbedingungen, München 1971, (zit.: Schmidt-Salzer, AGB)

– Recht der AGB und der mißbräuchlichen Klauseln – Grundfragen, in JZ 1995, S. 223- 231

Schrader, Peter: Die arbeitsvertragliche Bezugnahme auf Tarifverträge, in BB 2005, S. 714-716

Schubert, Claudia: Ist der Außenseiter vor der Normsetzung durch die Tarifvertragsparteien geschützt?, in RdA 2001, S. 199, 207

Schulze, Reiner (Schriftl.): Bürgerliches Gesetzbuch, Handkommentar, 5. Auflage, Baden-Baden, 2007 (zit.: HK-BGB/Bearbeiter)

Schwab, Stefan: Auslegung und Inhaltskontrolle arbeitsvertraglicher Bezugnahmen auf Tarifverträge Frankfurt/M 2007 (zit.: Schwab, Bezugnahmen auf Tarifverträge)

Schwab, Dieter: Einführung in das Zivilrecht Einschließlich BGB – Allgemeiner Teil, 16. Auflage, Heidelberg 2005 (zit.: Schwab, Einführung in das Zivilrecht)

Seel, Henning-Alexander: Ende der Gleichstellungsabrede – Dynamisierung auf ewig?, in MDR 2006, S. 491-494

Seitz, Stefan / Werner, Marc: Arbeitsvertragliche Bezugnahmeklauseln bei Unternehmensumstrukturierungen, in NZA 2000, S. 1257-1269

Sieg, Karl: Auswirkungen des AGB-Gesetzes auf Justiz und Verwaltung im Bereich der Privatversicherung, in VersR 1977, S. 489, 490

Simon, Stefan / Kock, Martin / Halbsguth, Julian: Dynamische Bezugnahmeklausel als Gleichstellungsabrede – Vertrauensschutz für alle „Altverträge", in BB 2006, S. 2354-2356

– Auslegung von arbeitsvertraglichen dynamischen Verweisungsklauseln nach einem Tarifausstieg im Lichte der aktuellen EuGH Rechtsprechung – Werhof, in EWS 2006, S. 400-403

– Anm. zu EuGH v. 9.3.2006 – Rs C-499/04, ZIP 2006, 723; 726

Simon, Stefan / Weninger, Heike: Arbeitsvertraglicher Verweis auf Tarifverträge – „ewig" dynamisch?, in BB 2007, S. 2127-2128

Singer, Reinhard: Das Verbot widersprüchlichen Verhaltens, München 1993 (zit.: Singer, Das Verbot widersprüchlichen Verhaltens)

Singer, Reinhard / Hake, Ilari: Dynamische Bezugnahme auf ein Tarifwerk in einem Formulararbeitsvertrag, Anmerkung zu BAG v. 24.9.2008 – 6 AZR 76/07, in AP Nr. 11 zu § 305 c.

Sittard, Ulrich / Ulbrich, Martin: Zur Rechtsprechungsänderung bei der Auslegung von Bezugnahmeklauseln – zugleich Besprechung des Urteils BAG vom 14.12.2005 – 4 AZR 536/04, in ZTR 2006, S. 458-465

Söllner, Alfred / Waltermann, Raimund: Arbeitsrecht, 15. Auflage, München, 2009 (zit.: Söllner/Waltermann)

Soergel, Hans Theodor: Bürgerliches Gesetzbuch, Band 1 (§§ 1-240 BGB), 12. Auflage, Stuttgart / Berlin / Köln, 1987 (zit.: Soergel/Bearbeiter, (12. Auflage))

– Bürgerliches Gesetzbuch, Band 3 (§§ 433-515 BGB. AGB-Gesetz. AbzG. EKG. EAG. UN-KaufAbk), 12. Auflage, Stuttgart / Berlin / Köln, 1991 (zit.: Soergel/Bearbeiter, (12. Auflage))

– Bürgerliches Gesetzbuch, Band 2 (§§ 104-240 BGB), 13. Auflage, Stuttgart / Berlin / Köln, 1999 (zit.: Soergel/Bearbeiter)

Spiegelberger, Marc: Vertrauensschutz light: Das Urteil des BAG vom 18.4.2007 zur Gleichstellungsabrede, in NZA 2007, S. 1086-1090

Staudinger, Julius von: Kommentar zum Bürgerlichen Gesetzbuch, Buch 1 (Allgemeiner Teil): §§ 90-133 BGB, Neubearbeitung 2004; §§ 134-163 BGB, Neubearbeitung 2003; Buch 2 (Recht der Schuldverhältnisse): §§ 305-310 BGB, Neubearbeitung 2006; Berlin (zit.: Staudinger/Bearbeiter)

Stein, Axel: Verweisungen auf Tarifverträge, in ArbuR 2003, S. 361 365

Steinau-Steinrück, Robert von: Wann liegt eine ausreichende Bezugnahme auf den TVöD vor?, in NJW-Spezial 2005, S. 561-562.

Steinau-Steinrück, Robert von / Hurek, Christoph R.: Die im Arbeitsrecht geltenden Besonderheiten – Der Nebel lichtet sich!, in NZA 2004, S. 965-967

Steindorff, Ernst: Vertragliche Pflichten zur Vertragsanpassung, in ZHR 148, 271-277 (1984)

Steinmeyer, Heinz Dietrich / Waltermann, Raimund: Casebook Arbeitsrecht, 2. Auflage, München 2000 (zit.: Steinmeyer/Waltermann)

Stoffels, Markus: AGB-Recht, 2. Auflage, München 2009 (zit.: Stoffels)

Sunderdiek, Stephen: BAG kündigt Änderungen seiner Rechtsprechung zu so genannten Gleichstellungsabreden an, in: AiB 2006, S. 766-767

Terbille, Michael: Münchener Anwaltshandbuch Versicherungsrecht, 2. Auflage, München 2008 (zit.: Bearbeiter, Münchener Anwaltshandbuch Versicherungsrecht)

Thamm, Manfred / Pilger, Gerhard: Taschenkommentar zum AGB-Gesetz, Frankfurt/M 1998 (zit.: Thamm/Pilger)

Thüsing, Gregor: Europarechtliche Bezüge der Bezugnahmeklausel, in NZA 2006, S. 473-475

– Unwirksamkeit und Teilbarkeit unangemessener AGB, in BB 2006, S. 661-664

– Tarifkonkurrenz durch arbeitsvertragliche Bezugnahme, in NZA 2005, S. 1280-1284
– Statische Rechtsprechung zur dynamischen Bezugnahme, in NZA 2003, S. 1184-1187
– Inhaltskontrolle von Formulararbeitsverträgen nach neuem Recht, in BB 2002, S. 2666-2674
– Was sind die Besonderheiten des Arbeitsrechts?, in NZA 2002, S. 591-595
– AGB-Kontrolle im Arbeitsrecht, München 2007 (zit.: Thüsing, AGB-Kontrolle)

Thüsing, Gregor / Lambrich, Thomas: AGB-Kontrolle arbeitsvertraglicher Bezugnahmeklauseln, in NZA 2002, S. 1361-1370
– Arbeitsvertragliche Bezugnahme auf Tarifnormen, in RdA 2002, S. 193-213

Thüsing, Gregor / von Medem, Andreas: Tarifeinheit und Koalitionspluralismus: Zur Zulässigkeit konkurrierender Tarifverträge im Betrieb, in ZIP 2007, S. 510-517

*Troje, Hans Erich:*Ambiguitas contra stipulatorem, Pavia: Tipografia del libro, Diss. in Studia et documenta historiae et iuris 27, S. 94-185, Freiburg 1961 (zit.: Troje)

Ulmer, Peter / Brandner, Hans Erich / Hensen, Horst Diether: Kommentar zum AGB-Gesetz, 10. Auflage, Köln, 2006 (zit.: Ulmer/Brandner/Hensen-Bearbeiter)
– Kommentar zum AGB-Gesetz, 8. Auflage, Köln, 1997(zit.: Ulmer/Brandner/ Hensen-Bearbeiter (8. Auflage))

Ulrici, Bernhard: Betriebliche Übung und AGB-Kontrolle, in BB 2005, S. 1902-1905

Vogel, Alexander von / Oelkers, Felix: Tarifliche Bezugnahmeklauseln in der Praxis, in NJW-Spezial 2006, S. 369-370

Wacke, Andreas: Ambiguitas contra stipulatorem, in JA 1981, S. 666-668

Wackerbarth, Ulrich: Unternehmer, Verbraucher und die Rechtfertigung der Inhaltskontrolle vorformulierter Verträge, in AcP 200 (2000), S. 45-90

Wagner-Wieduwilt, Klaus: Das „Transparenzgebot" als Angemessenheitsvoraussetzung im Sinne des § 9 AGBG, in WM 1989, S. 37-45

Wank, Rolf / Maties, Martin: Allgemeine Geschäftsbedingungen in der Arbeitsrechtsklausur, in Jura 2010, S. 1-9

Weller, Bernd: Zur Auslegung von kleinen dynamischen Bezugnahmeklauseln, in EWiR 2006, S. 389-390

Werthebach, Pia: Tarifreform im öffentlichen Dienst – Zur Entbehrlichkeit einer Tarifwechselklausel, in NZA 2005, S. 1224-1226

Westphalen, Friedrich von: AGB-Recht im Jahr 2002, in NJW 2003, S. 1635-1641

– AGB-Recht ins BGB – Eine erste Bestandsaufnahme, in NJW 2002, S. 12-25
– Die Novelle zum AGB-Gesetz, in BB 1996, S. 2101-2106
– Produkthaftung – Haftungsfreizeichnung und Haftungsfreistellung nach dem AGB-Gesetz, in NJW 1979, S. 838-846
– Vertragsrecht und AGB-Klauselwerke, 26. Auflage, München 2010 (zit.: v.Westphalen/Bearbeiter, Vertragsrecht und AGB-Klauselwerke)

Wiedemann, Herbert: Tarifvertragsgesetz, 7. Auflage, München 2007 (zit.: Wiedemann/Bearbeiter)

Wiedemann, Herbert / Arnold, Markus: Tarifkonkurrenz und Tarifpluralität in der Rechtsprechung des Bundesarbeitsgerichts (Teil I und II), in ZTR 1994, S. 399-410

Willemsen, Eva Maria: Die arbeitsvertragliche Bezugnahme auf den Tarifvertrag bei Tarifwechsel, Berlin, 2009 (zit.: Willemsen)

Willemsen, Heinz Josef / Grau, Timon: Geltungserhaltende Reduktion und „Besonderheiten des Arbeitsrechts", in RdA 2003, S. 321-328

Wisskirchen, Gerlind / Lützeler, Martin: Bezugnahmeklauseln, in AuA 2006, S. 528-531

Wisskirchen, Gerlind / Stühm, Thomas: Anspruch des Arbeitgebers auf Änderung von unwirksamen Klauseln in alten Arbeitsverträgen?, in DB 2003, S. 2225-2230

Witt, Alexander: Keine AGB-Kontrolle tariflicher Regelungen?, in NZA 2004, S. 135-138

Wolf, Manfred: Die Vorformulierung als Vorraussetzung der Inhaltskontrolle, in Festschrift für Erich Brandner, Köln, 1996, S. 299-309 (zit.: Wolf, FS-Brandner)
– Einschränkung von Gewährleistungsrechten des Käufers durch Garantiebedingungen des Herstellers, in JZ 1988, S. 719-720
– Inhaltskontrolle von Arbeitsverträgen am Beispiel der Befristung einzelner Arbeitsbedingungen, in RdA 1988, S. 270-276

Wolf, Manfred / Horn, Norbert / Lindacher, Walter: AGB – Recht Kommentar, 2. Auflage, München, 1989, (zit.: Wolf/Horn/Lindacher-Bearbeiter, 2. Auflage)
– AGB–Recht Kommentar, 4. Auflage, München, 1999, (zit.: Wolf/Horn/Lindacher-Bearbeiter, 4. Auflage)

Wolf, Manfred / Lindacher, Walter / Pfeiffer, Thomas: AGB-Recht Kommentar, 5. Auflage, 2009, (zit.: Wolf/Lindacher/Pfeiffer-Bearbeiter)

Zerres, Thomas: Fortgeltung tarifvertraglicher Regelungen beim Betriebsübergang im Falle arbeitsvertraglicher Bezugnahme, in NJW 2006, S. 3533-3537

Zimmermann, Reinhard: Historisch-kritischer Kommentar zum Bürgerlichen Gesetzbuch, Band II 2. Teilband, Tübingen, 2007 (zit.: HKK-Bearbeiter)

Zoller, Edgar: Voraussetzungen und Rechtsnatur deklaratorischer AGB im Sinne des § 8 AGBG, in BB 1987, S. 421-425
Zöllner, Wolfgang: Vertragskontrolle und Gerechtigkeit, in NZA Beilage 3/ 2006, S. 99-107

Bonner Schriften zum deutschen und europäischen Recht der Arbeit und der Sozialen Sicherheit

Herausgegeben von Gregor Thüsing und Raimund Waltermann

Band 1 Sven Kürvers: Betriebliche Altersversorgung in Deutschland und den USA im Rechtsvergleich. Unverfallbarkeit, Portabilität und Unisex-Tarife. 2008.

Band 2 Alexandra Geißler: Der Lohnanspruch des Arbeitnehmers bei Nichterbringung der Arbeit. Ein Vergleich des deutschen und polnischen Arbeitsrechts. 2008.

Band 3 Daniela Fink-Jamann: Das Antidiskriminierungsrecht und seine Folgen für die kirchliche Dienstgemeinschaft. Eine Bestandsaufnahme nach Erlass der Richtlinie 2000/78/EG und ihrer Umsetzung durch das deutsche Allgemeine Gleichbehandlungsgesetz (AGG) unter besonderer Berücksichtigung der Loyalitätsobliegenheiten im kirchlichen Dienst. 2009.

Band 4 Jens Sebastian Groh: Einstellungs- und Kündigungskriterien kirchlicher Arbeitgeber vor dem Hintergrund des § 9 AGG. 2009.

Band 5 Thomas Gerdom: Gemeinschaftsrechtliche Unterrichtungs- und Anhörungspflichten und ihre Auswirkungen auf das Betriebsverfassungs-, Personalvertretungs- und Mitarbeitervertretungsrecht. Zum Umsetzungsbedarf der Richtlinie 2002/14/EG. 2009.

Band 6 Daniel Stolz: Der beurlaubte Beamte im Angestelltenverhältnis. Eine Darstellung der Doppelrechtsstellung am Beispiel der Postnachfolgeunternehmen. 2010.

Band 7 Kristina Ruch: Dreiseitige Vereinbarungen. Vereinbarungen zwischen Arbeitgeber, Gewerkschaft und Betriebsrat. 2010.

Band 8 Manuel Schwering: Das Allgemeine Gleichbehandlungsgesetz als Aufgabe und Instrument des Betriebsrates. 2010.

Band 9 Julia Bietmann: Gesetzliche Wege zu einem systemkonformen Mindestlohn. 2010.

Band 10 Wolfgang Schorn: Die Unklarheitenregel des § 305c Abs. 2 BGB - insbesondere im Arbeitsrecht. 2011.

www.peterlang.de